AF393413

Susanne Hohwieler
Maler der Macht

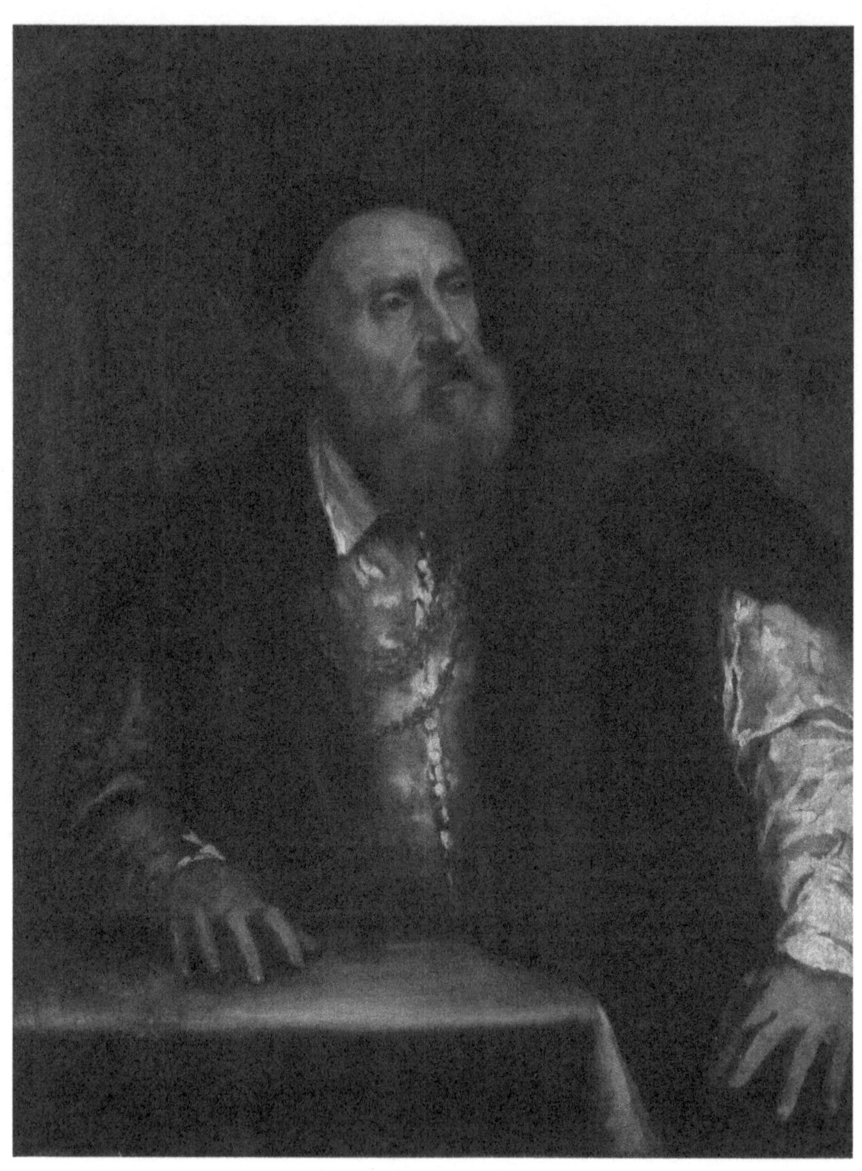

„Selbstbildnis", 1562.

Susanne Hohwieler

Maler der Macht

Tizian und die Hochrenaissance
Eine politische Biografie

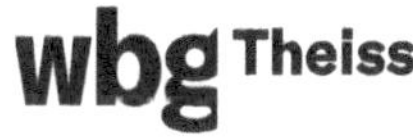

Inhalt

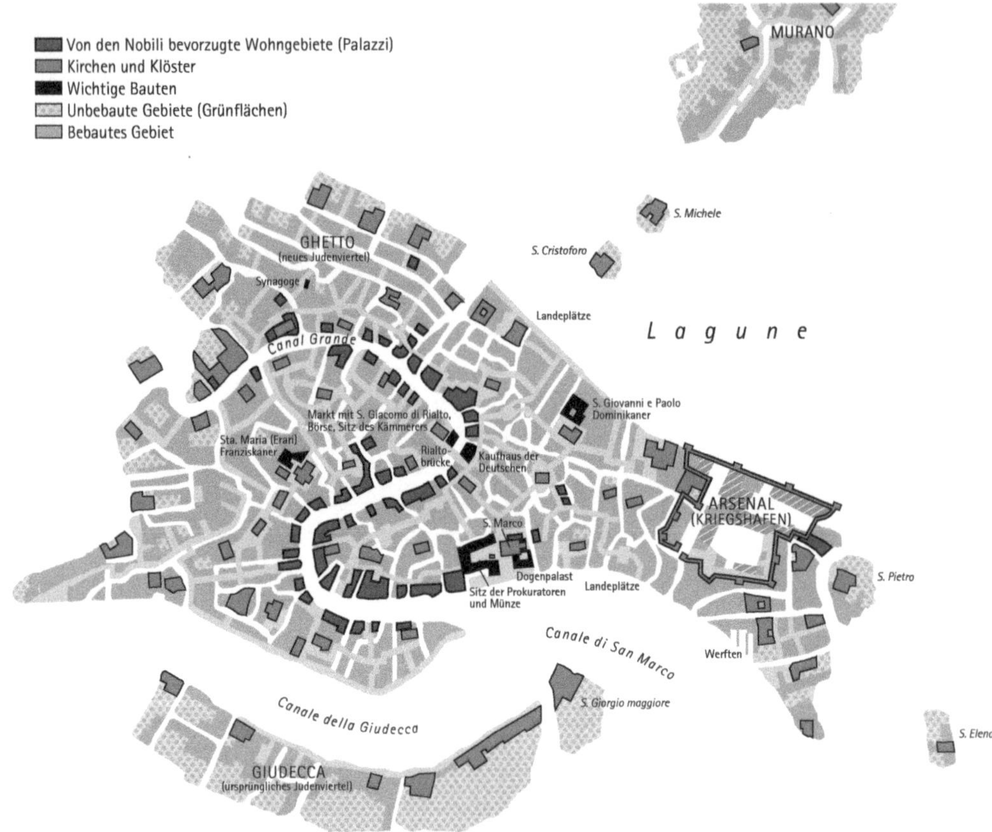

Stadtplan Venedigs um 1500

I. Szenenbild Venedig

Venedig zur Zeit Tizians: ein Szenenbild der Serenissima
** Venedig in der Renaissance: eine Einführung in die Kul-*
tur- und Kunstszene und ihre Künstler, die Politik und Herr-
schaftsstruktur der Republik

Langsam lichten sich die Novembernebel und die Serenissima taucht in der Morgendämmerung auf: schön, stolz, selbstbewusst. Venedig, die Stadt des Mythos, die Königin des Wassers.

Man begegnet dieser Stadt am besten von der Wasserseite aus und begreift: Venedig ist eine Insel, eine ganz andere Welt, eine Welt für diejenigen, die noch Träume haben.

Das Boot fährt den Kanal entlang, und zu beiden Seiten erheben sich Häuser aus dem Wasser. Fast lautlos gleiten die Gondeln an uns vorbei, andere Boote liegen vertäut an bunten Pfählen vor herrschaftlichen Eingangstoren, die bis ins Wasser reichen; in manchem Boot döst ein müder Ruderer und wartet auf den Morgen. Brücken tauchen im Sichtfeld auf und entziehen sich sogleich wieder dem Blick. Überall Wasser, wo es sonst kein Wasser gibt! Ganze Häusergruppen, Kirchen und Paläste steigen aus der Flut empor, und überall die gleiche ungewohnte Stille, nur das dauernde Plätschern des Wassers ist allgegenwärtig. Es ist der kurze Moment des frühen Morgens, bevor die Stadt zum Leben erwacht, bevor die Gassen lebendig werden und die Menschen beginnen, ihrem Tagewerk nachzugehen.

Kommt man jemals an in Venedig? Glaubt man nicht, diese Stadt längst zu kennen, bevor man sie je besucht hat, oder ist man bereit und öffnet sich diesen vielfältigen Eindrücken und der die Sinne berauschenden Schönheit? Venedig das Phänomen, der Mythos, die berückende Unwirklichkeit, die Zauberei, das grandiose Geheimnis, das unerreichbar scheint.

Jeder liebt diese Stadt auf seine Art, findet an diesem Ort, was er will und was er hineininterpretiert: Lebensfreude, Hinfälligkeit, Tod und Verfall, maroden Charme, Kunst und Tand, karnevaleske Visionen, einen Ort des Aufatmens, eine Extravaganz, eine zeitlose Faszination. Ein aus der Geschichte gefallener Ort. Wer einen Sinn für Melancholie hat, ist in Venedig in seinem Element. Kaum ein anderer beschreibt diese zwiespältigen Gefühle von Anziehung und Abgestoßenheit besser als Thomas Mann in seinem Roman *Tod in Venedig*.

Eine zugleich wirkliche und unwirkliche Stadt, deren Urelement das Wasser ist, segensreich und zerstörerisch, göttlich und dämonisch. Venedig zwischen Wasser und Himmel. Himmelblau, wasserblau, das Grün der Kanäle, die bunten Farben der Häuser, Kirchen und Paläste. Alles spiegelt sich im Wasser der Kanäle und der Lagune und verdoppelt die Vision, und diese Visionen dringen ein in das geistige Empfinden der Besucher.

Die Lagune, die der Ursprung dieser Stadt ist, liefert eine einzigartige Farbenpalette, die sich wie ein roter Faden über die Jahrhunderte durch die venezianische Kunst zieht. Farben, die es so nur hier gibt und die in einem ganz besonderen Schauspiel der Natur ihren Ursprung haben. Es sind die irisierenden Wasserflächen, die je nach Tageslicht weiß, blau, rosa, grau, seltener violett, noch seltener grün erscheinen, grün wie die Kanäle der Stadt, und als grüne Flecken unterbrechen die Lagune dutzende verstreute Inseln mit Weideland und Bäumen. Die bunten Häuser auf den kleineren Inseln, Klöster mit Obst- und Gemüsegärten und Blumen. Auf dem Rialto, dem Großmarkt Venedigs, die strahlenden und farbenprächtigen Luxuswaren aus dem Orient. Der Dunst der Meeresluft macht all diese Farben weich und fließend.

In der Lagune liegen die Wurzeln von Venedig, sie ist gleichzeitig Schwemmgebiet und Sumpf, seichtes Gewässer, Strömungsfeld von Quellwasser und letztendlich das Meer.

Einst zogen die Menschen in die Lagune, um sich vor den Überfällen aus dem Norden zu schützen, und rangen dem Wasser und der Lagune das ab, was das heutige Venedig ist, hunderte von Inseln mit Pfählen vereint. Zwischen Fischern, Bauern, Sammlern und Salzverkäufern errichteten einige Großgrundbesitzer von der *Terra ferma* ihre Refugien.

Damit die seichten Sandbänke Venedig zu tragen vermochten, bedurfte es eines neuen Fundaments: Dieses Fundament sind tausende und abertausende von Pfählen, senkrecht in den Grund gerammte Eichenstämme. Venedig erhebt sich auf einem versunkenen Wald. So wurde die Stadt auf etwa 150 nahe beieinanderliegenden flachen Inseln in der Lagune erbaut. Die Landzungen bei Chioggia und der Lido schützen die Lagune vor dem offenen Meer. Drei natürliche Durchgänge verbinden sie mit der Adria.

Das Hauptelement dieser Stadt war und ist das Wasser! Wasser, immer und überall, der natürliche Werkstoff dieser Stadt. Bereits Niccolò Machiavelli erkannte die Sonderlage Venedigs und die Kraft des Wassers.

Begünstigt durch diese unvergleichliche geographische Lage erhob sich Venedig zu der bedeutendsten Handels- und Seemacht des Mittelmeers. Das Meer verwehrte Angreifern den Zugang zur Lagune, und so konnte die Republik sich aus ganz kleinen Anfängen zu ihrer späteren Größe entwickeln. Die Serenissima (*Serenissima Repubblica di San Marco*) kontrollierte die wichtigsten Handelswege im Mittelmeerraum und fungierte als

Brücke zwischen Orient und Okzident. Paläste und Kunstschätze der Stadt zeugen noch heute von ihrem einstigen Reichtum.

Ab dem 9. Jahrhundert entwickelte sich eine wachsende Autonomie der Gemeinde am Rivus Altus, dem Rialto, und die Oberhoheit der oströmischen Kaiser hatte nur noch einen formalen Charakter. So begann ab der 2. Hälfte des 10. Jh. Venedigs Aufstieg zu einer überregionalen Handels- und Seemacht. Handelsprivilegien im Tausch gegen militärische Hilfe durch die venezianische Kriegsflotte halfen Venedig beim Aufschwung zu eigener politischer Macht, dazu kamen das Knüpfen eines internationalen Netzwerkes, das auf Dauer die Handelswege für die venezianischen Flotten sicher machte, und ein Netz von Hafenstützpunkten unter der direkten Herrschaft der Serenissima. Die Machtverhältnisse zwischen der einstigen Provinzsiedlung in der Lagune und der Metropole am Bosporus verschoben sich zugunsten Venedigs, indem die Stadt im 12. Jahrhundert immer mehr Handelsfreiheiten bekam und letztendlich mit der Eroberung von Konstantinopel 1204 durch ein christliches Heer ganz die Freiheit gewann. Nicht nur zwischen Byzanz und Venedig hatte sich das Verhältnis geändert, auch auf der Apenninhalbinsel galt die Stadt in der Lagune inzwischen als politischer Machtfaktor ersten Ranges. Doch Venedig war an keiner *territorialen* Macht interessiert, sein Denken und Handeln wurde von wirtschaftlichen Handelsinteressen gelenkt: Der Blick der Venezianer war auf das Meer gerichtet.

Allerdings war der Republik nicht ganz gleichgültig, was auf dem Festland vor sich ging. Um seine eigenen Handelsinteressen zu wahren, verfolgte sie mit wachsender Sorge die Auseinandersetzungen zwischen Papst und Kaiser, den beiden obersten Autoritäten des christlichen Abendlandes. Der Papst fühlte sich und seine Vormachtstellung durch die wachsende Macht des Kaisers bedroht und verbündete sich zu seinem Schutz mit den norditalienischen Herzogtümern, was wiederum der Kaiser als Bedrohung verstand. Venedig kam in diesem Falle eine wichtige diplomatische Rolle zu, und so brachte Venedig die sich feindlich gesinnten Parteien mit viel Diplomatie und politischem Fingerspitzengefühl zu einem Friedensschluss: dem Frieden von Venedig 1177 zwischen Papst Alexander III. und Kaiser Friedrich I. Barbarossa. Dieser Frieden war ein Meilenstein in der politischen Geschichte Venedigs und dem Verhältnis zwischen Papst und Kaiser in Europa. Mit diesem Frieden in Venedig wurde ein jahrhundertelang andauernder Streit zwischen Papst und Kaiser beigelegt, und als Dank dafür wurde die Serenissima mit Privilegien von beiden Seiten belohnt, die Venedigs politische Macht bestätigten.

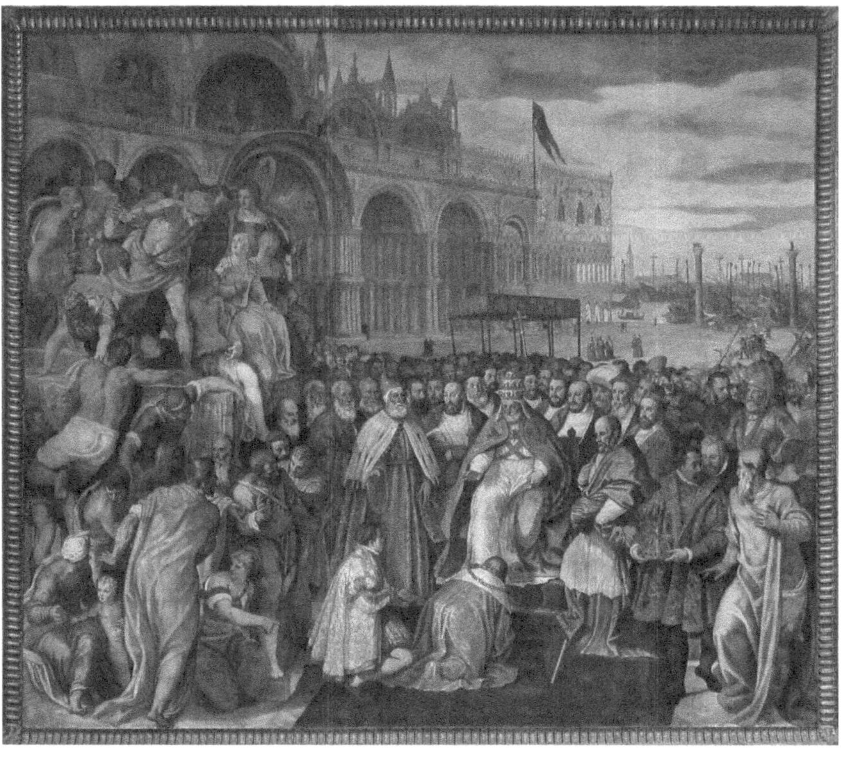

Der Frieden von Venedig 1177: Kaiser Barbarossa unterwirft sich Papst Alexander III. Gemälde von Francesco Salviati, 16. Jhr.

Diese Gunstbeweise wurden für die Venezianer die historische Begründung ihres wichtigsten Staatsfestes, der *sensa,* der rituellen Vermählung des Dogen mit dem Meer. Venedig sah sich nach diesem Friedensschluss als ausgleichende Macht zwischen den beiden Autoritäten und den Dogen als geradezu über Papst und Kaiser stehend. Eines stand fest, der Aufstieg der einstigen Siedlung im Sumpf zu einer europäischen Großmacht war damit besiegelt, Venedig befand sich im Zenit seiner Macht. Wenn auch diese Vormachtstellung nicht immer ganz unangefochten war. Genua und Venedig trugen immer wieder Konflikte um diese Handelsvormachtstellung im Orient aus, bis Venedig Genua letztendlich zurückdrängte und mit dem Friedensschluss von Turin 1381 den Rivalen faktisch ausgeschaltet hatte. Und mit dem Frieden zwischen Mailand und Venedig 1453 wurden auch die größten Konflikte auf dem oberitalienischen Festland beigelegt.

Venedig gehörte nun zu den Hauptakteuren auf dem europäischen Parkett und spielte über einen Zeitraum von fast 300 Jahren eine maßgebliche Rolle in der europäischen Politik.

Venedigs Geheimnis der Macht war ohne jeden Zweifel eine Verfassung, die eine enorme innere Stabilität garantierte; hinzu kamen der immense Reichtum, die diplomatische Überlegenheit und die Toleranz gegenüber religiösen und philosophischen Meinungen. Der Staatsmythos basierte auf einem einträchtigen Gemeinwesen, das über Jahrhunderte hinweg auf den gleichen Werten basierte und somit die Gesellschaft zusammenhielt. Das Fundament dieser Souveränität lag in einer ausgeklügelten Mischverfassung aus monarchischen und demokratischen Elementen, alles unter dem großen Namen der Republik, der Serenissima, benannt nach ihrem Herrscher, dem Dogen *Serenissimus Princeps* – dem allerdurchlauchtigsten Fürsten, der an der Spitze der staatlichen Hierarchie stand. Der Doge, gewählt auf Lebenszeit, bildete das monarchische Element, der Senat das aristokratische und der große Rat das demokratische. Die Prinzipien der Republik waren für damalige Verhältnisse ungewohnte Freiheit und Gerechtigkeit. Die Stadt Venedig erwies sich als krisenfester als andere europäische Metropolen, und dies lag an der genauen hierarchischen Abstufung im venezianischen Gesellschaftssystem, in dem jeder das bekam, was ihm zustand. An der Spitze dieser Sozialpyramide stand ein Adel, der sich nach Alter, Erfahrung, Tradition und Vermögen gliederte. Diese Führungsschicht wurde von den wichtigsten Kernfamilien der dominanten Kaufmannsaristokratie, den *nobili*, gestellt. Der venezianische Adel begründete seinen Status über seine kaufmännische Tätigkeit und nicht durch Geburt und Grundbesitz wie anderswo in Italien oder Europa – eine venezianische Besonderheit. Die *nobili* der Häuser Contarini, Cornaro, Dandolo, Foscari, Mocenigo – um nur einige zu nennen – waren vollkommen zufrieden mit ihrer Rolle in Venedig und strebten nicht nach weiteren Titeln. Direkt unter den *nobili* standen die *cittadini originarii,* diese genossen, wie die Adligen, weitgehende Vorrechte und sie stellten das Personal der Dogenkanzlei. Sie waren auch diejenigen, die durch ihr langjähriges Insiderwissen in den verschiedenen Bereichen Einfluss nahmen und sich Vorteile und Gewinne hinter den Kulissen sicherten. Ebenso bekleideten sie die Führungspositionen der *scuole grandi.* Diese *scuole* waren karitative Organisationen, die eine gezielte Sozialpolitik garantierten und damit eine erfolgreiche Klientelbildung in die mittleren und unteren Schichten der Gesellschaft verfolgten. Weiterhin waren sie für die künstlerische Ausgestaltung von Kirchen und öffentlichen Palästen zuständig, waren also ein Ort, an dem finanzkräftige Auftraggeber Raum und Künstler suchten, um sich medienwirksam darzustellen. Die Auftragsvergabe verlief, wie fast alles in Venedig, über ein kompliziertes Auswahlsystem. Die Familien des gehobenen Mittelstandes bekamen politische Genugtuung, in dem sie in Nachbarschaftsverbänden und Kooperationen am aktiven Gesellschaftsleben sichtbar teilnehmen konnten und damit offizielle Anerkennung bekamen. Für die vom öffentlichen Leben ausgeschlossenen Teile der Gesellschaft gab es genug Arbeit im und am Dienst der Republik. Hinzu kam, dass es in Venedig ein Preisstabilitätssystem gab, was die Lebenshaltung und Grundversorgung mit Brot garantierte. In der Lagunenstadt hatte man also durch Rebellion mehr zu verlieren als zu gewinnen.

Dieses komplexe Gemeinschaftswesen stand ein für die Republik, und das Staatsoberhaupt der venezianischen Republik war der Doge. Ähnlich dem Papst in Rom wurde der Doge auf Lebenszeit gewählt. In das Amt des Dogen gewählt zu werden, war das ersehnte Ziel der Ämterlaufbahn aller *nobili*. Das venezianische Staatsoberhaupt konnte sich keiner absoluten Macht rühmen, denn obwohl der Doge Einblick in alle Führungsgremien hatte, Überblick über alle wichtigen Geschäfte, Reglementierungen und Prozesse bekam, war seine eigentliche Machtausübung beschränkt und auf Schritt und Tritt kontrolliert. So konnte der Doge für eine schlechte Regierung haftbar gemacht werden, und wenn nicht er selbst, so seine Familie nach seinem Tod. Hierfür gab es eine eigene Kommission zur Kontrolle der Amtsführung des Dogen. Ein Doge durfte weder die Post alleine öffnen, noch seinen Palast ohne Begleitung verlassen. Zeitgenössische Bilder zeigen den Dogen immer im Gefolge seiner Staatsmänner – und im Hintergrund den Markusplatz mit dem Dogenpalast und der Markuskirche: Das Dogenamt in seiner gottgewollten Legitimation. Einzelporträts der Dogen geben einen Einblick in die Gewandung und das Gehabe des Dogen, dargestellt werden sein prächtiges, golddurchwirktes Dogengewand aus Seidenbrokat, das Haupt bedeckt von dem Dogenhut, dem *corno*, ein Kronenreif, auf den eine steife Kappe gesetzt war, darunter eine weiße Mütze, der *camauro*. Seinen Ursprung hat diese Kopfbedeckung in einer Kombination aus Herzogshut und dem Hut der venezianischen Fischer, die Form der phrygischen Mütze hingegen ist auf den östlichen Einfluss zurückzuführen. Seit dem 14. Jahrhundert wird dieser Hut zum festen Bestandteil der Kopfbedeckung des Dogen, der in einem festlichen Ritual mit ihm gekrönt wurde.

Gewählt wurde der Doge in einem komplizierten Verfahren, das aus einer Verbindung zwischen Wahl und Los bestand: Der *Maggior Consiglio*, in dem sich die *bernabotti* drängten – die einfachen Bürger, die gleichwohl das Bürgerrecht genießen und also aktiv an der Stadtpolitik teilhaben –, war vor allem Wahlgremium zum Besetzen der vielfältigen Ämter. Im *Maggior Consiglio* gingen aus mehrfachen Wahl- und Losentscheidungen letztendlich 11 Männer hervor, die die 41 Patrizier bestimmten, die dann den Dogen wählen durften. Ein kompliziertes System, um Korruption und Klientelismus auszuschließen, was trotz allem nicht immer ganz gelang. Der Kontrollmechanismus der Serenissima zog sich durch sämtliche Ämter auf allen Ebenen und durch alle Gesellschaftsschichten. So gab es am Dogenpalast Löwenmäuler, in die man seine Anklagen anonym hinterlegen konnte.

Die Machtverteilung in Venedig war streng hierarchisch aufgebaut: Unmittelbar unter dem Dogen gab es zwei enge Gremien: der *Collegio* mit seinen 16 *savii*, den Weisen oder Wissenden, und die *Signoria* mit dem Dogen, seinen sechs Beratern und den drei Vorsitzenden des Gerichts. *Collegio* und *Signoria* bildeten die eigentliche Entscheidungsspitze der Republik. Darunter kam der *Consiglio dei Dieci*, der Rat der 10 (mit insgesamt 17 Sitzen), der für die Staatssicherheit zuständig war, und dann der Senat, der bis zu 300 Mitglieder haben konnte.

Zu den Zuständigkeiten der venezianischen Regierung gehörte es, die innere und äußere Sicherheit zu garantieren, die Handelswege sicher und frei zu halten und die Handelsgeschäfte im Inneren wie außerhalb von Venedig zu kontrollieren. Dazu entwickelte Venedig ein System von beispiellosem diplomatischen Austausch. Die Aufgabe der Botschafter war es, genaueste Erkundigungen über die Ressourcen des Gastlandes einzuholen. Es war für den Handel lebenswichtig zu wissen, wie es um die wirtschaftliche und politische Lage der einzelnen Handelspartner bestellt war. Marktforschung und Analysen von hoher psychologischer Eindringlichkeit zu Herrscherpersönlichkeiten, Angaben zu Machtverteilung und Finanzen waren die Ergebnisse dieser Missionen. In regelmäßigen Abständen trugen die Botschafter diese vor dem heimischen Senat vor; für Historiker sind diese Berichte bis heute wertvolle Zeitzeugnisse.

Nur das Papsttum mit seinem universellen Geltungsanspruch als Hüter des Christentums war in ähnlicher Weise an Informationen aus aller Welt interessiert und hatte seine Nuntiaturen an den wichtigsten Schaltstellen. So geben diese Nuntiaturberichte ebenfalls wertvolle Einblicke und Auskunft über die politische Lage und gesellschaftliche Situationen der einzelnen Länder. Somit wird deutlich, warum gerade Venedig und Rom als die diplomatischen Austauschzentren Europas galten. Venedig spielte neben dem Papsttum die führende Rolle bei der Entwicklung der modernen Diplomatie.

Zu weiteren Zuständigkeiten, die sich die Serenissima zuschrieb, gehörte auch die kirchliche Organisation in Venedig. So war der Klerus hier zahlreichen Gesetzen unterworfen, von denen er in den meisten anderen Ländern verschont blieb. Auch in Fragen der Inquisition maßte sich die Republik ein Mitspracherecht an. Dies alles zum Ärger Roms und der römischen Kurie, was zu einem ständigen Tauziehen mit dem Papsttum um Machtbefugnisse führte.

Das politische System in Venedig beruhte auf der Erziehung zu republikanischen Werten und zum Dienst an der Serenissima. Dies stand für die Venezianer nie im Gegensatz zu ihrer

Frömmigkeit und ihrem Bekenntnis zum Christentum; für sie vereinbarten sich diese beiden Loyalitäten ohne Probleme. Für Rom roch dies jedoch oft ketzerisch.

Dieser Souveränitätsanspruch der Republik in der Lagune resultierte aus dem immensen Reichtum, den Venedig sich durch den Handel erarbeitet hatte. Durch seine geographische Lage begünstigt, entwickelte sich Venedig zu einer Handelsmetropole und einer Brücke im Mittelmeerraum zwischen Ost und West, Venedig wurde zur Drehscheibe zwischen Abendland und Levante.

Handelsreisen waren zu Beginn eine Organisation im Familienverband, der *fraterna*. Für diese risikoreichen Unternehmungen bedurfte es blinden Vertrauens und Erfahrung. Eine der bekanntesten dieser Familien waren die Polo. Marco Polo war bereits zu seiner Zeit eine Legende, und er galt und gilt als einer der größten Reisenden der Geschichte, dokumentiert in seinem wunderbaren Reisebericht *Il Millione*, einem der wertvollsten kulturgeschichtlichen Dokumente aus dem Mittelalter.

Im Laufe des 14. und 15. Jahrhunderts schlossen sich dann zwei oder mehr Familien zu einer *societas* oder *colleganza* zusammen, man teilte sich Risiko und Gewinn, dies war der Beginn der Handelsgesellschaften.

Die Venezianer nutzten ihren geographischen Vorteil, indem sie Luxusgüter wie Seide, Brokat, Pelze, wertvolle Stoffe, Gewürze – vor allem Pfeffer –, Pigmente, Heilpflanzen und Edelsteine aus dem Orient importierten und in den Norden Europas mit immens großer Gewinnspanne weiterverkauften. Auch der Handel mit Sklaven war bis in das 15. Jahrhundert eine der Haupteinnahmequellen. Mit der Entdeckung der „Neuen Welt" durch Christoph Columbus und der damit verbundenen Entwicklung neuer Handelswege schien das mächtige Handelsimperium Venedigs ins Wanken zu geraten. Aber schon bald entstanden in der

Lagune neue Produktionszweige. Neben den importierten Luxusgütern exportierten die Venezianer nun auch selbst produzierte Produkte wie Öl, Salz, Holz, wertvolle Woll- und Leinenstoffe und Edelmetalle. Dazu kam der Aufstieg des Druckgewerbes und der Papierproduktion. In der damals neuen Buchdruckerkunst nahm Venedig eine überragende Stellung ein. Es gab zahlreiche Schiffsbauer, große Färbereien, Zuckerraffinerien, Kerzenfabriken. Auch in der Seifenproduktion entwickelte sich Venedig zu einem bedeutenden Standort, ganz zu schweigen von der herausragenden Bedeutung der Glasbläserei auf der Insel Murano. Venedig blieb zentraler Umschlagplatz und behauptete weiterhin seinen Rang als Wirtschaftszentrum, indem die Güterproduktion mehr und mehr an die Stelle des Fernhandels trat.

Sämtliche Handelsgeschäfte wurden in Venedig von der Obrigkeit genauestens kontrolliert, um den Profit für die Stadt zu erhöhen. Eine wichtige Rolle spielten dabei die Handelshäuser für fremde Kaufleute in der Stadt: *fondaco dei tedeschi*, vornehmlich von den nordeuropäischen Händlern genutzt, *fondaco dei turchi*, der Ort, an dem die Händler aus der Levante und dem Balkan abstiegen. Es war eine ausgeklügelte Form der Kontrolle über die ausländischen Kaufleute: Man stellte Kost, Logis und Dolmetscherservice und bekam so den Einblick in die laufenden Geschäfte. So war es ein leichtes, Steuern zu erheben und diese auch gleich einzukassieren. Ein geschicktes Zusammenspiel zwischen politischem Handeln, Rechtsprechung und wirtschaftlichem Profit.

Die Lebensatmosphäre in der Lagunenstadt war bei dieser Vielschichtigkeit von Toleranz und Liberalität geprägt. Durch ihre weitreichenden Handelsbeziehungen waren die Venezianer an den Umgang mit fremden Kulturen und fremden Glaubensvorstellungen gewöhnt, sie akzeptierten das Anderssein. Im Gegenzug stellten sich die Angehörigen anderer Nationen bei ihrem Besuch am

Rialto unter das rigide Regelsystem der venezianischen Regierung. Wer sich an die Regeln hielt, konnte privat ohne Probleme seinen Sitten, Gebräuchen und Glaubensvorstellungen nachgehen, solange diese nicht die öffentliche Ordnung störten.

Alles, was die Besucher heute in Venedig sehen und bestaunen, hat in seinem tiefsten Sinn mit der venezianischen Identität zu tun. Ein kleiner Rundgang lädt zum Kennenlernen dieser Identität ein. Wer das erste Mal in diese Stadt reist, sollte zu allererst den Markusplatz aufsuchen, und wenn man die Stadt verstehen will, sollte man Venedig so erleben, wie es sich Ankömmlingen früherer Zeiten präsentierte, von der Seeseite her. Es öffnet sich dem Besucher die gleiche prächtige Stadtfassade, mit der die Serenissima seit jeher ihren Gästen einen festlichen Empfang bereitete. Am Dogenpalast vorbei gelangt man über die Piazzetta zum Markusplatz, der einzigen Piazza der Stadt, alle anderen Plätze nennt man hier Campo.

Der Markusplatz mit der Basilika und den angrenzenden Gebäuden war das politische und repräsentative Herzstück der Republik. Dieses Meisterwerk der städtebaulichen Konzeption ist das Ergebnis eines jahrhundertelangen Prozesses. Venedig und seine Republik demonstrierten hier die Legitimation ihrer Existenz.

Ursprünglich stand Venedig unter dem Patronat des Heiligen Theodor, und erst die Ernennung zum Bischofssitz im 9. Jahrhundert gab den Anlass, sich nach einem neuen Heiligen umzusehen. Man fand ihn sehr bald, in Alexandrien in Ägypten. Ein spektakulärer Reliquienraub, der in der Stadtgeschichte mit verklärendem Mythos zum stolzen Bericht der Errettung der Gebeine des Heiligen Markus propagandawirksam umfunktioniert wurde.

In Venedig wurde die Legende des Transfers dieser Reliquien im Wort – in der venezianischen Stadtgeschichte unter dem Dogen Andrea Dandolo 1343–1354 – und im Bild – mit den phantastischen Mosaikbildzyklen in der Markusbasilika – eindrücklich dargestellt: Durch die Eroberung Alexandriens durch die Muslime im 7. Jahrhundert war für Christen ein Zugang zu den christlichen Orten nicht mehr möglich, und der Wallfahrtsort, der die Gebeine des Heiligen beherbergte, war durch den geplanten Neubau des Palastes des Kalifen in Gefahr geraten. So überzeugten zwei venezianische Kaufleute, Bonus aus Malamocco und Rusticus aus Torcello, den griechischen Priester, bis dahin Hüter des heiligen Ortes, die Gebeine des heiligen Markus durch den Transfer nach Venedig in Sicherheit zu bringen. So gelangten die Gebeine des Heiligen (oder das, was man dafür hielt) im 9. Jahrhundert nach Venedig. Legende und Verehrung des Heiligen Markus sind ein fester Bestandteil der venezianischen Identität. Die Venezianer glauben unerschütterlich an die Authentizität der Gebeine.

Um dem neuen Schutzpatron einen angemessenen Ruheort zu garantieren, begann man mit dem Bau einer Kirche zur Verehrung des Heiligen. Auf die ursprünglich erste, fast gänzlich aus Holz errichtete Grabeskirche folgte der mit unerhörter Pracht errichtete Neubau im 11. Jahrhundert, an dem noch einmal einschneidende Veränderungen im 13. und 14. Jahrhundert vorgenommen wurden. San Marco ist das bedeutendste und am reichsten ausgestattete mittelalterliche Bauwerk Venedigs. Es ist einer der erstaunlichsten europäischen Sakralbauten, dessen für den Westen ungewöhnliche Architektur mit den überragenden Kuppeln eindeutig den Einfluss des Ostens in sich trägt. Im Inneren fasziniert die Fülle des Dekors mit dem umfangreichsten Mosaikzyklus des Abendlandes. Neben der biblischen Geschichte des Alten und Neuen Testaments wurde in diesem wunderschönen byzantinischen Mosaikzyklus auch der Transfer der Gebeine des Heiligen Markus genau beschrieben.

Venedig und sein wichtigster Heiliger verschmolzen zu einer Einheit, die alle Lebensbereiche umfasste. Die Bürger von Venedig identifizierten sich vollkommen mit ihren Symbolen; der Dienst an der Republik war zugleich auch der Dienst am Heiligen Markus. In seinem Namen wurden Verträge geschlossen, besiegte Städte ihm unterworfen und selbst der Doge unterstellte sein hohes Amt dem Stadtheiligen Markus. Dies wurde ganz deutlich für alle an der Porta della Carta symbolisiert, dem gotischen Hauptportal des Dogenpalastes, geschaffen von Giovanni und Bartolomeo Bon. Man sieht den vor dem Markuslöwen knienden Dogen Francesco Foscari, der sich und sein Amt unter den Schutz des Heiligen stellt. Damit wurde kein Zweifel an einer gottgewollten, fürstlich-aristokratischen Weltordnung gelassen. So war die Markuskirche mitnichten nur der Bischofssitz von Venedig, sondern die Hauskapelle des Dogen, ein weiterer Sonderstatus.

Der Heilige Markus war und ist das Sinnbild Venedigs. Sein Symboltier ist der geflügelte Löwe mit dem aufgeschlagenen Buch und den Worten „pax tibi Marce, evangelista meus" (Friede sei mit Dir, Markus mein Evangelist) in einem nicht ganz einwandfreien Latein. Dieses Bild zirkulierte als Motiv auf venezianischen Münzen im gesamten Mittelmeerraum, ein typisches Beispiel dafür, dass die Venezianer ohne Probleme Politik, Kommerz und Frömmigkeit miteinander vereinen konnten.

Die Markuskirche und der danebengelegene Dogensitz entwickelten sich so zum religiösen und politischen Zentrum der Stadt. Die Markuskirche wurde zur Basis der religiösen Legitimierung des Dogenamtes und mittelbar des venezianischen Gemeinschaftsbewusstseins.

Der Dogenpalast als das Symbol der ausübenden Macht Venedigs bediente sich nicht einer wehrhaften Architektur, viel eher reflektierte er den offenen Blick der Serenissima in die

Welt. Die Architektur des venezianischen Palastes nahm, wie überhaupt das gesamte Bild der Stadt, in Europa eine Sonderstellung ein, er war offen und zugänglich und spiegelte damit die weltoffene Grundhaltung der Venezianer wieder. So auch der Dogenpalast, der in seiner Gesamtheit das Ergebnis einer Jahrhunderte andauernden Baugeschichte darstellte. Dieser Palast war zu gleicher Zeit Residenz des Dogen und politischer Amtspalast, und die gesamte Anlage führte jedem sinnbildhaft die Sonderfunktion der Serenissima und ihren Machtanspruch vor Augen.

Vom Markusplatz aus ist es ein Leichtes für den Besucher, sich im Gassengewirr dieser faszinierenden Stadt zu verlieren, die seit dem 16. Jahrhundert wenig an ihrer Struktur verändert hat. Wenn man den Torbogen des Uhrenturms aus dem 15. Jahrhundert durchquert, auf dessen Plattform in Bronze gegossene, damals so genannte „Mohren" noch heute mit schweren Hämmern die Stunde schlagen, taucht man ein in die *Mercerie*, Venedigs betriebsames Handelsgeschäftsviertel. Schlendernd gelangt man von hier zur Rialtobrücke, die erst Ende des 16. Jahrhunderts entstand, und zum *Canale Grande*. Der *Canale Grande* war und ist Venedigs wichtigste Verkehrsader, und längs dieses Hauptkanals reihen sich die schönsten Paläste, die, wie es scheint, direkt aus dem Wasser emporragen. Gassen und Gässchen, Campietti, Kanäle und rund 400 Brücken bilden bis heute das faszinierende Stadtbild Venedigs. Es fällt einem nicht schwer, sich mithilfe venezianischer Veduten in die historischen Zeitepochen Venedigs zurückzuversetzen.

Im 16. Jahrhundert war Venedig die Medienstadt schlechthin. Prozessionen, Staatsschauspiele, religiöse Feierlichkeiten und prunkvolle Feste waren an der Tagesordnung. Viele dieser Traditionen überlebten in Ansätzen bis heute und behielten ihren ursprünglichen Charakter bei.

Die künstlerische Schönheit der Serenissima bot den idealen Rahmen dieser bezaubernden Feste: ideale Schaubühne tief frömmiger Prozessionen, selbstverherrlichender Schauspiele und farbenfroher Inszenierungen aller Art. Die Vielzahl der Feste, die in Venedig gefeiert wurde, und der Aufwand, der damit einherging, muss unvorstellbar gewesen sein. Zahlreiche literarische Texte und Gemälde zeugen davon.

An der Lust am Feiern konnten auch die Luxusgesetze, die zum ersten Mal 1299 zur Regelung der privaten Lebenshaltung formuliert worden waren, wenig ändern. Diese Gesetze hatten das Ziel, die sozialen Unterschiede und die Diskrepanz zwischen Arm und Reich in der Gesellschaft nicht zu deutlich hervortreten zu lassen. In der Praxis aber ist dies im venezianischen Alltag wenig beachtet worden. Immer wieder wurden diese Gesetze neu erlassen und der Zeit angepasst. Allerdings wurden sie wenig bis gar nicht von den wohlhabenden Venezianern beachtet, die Proteste, Ausflüchte oder Arten und Weisen fanden, diese Gesetze zu umgehen. Kaum eine Frau verzichtete darauf Schmuck zu tragen oder sich in wertvolle Stoffe zu hüllen; Ähnliches galt für die höhergestellten Herren der Gesellschaft. Man handelte europaweit mit Luxus und so trug man ihn durchaus und gerne auch zur Schau.

Die Luxusgesetze sollten nicht nur den Habitus des einzelnen Bürgers reglementieren, sondern durchaus auch den Pomp an Schiffen und Bauten reduzieren. So wird Mitte des 16. Jahrhunderts ein Verbot erlassen, die Gondeln bunt zu bemalen und mit Pelzen und wertvollen Stoffen auszukleiden. Die heutigen schwarzen Gondeln haben ihren Ursprung in dieser staatlichen Verordnung. Nur staatlich genutzte Gondeln oder Prachtgaleeren durften prunkvoll ausgestattet werden.

Bei Staatsbesuchen und traditionellen Festen waren die Luxusgesetze außer Kraft gesetzt, und ganz Venedig wohnte diesen Schauspielen mit Inbrunst und persönlicher Anteilnahme bei. So wird berichtet, dass beim Aufenthalt König Heinrichs III. von Frankreich (1574) an nichts gespart wurde. Der König wurde mit einer Prachtgaleere vom Meer aus zum Markusplatz geführt; hier inszenierte sich Venedig mit seinem unvergleichlichen Schauspiel zwischen Markusbasilika und Dogenpalast. Um den französischen König noch weiter zu beeindrucken, hatte der Architekt Palladio einen Triumphbogen aus Holz errichtet, und in einem drachenförmigen Ofen wurde dem König die Glasbläserkunst vorgeführt. An dem sich anschließenden Bankett sollen 3000 Gäste teilgenommen haben, die mit 1200 verschiedenen erlesenen Speisen verwöhnt worden seien.

Eines der ältesten, schönsten und wichtigsten Staatsfeste, an dem die gesamte Stadt mit inbrünstiger Hingabe teilnahm, war die *sensa,* die Vermählung des Dogen mit dem Meer. Dieses Fest hat seinen Ursprung im Frieden von Venedig 1177 und vermischt sich mit Christi Himmelfahrt. Die *sensa* demonstriert eindrücklich Venedigs Macht über das Meer. Nachdem der Doge an der morgendlichen Messe in der Markusbasilika teilgenommen hatte, betrat er den Markusplatz, wo sich die *signoria* versammelt hatte. Begleitet vom päpstlichen Nuntius und dem französischen Botschafter schritt der amtierende Doge über eine eigens dafür errichtete Brücke in den *Bucintoro,* eine prachtvolle Repräsentationsgaleere, die eigens für festliche Anlässe gestaltet worden war, geschmückt mit der Flagge der Republik und im Inneren prunkvoll mit wertvollen Stoffen ausgekleidet. Das Äußere blendete mit Rot- und Goldtönen die Zuschauer und kontrastierte die blaugrüne Farbe der Kanäle und des Meeres. Ein Zug von hunderten von Booten, von Musik begleitet, eskortierte die Staatsgaleere sodann an den Lido. Hier kam dem Dogen auf einer *Peotta* der Patriarch von Venedig mit einigen Geistlichen entgegen, um die Vermählung zu segnen. Nun wurde der Doge auf das offene

Meer hinaus gerudert, wo er einen goldenen Ring als Symbol der Vermählung in die Fluten des Meeres warf. Das historische Ereignis des Friedenschlusses legitimierte dieses Fest und bestätigte die diplomatische Führungsrolle, die Venedig von nun an in Europa beanspruchte.

Eine weitere Feierlichkeit ist die seit dem Mittelalter im September abgehaltene historische *Regata storica*, festgehalten in einem Gemälde von Jacopo de Barbarì aus dem 16. Jahrhundert, womit auch dieses Fest sich in die Bildmemoria einprägte; eine Art Wettkampf entlang des Canale Grande zwischen den unterschiedlichen Wassergefährten – den *barcaioli, gondolieri, regate* – der Lagunenstadt.

Ebenfalls auf mittelalterliche Traditionen zurückzuführen ist der Karneval in Venedig. Seinen Ursprung begründete er in den römischen Saturnalien. Die Dogen erlaubten dem einfachen Volk Vergnügungen und rauschende Feste, ein Stück Freiheit für alle, in der sonst so politisch und moralisch reglementierten Republik. Während des Karnevals durfte jeder hemmungslos den Feierlichkeiten frönen, unerkannt hinter den Masken versteckt. Die venezianische Maske bestand aus einem Mantel von schwarzer Seide und als Kopfbedeckung eine *bauta*, eine Kappe, welche den Kopf bis ans Kinn bedeckte und bis über die Schultern hinabreichte. Das Gesicht war mit einer weißen Wachsmaske bedeckt, die bis auf den Mund reichte. Dies war die Tracht für beiderlei Geschlecht. Mehr und mehr entwickelten sich im Laufe der Zeit verschiedene Maskierungen. Rauschende Feste, phantasievolle Masken, Musik und Gesang belebten die Gassen in Venedig zu den Zeiten des Karnevals. Im 18. Jahrhundert wurde der Karneval auch in Europa immer mehr zur Institution. In Venedig aber hatte er seine erste Hochzeit, in engem Austausch mit dem Theater und der *„comedia dell'arte“* von Carlo Goldoni. Beides, Karneval und Theater, wurden somit hoffähig.

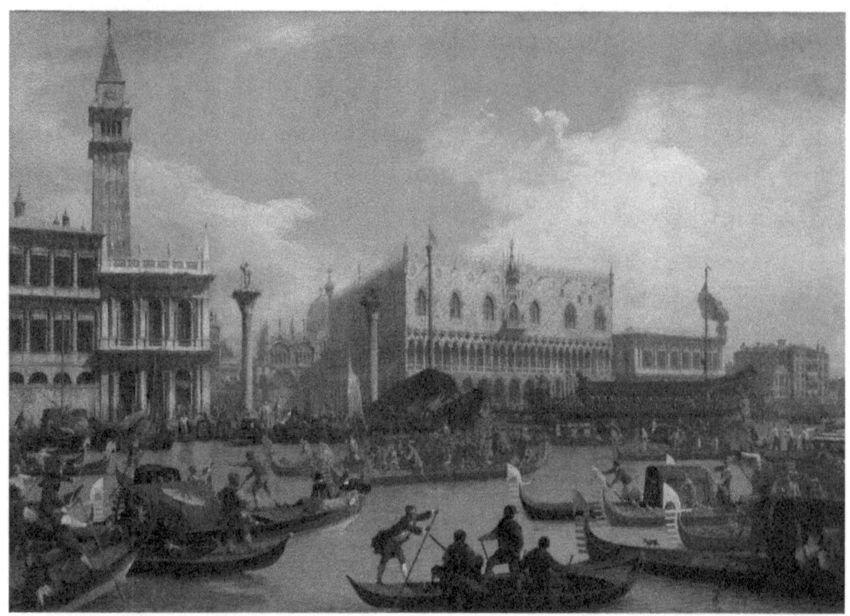

„Die Rückkehr des Bucintoro an der Mole vor dem Dogenpalast". Gemälde von Canaletto, um 1727/29.

Im 16. und 17. Jahrhundert kamen die religiösen Feste des Redentore auf, gefeiert am 3. Sonntag im Juli, um an die Errettung von der Pest 1576 zu erinnern, sowie der Santa Maria della Salute am 21. November, zum Dank für die Errettung von der Pest von 1630.

Im Laufe des 16. Jahrhundert hatte Venedig den Zenit als Handelsmacht bereits überschritten. Abgelöst wurde diese Vorrangstellung von der Hochblüte der Künste und der Entwicklung der venezianischen Botschafter zu den akkuratesten Beobachtern des internationalen Mächteringens in Europa. Sie bewegten sich auf dem schwierigen Parkett der europäischen Königshöfe und Adelshäuser mit Geschick und Gewandtheit und lieferten detailgetreue, minutiöse Beschreibungen von Personalien und politischen Zusammenhängen. Die Kunst hingegen demonstrierte, was Venedig in Europa war: Bewundert, begehrt, reich, schön und oft das Zünglein an der Waage in schwierigen Entscheidungen zwischen Papst und Kaiser. Eine Vermittlerrolle, die Venedig sich immer wieder teuer bezahlen ließ.

So wird die Kunst zum Instrument der Legitimation von Status und Selbstdarstellung, und die Künstler waren mehr als nur Maler, sie waren Darsteller – oft auch Hauptdarsteller – ihrer selbst, der Stadt und der weltgewandten Liberalität, die für Venedig so charakteristisch war.

So beruhte Venedigs zauberhafte Schönheit nicht nur auf seinem Reichtum und der damit verbundenen großzügigen Kunstpatronage seiner Kaufleute. Venedigs Schönheit erwuchs aus einer Verschmelzung verschiedener Elemente, die sich über Jahrhunderte hinweg in einem stetigen Prozess zu einem Ganzen vereinten. Der griechisch-byzantinische Einfluss in Verbindung mit den lateinischen Traditionen des Westens bilden die Hauptelemente der venezianischen Besonderheit. Hinzu kam Venedigs einzigartige geographische Lage: Diese Stadt liegt im Wasser, das einen natürlichen Schutzwall bot; es war die Lagune selbst, die Venedig zu einer sicheren Stadt machte.

Venedig entwickelte durch diese einzigartige Lage einen ganz eigenen Stil, der sich vom Festland grundlegend unterschied. Man findet in Venedig keine festungsartigen Bauten und Mauern, sondern eine Architektur mit geradezu offenem, zugänglichem Charakter, eine demonstrative Leichtigkeit, sei es bei den öffentlichen Gebäuden oder auch bei den privaten Palästen. Gleichzeitig gehörte zu der Architektur in Venedig das Element der Selbstzelebration, die heute noch die Besucher fasziniert. Aus den ursprünglich einfachen, aus Holz gebauten Häusern entstanden mit dem wachsenden Reichtum prächtige Paläste mit marmorner Fassade. Der Venezianer selbst bezeichnete seinen Palast allerdings weiterhin als *casa*. Der einzige Palast, der in Venedig als solcher bezeichnet wurde, war der Dogenpalst, und es entsprach wiederum dem politischen Selbstverständnis der Venezianer, sich in ihrer Gesamtheit dem Dogen als gewähltem Oberhaupt unterzuordnen.

Die venezianische Architektur ging schon immer einen Sonderweg in Europa, ob nun Haus, Palast oder Kirche, sie blieb dem Einfluss Konstantinopels untergeordnet.

Am deutlichsten wird dies bei der Markuskirche: Die weithin sichtbaren Kuppeln, die den Markusplatz überragen, erinnern eher an eine orientalische Stadt als an eine zu Italien gehörige Republik.

Bis weit ins 14. Jahrhundert blieb die bildende Kunst in Venedig den östlichen Traditionen verhaftet. Der Wandel und eine langsame Orientierung gen Westen vollzog sich erst im Laufe des 15. Jahrhunderts, parallel zur politischen Entwicklung der Stadt, als die Venezianer anfingen, ihren Blick auf die *terra ferma* zu richten.

Beispielgebend für diese Entwicklung war die Werkstatt von Giovanni und Gentile Bellini. Mit den Arbeiten der Bellini-Brüder setzte sich in Venedig endgültig die Ölmalerei auf Tafel und später Leinwand durch und löste die bis dahin vorherrschende Kunst der Ikonen und Mosaike ab.

Die Kunstproduktion war in Venedig weitgehend reglementiert. Es gab zwar einzelne sich selbstverwaltende Werkstätten, die die Kunstproduktion in der Stadt mitbestimmten – wie die der Bellini –, aber der Großteil wurde von den in Venedig existierenden *scuole* bestimmt. Diese *scuole* waren karitative kirchliche Vereinigungen, deren Existenzberechtigung an die Verknüpfung von religiösen und sozialen Aufgaben gebunden war. Gleichzeitig investierten diese *scuole* in die Entwicklung der Künste und trugen so zur Ausgestaltung in Kirchen und Palästen bei. Betuchte *nobili* und finanzkräftige Handelsfamilien fanden hier Raum und Künstler, die dank großzügiger Zahlungen für soziale Zwecke bereit waren, dem spendenden Kunstpatron mit glorreichen Festtagsbildern in seiner Selbstdarstellung behilflich zu sein.

In Venedig gab es vier *scuole grandi*. Die Mitgliedschaft erhielt man entweder durch Auswahlverfahren oder man kaufte sich ein, wie Jacopo Tintoretto, dessen grandiose Innenausgestaltung der Scuola di San Rocco noch heute zu bewundern ist.

Zu den frühen Künstlernamen in Venedig, die diesen Wandel begleiteten, gehörten Giovanni und Gentile Bellini und Vittore Carpaccio. Der junge Giorgione faszinierte durch seine vollkommen neue Art der Bildgestaltung und die Nuancierung der Farben. Er hinterließ durch seinen frühem Tod ein unvollendetes Erbe.

Jacopo Tintoretto gehörte zu jener kleinen Gruppe von Malern, deren Namen mit der Blütezeit der Serenissima im 16. Jahrhundert unauflöslich verbunden war. Geneinsam oder eher in ausgeprägter Konkurrenz zu Tizian und Paolo Veronese prägte er das Bild, das man sich in Europa von Venedig machte.

In der Architektur machten sich Jacopo Sansovino und Andrea Palladio einen großen Namen. Und eine Führungsrolle weit über das 16. Jahrhundert hinaus behielt Venedig auch in der Musik und der Theaterkunst.

Venedig zeigte sich Mitte des 16. Jh. von seiner schönsten Seite. Die Stadt war eine der größten europäischen Städte, eines der wichtigsten und größten Handelszentren und verband den Okzident mit dem Orient. Der überwiegende Teil des Handels zwischen Westeuropa und dem östlichen Mittelmeer wurde über die Republik abgewickelt. Die Republik unterhielt die meisten Handels- und Kriegsschiffe, und ihr Adel profitierte gründlich vom Handel mit importierten Luxuswaren. Dank dieses florierenden Handels entwickelte sich Venedig auch zu einem der größten Finanzzentren in Europa.

Keine zweite Stadt in Europa nutzte ihr ständisches Ordnungssystem so entschieden zur effizienten Arbeitsaufteilung. An der Spitze der Republik stand der Doge, der Adel bestimmte die Politik und übernahm die Verwaltung ebenso wie die Kriegs- und Flottenführung, während die bürgerlichen Kaufleute für die Beschaffung von Geldmitteln und die Wertschöpfung durch Handel und die Produktion von Luxusgütern verantwortlich waren. Der Rest der Bevölkerung stellte Soldaten und Matrosen und sorgte für das Handwerk – ein System der Gemeinschaft im Dienste der Republik, des Dogen und des Heiligen Markus. Alle Bewohner waren ein aktiver Teil dieses Systems und somit gemeinsam verantwortlich für den Erfolg der venezianischen Republik. Das Prinzip des gewählten Herrschers und der Gewaltenteilung sorgte in Venedig für eine zu dieser Zeit außergewöhnlich stabile politische Lage. Aus ideologischen und religiösen Streitigkeiten hielt man sich weitgehend heraus. Ärger gab es allenfalls mit dem Papst, der nicht immer mit der Liberalität Venedigs einverstanden war – Venedig versus Rom, ein nicht immer ganz einfaches Verhältnis.

Die Republik war, auch wenn sie den Zenit als Handelsmetropole bereits überschritten hatte, die unangefochtene Mittelmeermetropole im Europa des 16. Jahrhunderts auf dem Höhepunkt ihrer kulturellen Hochblüte. Und deren unbestrittener Hauptdarsteller war Tiziano Vecellio. Tizian wurde zum Exportschlager von Venedig, da er es schaffte, Verbindungen zwischen der Republik und den politischen Akteuren in Italien und Europa herzustellen. Künstlerverleih und Auftragsvergabe wurden als politisches Instrument genutzt, um die Mächtigen wohlwollend an die Republik zu binden. So war Tizian Künstler und Diplomat zugleich und fungierte als Werbeagent und Imagepfleger. Er war als Beauftragter ein unschätzbares Instrument der Serenissima und wurde ausgesandt zum Knüpfen weitreichender Verbindungen.

1531 bezog Tizian ein Haus in Biri Grande und mietete zunächst nur die obere Etage, um 1537/39 übernahm er dann auch die restlichen Wohnungen. 1549 erweiterte er sein Areal nochmals, als er ein angrenzendes, freies Grundstück pachtete. So wurde Tizians Haus durch seinen Garten und seine Größe prächtiger als alle andern Künstlerwohnungen in Venedig. Es war zwar kein Palast, aber wegen seiner Größe trug es den Namen Ca' Grande.

Tizians Haus in Biri Grande in der Gemeinde von San Canciano (im heutigen Cannaregio) lag damals am nordöstlichen Stadtrand inmitten von Gärten und mit freiem Blick über die Lagune nach Murano und auf das Festland, an besonders klaren Tagen konnte man sogar die Alpen sehen.

Vasari wusste zu berichten, dass Tizians Wohnhaus und Werkstatt zu einer Sehenswürdigkeit in Venedig geworden sei. Hier empfing Tizian viele fremde Prinzen, Gelehrte, Edelmänner, Agenten und Diplomaten.

Tizian war nicht nur Meister seiner Kunst, sondern auch überaus gastfreundlich, von feiner Bildung, edlen Sitten und Benehmen (so ein zeitgenössischer Biograph). Immer wieder wurde berichtet, dass er ein großzügiger Gastgeber gewesen sei, der mit gutem Essen eine besonders anregende Atmosphäre für künstlerischen und geistigen Austausch zu schaffen wusste. Elegant gekleidete Damen, wohlriechende Düfte aus dem Orient (die sich mit dem Geruch von Öl und Farbe mischten), erlesene Speisen, anregende Konversation, begleitet von Musik und dem leisen, allgegenwärtigen Plätschern des Wassers in den Kanälen, so darf man sich wohl diese Zusammenkünfte vorstellen.

Wieder zu Hause, konnte man sich dann dieser Begegnungen rühmen. Gleichzeitig verbreitete sich somit der ohnehin schon große Ruhm des Künstlers. Da Tizian in diesem Haus Werkstatt und Wohnung vereinte, gab es auch immer eine Art Führung durch die neuen, im Entstehen begriffenen Werke.

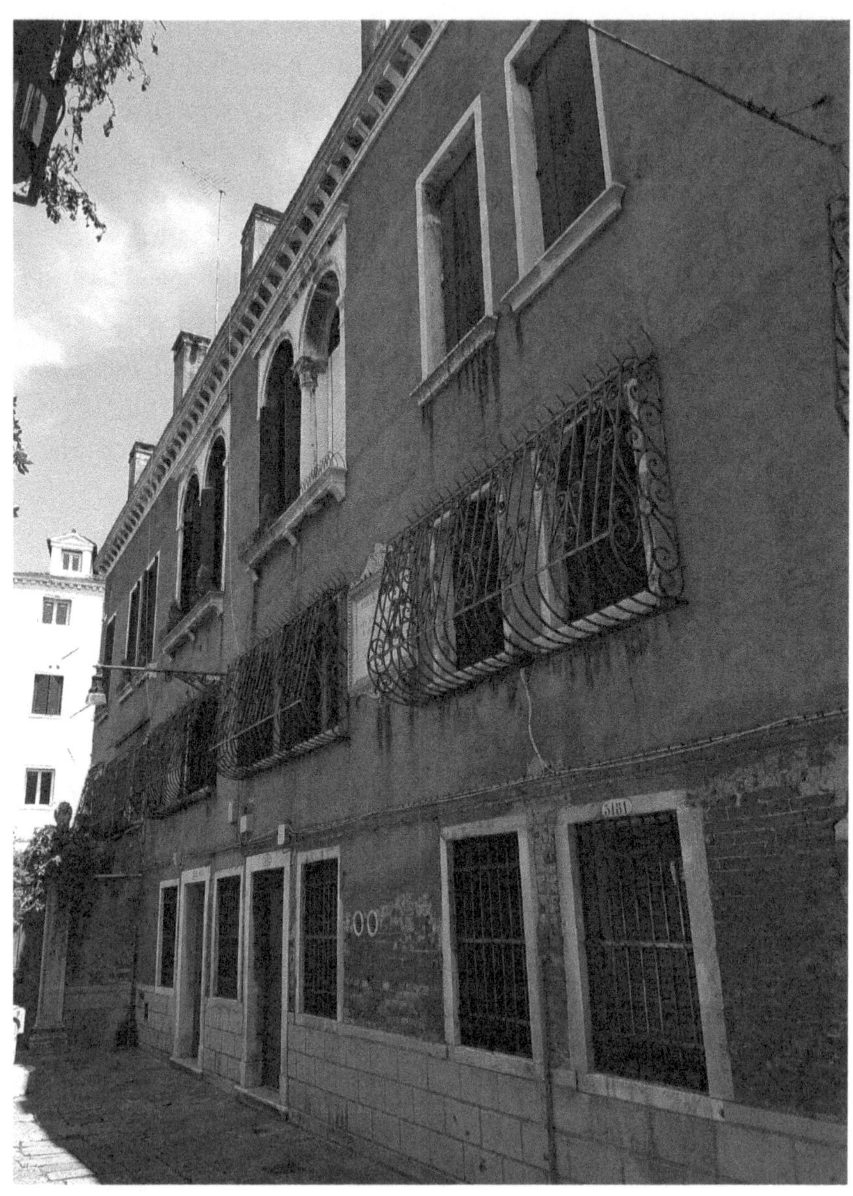

Tizians Wohnhaus am heutigen Campo del Tiziano in Cannaregio.

So gingen die Agenten, Abgesandten und Botschafter seiner hohen Auftraggeber bei ihm ein und aus, und in ihren Briefen berichteten sie von den Gemälden, an denen Tizian gerade arbeitete, von den Gästen und den geführten Konversationen. Gerade dies wusste Tizian immer wieder zu seinen Gunsten zu nutzen, um an neue, prestigeträchtige Aufträge zu gelangen.

Gleichzeitig war Tizians Haus aber auch Treffpunkt für einen Freundeskreis venezianischer Künstler und Gelehrter. Die wichtigsten Mitglieder dieses Zirkels waren Pietro Aretino, der seit 1526 in Venedig weilte und dessen kritische Kommentare in Sachen Kunst, Politik und Gesellschaft weithin gefürchtet waren, und Jacopo Sansovino, der in Florenz geborene Architekt, der vor allem in Rom gearbeitete hatte und dann 1527 vor dem Sacco di Roma nach Venedig geflohen war. Hier avancierte er zu einem der führenden Renaissance-Baumeister der Republik.

Die drei Freunde bildeten ein Triumvirat, deren Gespräche und Lustbarkeiten in Tizians gastfreundlichem Haus Aretino in zahlreichen seiner Briefe beschrieb. Um die Freunde gruppierten sich weitere venezianische und ausländische Gelehrte und Künstler. Dazu gehörte auch Lodovico Dolce, der erste Tizian-Biograph.

Es gibt eindrucksvolle zeitgenössische Schilderungen dieser Abende, und mit Sicherheit haben dieser internationale Austausch und die Mitteilungen aus aller Welt, die auf diese Weise zu Tizian drangen, seinen Wissenshorizont und seinen Blick auf die Welt erweitert und ihn entscheidend bereichert.

Die Grundmauern des Hauses stehen noch, eine marmorne Tafel erinnert an seinen illustren Bewohner. Die innere Aufteilung ist längst verändert, der Garten verschwunden. Von der Lagune ist das Haus heute durch die „*Fondamenta Nuova*" getrennt, eine Landaufschüttung aus dem Jahr 1595. So ist der freie Blick, den man vom Garten auf die Lagune hatte, nur noch eine vage Vorstellung.

Die Ca' Grande, einst Tizians Haus, bleibt Ort der Geschichte und der Kunst. Heute logiert hier ein Geschäft für Gold, welches mit Glanz und Verblendung versucht, neugierige Touristen anzuziehen, und dennoch möchte ich mir einbilden, es rieche noch immer nach Farbe, stehendem Wasser und Salz.

II. Kurze Biographie des Tiziano Vecellio

*Venedigs Malerfürst * Vom einfachen Bürger aus Pieve di Cadore zum Großmeister im kosmopoliten Venedig*

Am 27. August 1576 starb Tiziano Vecellio in seinem Haus in Biri Grande. Er war zu diesem Zeitpunkt der begehrteste Maler seiner Zeit. Er starb an Fieber – ob letztendlich an der Pest, die seit fast zwei Jahren in Venedig wütete, oder an Altersschwäche, lässt sich heute nicht mehr klären. Im Totenregister der Gemeinde von San Canciano wurde der Tod Tizians mit dem kaum glaubwürdigen Alter von 103 Jahren dokumentiert. Obwohl Begräbnisse in der von der Pest gebeutelten Stadt und im medizinisch fortschrittlichen Venedig in diesen schwierigen Zeiten verboten waren, machte die Serenissima für ihren berühmtesten Sohn eine Ausnahme.

Im Morgengrauen des 28. August ragte aus dem frühmorgendlichen Dunst die schlichte Fassade der Franziskanerkirche S. Maria Gloriosa dei Frari empor, und obwohl die Sonne noch nicht aufgegangen war, zog bereits eine feuchte Hitze durch die Stadt. Die Gassen waren leergefegt, nur einige eilige Gestalten huschten vorbei. Seit fast zwei Jahren kämpfte Venedig gegen den Schwarzen Tod. Zu dieser frühen Stunde versammelte sich eine kleine Gruppe von Menschen in der Frari-Kirche zu einer eiligen Beerdigungszeremonie des großen Tiziano Vecellio. Es waren die Kanoniker von San Marco, die die Messe hielten, um den Großmeister der Stadt zu ehren. Trotz der drückenden Hitze in dunkle Mäntel gehüllt und mit Tüchern vor den Mündern. Darüber hinaus waren einige wenige Domestiken und eine Handvoll Mitarbeiter aus der Werkstatt, der Sohn Orazio und eine in schwarz gehüllte Frau anwesend. Schnell waren die Messe und der Segen gesprochen, schnell wurde der hölzerne Sarg in der Gruft versenkt, und schnell verlief sich die kleine Gesellschaft im Gassengewirr der Lagunenstadt. So fand Tizian seine letzte Ruhestätte in der Frari-Kirche, wo 60 Jahre zuvor sein glorioser Erfolg mit dem Altarbild der Assunta begann. Es blieb keine Zeit, sich den Toten zu widmen, wenn man den Lebenden diente. Ein eiliges, einsames Begräbnis ohne Pomp und Ehren, ein leeres Grab, wie moderne Forscher feststellen mussten, und ein erst im 19. Jh. ausgearbeitetes Grabmonument, das rückblickend die glorreiche Karriere dieses Meisters der Farben rehabilitierte. Das Enigma der letzten Ruhestätte Tizians bleibt ungelöst. Ein bitteres Schicksal für diesen Künstler, der zu Lebzeiten hin und wieder selbst an seine Unsterblichkeit glaubte.

Das Wohnatelier Tizians in Biri Grande glich mehr dem Haus eines Humanisten als dem eines Malers. Der gesamte Hausrat war von großem Wert: Brokate, Gold, Münzen, Bücher, Instrumente und das von Tizian selbst geführte Archiv, in dem er seine Auftraggeber und Schuldner minutiös dokumentierte. In seiner Werkstatt verblieben unzählige Similis, halbvollendete Werke, grundierte Leinwände; bei seinem Tod waren die Farben noch feucht, was von der ungebrochenen Schaffenskraft dieses Künstlers bis zu seinem Ende zeugte. Aufgrund der Pest war eine Inventur des Werkstattbesitzes leider nicht möglich. Der Ort unzähliger Bacchanale, der von dem raffinierten Lebensstil Tizians zeugte, überlebte selbst nur für kurze Zeit den Tod des Meisters. Sein Sohn Orazio, den Tizian als seinen künstlerischen Erben ansah und von dem er sich erhofft hatte, dass er sein Lebenswerk weiterführen würde, starb nur kurz nach seinem Vater an der Pest. So blieben das Haus und der Hausrat den streitenden Erben überlassen. Als gesichert scheint es, dass der Maler Palma il Giovane (Palma der Jüngere) die wichtigsten Werke Tizians in Sicherheit gebracht hatte, bevor Pomponio, der erstgeborene Sohn Tizians und Haupterbe, soviel von den Gemälden verkaufte wie er konnte, um seine notorischen Schulden zu bezahlen. Ein späterer gerichtlicher Eintrag vermerkt einen Einbruch im Hause Tizians, eine weitere Mitteilung aus dem Jahr 1577 spricht sogar von der Plünderung des Hauses. Ob dies alles der Wahrheit entspricht, ist kaum mehr nachzuvollziehen, vielleicht waren es auch eher Ablenkungsmanöver, um den um das Erbe entstandenen Streit zwischen Pomponio und Cornelio Sarcinelli, Witwer von Lavinia, der verstorbenen Tochter Tizians, zu vertuschen. Das Ergebnis war jedenfalls die Dezimierung und Zerstreuung von Tizians materiellem und vor allem künstlerischen Erbe schon kurz nach seinem Tod. Pomponio Vecellio zeigte wenige Skrupel, das gesamte Haus und die damit verbundenen belastenden Erinnerungen an Vater und Bruder für gutes Geld an Cristoforo Barberigo zu veräußern. In weniger als fünf Jahren verschwendete Pomponio das gesamte erarbeitete Vermögen des Vaters. Damit waren die Spuren des großartigen Lebens dieses so einzigartigen Künstlers ausgetilgt.

Was bleibt, sind Tizians Werke. Die Pietà, sein letztes großes Meisterwerk, das Tizian selbst für sein Grab bestimmt hatte, war und ist sein künstlerisches Vermächtnis.

***

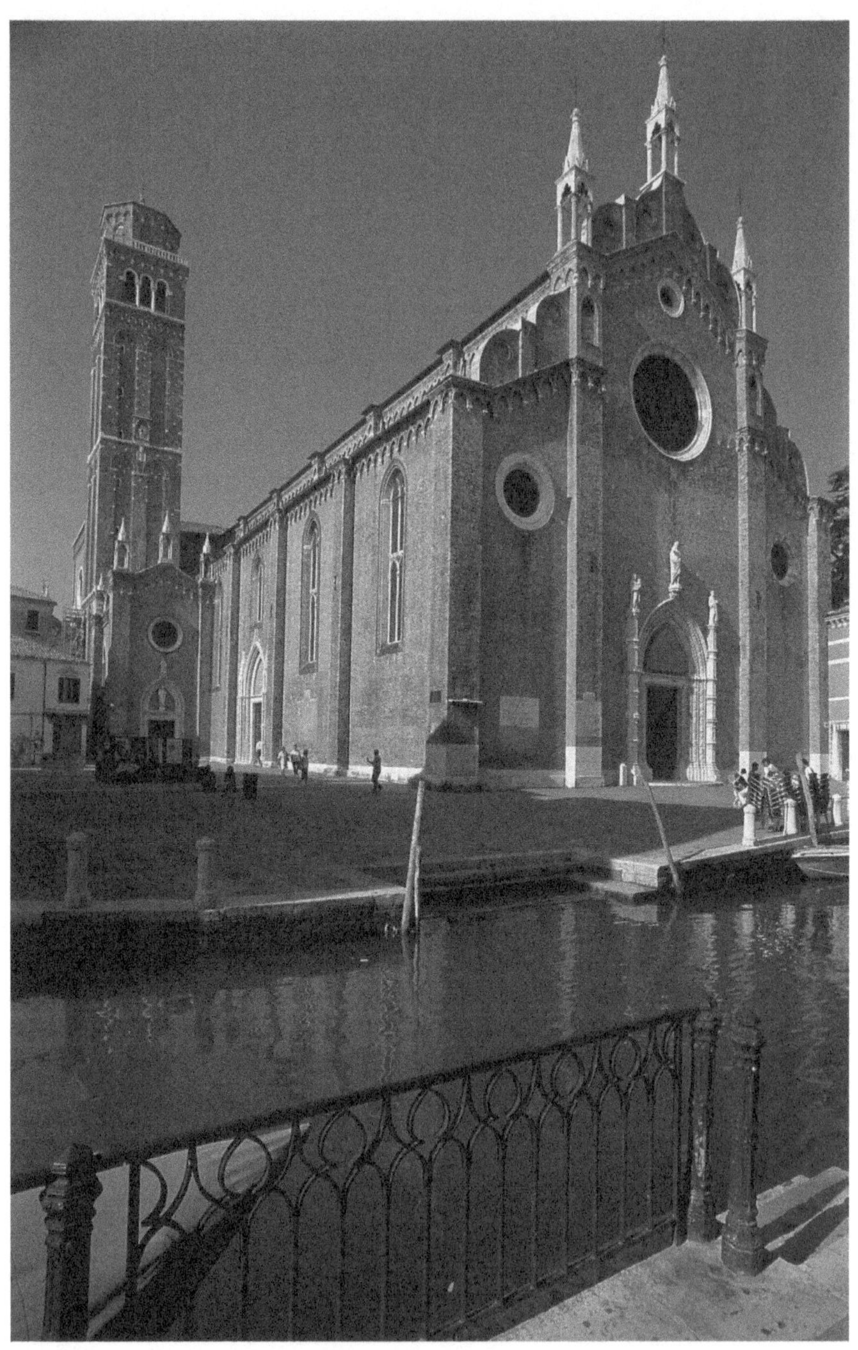

S. Maria Gloriosa dei Frari, erbaut 1340–1443 über einem älteren Vorgängerbau.

Tizians Anfänge liegen weitgehend im Dunkeln. Dank der vielen zeitgenössischen Notizen und Biographien denken wir, fast alles über sein langes und komplexes Leben, sein Künstlerdasein und seinen kulturellen und menschlichen Einfluss über die Zeit hinweg zu wissen. Das Geburtsdatum allerdings bleibt ungewiss. Eine erste Hypothese legt es auf das Jahr 1477, ein Datum, das der Maler selbst in einem Brief erahnen lässt, den er am 1. August 1571 an den Monarchen Philipp II. sendet, in dem er um eine ausstehende Zahlung bittet und die Dringlichkeit mit seinem hohen Alter rechtfertigte. Er selbst behauptet 95 Jahre alt zu sein. In diesem Falle wäre Tizian an die 100 Jahre alt gewesen als er starb. Dies übernimmt 1622 einer der ersten Biographen Tizians, Carlo Ridolfi, in seinem *Breve Compendio della vita di Titian*. Diese Theorie findet heute kaum mehr Beachtung, die Mehrheit der zeitgenössischen Kunsthistorikerinnen und -historiker hat sich auf die Daten 1488/1490 geeinigt. Dieser Theorie liegt vor allem der Text von Lodovico Dolce, *Dialogo della Pittura*, zu Grunde, in dem Dolce behauptet, dass Tizian, als er die Arbeit am *Fondaco dei Tedeschi* (1508–1510) begann, noch keine zwanzig Jahre alt gewesen sei. Einschlägige Tizian-Forscher hingegen wie Erwin Panofsky, Charles Hope und zuletzt Augusto Gentili datieren die Geburt Tizians anhand einer genauen historisch verankerten Chronologie und einer präzisen Werkanalyse zwischen 1480/1485.

Als Beweisstück gilt ein kleines Altarbild, heute im Kunstmuseum von Antwerpen: *Jacopo Pesaro wird von Papst Alexander VI. (Borgia) dem Heiligen Petrus vorgeführt*. Dieses Werk kann aus gesamthistorischen Zusammenhängen und stilistisch gesehen auf 1503/1506 datiert werden. Dieses Bild feiert den Sieg der spanischen, venezianischen und päpstlichen Seeflotte unter der Leitung von Jacopo Pesaro im Auftrag Papst Alexanders VI. gegen die Osmanen 1502. Da Papst Alexander VI. 1503 verstarb und das Bild im Auftrag von Jacopo Pesaro gemalt wurde, lässt sich die frühe Datierung des Bildes nachvollziehen. Tizian zeigte sich hier als ein junger, unabhängiger Künstler um die 20 Jahre jung.

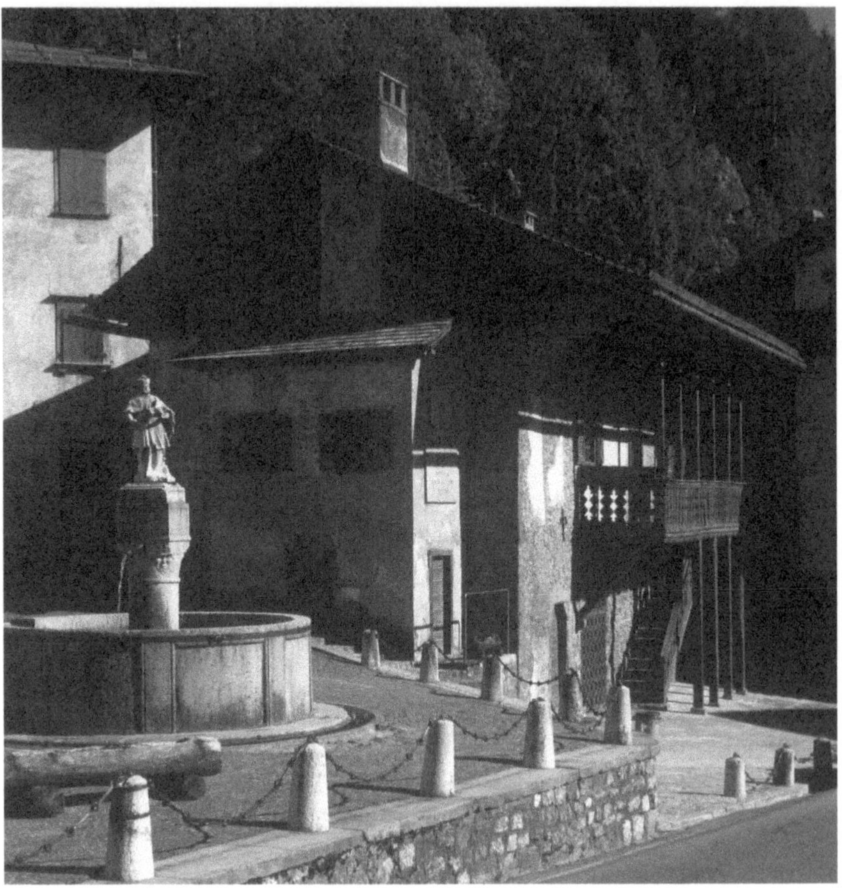

Das Geburtshaus Tizians in Pieve di Cadore.

Kurz und gut, das genaue Geburtsdatum bleibt auch in der heutigen Forschung ein Rätsel, nicht aber der Geburtsort. Tizian wurde in der kleinen voralpinen Stadt Pieve di Cadore als Sohn eines angesehenen Bürgers geboren. Pieve lag an der Grenze zum venezianischen Herrschaftsgebiet, später gehört es sogar zum Einzugsgebiet Venedigs, an einem der strategisch wichtigen Handelswege zwischen Italien, Österreich, Bayern und dem antiken Handelsweg zwischen Rom und Flandern. Diese Kleinstadt war von jeher an Handel und Kulturaustausch zwischen dem europäischen Norden und der Serenissima gewöhnt. Seine Eltern Lucia und Gregorio Conte di Vecellio stammten aus einer Familie, die seit Generationen Notare und Richter in ihren Reihen verzeichnen konnte. Sie gehörte zu den einflussreichen politischen und administrativen Verwaltern der Stadtgemeinschaft von Pieve. Es handelte sich also um eine wohlhabende, gebildete und angesehene Familie. Um 1500 wurde der sehr junge Tizian gemeinsam mit seinem Bruder Francesco nach Venedig zu einem Onkel geschickt, um bei dem Maler und Mosaizisten Sebastiano Zuccato in die Lehre zu gehen.

Das Venedig des frühen 16. Jahrhunderts, in dem Tizian als Künstler heranwuchs, war eine der bevölkerungsreichsten Städte Europas. Es war das Venedig des Dogen Leonardo Loredan (1501–1521), dem „*sereno*", was man mit dem Heiteren, Sorglosen, übersetzen könnte, ein Titel, den die Stadt als Motto in ihrem Namen la „*Serenissima*" übernahm. Wenn auch der Zenit Venedigs als Handelsmacht überschritten war, so war die Serenissima doch mitten in ihrer Blütezeit als Stadt der Kultur, des Intellekts, des Wohlstands und des Überflusses. Es war das goldene Zeitalter der venezianischen Malerei, und Venedig zeichnete sich als die Hauptstadt des Pigmentenhandels aus. Das kulturelle und intellektuelle Leben Venedigs erfuhr in diesen Jahren einen Aufschwung, die philosophische Schule am Rialto für Logik und Naturphilosophie war nur ein Beispiel dafür. Die kosmopolitische Handelsmetropole entwickelte sich in dieser Zeit zum europäischen Zentrum des Buchdrucks und somit zum pulsierenden Herz des freien Denkens und des Humanismus, da die Republik fast gänzlich frei von Zensur war und so auch andernorts verschmähte Schriften hier gedruckt werden konnten. Meinungsfreiheit, internationales Ansehen und die liberale Verhaltensweise der Republik machten die Lagunenstadt zum Zentrum klassischer und moderner Studien und des diplomatischen Austauschs in Europa. Venedig war stolz auf seine Toleranz und vor allen Dingen auf seine intellektuelle Unabhängigkeit vom Kirchenstaat und dem päpstlichen Diktat.

Warum der Vater seine beiden Söhne zu einem Onkel – wahrscheinlich Antonio, dem Bruder des Vaters, der sich in den Diensten der Serenissima befand – nach Venedig in die Ausbildung gab, ist unbekannt; in einigen Quellen wird die Mutter als die treibende Kraft hinter dieser Entscheidung genannt. Dennoch bleibt das Verdienst der Familie unbestritten, das Talent des Sohnes erkannt zu haben. So kann man wohl das sehr intensive Porträt, welches Tizian um 1530 von seinem Vater malte, als Dank ihm und der Familie gegenüber verstehen. Der Künstler malte den eigenen Vater in Armatur, als öffentliche, wichtige Person. Die Haltung, der Blick und die gesamte Darstellung spiegeln den Stolz eines Mannes wider, der es aus eigener Kraft geschafft hatte, seine Familie aus der Provinz zu Rang und Ansehen gebracht zu haben.

Der Mosaizist Sebastiano Zuccato, dessen Söhne später selbst führende Mosaikkünstler der Stadt und zu lebenslangen Freunden von Tizian werden sollten, war ein Freund der Familie Vecellio. Der Einfluss dieser frühen Ausbildung bei einem Mosaizisten ist anzunehmen, da Tizian später wiederholt Entwürfe für die musivische Ausgestaltung von San Marco geliefert hat. Mit Zuccatos Hilfe gelang es Tizian, in die damals renommierteste Werkstatt Venedigs, in die der Bellini-Brüder, aufgenommen zu werden. Diese Werkstatt galt als eine der ersten Werkstätten mit Unternehmercharakter in größerem Umfang. Giovanni Bellini hatte gute Kontakte zu Kirchen, Klöstern, der Signoria und den einflussreichen Familien Venedigs. Um die beiden Bellini-Brüder – den welterfahrenen und international hochgeschätzten Gentile und den bis ins hohe Alter künstlerisch beweglichen und experimentierfreudigen Giovanni – gruppierten sich junge talentierte Maler wie Sebastiano del Piombo, Lorenzo Lotto, Palma der Ältere und Giorgione. Es war in dieser Werkstatt, dass Tizian in Kontakt mit diesen Künstlern kam, was den unabhängigen und wachen Geist des zukünftigen Großmeisters stark beeinflusste und für seine Zukunft richtungsweisend wurde. Die Ausbildung bei den Bellini-Brüdern wurde für Tizian das Sprungbrett, das ihn auf die Höhe der venezianischen Künstlerriege katapultierte. Hier übte sich der junge Künstler in den traditionellen venezianischen Gattungen des Andachtsbildes, der Mariendarstellung, der *Sacra Conversazione* und des Porträts, er wurde in die Farb- und Pigmentenlehre eingeführt und lernte den Reiz und die Wirkung heller, lichter Farben kennen.

Der originellste in dieser venezianischen Künstlergruppe war ohne Zweifel der nur knapp zehn Jahre ältere Giorgio da Castelfranco, Giorgione genannt. Dieser wurde als ungebundener junger Mann beschrieben, der ebenso dem geselligen Leben, dem Müßiggang und der Musik zugeneigt war wie der Malerei. Dieser ihm eigene Charakter spiegelte sich in den rätselhaften Traumwelten und romantisierenden Bildern wider, die Giorgione malte und die wohl den jungen Tizian faszinierten. Er schloss mit ihm ein ganz besonderes Verhältnis. Die beiden verband eine kompetitive und nicht immer ganz einfache Freundschaft. In traditionellen Forschungsarbeiten spricht man vom klaren und tiefen Einfluss Giorgiones auf Tizian und seine Farbgebung in der frühen Zeit, die ans Romantische grenzt. Neuere Forschungen grenzen dies jedoch stärker ab und sehen in Tizian denjenigen, der neben – oder vielleicht gemeinsam mit – Giorgione die neue Art der Verwendung von Farben inszenierte, also das entwickelte, was als *arte moderna* angesehen werden kann. Die Diskussion in der Forschung zeigt auf jeden Fall, wie nah sich Giorgione und Tizian in künstlerischer Hinsicht standen. Ein wunderbares Beispiel dieser frühen Phase in Tizians Kunst ist das Werk *Concerto Campestre (Ländliches Konzert)*, dass auf 1509/1510 datiert wird und sich in der Sammlung von Isabella D'Este befand. Lange war die Zuschreibung des Werkes zwischen Giorgione und Tizian umstritten, heute legt sich die Forschung fast einheitlich auf Tizian fest. Es ist ein literarisches, ein poetisches Thema und entspringt der humanistischen, neuplatonischen Inspiration der Zeit. In den neuplatonischen humanistischen Zirkeln Venedigs verkehrte unter anderen der venezianische Humanist, Poet und spätere Kardinal Pietro Bembo, der wiederum eine innige Bekanntschaft mit dem Maler Tizian pflegte.

Das Ländliche Konzert zeigt die Allegorie der weltlichen und geistlichen Musik in einer sublimen Harmonie. Ähnlich das Bild der *Drei Generationen (Le tre età)* von 1512/1513, welches in den gleichen humanistischen Zusammenhang gehört. Auch hier verbinden sich Musik und Liebe zu einer Gesamtallegorie der einzelnen Lebensphasen. Diese sublime Harmonie des Geschehens übersetzte Tizian meisterhaft mit seiner weichen, fließenden Farbgebung.

Als Giorgione 1508 beauftragt wurde, die Fassaden des *Fondaco dei Tedeschi*, des Handelshofs der Deutschen neben der Rialtobrücke, mit Fresken zu schmücken, gab dieser die Seitenfassade an Tizian ab, während er selbst die Fassade zum Canale Grande hin ausführte. Leider sind durch Witterungsschäden nur Fragmente dieser Fresken erhalten geblieben, die im damaligen Venedig allgemeine Anerkennung und Bewunderung hervorgerufen hatten. Mit diesem ersten öffentlichen Auftrag begann Tizian bereits, politische Verantwortung der Serenissima gegenüber zu übernehmen.

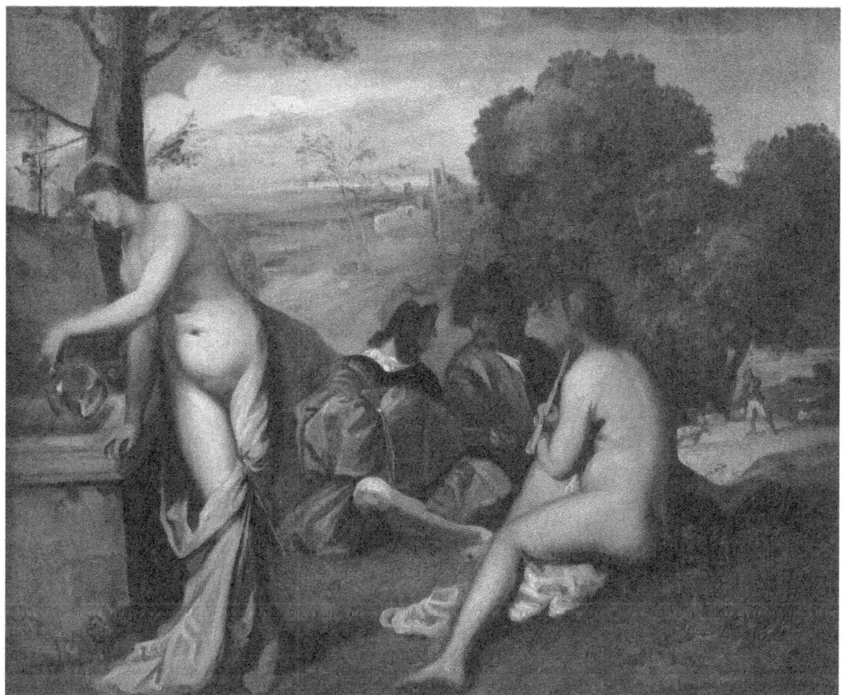

Concerto Campestre (Das ländliche Konzert), 1509/1510.

Nach anfänglicher beiderseitiger Bewunderung wurden Giorgione und Tizian jedoch zu Rivalen. Giorgiones früher Tod durch die Pest 1510 erlaubte es Tizian, ganz aus dem Schatten des Freund-Rivalen herauszutreten und sich zu verselbständigen. Abgesehen von kleineren Auftragswerken machte er in dieser Zeit vor allem als Gestalter von dramatischen Ereignisbildern von sich reden. Deutlich wird diese Kategorie in den Fresken in der *Scuola del Santo* in Padua, so in *Miracolo del marito geloso* (Das Wunder des eifersüchtigen Ehemanns), Teil eines Bildzyklus', der die Wunder des Heiligen Antonius von Padua erzählt. Anhand dieser Fresken, denen eine komplexe Bildgestaltung und eine allegorische Erzählungsweise zu Grunde liegen, wurde schon sehr früh der Intellekt des jungen Malers Tizian deutlich.

Nur 23-jährig war er daher fordernd, triumphierend und erfolgreich auf dem Weg, zum begehrtesten Maler seiner Zeit zu werden. Die früh erfahrene Anerkennung seiner Werke gab ihm die Selbstsicherheit, bereits 1513 ein Gesuch an den Rat der Zehn (*Consiglio dei Dieci)* zu stellen, in dem er sich anbot, den Saal des Großen Rates in Venedig auszumalen. Gleichzeitig bewarb er sich auch um das begehrte Malerpatent, die *Sensaria* des *Fondaco dei Tedeschi.* Tizian zeigte sich in seiner Bewerbung selbstsicher und weltgewandt. Er bot seine Dienste Venedig an, obwohl bereits andere hohe Herren und sogar der Papst an ihn herangetreten seien, er aber habe den sehnlichsten Wunsch, nur der Republik zu dienen. Tatsächlich schlug Tizian die Einladung des Humanisten Pietro Bembo aus, nach Rom an den Hof Papst Leos X. überzusiedeln. Einer der Gründe dafür war mit Sicherheit seine enge künstlerische und politische Verbindung zu Venedig, aber auch eine gewisse künstlerische Freiheit, die die Serenissima ihren Künstlern garantierte, anders als der päpstliche Hof.

Die Rechnung ging für Tizian auf, er hatte erreicht, was er erreichen wollte: 1513 erhielt er von der Serenissima das unter Künstlern so sehr begehrte Malerpatent *la Senseria* am *Fondaco dei Tedeschi.* Dies bedeutete stabile Einkünfte und vertraglich festgelegte Aufträge. Mit dieser finanziellen Sicherheit im Rücken konnte sich Tizian erlauben, eine eigene Werkstatt zu eröffnen. Sie lag am Canale Grande, bei der Kirche San Samuele. 1517 erhielt er dann auch die Privilegien der *Sinecure* (festes Auskommen mit monatlicher Zahlung) der Stadt Venedig, um die er sich schon Jahre zuvor beworben hatte. Mit diesen Privilegien wurde Tizian zum Superintendenten der Republik in künstlerischen Angelegenheiten, was bedeutete, dass er die noch nicht vollendeten Gemälde Bellinis im Großen Ratssaal fertigstellen und eine beschädigte Schlachtendarstellung aus dem 14. Jh. in der *Sala del Colleggio* durch ein Ölgemälde ersetzen sollte. Er ging mit der Stadt Venedig noch einen weiteren Vertrag ein: Er bekam pro Jahr ein festes Gehalt von 20 Kronen und die Befreiung von einigen Steuern, und im Gegenzug verpflichtete der Künstler sich zeitlebens, alle Dogen zum Festpreis von 8 Kronen zu porträtieren.

Tizian war nun zum ersten Maler der Serenissima avanciert, und seine Dienste an der Republik hatten oft einen diplomatischen Charakter. Tizian, der Exportschlager der Serenissima, ging in den Fürsten- und Herrschaftshäusern ein und aus als Gesandter im diplomatischen Auftrag Venedigs. Er brachte venezianisches Gedankengut an die italienischen und europäischen Höfe und kam mit intimsten Neuigkeiten seiner fürstlichen Auftraggeber zurück in seine geliebte Stadt.

Der Tod Giorgiones 1510 und Giovanni Bellinis 1516 wie auch der Weggang Sebastiano Piombos aus Venedig nach Rom ließen Tizian ohne ernstzunehmenden Konkurrenten in der venezianischen Künstlerlandschaft zurück, und für die nächsten 60 Jahre sollte Tizian die Nummer eins der venezianischen Malerei sein.

Obwohl der venezianische Adel als nicht besonders kunstempfänglich galt, machte sich Tizian rasch einen Namen. Zwar orderten die Adligen der Serenissima größtenteils Altarbilder, gedacht als fromme Stiftungen an die vielzähligen Klöster und Kirchen der Stadt, aber dies hinderte Tizian nicht daran, auch in diesem Bereich einzigartige Neuerungen zu schaffen und zu begeistern. So fielen in die Anfangszeit der eigenen Werkstatt Tizians eine Reihe von kleinformatigen Frauen- und Madonnenbilder. Diese Bilder heiliger Frauen wurden zur Verselbständigung des Sujets der schönen Frau. Tizians malerische Kunst der Darstellung gelangte mit diesen Werken zu einem frühen Höhepunkt ästhetischer Reife (auch wenn für diese Bilder wohl meist Modelle und Frauendarstellungen aus einschlägigen venezianischen Etablissements benutzt wurden).

Ein beispielhaftes Werk aus dieser Zeit ist das Gemälde *Amor sacro e Amor profano* (*Die heilige und die profane Liebe*), gemalt als Geschenk zur Hochzeit des Regierungsbeamten Nicolò Aurelio und seiner schönen Braut Laura Bagarotto. Dieses wunderbare Werk gilt als eines seiner Hauptwerke aus dieser Anfangszeit. Das Gemälde besticht vor allem durch die Brillanz der Farben, die ruhende Schönheit der Frauengestalten und die Harmonie der Gesamtdarstellung.

Mit dem sensationellen Werk der *Himmelfahrt Mariä*, der *Assunta* in der Kirche S. Maria Gloriosa dei Frari (1516–1518), gelang Tizian der letztendliche Durchbruch. Seine Vormachtstellung als der größte Maler Venedigs blieb nach diesem Werk für die weiteren Jahrzehnte unangetastet. So kommentierte Lodovico Dolce: „*Die Größe und Schrecklichkeit eines Michelangelo und die Lieblichkeit und Anmut eines Raphael und die reine Farbe nach der Natur vereinigen sich so zum ersten Mal in dem Meisterwerk eines jungen venezianischen Malers.*"

Die Franziskaner hatten im Jahre 1516 Tizian den Auftrag gegeben, für ihre Hauptkirche eine „Assunta", eine Himmelfahrt, zu malen, und bereits 1518 kam das grandiose, epochale Meisterwerk in einer gigantischen marmornen Edicola hinter dem Hauptaltar zur Aufstellung. Allein das Format dieses Altarbildes sprengte sämtliche Rahmen durch seine immense Größe von 6,90 x 3,60 Meter. Dieses Gemälde kann als das Schlüsselwerk im Übergang zwischen der Renaissance und dem Barock gesehen werden. Tizian gelang hier eine unglaubliche Steigerung der Dramatik durch die Dreiteilung des Bildes, und eine noch nie zuvor realisierte Gestaltung in ihrem Gesamtwerk, stilistisch wie ikonographisch. Die traditionelle Darstellung vom Tode Mariens, ihre Beweinung und Grablege fehlen vollkommen. Stattdessen stellte Tizian in einer Einheit von Raum und Zeit in den oberen zwei Dritteln des Bildes Mariä Aufnahme in den Himmel und die Krönung zur Königin der Christenheit inmitten des gloriosen Chors der Engel dar, während die Apostel mit ihrer emotionalen Bewegtheit im Bereich der erdverbundenen Zone im unteren Teil des Bildes zu finden sind. Es sind die unglaublich suggestive Farbgestaltung, die intensiven unterschiedlichen Rottöne und das himmlische Gold, welche ein absolutes Novum in der Kunst darstellten, und es war die vollkommen neuartige Weise der Benutzung von Farbe, die nur dem Maler Tizian eigen war, welche dem Werk diese außerordentliche Einheit verlieh.

Gleich nach seiner bahnbrechenden *Assunta* bekam Tizian 1518 den Auftrag der Pesaro-Familie, sie in einem religiösen Votivbild zu verewigen. Es sollte ein Gruppenporträt werden, in dem die Gläubigen zu Füßen Mariens die Gesichtszüge der Familie Pesaro tragen. Das Oberhaupt der Pesaro-Familie hatte im Auftrag Papst Alexander VI. gegen die Türken gekämpft und wollte nun durch das Werk Tizians seinen Ruhm auf ewige Memoria hin darstellen und gleichzeitig bei der Heiligen Maria als Vermittlerin um Gnade für sich und die gesamte Familie bitten. Es ist ein Remake des ganz frühen Werkes, das bereits erwähnt wurde, welches sich heute in Antwerpen befindet. Die kühne, herausfordernde Komposition, die alle zentralen Personen einschließlich der Muttergottes konsequent aus der Bildmitte rückt, gepaart mit der unglaublichen Farbintensität machen die Erneuerung, die Tizians Malkunst bedeutete, deutlich und erklären die kunsthistorische Bedeutung dieses Werkes.

Die Signoria nahm diese Meisterwerke anerkennend und gleichzeitig kritisch zur Kenntnis, indem sie feststellte, dass Tizian zu Gunsten der *Assunta* und weiterer privater Aufträge seine Verpflichtungen im Großen Ratssaal vernachlässigte. Diese Vernachlässigung der Verpflichtungen gegenüber der Signoria blieb ein chronischer Diskussionspunkt im Verhältnis zwischen Tizian und der Serenissima. Trotzdem aber machte sich die Republik gerne Tizians diplomatische Fähigkeiten zunutze.

Der Ruhm Tizians ist für immer an Venedig gebunden. Die Kunst und die Kultur der Serenissima spiegeln sich in Tizians Bildern wider, und der Künstler identifizierte sich mit seiner Wahlheimat voll und ganz. Venedigs soziale Hintergründe, das politische Selbstverständnis der Stadt, die religiösen Krisen des 16. Jahrhunderts finden in Tizians Gemälden Ausdruck. Die gesamte Karriere dieses Ausnahmetalents war an den kontinuierlichen symbiotischen Austausch mit Venedig gebunden. Seine Reisen, die ihn, wenn auch oft nur für kurze Zeit, aus Venedig wegführten, waren immer dem diplomatischen Dienst an der Republik oder dem eigenen Verdienst unterworfen. Die sensiblen diplomatischen Beziehungen Venedigs mit den italienischen Herrscherhäusern und dem Kaiserreich, vor allen mit Karl V. und zuletzt mit dem Thronfolger Philipp II. von Spanien, fanden ihre Darstellung in den zahlreichen Gemälden Tizians, oftmals verschlüsselt in ideologischen Allegorien und mit einer intensiven Aussagekraft, die weit über viele zeitgenössische Dokumente hinausreicht. Dieses enge Verhältnis zur Lagunenstadt gab dem Künstler Tizian die Freiheit, seinen Beruf zur Berufung zu machen, und der Serenissima das Recht, ihren Ausnahme-Künstler als Diplomaten zum politischen Austausch zu benutzen.

Seinen Ruhm in Italien und Europa hatte Tizian mit harter Arbeit, viel Feingefühl und Diplomatie und mit einer unglaublichen Geduld erreicht. In einem hoch kompetitiven kosmopolitischen Venedig gelangte Tizian zu hohem Ansehen und Respekt auch unter seinen Malerkollegen. Dank seines langen Lebens und seiner ihm ganz eigenen Fähigkeit, sich an seine Auftraggeber anzupassen und ihren vielfältigen Ansprüchen zu entsprechen, überschritt Tizian die Grenze der Kunst und besuchte die europäischen Herrscherhöfe als Diplomat und Freund der Mächtigen. Er war in der Lage, ganz individuelle persönliche Porträts in glanzvolle Herrscherbildnisse zu verwandeln, ohne den Menschen, der hinter dieser Macht stand, außer Acht zu lassen. Er malte die Mächtigen, er kannte und erkannte sie. So ging Tizian in den italienischen und europäischen Adelshöfen ein und aus und war zu gleicher Zeit und gleichen Teilen begehrter Künstler bei Kaiser und Papst, was wiederum als ein Zeichen seiner Anpassungsfähigkeit zu werten ist.

In dieser Zeit der Stabilität und des ersten großen Ruhms beschloss Tizian, sich eine Lebensgefährtin suchen. Es sollte nicht eine der schönen, weltgewandten Venezianerinnen sein, nicht eine Frau der Leidenschaft, sondern eine, die einen Anker in seinem Leben darstellte, ihm die Ruhe für sein Schaffen garantieren konnte. Genau diese Charaktereigenschaften fand Tizian in der schönen Cecilia Soldano aus Perarolo, einem Nachbarort von Pieve di Cadore. Cecilia war die Tochter des dortigen Barbiers, der die Rolle des Arztes, Aderlassers, Zahnziehers und Apothekers einnahm, ein Bekannter der Familie Vecellio. Als Tizian diese junge Frau mit nach Venedig nahm, war von Heirat nicht die Rede, er nahm sie mit als Haushälterin mit weitläufigen Aufgaben. Cecilia wurde als schöne, blonde und robuste Frau beschrieben, von gefälligem Aussehen und angenehmer, ruhiger Art, diskret, genügsam und vor allem gehorsam. In den seltensten Fällen nahm der Künstler sie zu öffentlichen Anlässen oder Einladungen mit, die in dem mondänen Venedig an der Tagesordnung waren. Cecilia war sein Anker, sein ruhender Pol in dem der Lebenslust verschriebenen Venedig. Erst nach der Geburt des zweiten gemeinsamen Sohnes Orazio – die Geburt des erstgeborenen Sohnes Pomponio wird auf 1523 datiert – legitimierte er seine Söhne 1525 durch eine sehr stille und private Eheschließung.

Bereits bei den ersten beiden Geburten hatte Cecilia ihr Leben riskiert, und nur wenige Monate nachdem sie ihr drittes Kind, die Tochter Lavinia, 1530 auf die Welt gebracht hatte, verstarb sie an den Komplikationen dieser Geburt. Nach seinem Lieblingssohn Orazio wurde Lavinia zum Augapfel Tizians. Cecilia war so diskret gewesen, dass die Gesellschaft erst nach ihrem Tod davon Kenntnis nahm, dass Tizian verheiratet gewesen war.

Der Tod seiner Frau war ein großer Einschnitt in Tizians Leben, der sich für diesen erfolgsgewohnten Mann schwer verkraften ließ. Er beschloss einen Umzug von seiner bisherigen Wohnstätte und Werkstatt in San Samuele in ein neues, größeres Haus mit Garten und Meeresblick – eine Seltenheit in Venedig. Das neue Wohnatelier befand sich in Biri Grande, einem damals vornehmen Stadtteil in Venedig. Haus und Garten lagen am Meer und erlaubten einen freien Blick auf die Insel Murano und die Voralpen. Gleichzeitig überzeugte er seine Schwester Orsa davon, zu ihm nach Venedig zu kommen, um den Haushalt und die Erziehung der Kinder zu übernehmen. Sie folgte dem Ruf ihres berühmten Bruders und unterstützte ihn bis zu ihrem Tod 1550.

In diesen ruhmreichen Jahren schloss Tizian neue Freundschaften, die ihn für den Rest seines Lebens begleiten sollten. Es waren vor allen Dingen die beiden aus der Toskana stammenden Wahlvenezianer Jacopo Sansovino – der Bildhauer und Architekt – und der Dichter, Polemiker und Kunstkritiker Pietro Aretino, mit denen Tizian eine enge, lebenslange Freundschaft verband. Später gesellte sich zu diesen dreien noch Lodovico Dolce, der zum ersten Tizian-Biographen werden sollte. Aretino vermittelte dem Maler einen wertvollen Bildungs- und Wissensschatz, den dieser sich wiederum bei den geselligen Zusammenkünften in seinem Wohnatelier zunutze machen konnte. Gemeinsam sind Maler und Dichter berühmt geworden und gemeinsam haben Tizian und Aretino die Großen und Mächtigen mit Geschenken umworben. Aretino gilt heute als der größte Promoter und Werbeagent des Malerfürsten, der dank der für ihn im Voraus gesendeten Vorschusslorbeeren Einlass in die italienischen Herrscherhäuser fand und dort mit seinem Können die Mächtigen bezauberte.

In diesem Kreis auserwählter Freundschaften schuf sich Tizian ein harmonisches Gleichgewicht zwischen Arbeit, Zurückgezogenheit, Reflexion über seine Werke und Geselligkeit mit intellektuellem Austausch. Es gehörte zu einer der wichtigsten Eigenschaften Tizians, mit seinem wohlwollenden Auftreten und seiner angenehmen Art seine Gäste, zu denen Fürsten und Gesandte, Literaten und Künstler gehörten, in seinem Hause zu empfangen und diese, begleitet von angenehmer Musik und geistvoller Unterhaltung, in seine Kunst einzuführen. Auf diese Weise knüpfte Tizian wertvolle Kontakte mit wichtigen Auftraggebern auf dem italienischen Festland und in Europa. Seine Kontakte führten ihn schon früh nach Ferrara zu Alfonso D'Este, wo er sich mit dem Dichter Ludovico Ariosto anfreundete, der immer wieder gern gesehener Gast im Hause Tizians war. Durch ein werbewirksames Porträt, das dem Herzog von Mantua, Federico Gonzaga, geschenkt wurde, gelangte Tizian dann 1527 an dessen Hof, wo Federico Gonzaga, der sich in der Rolle des Mäzens gefiel, zu einem seiner wichtigsten Förderer wurde. Die Bewunderung Federicos ging so weit, dass er seinen Hofkünstler sogar an Kaiser Karl V. weiterempfahl. 1530 lernten sich der Kaiser, der zur Kaiserkrönung durch Papst Clemens VII. dort weilte, und der Malerfürst schließlich in Bologna kennen, und dort porträtierte Tizian Karl V. gleich zwei Mal. Weltberühmt das Porträt Karls V. mit Ulmer Dogge, das wahrscheinlich 1533 in Bologna entstand, in dem sich der Kaiser selbst erkannte und das ihm sogar gefiel. Es handelt sich hier um das erste erhaltene Porträt, das Tizian von Karl V. anfertigte, in dem der Kaiser willensstark und überlegen wirkt. Ob Tizian mit diesem Bild das von dem österreichischen Maler Jakob Seisenegger angefertigte Porträt des Kaisers kopierte, bleibt eine Vermutung. Deutlich wird in Tizians Porträt allerdings, dass es nicht des rücksichtslosen Realismus der nordeuropäischen Maler bedurfte, um des Kaisers Glanz und Herrscherlegitimation darzustellen.

Mit diesem Porträt gewann Tizian das Wohlwollen des Kaisers, der dem Künstler 1533 den Titel des kaiserlichen Hofmalers überreichte und ihn zum Ritter des Goldenen Sporn ernannte. Sogar seine Kinder wurden geadelt, was für einen Maler eine unerwartete und außergewöhnliche Ehre darstellte. Tizian unterhielt von da an eine sehr intensive und besondere Beziehung zu Karl V. Durch diese Beziehung gewann Tizians Kunst über Italien hinaus eine europäische Dimension. Seine höfischen Bildnisse prägten so die spätere Porträttradition des absolutistischen Zeitalters.

Durch die internationalen Verpflichtungen und die zahlreichen Aufträge durch die italienische Elite vernachlässigte Tizian die Arbeiten am Dogenpalast, was die venezianische Regierung dazu brachte, ihm das Malerpatent 1537 zugunsten von Giovanni Antonio da Pordenone zu entziehen. Als dieser jedoch bereits 1539 verstarb, bekam Tizian das Patent zurück, da er konkurrenzlos als der erste Künstler in Venedig angesehen wurde. Karl V. gestattete ab 1540 seinem Hofmaler eine jährliche Zahlung von 200 Kronen, welche später sogar auf 400 Kronen angehoben wurde. Zu alledem gesellte sich 1542 noch ein Vertrag zur Getreideversorgung von Pieve als eine weitere, von der Malerei losgelöste Einnahmequelle. Tizian blieb trotz seiner Identifikation mit Venedig immer eng an seinen Geburtsort gebunden, besuchte diesen jährlich und zeigte sich dort großzügig.

Tizians finanzielle Verhältnisse waren glänzend und lagen weit über dem Durschnitt der damaligen Zeit. Der Künstler befand sich auf dem Höhepunkt seines materiellen Reichtums und beruflichen Erfolgs. Allerdings waren sämtliche Privilegien und Dauereinkünfte hart erarbeitet, und oft musste er mahnen und immer wieder um die ausstehenden Zahlungen der Renten und die Entschädigungen für die geleisteten Lieferungen seiner Gemälde kämpfen.

Tizian arbeitete sowohl für Venedig als auch für den italienischen Hochadel und für den Kaiser. Anders als viele seiner Malerkollegen hatte Tizian es vermieden, sich als Hofkünstler nur einem Auftraggeber zu unterwerfen, er blieb immer selbständiger Unternehmer. Es gab kaum vergleichbare Künstler, die so eine Ausnahmestellung einnahmen.

Obwohl Tizian viele auswärtige Erfolge verzeichnen konnte und viele Verpflichtungen außerhalb Venedigs in Italien und Europa annahm, verließ er nur äußerst ungern seine Stadt. Seine Aufenthalte waren daher immer nur von kurzer Dauer, selbst bei Karl V. in Augsburg. Durch seine Briefe erfahren wir, dass er solche Reisen oft nur unternahm, um seinen Söhnen Vorteile zu verschaffen. Für Pomponio, der die geistliche Laufbahn eingeschlagen hatte, erhoffte er sich Pfründe und Titel, für Orazio, seinen Lieblingssohn, Maler und Mitarbeiter, wollte er die fürstliche Gunst erhalten. Zeitlebens war Tizian vor allem um das Ansehen seiner Familie bemüht und getrieben von der Vorsorge für seine drei Kinder.

Tizians Ruhm hatte sich schon seit geraumer Zeit ausgebreitet, aber erst unter Papst Paul III. gab Tizian letztendlich dem Drängen der Farnese nach und reiste 1545 in die Ewige Stadt, als er ein päpstliches Lehen für seinen Sohn Pomponio in Aussicht hatte, um diesen finanziell abzusichern. Dieses erhoffte Lehen – als Gegenleistung für seine Gemäldelieferungen an die Farnese und Papst Paul III. – wurde dem Sohn Tizians allerdings nicht zugedacht, in diesem Fall hatte sich Tizian verkalkuliert. Es war somit verständlich, dass sich Tizian – trotz der römischen Ehrenbürgerschaft, die ihm zugedacht wurde, und dem Angebot, weiterhin am päpstlichen Hof tätig zu sein – nicht länger als notwendig in der Ewigen Stadt aufhielt, und als Karl V. seinen Hofkünstler nach Augsburg zu sich beorderte, verließ Tizian im Frühjahr 1546 Rom und kehrte zuerst einmal nach Venedig zurück. 1548 begegnete er dann in Mailand erstmals dem spanischen Thronfolger Philipp II., der bis in das hohe Alter des Künstlers sein letzter großer Auftraggeber werden sollte. Er schuf Porträts von Philipp, war aber für den schüchternen und melancholischen Prinzen darüber hinaus eine intellektuelle Unterstützung.

In den 1550er Jahren widmete sich der venezianische Großmeister fast ausschließlich den sogenannten Poesiè, Bildern zu Ovids *Metamorphosen*. Tizian kehrte mit malerischem Elan und poetischem Einfühlungsvermögen zu seiner ersten Liebe, der Poesie in der Malkunst zurück, nur jetzt mit einer viel reiferen Auffassungsgabe und einer noch viel poetischeren Wiedergabe der unterschiedlichsten mythologischen wie auch religiösen Sujets.

Langsam begann der Künstler, die Gunst Venedigs gegen die Gunst der Herrscherelite auszutauschen und zog sich zunehmend aus der Gemäldeproduktion und dem öffentlichen Gesellschaftsleben in der Lagunenstadt zurück, was zu einem Teil auch der massiven Präsenz des exzentrisch-düsteren Tintoretto zuzuschreiben war, dem Tizian eher kritisch gegenüberstand. Den virtuos-eleganten Paolo Veronese hingegen förderte er.

Tizians Rückzug ins Private hing auch mit den vielen menschlichen Verlusten zusammen, die er hatte ertragen müssen. Seine engsten Freunde waren verstorben, und die besondere Tragik im Leben des alternden Künstlers war der viel zu frühe Tod seiner geliebten Tochter Lavinia, die bereits 1561 im Kindbett starb. Hinzu kam, dass er erkennen musste, dass Pomponio wenig taugte und zu einem höheren geistlichen Amt weder Fähigkeiten noch Neigung zeigte. Er war ein Tunichtgut und Spieler, der seine Nächte in Freudenhäusern verbrachte und chronisch verschuldet war. Die Trauer um seinen Sohn Orazio, der in den Augen des Vaters sein Lebenswerk hätte weitertragen sollen, blieb Tizian zum Glück erspart, Orazio überlebte das Pestjahr 1576 zwar nicht, aber er starb knapp einen Monat nach seinem Vater.

Trauer, Tragik und trotz allem eine ungebrochene Schöpferkraft finden sich in den letzten Werken dieses so einzigartigen Malers. *La punizione di Marsia* (*Die Schindung des Marsyas*, 1575–1576) zieht die Summe aus Tizians Bemühung um Farbe. Das grausige Geschehen verschwindet fast gänzlich hinter dem Flimmern der Farben. Es ist eines der eindrücklichsten Gemälde Tizians, nur vergleichbar mit seinem letzten Werk, der Pietà, welche zum ganz privaten Testament dieses großen Künstlers wurde.

***

Über Tizians Charakter und Persönlichkeit wissen wir wenig, seine Briefe wurden oft nicht von ihm selbst geschrieben und erhalten wenig Privates. Sein Privatleben hielt Tizian von der Öffentlichkeit so gut es ging fern, und so bleibt uns nur das Wenige, was die Zeitgenossen über Tizian berichteten, sofern es nichts mit seinem Beruf zu tun hatte, und am Ende stehen seine Bilder und Werke, die ihn charakterisieren. Man kann fast behaupten, dass Tizians Wesensart sich fast ausschließlich aus seinen Werken erschließen lässt, nur dort treffen wir auf die Persönlichkeit dieses Künstlers.

Zeitgenössische Besucher im Atelier Tizians in Biri Grande erzählen begeistert von der freundlichen Art Tizians, seinem intellektuellen Wissen, seiner angenehmen und freundlichen Erscheinung und seinen feinen Manieren. Aus Briefen und Schriften entnehmen wir folgende Charakterisierungen: Tizian sei selbstbewusst, beharrlich, stolz, erfolgsgewohnt, stur, diskret, zurückgezogen, verschlossen, penibel, genau, anpassungsfähig, diplomatisch, elegant, geistreich, eloquent, feinsinnig, psychologisch feinfühlig, schöpferisch, weitsichtig, farbgewaltig und ewig auf der Suche.

Am Ende bleibt uns sein Selbstporträt. Es sind genau zwei Selbstporträts, die dem Meister selbst zugeschrieben werden können, das eine befindet sich in der Gemäldegalerie der Staatlichen Museen zu Berlin (1550–1562), das andere befindet sich im Prado in Madrid (1566). Es ist das Berliner Selbstbildnis, das Tizian am ehesten charakterisiert. Was die Datierung anbelangt, gibt es in der Forschung unterschiedliche Auffassungen, die Zeitspanne schwankt von 1550 bis 1562. Für die frühe Datierung spricht das noch kräftige Aussehen Tizians und der noch nicht ganz ergraute Bart, die spätere Datierung hingegen kann durch die verwendete Technik und Farbgebung untermauert werden, die typisch für den späten Tizian war. Auch ähneln sich die beiden Selbstporträts von Berlin und Madrid sehr, was als Beweis gesehen werden kann, dass sie kurz nacheinander entstanden sind. In den *Vite* in der Ausgabe von 1568 erzählt Vasari, dass er bei seinem Besuch im Hause des Meisters 1566 „ein Selbstporträt von ihm, das er selbst vor vier Jahren fertiggestellt habe, sehr schön und natürlich" (*un suo ritratto, che da lui finito quattro anni or sono, molto bello e naturale*), gesehen habe.

Nichts deutet in diesem Bild auf den Maler Tizian hin, kein Malerattribut, kein Pinsel, keine Staffelei sind zu sehen. Die Farbgebung wirkt eintönig und doch sieht man den feinen Umgang mit den Farben. Mit unglaublicher Virtuosität arbeitete Tizian sein Porträt aus Schwarz- und Brauntönen heraus, das Weiß wurde als dicke Farbmasse und unregelmäßig aufgetragen, das Gesicht nuanciert und damit zu einer unglaublichen Lebendigkeit gebracht. Keinem anderen Maler seiner Zeit ist Ähnliches in der Farbgebung gelungen.

Es ist ein Dreiviertelporträt, der Künstler sitzt an einem leeren Tisch und trägt eine schlichte schwarze Kopfbedeckung. Seinen mühevoll erarbeiteten Wohlstand und die ihm zugedachten Privilegien spiegeln sich nur im weichen Pelzkragen der Jacke und der goldenen Kette wider, die er von Karl V. geschenkt bekommen hatte. Diese Kette erinnert an die hohe Wertschätzung, die ihm zu Teil geworden war. Tizian zeigte sich selbst mit allen Ehren, Privilegien und Annehmlichkeiten, als einen Mann, der es aus eigener Kraft geschafft hatte, emporzusteigen. Die Wendung des Kopfes, der herrische Blick und die skeptische Unruhe des Körpers – agil, energisch und von kräftiger Statur – zeigen einen Mann voller Tatendrang. Sein stolzer, wacher Blick schweift in die Ferne, die Augen suchen den Horizont: Tizian blickt in die Zukunft, feinsinnig, weltgewandt, voll Vitalität und Willenskraft. Dies ist kein übliches Repräsentationsbild, wohl eher ein spontanes Charakterbild des Künstlers selbst.

Als Tizian in hohem Alter 1567 starb, war er der wohl erfolgreichste Maler in der venezianischen Geschichte. Von Zeitgenossen als „die Sonne unter den Sternen" bezeichnet, war er einer der vielseitigsten und produktivsten italienischen Künstler seiner Zeit (mit insgesamt 646 Werken). Vor allen Dingen beeindruckt bis heute sein einzigartiger Kolorismus. Seine Malweise und Farbgebung beeinflussten weit über den venezianischen Rahmen hinaus zukünftige Maler europaweit.

Tizian hinterließ keine Werkstatt und keine Schule in seinem Namen, er hatte es immer vorgezogen, Mitarbeiter zu wählen, die keinen eigenen Stil oder großes Talent zeigten und so nur den Tizian eigenen Stil in Kopiermanier weiterführten. Große Meister wie Tintoretto, Paris Bordone und El Greco verbrachten nur kurze Zeit in seiner Werkstatt. Er war ein weltgewandter

Alleskönner und wurde und wird in einem Atemzug mit Michelangelo und Raphael genannt. Tizian ist der berühmteste und folgenreichste Meister der venezianischen Renaissance. Für Tizian und mit ihm stand die Farbe im Mittelpunkt der Malerei in der Lagunenstadt. Er war der absolut virtuose Kolorist und bediente sich der Magie der Farben wie kein anderer.

III. Die Magie der Farben

*Ein Exkurs in die Farbenkunde: die Herstellung der Farbe, die Herkunft der Pigmente, die richtige Mischung, die Handelswege * Die Beschreibung eines Farbenhändlers: Alvise dalla Scala, der zu der Zunft der „spezieri" gehörte und der für Tizian vertrauteste „vendicolore" war, so vertraut, dass er ihn sogar porträtierte * Tizians Maltechnik und seine Farben * Die Magie der Farben – Il Colorito alla Veneziana*

Die Welt ist voller Farbe. Diese Aussage trifft in Venedig noch mehr zu als andernorts. Die Stadt im Wasser liefert eine ihr ganz eigene Farbpalette, facettenreich und farbgewaltig: das Wasser der Kanäle, das Meer, der Dunst der Meeresluft, das wechselnde Licht im Laufe des Tages, all dies schafft in seiner Gesamtheit die Nuancierungen der uns bekannt geglaubten Farben. Kein Wunder also, dass im Mittelpunkt der Malerei in der Lagunenstadt die Farbe steht.

Gehen wir von der modernen Definition von Farbe aus, bekommen wir verschiedene Ansätze und Antworten. So ist auf der einen Seite die Farbe ein durch das Auge und Gehirn vermittelter Sinneseindruck, der durch das Licht hervorgerufen wird, es ist die Wahrnehmung elektromagnetischer Strahlung. Die Farbwahrnehmung ist eine subjektive Empfindung, sie hängt von der Lichteinstrahlung und der Beschaffenheit der Augen ab. Weitere optische Wahrnehmungsphänomene wie Struktur, Glanz oder Rauheit und auch psychische Empfindungen, die die Farbwahrnehmung auslösen kann, sind von dem eigentlichen Begriff der Farbe zu unterscheiden. So ist Farbe das Wahrgenommene; sie entsteht durch den visuellen Reiz der Farbrezeptoren, und nicht durch die Eigenschaft des betrachteten Objekts oder des gesehenen Lichts. Farbe ist subjektives Empfinden. Das optische Phänomen der Farbwahrnehmung ist bis heute ein Forschungsgebiet von umfassender Komplexität, in dem sich physikalische, physiologische und psychologische Aspekte verflechten.

Unterschiedliche Theorien und Lehren zur Farbe entwickelten sich seit der Antike. Die antike Literatur kennt eine Vielzahl an theoretischen Texten über Farbe und ihre Anwendung, Traktate über die Malerei und die Maltechnik. Man las, lernte und lehrte aus den Schriften des Demokrit, des Plinius, des Vitruv, des Galen und Theophilus.

Man kann auch antike Schriftfragmente mit Anmerkungen und Theorien zur Farbe im klassischen China und in Vorderasien nachweisen. In der frühen Renaissance entstand eine faszinierende Darstellung der Maltechnik und vor allem der Produktion der Farben und Pigmente von Cennino Cennini (1370–1440) in seinem wertvollen Beitrag *Il Libro dell'Arte*. Selbst Johann Wolfgang von Goethe entwickelte eine eigene Theorie der Farben.

Die Farbe als Phänomen, Ausdrucksform und Symbol hat die Menschen schon immer bewegt und führte zu den unterschiedlichsten Theorien und Erklärungen, bis hin zu Betrachtungen philosophischer Art über Stoffeigenschaft und Lichterscheinungen.

Das moderne Verständnis des Farbsehens und die Grundlagen für das Verständnis der menschlichen Farbempfindung hingegen schuf erst Isaak Newton (1643–1727).

Er zerlegte das Sonnenlicht an einem Glasprisma in seine Spektralfarben und konnte nachweisen, dass sich weißes Licht in eine Vielzahl von Einzelfarben teilen lässt. Das Prisma bricht blaues Licht stark, rotes Licht hingegen erfährt nur eine leichte Brechung, dazwischen liegen unendlich viele Abstufungen und ein Lichtspektrum von Violett über Blau, Grün, Gelb und Orange bis zum Rot. Nachdem Newton das Tageslicht durch ein Prisma in einzelne Farben zerlegt und dabei sieben Hauptfarben gezählt hatte, entdeckte er, dass sich die Farben zu einem Kreis verbinden lassen. Er nahm als Erster Schwarz und Weiß aus der Sortierung der Farben, schob die Farbe Purpur (Purpur oder Magenta kommt bei der Spektralzerlegung von weißem Licht nicht vor) zwischen das violette Ende und den roten Anfang des Spektrums, und schuf so den Farbkreis, einer der wichtigsten Schritte zur Ordnung der Farben. Es ist allerdings nicht nur die Beschreibung des Strahlengangs durch das Prisma, welches Newtons Erklärung zur Farbe bahnbrechend machte, sondern auch – und vor allem – das Verständnis für die psychologische Komponente des Farbsehens.

Im alltäglichen Sprachgebrauch werden farbgebende Substanzen, die eigentlichen Farbmittel, also stoffliche Mittel, ebenfalls als Farbe bezeichnet. Um diese Farbe und ihre Stoffeigenschaft, um die Materie mit ihrer visuellen Qualität, geht es im Folgenden.

Die Grundlagen für Farben waren anfangs Naturstoffe. Materialkenntnis und alchemistische Fähigkeiten waren zur Herstellung von Pigmenten und Farben notwendig – eine Kunst für die Kunst. Man gewann Pigmente aus organischen und anorganischen Stoffen und verwandelte diese dann mithilfe der verschiedenen Binde- und Lösungsmittel in Farben. Bis ins 19. Jahrhundert stellten die Künstler ihre Farben aus natürlich vorkommenden anorganischen, künstlich anorganischen und natürlich organischen Pigmenten selbst her. Mit der wachsenden Nachfrage an Farbe in Kunst und Wirtschaft, der fortschreitenden Industrialisierung und dem Fortschritt in der chemischen

Forschung wurden die natürlichen Pigmente und Farbstoffe durch synthetische Farben ersetzt.

Das Wissen um die Technik der Herstellung von Farben wurde traditionell mündlich von einer Generation zur nächsten weitergegeben. Die Ausgangsstoffe wurden direkt von den Apotheken bezogen und die eigentliche Farbherstellung von den Malern selbst besorgt. Einschlägige Fachliteratur gab es bereits. Es gab Farben aus Erden, Kreiden und Mineralien. Die Erden produzierten Rot-, Braun-, Gelb- und Grüntöne, Umbra, Terra di Siena und Ocker. Löschkalk und Kreide lieferten das Weiß, hauptsächlich zur Grundierung und als Mischfarbe. Diese Materialien ließen sich relativ leicht zu gebrauchsfertigen Pigmentpulvern zerreiben. Lapislazuli, Ultramarinblau, Azurit, Bergblau, Kobalt, Kobaltblau, Auripigment, Goldfarbe, Schwefelgelb, Realgar, orangenrotes Arsensulfid, Malachit und Berggrün waren harte Materialien, die zuerst mühsam zu immer kleineren Brocken zerschlagen und in einem Mörser bis zu feinpulveriger Form aufgerieben werden mussten. Aus diesem Steinpulver stellte man dann durch das Aufschwemmen in einer Lösung aus Öl das fertige Pigment her. Es gab auch chemisch hergestellte Farben wie Bleiweiß, was durch Erhitzen zu einem wunderbaren Bleigelb im Farbton von hellem Eigelb wurde. Leuchtendes Zinnoberrot entstand aus Quecksilber und Schwefel. Die Farbe Schwarz gewann man aus Eisenoxyden, oder aber aus verschiedenen Rußen. Zu diesen organischen und anorganischen Farbstoffen kamen noch die Farben tierischen Ursprungs hinzu. Vor allem die rote Farbe wurde aus tierischen Ausgansstoffen hergestellt: allen voran Purpur, die Farbe der Könige, Kaiser und Kirchenfürsten. Purpur wurde aus verschiedenen Schneckenarten gewonnen, die Herstellung war extrem zeitaufwendig und kostenintensiv. Zur Herstellung von 1,5 Gramm kristallinem Purpurfarbstoff bedurfte es um die 1200 Schnecken. Das tiefe purpurrote Karmin hingegen wurde aus den Weibchen der Kermesschildlaus gewonnen. Der färbende Bestandteil war die Karminsäure. Nach der Entdeckung der neuen Welt kam aus Amerika die Cochenilleschildlaus, die einen ähnlich roten Farbton produzierte wie zuvor die Kermesschildlaus, nur ergiebiger und mit weniger Aufwand in der Herstellung, also kostengünstiger. Tiergalle hingegen ergab – sowohl im natürlichen Zustand, als auch vermischt mit Safran oder Schwefel – einen hellen, leuchtenden Gelbton. Die Beimischung von Eiweiß ergab allgemein eine strahlende Farbwirkung.

Pflanzliche Farben wurden seltener zum Malen, sondern hauptsächlich zum Färben von Textilien benutzt. Die fertigen Farben wurden nach dem gesamtem Herstellungsprozess in Muscheln, kleinen Gefäßen oder Farbblasen aus Häuten aufbewahrt und gelagert. Die Pigmente bezogen die Künstler von spezialisierten Pigmenthändlern oder von Apothekern. In Florenz gehörten diese Händler der gleichen Gilde der freien Künste an, in Venedig war der „*vendicolori*" sogar ein eigener Berufsstand. Venedig und Nürnberg waren in Europa die Zentren des Pigmenthandels. So wurden Grünspan und Krapp aus den Niederlanden und Karmin aus Polen über Nürnberg als Verteilerzentrum nach Italien geliefert. Bleiweiß, Bleimennige und Bleizinngelb kam aus deutschen Bergwerken nach Italien. Die erdigen Farben stammten zu großen Teilen aus Italien selbst, Mineralien aus fernen Gebirgen kamen entlang der Seidenstraße bis nach Venedig. Es war bekannt, dass man in Venedig die qualitativ besten Pigmente bekam. Über die Pigmente und Farben hinaus lieferten die dortigen Farbenhändler auch Lösungsmittel, Pinsel, Leinwände und Malerzubehör. In Venedig hatte man die Kunstfertigkeit, diese Materialien in Pigmente und damit in Farbe zu verwandeln. Einer der größten Abnehmer dieser Pigmente war Venedig selbst, da auch für die Kunstglasproduktion in Murano genau solche hochwertigen Pigmente notwendig waren. Aber auch viele große Künstler anderer Länder zogen es vor, ihre Malmaterialien direkt aus Venedig zu beziehen. So wurde Venedig zum Umschlagplatz der Farben für die damalige Kunstwelt. Aus den Pigmenten schufen sie dann ihre eigenen individuellen Farben für ihre Werke. Die den Künstlern zur Verfügung stehende Farbpalette war aber, verglichen mit heute, eher klein.

Ein kurzer Rückblick auf die Geschichte der Maltechnik zeigt, wie vorausschauend Tizians Benutzung von Farben war, und dass genau diese einzigartige Farbgebung den Beginn der modernen Kunst darstellte.

Während im Mittelalter vor allem die Malerei mit Temperafarben auf Holzpanelen Anwendung fand, kommt es in der Frührenaissance zu einer neuen Blüte der Wandmalerei. Hier beginnt nicht nur das mathematische Studium der Perspektive und der optischen Gesetze, sondern auch die Entwicklung der modernen Fresken-Technik, welche die frühere Enkaustik-Technik (Mischung der Pigmente mit Wachs) ablöste und im Laufe der Renaissance zu ihrem technischen Höhepunkt fand. Während die Freskentechnik vor allem zu großflächiger Ausmalung verwendet wurde, bleibt die Tafelmalerei vorerst bei Temperafarben auf Holz, bis diese von der Ölmalerei abgelöst wurde. Die Ölmalerei gilt als die letzte große Errungenschaft in der Malkunst. Statt mit Ei werden die Pigmente nun mit Öl gebunden. Vasari nennt als Erfinder dieser Technik den Flamen Jan van Eyck. Es gab bereits in der frühen Renaissance Experimente mit ölhaltigen Farben, so arbeiteten bereits Giotto und Ghiberti damit. Die ersten Ölfarben unterschieden sich nur geringfügig von den Temperafarben, und auch ihre Anwendung blieb im engsten Sinne der ursprünglichen Technik verwandt. Die Technik Öl auf Leinwand triumphierte letztendlich in der Malkunst, vor allen Dingen durch die Möglichkeit der vielfältigen Farbanwendungen, der Haltbarkeit, des Glanzes und wegen der Leichtigkeit der Leinwände, die auch den Transport der Kunstwerke einfacher gestaltete. So wurde Kunst mobil. Im 16. Jh. waren es vor allem die venezianischen Künstler, die sich ganz der Ölmalerei widmeten und somit die anderen Maltechniken in den Hintergrund geraten ließen. Als neue Grundlage für das Auftragen der Farben wurden nun statt der Holztafeln vor allen Dingen Leinwände aus Hanf und Leinen benutzt. Venedig und seine Künstler wurden so zu Vorreitern der modernen Kunst, und die Stadt war die Hauptstadt der Farben.

Die Lagunenstadt benötigte als Zentrum der Textil- und Glasindustrie besondere Pigmente von besonderer Qualität, und so wurde Venedig zu einer weitreichenden Drehscheibe des Farben- und Pigmentenhandels in Italien und Europa.

Während in anderen Städten die Künstler ihren Bedarf an Material noch in den Apotheken deckten, erfolgte in der Lagunenstadt schon um 1500 eine entsprechende Spezialisierung. Der Kult um die Farbe und der oft verschwenderische Verbrauch davon in der venezianischen Künstlerproduktion zeugen von diesem Standortvorteil. Davon profitieren die Maler der Serenissima, und im Zuge der Nachfrage nach diesen qualitätsvollen Farben und Pigmenten etablierte sich in Venedig der Farbenhändler, *„vendicolori"*, als eigener Berufsstand. Maler ganz Italiens und Europas bezogen, wenn möglich, ihre Pigmente aus Venedig. In vielen Fällen traten sogar die Maler der Serenissima selbst als Agenten und Vermittler bei Pigmentkäufen auf, so Tizian und Tintoretto für Farben, die an den päpstlichen Hof beordert wurden, oder Tizians Sohn Orazio, der 1572 einen umfangreichen Pigmentenverkauf Alvise dalla Scalas, des Farbhändlers seines Vaters, an den spanischen Hof vermittelte.

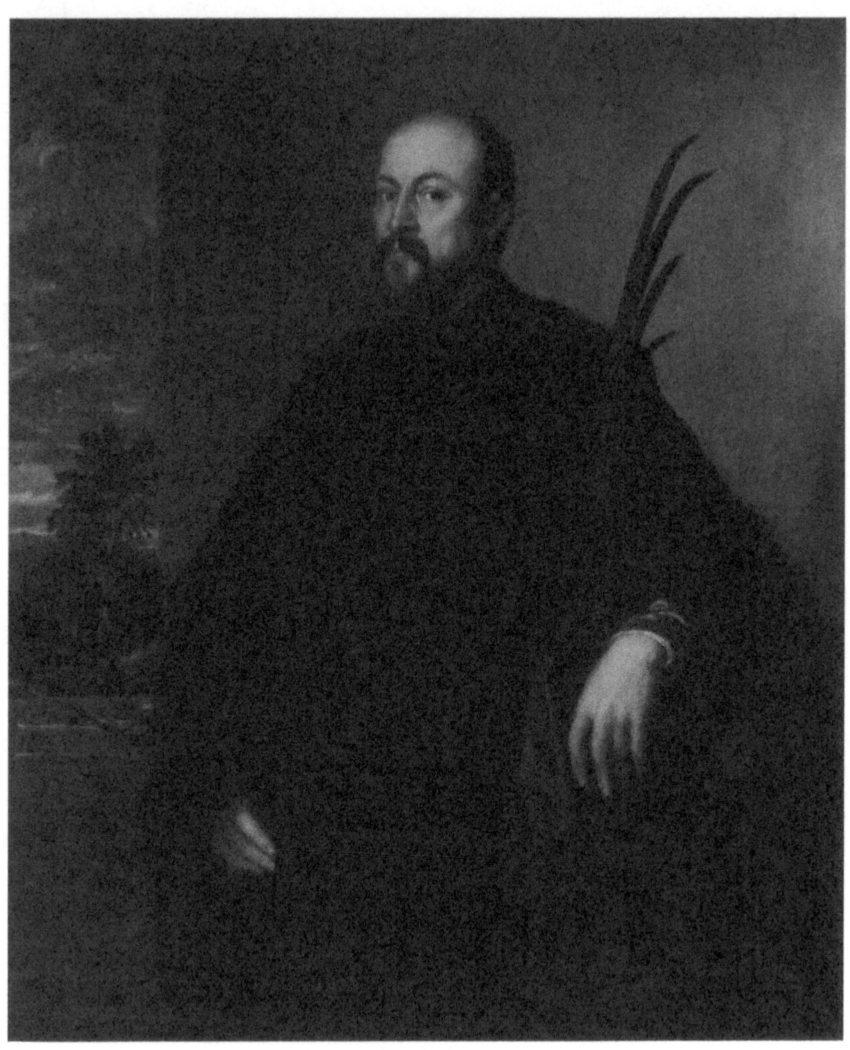

Der Farbenhändler Alvise dalla Scala. Gemälde (1561/62) von Tizian.

Tizian hat seinem Vertrauens-Farbenhändler Alvise Gradignan dalla Scala in einem Porträt (1560/1561) ein Denkmal gesetzt, das diesen mit Spatel und Pigmentkästchen zeigt. Der Laden für Künstlerbedarf des zu der Gilde der *„speziali e vendicolori"* gehörenden Alvise war von 1534–1664 in der Calle die Stagneri bei San Salvador nachweisbar. Die Gradignan dalla Scala gehörten zu den führenden Farbenhändlern in Venedig, wovon der gehobene finanzielle Wohlstand des Alvise zeugte, der 1581 in Venedig verstarb. Das Sozialprestige der Familie schlug sich in zahlreichen öffentlichen Ämtern der Stadt nieder.

Tizian malte Alvise in der Form eines Amtsporträts, ein Mann, der einen festen Platz in der venezianischen Gesellschaftshierarchie innehatte und es zu Wohlstand und gesellschaftlichem Ansehen gebracht hatte. Tizian verband ein freundschaftliches Verhältnis mit seinem Pigmentenhändler, und so malte er ihn auch: einen Mann im besten Alter, ein ehrenhafter Bürger, *„cittadino"*, der Serenissima. Die chromatische Farbgebung des Gesichts entspricht der einzigartigen Fähigkeit Tizians, Pigmente in Farbe und diese in Materie zu verwandeln. Über dem Pigmentkästchen mit Spatel vollführte Tizian einen seiner grandiosen Kunstakte in der Verwandlung der rohen Pigmente in sanfte Farben und die Darstellung einer abendlichen Landschaft.

Das venezianische Kolorit besaß ein reiches, leuchtendes Farbenspektrum, das weit über die traditionellen Farbpaletten hinausging. Die Farben der venezianischen Kunst fließen und die venezianischen Maler belassen den Pinselstrich als Zeugnis des Malakts oft deutlich sichtbar. Die Farbe wird reichlich aufgetragen, an Pigmenten wird in Venedig nicht gespart.

Es ist also nur natürlich, dass sich durch diesen Standortvorteil in der Renaissancemalerei in Venedig die Kunst vor allem durch eine einzigartige Farbgebung, den *„colorito"*, auszeichnete, ganz im Gegensatz zu Florenz, wo die Malerei stärker auf der Zeichnung, dem *„disegno"*, basierte. Diesen Topos formulierte bereits im 16. Jh. Giorgio Vasari in *Le Vite de' più eccellenti pittori, scultori e archi tettori* und Ludovico Dolci in *Dialogo della pittura*.

Die Maltechniken der großen venezianischen Maler des 16. Jh. haben die nachfolgenden Malergenerationen weitreichend fasziniert und beeinflusst. Die Technik Giovanni Bellinis, der Anfang des 16. Jh. trotz seines fortgeschrittenen Alters noch immer der bedeutendste Maler Venedigs war, kann als Ausgangspunkt für diese Entwicklungen gesehen werden. Bellini hatte den Mut, die lang erprobte Technik von Temperafarbe auf Holz durch die Technik der Ölfarbe zu ersetzten, zuerst weiterhin auf Holz und dann ganz innovativ auf Leinwand. Bellini setzte die Ölfarbe kühn und frei ein und erzielte damit vollkommen neue Effekte. Da er für hochdotierte Auftraggeber tätig war, konnte er sich der gesamten Palette der in Venedig verfügbaren qualitativ hochwertigen Pigmente bedienen und so entstanden seine ihm eigenen intensiven, gesättigten Farben.

Die venezianische Farbpalette bot ein Nebeneinander von strahlenden Farben: Ultramarinblau, Purpur, Orange und ein sattes Gelborange. Bellini erzielte durch die Untermalung mit einem leuchtenden Eisenoxid-Erdpigment und die anschließende Hinzufügung von arsenhaltigen Mineralpigmenten, Auripigmenten und Realgar (auch Rubinschwefel oder rotes Arsenik genannt) und die Abtönung von braunen Lasuren einen intensiven Orange-Braun-Farbton, der für nachfolgende Generationen, aber vor allem für Palma den Älteren, Tizian, Paolo Veronese und Tintoretto wichtig wurde und als Venedig-eigener Farbton bezeichnet werden kann.

Tizian entwickelte aus dieser „Urfarbe" sein berühmtes Tizian-Rot. Maltechnisch gesehen stammte Tizian aus der Schule Bellinis und gab diese Urform der Grundtechnik in seinen langen Künstlerjahren nie ganz auf; sein Malstil hingegen ist einem stetigen Wandel unterworfen und entspricht der Suche des Künstlers nach immer neuen Ausdrucksformen. Die traditionelle Auffassung der Tizianforscher geht davon aus, dass Tizian nicht gezeichnet habe, sondern seine Werke während des Malprozesses komponierte. Nach neueren Forschungsergebnissen entspricht dies nicht der Realität. In den wenig erhaltenen Dokumenten aus dem Nachlass Tizians befinden sich wertvolle Zeichnungen und Studien des Meisters, und mithilfe der modernen Computertechnik kann man auf den Leinwänden heute Unterzeichnungen feststellen. Mit Sicherheit existierten konzeptionelle Skizzen der geplanten Werke.

Während seiner gesamten künstlerischen Laufbahn nutzte Tizian für seine Werke die charakteristische Grundierung der Venezianischen Malerei: Holztafeln und Leinwände wurden mit Gesso (Kreide) bearbeitet, einer cremefarbenen, blassgrauen Grundierung. Darauf findet man dann feine Linien einer Unterzeichnung, auch wenn Tizian beim Malprozess immer wieder Korrekturen am Werk vornahm. Nachzeichnungen mit schwarzer Farbe zeigen eine Zwischenstufe in der Werkentwicklung. Bis auf wenige Ausnahmen bediente sich Tizian nicht des Verfahrens, auf dunkelfarbigen *Imprinturen*, also dunkle Grundierungen, zu malen, er verwendete fast durchweg die hellfarbige Grundierung. Unabdingbar waren für Tizian die Beziehung zwischen den Figuren und der Landschaft sowie das Licht. Im weiteren Verlauf seine Karriere wurde Tizians Repertoire an unterschiedlichsten Pinselstrichen zu einem immer markanteren Element seines Malprozesses.

Tizian bevorzugte ganz fein gewebte Leinwand, er schnitt sie sich selbst zurecht, er band seine Pinsel selbst und er verwendete viel Sorgfalt auf die Wahl der Pinselhaare. In seiner Anfangsphase bis hin zu seinen ersten Höhepunkten benutzte er feine Pinsel, feine Pinselstriche, dichte Farben. In seiner späten Zeit ging er dann zu gröber gewebten Leinwänden über mit einer raueren Textur, welche es dem Maler erlaubte, die Konturen zu verwischen und die Modellierung des Bildinhaltes mit einer Vielzahl von unterschiedlichen Pinselstrichen und fleckenartigen Aufträgen, in seiner letzten Phase sogar mit der Hand aufgetragener Farbe zu bearbeiten, was den Bilden in ihrer Farbauflösung eine neue Lebendigkeit und Dramatik verlieh. Diese Vielzahl von Oberflächeneffekten und die unterschiedlichen Vollendungsgrade wurden ein fester Bestandteil von Tizians später Technik. Die Kunstkenner in Venedig schätzten diese vordergründige Imperfektion und Unvollendung der Werke. Am Ende seiner Karriere benutzte Tizian eine Brille und wechselte oft von ausgearbeiteten Details zu den groben Pinselstrichen und der in Auflösung begriffenen Materie und Farbe.

Die Farben stellte Tizian von Anfang an selbst her. Die Palette Tizians umfasste laut Angaben seines Schülers Palma des Jüngeren neun Grundfarben, die er folgendermaßen aufgelistet hatte: Weiß (Bleiweiß), Blau (Lapislazuli), Rot (gebrannter Ocker), Purpur der Purpurschnecke, Gelb (Gelber Ocker), Schöngelb (goldfarbenes Auripigment), Braun (gebranntes Siena), Schwarz (Tierknochenkohle) und Grün (Malachit).

Allerdings verwendete Tizian in seinen vielen Meisterwerken auch andere Farben wie Gold und weitere Pigmente wie Realgar als leuchtendes Orange. In späteren Werken bediente er sich in erheblichem Ausmaß an Smalte, ein besonderes Pigment, das einen lackartigen Farbeffekt als kühles, leicht violettes Blau hatte. Etwa zur gleichen Zeit wechselte er für seine Rottöne, für die er zuvor Kermes verwendet hatte, zur neuerdings verfügbaren, aus Amerika kommenden Schildlaus Cochenille. Tizian-Rot! Der venezianische Meister verwendete eine Farbnuancierung, die von hellem Rotblond der kupferfarbenen Haare über frisches, helles Kirschrot bis hin zu tiefem Beerenrot reichte.

Er war spezialisiert darin, in seinen Bildern eine brillante Farbgebung und eine breite Farbpalette zu benutzen, bei denen das Rot immer im Vordergrund stand.

Für Tizian bedeutete die Farbe Rot weibliche Schönheit und Eleganz, gleichzeitig waren die Rottöne bestens geeignet dazu,

Lichtreflexe harmonisch einzufangen und darzustellen. Dank dieser roten Reflexe geben die Bilder Tizians eine warme und sinnliche Atmosphäre wieder. Sie strahlen!

Seine Frauenbilder hingegen – weiße Haut und rotblonde Haare – waren berühmt für ihre Sinnlichkeit, Feinheit und Weiblichkeit. Das Schönheitsideal der rotblonden Haare eroberte sehr bald ganz Italien.

Der späte Tizian arbeitete dann mit einem pastosen, schrundig wirkenden Farbauftrag, der zunehmend ein Eigenleben entwickelte. In allen seinen Phasen glänzte Tizian als der Meister der perfekten Farbgebung mit einer unerreichten Suprematie der Farbe.

Die von ihm kreierten Farben und die ausgeklügelte chromatische Balance ergeben in jedem seiner Werke eine perfekte Harmonie. Hinzu kam seine Fähigkeit, sich immer wieder selbst zu erneuern – bis an sein Ende. Dies alles macht aus Tizian einen der faszinierendsten und wichtigsten Maler nicht nur seiner Zeit, sondern im gesamten Spektrum der Kunstgeschichte.

Während am Anfang Brillanz, eine Tonalität von sanften Farben und ein Nebeneinander von kräftigen Farben mit weichen Übergängen den Ton angeben, weicht dieses Farbspiel im Laufe seiner Entwicklung starken Kontrasten, geprägt von einer innovativen Farbgebung. So stehen ungewöhnlich intensive Farbtöne wie ein Smaragdgrün neben einem kräftigen, hellen Rot und Blau, ergänzt von zarten hellen Farben und Nuancierungen – Bilder mit einer flirrenden, betäubenden Buntheit. In den späten Jahren kehrt Tizian zu einem eher vereinheitlichten Spektrum im Spiel der Farbchromatur zurück und entwickelt ein Spiel von farblichen Abstufungen, die ineinander übergehen und nur wenige Akzente setzen.

Tizian experimentierte sein gesamtes Künstlerleben lang mit Farbe. Sie war sein wichtigster Begleiter und die Hauptdarstellerin seiner einzigartigen Werke. Er probierte die unterschiedlichsten Farbzusammenstellungen und deren Wirkung aus. Von den klassischen Elementarfarben ausgehend entwickelte Tizian ein Farbenspektrum, das in der Kunstgeschichte einzigartig blieb. Aus den Basisfarben Rot, Blau, Grün, Gelb und den sogenannten Nichtfarben Weiß und Schwarz entwickelte er ein Infinitum von Farbabstufungen, vom tiefen Beerenrot über ein dominierendes Rot zu einem fast durchsichtigen Hellrot, von Lila und Rosa, Orangetönen und Pfirsichgelb über tiefes Nachtblau nuanciert bis hin zu einem weißlichen Himmelblau, Moos- und Achatgrün, welches in ein verschwindendes Grasgrün abgestuft wird und immer wieder Goldgelb, Goldbraun, Goldschimmernd. Im Laufe dieser Entwicklung wurde das Volumen der Figuren immer mehr zugunsten des Farbvolumens zurückgedrängt. Am Ende seines Lebens beherrschen dann dunkle Töne wie Grau, Braun, Dunkelgold, Braunrot und die pastose Struktur der aufgetragenen Farben die Leinwand, und nur durch einzelne, hauptsächlich mit Weiß vermischte Farben werden Akzente gesetzt. Das ist Farbe in reiner Auflösung und unabhängig von der eigentlichen, natürlichen Farbgebung. Tizian: der Meister der perfekten Farbgebung und die Suprematie der Farbe – ein Rausch der Sinne. Die Farbe ist und bleibt Hauptdarstellerin in seinen Werken, egal, ob es sich um Porträts, religiöse Bilder oder mythologische Erzählbilder handelt.

Die Regie der Farben und die Gestaltung des Lichts – aus der Tiefe kommend, oder im Gegenlicht schimmernd – unterstützt den Impuls des Bewegungszusammenhangs der einzelnen Figuren auf dem dargestellten Bild. Die Dynamik und die Bedeutung der handelnden Figuren wird durch die unterschiedlichsten Abstufungen der Farben herausgearbeitet. Sanfte, feine Pinselstriche zuerst, grobe, raue, unregelmäßige Farbgebung später. Die Farbe hebt die Protagonisten hervor, sie gibt dem Gemälde Raum, Tiefe und Weite und nimmt natürliches Licht auf, um es dann kunstvoll zu reflektieren. Tizians Kolorit, die Kraft, Glut und Dichte seiner Farbe, liegt in der tief verwurzelten *„venezianità"* des Malers und der inneren Verbundenheit mit seiner Wahlheimat.

Tizian hatte eine ihm ganz eigene Arbeitsweise. Das schnelle Malen lag ihm nicht. Sofern er – wie in Augsburg, oder Rom – nicht dazu gezwungen wurde, arbeitete Tizian langsam, sehr langsam, mit einem ihm ganz eigenen Rhythmus, der lange Pausen vorsah, die über den bloßen Trocknungsvorgang der Ölmalerei oft hinausgingen.

Eindrücklich beschrieben wird Tizians Vorgehensweise von Marco Boschini (1613–1704), einem venezianischen Maler, Gelehrten und Kunstkritiker aus dem 17. Jahrhundert. So grundierte der Meister zuerst die Leinwände für das vorgesehene Werk und legte darauf dann eine Farbmasse, die dem gesamten Bild den zukünftigen Untergrund gab, ein Fundament. Danach stellte er die so vorbereiteten Leinwände zum Trocknen an die Atelierwand, wo sie oft monatelang auf ihre Weiterverarbeitung warteten. Jede weitere Phase, die oft auch nur wenige Pinselstriche bedeuten konnte, wurde peinlich genau ausgearbeitet und fast feierlich vollzogen. Der Künstler arbeitete oftmals an mehreren Gemälden gleichzeitig und setzte sein Arbeitsziel bei jeder Wiederbegegnung mit einer dieser Leinwände neu. So vorgehend, überarbeitete er die Figuren immer wieder und reduzierte sie auf ein vollkommenes Ebenmaß. Keine seiner Figuren wurden in einem ersten Anlauf gemalt, allenfalls konzipiert und angedeutet. Tizian verabscheute die Improvisation. Er arbeitete sich an den Bildinhalt und seine Protagonisten, Landschaften und Architektur langsam heran. Er malte *„alla prima"*, was bedeutete, dass er direkt auf die grundierte Leinwand malte, ohne detaillierte Vorzeichnungen. So entwarf er hin und wieder nur flüchtige Kompositionsskizzen auf der grundierten Leinwand, wie die heutige Röntgenforschung zu Tage gebracht hat, die dann im Laufe der dauernden Überarbeitung ihre Verbindlichkeit verloren. Die flüchtig angelegten Skizzen waren nur teilweise ein Leitfaden, dem er folgte. Viele dieser malerischen Veränderungen im Laufe der Entstehung des Bildes, der sogenannten „*pentimenti*", sind durch die radiographischen Gemäldeuntersuchungen zu Tage getreten und geben Aufschluss über Tizians malerische Vorgehensweise.

Diese langwierige und intensive Arbeitsweise brachte eine koloristische Tiefe in die Gemälde, eine Farbgewalt und eine nur Tizian eigene Ausstrahlung.

Es entsprach Tizians langsamer, peinlich genauer, ja oft zögerlicher Arbeitsweise, die in ihrer Form- und Farbgebung ebenso couragiert wie neuartig war, dass seine Werke erst während der Arbeit an ihnen selbst entstanden und Form annahmen. So ist gut zu verstehen, dass Tizian selbst, wie man aus seinen Äußerungen Freunden gegenüber entnehmen kann, selten mit seinem erarbeiteten Ergebnis zufrieden war. Für ihn waren seine Gemälde nie richtig vollendet! Vielleicht war genau dieses der Grund, warum er sie so ungern aus der Hand gab.

Tizian hatte eine ihm ganz eigene Beobachtungsgabe, und der Blick auf Personen und Dinge sowie deren Wiedergabe in seinen Werken war ungewohnt: realistisch, konkret und sinnlich. Diese Wirkung basierte vor allem auf einer neuen Art der Herstellung und Verwendung von Pigmenten und Farben. Die Farbe stellte nicht mehr nur eine Anspielung auf die Realität dar, sie war nicht nur reiner Lack, sondern wurde als Instrument genutzt, um die Sujets zu beleben. Seine Farben ziehen den Betrachter auch heute noch in seinen Bann. Die Zeitgenossen waren begeistert von dem vollkommen Neuen in Tizians Kunst. Seine Bilder wurden in ihrer Gesamtheit entworfen und der Farbe untergeordnet. Viele Kunsthistoriker bezeichnen Tizians Art der Komposition, seinen

Malstil und die besondere Nutzung der Farben als den Beginn der modernen Kunst.

Sein Motto lautete NATURA POTENTIOR ARS (die Kunst ist mächtiger als die Natur). So schreibt Lodovico Dolce: „Tizian gab seinen Figuren eine heroische Majestät und fand eine Art und Weise, die Farbübergänge unendlich weich zu gestalten, in den Farben so wahr und echt, dass man in der Tat die Wahrheit spricht, wenn man sagt, dass sie wie die Natur selbst sind."

Tizians Malerei ist sinnlich, sinnlich im Sinne von sensibel, lebendig, real, konkret, privat, ausdrucksstark und darüber hinaus – schön.

IV. Tizian und seine Auftraggeber

*Das Who's Who des italienischen und europäischen Adels bemühte sich um die Gunst Tizians; alle wollten sich von Tizian malen lassen oder zumindest ein Gemälde von ihm besitzen * Zu den Auftraggebern ersten Ranges gehörten die D'Este, Gonzaga, Della Rovere, Farnese, der spanische Adel und das Habsburgische Kaiserhaus * Die Gegenspieler und Verbündeten Kaiser Karls V. und Papst Pauls III. in der Porträtkunst des ersten Malers der Serenissima*

Tizian war bereits als junger Künstler fest entschlossen, ganz nach oben zu gelangen. Sein willensstarker Charakter, gepaart mit einer angenehmen Art im Umgang mit den unterschiedlichsten Personen, gereichte ihm dabei zum Vorteil. Der Maler erkor von Anfang an Venedig als seine künstlerische Wahlheimat, mit der er sich vollkommen identifizierte. So fühlte sich der Großmeister sein ganzes Leben lang menschlich, künstlerisch und politisch mit der Lagunenstadt verbunden.

Ende des 15. Jahrhunderts galt Venedig als die glorreichste Stadt Europas, mit einer ausgeklügelten Regierung und einer weltoffenen und liberalen Politik gegenüber Gesandten, Botschaftern, Handelsreisenden und Fremden aus aller Welt. Noch befand sich die Handelsmetropole im Zenit ihrer Macht, der Ruhm und Ruf der Republik beruhte auf dem sagenumwobenen Reichtum, den sich die Serenissima durch ihren internationalen Handelsverkehr erworben hatte. Allerdings wurde diese Ausnahmestellung von verschiedenen Seiten immer mehr bedroht. Die Entdeckung der neuen Welt 1492 durch Columbus und Vasco da Gamas Seeweg nach Indien 1498 eröffneten neue Handelswege und brachten neue Waren auf den europäischen Markt. Das Mittelmeer verlor seine Vormachtstellung als Drehscheibe des Seehandels und damit begann auch der Niedergang Venedigs. Unmittelbare Auswirkungen auf den Wandel hatten auch politische und militärische Ereignisse. Der Angriff auf die venezianischen Besitzungen durch den Sultan Bayezid II. 1499 kam für die Republik vollkommen unerwartet und zog Venedig in einen Krieg gegen die Osmanen von 1499–1503. Unter dem Oberbefehl des reichen Kaufmanns Antonio Grimani musste Venedig trotz seiner immensen Kriegsflotte eine vernichtende Niederlage bei der Seeschlacht von Zonchio 1499 hinnehmen. Nicht ganz unschuldig an dem ganzen Debakel, verursacht durch strategische Fehler, wurde Grimani vom Senat als Oberkommandeur der Flotte abgesetzt und gelangte sogar unter Anklage. In einem aufsehenerregenden Prozess wurde der Kaufmann zu Zwangsarbeit verurteilt, welche er jedoch niemals antrat, da er es vorzog, sich nach Rom abzusetzen, wo ihm sein Sohn Domenico Grimani Unterschlupf gewährte. Das Schicksal war Grimani zugetan, nur wenige Jahre zuvor hatte sein Sohn von Papst Alexander VI. den roten Kardinalshut bekommen, eine Tatsache, die der Justiz von Venedig Einhalt gebot. Die Memoria der Lagunenstadt erwies sich als kurz und wenig nachtragend, so dass Grimani letztendlich rehabilitiert in die Markusrepublik zurückkommen konnte und es ihm auch noch gelang, im greisen Alter zum Dogen gewählt zu werden.

Schließlich konnte Jacopo Pesaro, Kommandant der päpstlichen Flotte, gemeinsam mit Benedetto Pesaro die „Türken" in der Schlacht von Santa Maura 1502 besiegen. In der *Pala Pesaro* (Pesaro-Madonna) in der Basilika Santa Maria Gloriosa dei Frari zelebrierte der junge Tizian in strahlenden Farben den Sieger.

1503 schloss die Republik endlich Frieden mit den Osmanen, ein Frieden allerdings, der die Venezianer teuer zu stehen kam und der Republik schwere Verluste einbrachte. Ein Großteil der Besitzungen und Hafenfestungen auf dem Peloponnes waren für Venedig dabei verloren gegangen, und so war dieser Friedensschluss für die Serenissima das Ende des *stato do mar.*

Zu den Verlusten im Osten sah sich die venezianische Politik mit neuen Konflikten auf dem Festland, der *terra ferma,* konfrontiert. Die dortigen Verbündeten waren nicht mehr immer zu einer kontinuierlichen, eindeutigen und kompromisslosen Solidarität gegenüber der Lagunenstadt zu bewegen und zogen durchaus andere politische Angebote der europäischen Mächte in Betracht, was die Vormachtstellung der Serenissima immer weiter schwächte.

Die Prioritäten Venedigs begannen sich zu verlagern, der Blick ging nun nicht mehr nur gen Osten, sondern richtete sich immer mehr gen Westen, auf das Festland, wo Venedig Festlandbesitz aufkaufte, Handelsstützpunkte schuf und damit seinen Machteinfluss erweiterte. Da die Republik über ein gut funktionierendes militärisches System und eine reich ausgestattete Kriegsflotte verfügte, ließ sie sich obendrein ihre militärische Hilfe immer wieder teuer und oft mit Besitzungen bezahlen, was ihren territorialen Besitz erweiterte und den Einfluss festigte.

Da Italien in der Frühen Neuzeit immer wieder das Schachbrett des europäischen Mächteringens darstellte, auf dem die großen Dynastien um die Vorherrschaft in Europa rangen, folgten in diesen ereignisreichen Jahren ein wilder Reigen von Bündnissen, in dem sich geschlossene und wieder gebrochene Verträge, Lügen, Betrug und Verrat und die unterschiedlichsten militärischen Aktionen ablösten. Die diplomatischen Intrigen der verschiedensten Arten zogen die gesamte italienische Staatenwelt in einen Strudel der Ungewissheit und in die verzweifelte Suche nach einer Zugehörigkeit.

Venedig verfolgte dabei skrupellos immer nur seine ganz ureigenen Interessen. Die aggressive Außenpolitik und der immer unerträglicher werdende Hochmut der Republik führten im Laufe der Zeit zu einer allgemein geteilten Diskreditierung der Lagunenstadt. Die europäische Diplomatie, die sich sonst so uneinig war, hatte in diesem Fall ein gemeinsames Ziel: Man wollte den Hochmut Venedigs brechen! So kam es 1508 zu dem unnatürlichen Bündnis zwischen Kaiser Maximilian I., den Königen von Frankreich und Aragon sowie Papst Julius II. in der Liga von Cambrai. Die Monarchen waren untereinander zutiefst verfeindet und von den unterschiedlichsten Interessen geleitet, aber in dieser Liga von Cambrai einte sie alle nur ein einziger Wunsch: Venedig in seine Schranken zu weisen!

Tatsächlich gelang dieses Unterfangen in der Schlacht bei Agnadello am 14. Mai 1509. Die französischen und venezianischen Truppen trafen dort aufeinander, und es endete in einer katastrophalen Niederlage für die Republik. Die Serenissima verlor fast ihren gesamten Festlandbesitz, und es ist nur der Uneinigkeit der Monarchen zu verdanken, dass der Angriff auf Venedig selbst ausblieb. Die Liga von Cambrai und die Katastrophe von Agnadello begründeten einen Einschnitt in der Frühen Neuzeit; in ganz Europa wurde die Niederlage der hochmütigen Kaufmannsrepublik mit Spott und Genugtuung aufgenommen, und selbst im stolzen Venedig wurde diese als eine Zäsur wahrgenommen. Dieses niederschmetternde Debakel führte in der politischen Führungsschicht der Serenissima zu neuen Erkenntnissen und einem kulturellen Wandel. Von jetzt an setzte die Lagunenstadt auf einen positiven Umgang mit seiner Außenwelt, förderte die Diplomatie und zog die klienteläre Vernetzung einer auf Vormachtstellung basierenden Durchsetzungsweise vor. Man baute auf positive Verbindungen und diplomatische Gespräche im italienischen und internationalen Austausch, selbst gegenüber dem Erzfeind Rom. Tizian als Künstler und Diplomat lässt sich nur vor diesem beschriebenen Hintergrund verstehen.

Als der erste große Auftraggeber Tizians zeichnete sich die Markusrepublik aus, für die er ein Leben lang arbeiten sollte und mit der er sich menschlich, künstlerisch und politisch identifizierte. Tizian selbst wollte aber nicht mehr nur der erste Maler der Republik sein, er strebte nach Ansehen und Ruhm weit über die Grenzen der Lagunenstadt hinaus.

Der sicherste Weg, zu künstlerischem Ansehen und Reichtum zu gelangen, führte für Künstler in der Frühen Neuzeit über die mächtigen Kunstsammler und Mäzene. Diese gehörten traditionsgemäß zu den großen italienischen Familien.

Familie bedeutete in diesem geschichtlichen Zusammenhang mehr als eine reine Verwandtschaftszugehörigkeit. Man kann diese familiären Verbünde auch Clan, Sippe, oder Netzwerk nennen. Haushalte mit unterschiedlichster Herkunftsgeschichte und Herrschaftslegitimation – sei es alt eingesessener Adel, Kaufmannsfamilien, Bankiers oder Parvenüs – stellten in Italien die Elite. Es war der gemeinsame Name, der den Zusammenschluss des Clans und die einzelnen Bindungen und Verbindungen deutlich machte. Man band und verband sich untereinander durch strategische Hochzeiten, die im italienischen Staatengefüge einen politischen und sozialen Zusammenhalt schufen. Trotz der sozialen und kulturellen Unterschiede zwischen Altadel, Baronaladel, Patriziern, Bankiers oder Handelshäusern gelang im Laufe der Frühen Neuzeit in Italien ein Verschmelzungsprozess der unterschiedlichen Herkunftskategorien, aus dem dann die herrschende Klasse hervorging. Untereinander hatten diese Familien einen sozioökonomischen Zusammenhalt und ein unverbrüchliches Netzwerk, auf das sie sich verlassen konnten. Zwar rümpfte der nordeuropäische und spanische Altadel und Ritterstand die Nase über diese italienische Elite, bediente sich ihrer aber immer wieder im strategischen Kampf um die Vorherrschaft in Europa.

Um die sozialen Spielräume zu erweitern und die eigene Herrschaft zu legitimieren, bedurfte es der Kunstpatronage, derer sich diese Familien mit Leidenschaft hingaben. So sind es die Herzöge von Ferrara, Mantua und Urbino, die sich als soziale Aufsteiger immer mehr der Kunst und dem Mäzenatentum widmen. Man sammelte nicht nur Kunst, man sammelte auch Künstler und hielt sich diese stolz am Hof.

Giovanni Bellini verdiente sich als alteingesessener venezianischer Künstler schon seit Jahren Ruhm und Ansehen auf dem Festland, und seine alten Auftraggeber waren durchaus an Tizian, diesem jungen, neuartigen venezianischen Künstler interessiert. Dank seines Könnens und seines angenehmen höfischen Auftretens fand er schnell Einlass in die führenden Familien der *terra ferma*. Der Künstler gab sich weltmännisch, diplomatisch und eloquent. Auch durch die humanistischen Zirkel wurde der Name Tizians außerhalb Venedigs bekannt. Und als eine weitere Strategie, wichtige Auftraggeber für sich zu gewinnen, entwickelte Tizian eine vollkommen neue Form der Eigenwerbung. So wie er sich selbstbewusst an die Markusrepublik gewandt hatte, um einen begehrten Auftrag zu bekommen, genauso suchte er sich weitere mögliche Auftraggeber aus und versuchte, sie mit kleinformatigen Bildern, welche er als Geschenk überreichte, in ein geschäftliches Verhältnis zu bringen.

Eine große Hilfe leistete ihm bei dieser Werbeaktion der langjährige und enge Freund Pietro Aretino. Aus der Toskana stammend, siedelte Pietro Aretino aus Gründen der Pressefreiheit, für die Venedig bekannt war, in die Republik über. Aretino war nicht irgendein Literat, sondern ein scharfzüngiger Kritiker von Personen, Politik und Kunst im italienischen Machtgefüge. Die italienischen Herrscher fürchteten die spitze Zunge Aretinos. Der Dichter Ariost, ebenfalls Teil des Freundeszirkels um Tizian, nannte ihn sogar die „Geißel der Fürsten". In dieser Rolle gefiel sich Aretino sehr, denn vor wem die Mächtigen zittern, der musste selbst ein mächtiger Mann sein, so seine Überzeugung. Die Eitelkeit Aretinos ist Legende, seine spitzzüngige, kritische Dichtung war gefürchtet. Um ihn ja nicht zu kränken, war Pietro Aretino trotz allem bei allen gesellschaftlichen Veranstaltungen präsent. 1545 malte Tizian seinen besten Freund. Als dieser ihm im Frühjahr Model saß, waren seine Haare gefärbt und er trug Handschuhe, um die Narben zu verdecken, die von einer Messerstecherei stammten. Die schwere Goldkette um seinen Hals war wohl ein Geschenk des französischen Königs. Herrschergleich tritt dieser Mann auf, in Dreiviertelansicht, ein strenger Blick, in rosaroten Samt gehüllt. Tizian bediente sich nicht der üblichen Gelehrtenikonographie der Renaissance, zurückhaltend, in Denkerpose, das Kinn aufgestützt oder mit einem Buch in der Hand, nein, Tizian malte den Freund, wie er ihn sah, und wie dieser sich sehen mochte; als einen Mann, der so mächtig war wie seine Leibesfülle.

Aretino und Tizian hatten schon früh die Idee, potentielle Auftraggeber mit Geschenken zu umgarnen und sie davon zu überzeugen, Tizian lukrative Aufträge zu erteilen. Auf diese Weise wurde der Herzog von Mantua, Federico II. Gonzaga, auf Tizian aufmerksam. Er hatte einige Auseinandersetzungen und offene Rechnungen mit Aretino und dachte drüber nach, um diese zu begleichen, den unbequemen Satiriker umbringen zu lassen, was ihm noch dazu das Wohlwollen von Papst Clemens VII. eingebracht hätte, der Aretino ebenfalls grollte. Nichts von alledem geschah, da Federico 1527 überraschend ein Geschenk aus Venedig erhielt: Ein Porträt Aretinos aus der Hand Tizians mit einem beiliegenden Brief, von Aretino selbst verfasst, der die Kunst Tizians in den höchsten Tönen lobte. Unterzeichnet war der Brief von

Tizian höchstpersönlich mit „*Euer Excellenz ergebenster Sklave, Maler Tizian*", mit dem kleinen Zusatz des Kritikerfreundes, der Künstler sende diese kleine Gabe.

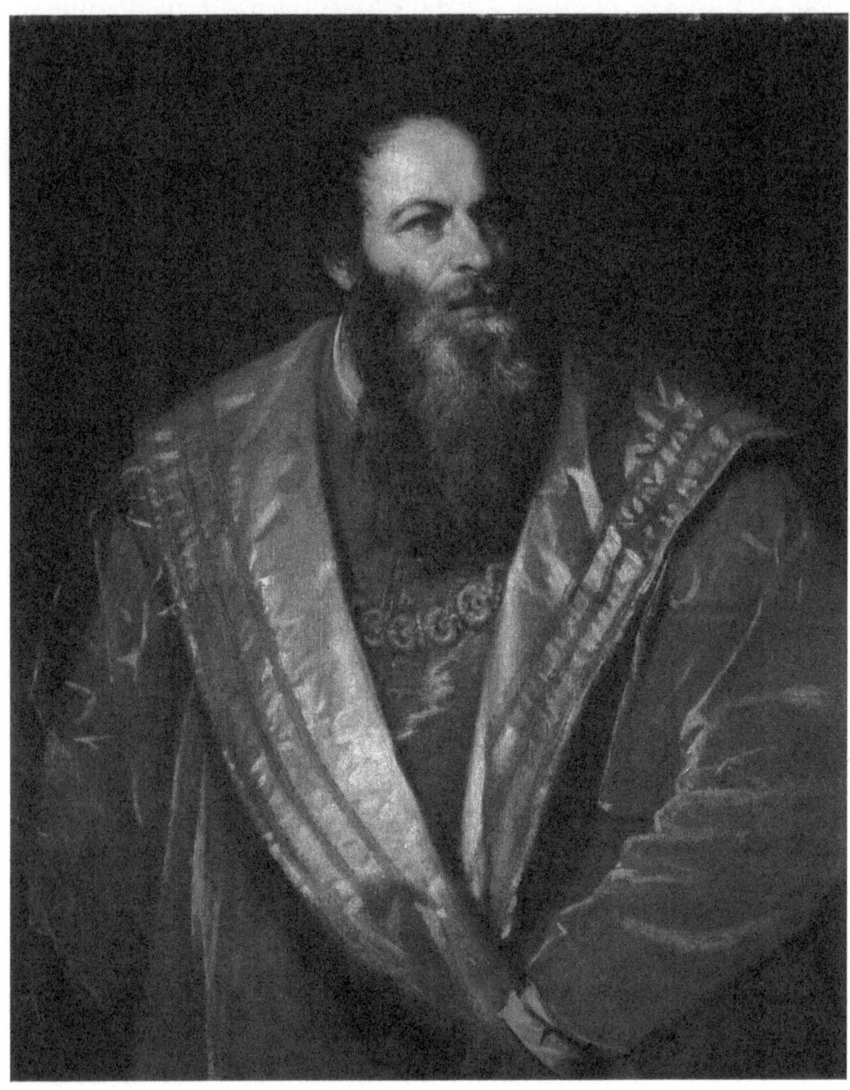

Der einflussreiche Skandal-Dichter Pietro Aretino, auch il Divino („der Göttliche") oder condottiere della penna („Söldner der Feder") genannt. Gemälde (1545) von Tizian.

Federico Gonzaga war so angetan von Tizians Kunst, dass er von Aretino abließ und den Maler in seine Dienste nahm. Der Herzog war stolz, den Venezianer als Künstler an seinem Hof zu haben, was ihn auch dazu bewegte, ihn an Kaiser Karl den V. weiterzuempfehlen, und so wurde der erste Maler der Serenissima schnell zum ersten Maler am Kaiserhof. Das Werbegeschenk an den Gonzaga-Herzog hatte seinen Zweck erfüllt und Tizian ganz nach oben gebracht.

Zunächst aber begann Tizians Karriere in Venedig. Der erste große künstlerische Auftrag der Markusrepublik waren 1508 die Fresken am *Il Fondaco dei Tedeschi*, dem Handelshaus der Deutschen am *Canale Grande*. Schon früh konnte man in diesen Bildern die eindeutige politische Identifikation des Künstlers mit der Serenissima erkennen.

In den von Tizian ausgeführten Fresken, die leider nur noch fragmentarisch erhalten und in der Ca D'Oro zu besichtigen sind, nahm der Künstler eindeutig in einem rein politischen Bildprogramm Stellung. Venedig steht unter dem göttlichen Schutze gegen die Liga von Cambrai (und das trotzt des Zusammenschlusses zwischen dem deutschen Kaiser, dem Papst und den sonst so zerstrittenen Herzoghäusern auf dem Festland). So wurde per Bild von den nordeuropäischen Handelsreisenden der notwendige Respekt gegenüber der Serenissima eingefordert: Tizian verteidigte grundlegend die Suprematie Venedigs.

Ein ähnlich politisches Thema, bei dem sich die venezianische Republik selbst zelebrierte, ist die *Pala di San Marco* von 1510. Dieses Werk entstand ursprünglich für den Markusaltar in der Augustinerkirche Santo Spirito in Isola und befindet sich heute in der Sakristei der Kirche Santa Maria della Salute. Es handelt sich um das erste wichtige Altarbild Tizians, welches vor allem durch die strahlenden Farben und chromatischen Abstufungen besticht. Es lässt sich als ein danksagendes Votivbild für das Ende

der Pest lesen, und gleichzeitig glorifiziert das gesamte Bild die
Markusrepublik: Der Heilige Markus auf dem Thron personifi-
ziert Venedig, welches – Dank der Vermittlung der Heiligen –
durch die Gnade Gottes und die kluge Regierung das Ende der
Pest feiern kann. Die Serenissima steht unter dem direkten Schutz
Gottes und der Heiligen – Bildpropaganda vom Feinsten.

Diese komplette Identifikation mit der Serenissima trug Tizian trotz seiner Jugend und seines noch geringen Bekanntheits-
grades das Vertrauen der Republik ein, und so wurde Tizian ab
1513 langsam aber sicher der ‚offizielle‘ Maler der Republik. Tizians Gebundenheit an die Stadt hatte sich gelohnt.

Die Fresken in der *Scuola di Sant'Antonio* in Padua von 1511
haben einen ähnlichen politischen Hintergrund. Die Franziska-
nerbrüder sind wahrscheinlich durch Jacopo Pesaro auf Tizian
aufmerksam geworden, und es war das erste Mal, dass sich der
junge Maler auf einen Auftrag außerhalb Venedigs einließ.

In den drei Szenen aus dem Leben des Heiligen wird dem Betrachter deutlich gemacht, dass das menschliche Gericht fehlbar
ist, ganz anders als die göttliche Rechtsprechung.

Diese Fresken stellten einen mahnenden Fingerzeig der Republik an die Stadt Padua dar, die nach einer kurzen Zeit der Il-
loyalität – man hatte sich der Liga von Cambrai angeschlossen –
reumütig zu ihrer eigentlichen Bestimmung und der natürlichen
Zugehörigkeit zu Venedig zurückkehrte und damit die *pax veneta* möglich machte – der Künstler im diplomatischen Dienst.

Die Fresken bestechen vor allen Dingen durch die alltäglich
wirkenden, realistischen Szenen in der freien Natur. Dieser Realismus wurde in der Kunstgeschichte als eine vollkommene Neu-
erung in der Darstellungsweise gesehen und machte Furore.

Tizian arbeitete über 60 Jahre lang im Dienst der Markusrepublik und lieferte die vom *Consiglio dei Dieci* (Rat der Zehn)
beauftragten Dogenporträts, die bis heute begeistern. Die lan-

ge, schwierige Zeit unter dem Dogen Leonardo Loredan endete 1521. In dieser Zeit lagen die Anfangsjahre und die ersten großen Erfolge Tizians. Als Nachfolger wurde Antonio Grimani im hohen Alter von 87 Jahren gewählt – eher ein politischer Streich allen anderen Bewerbern gegenüber als ein politischer Sieg. Alt und senil, war er kaum in der Lage, das Geschick Venedigs zu leiten, ein Amt, dass er knapp zwei Jahre mehr schlecht als recht ausübte, so dass sogar das Gerücht eines erzwungenen Rücktritts die Runde machte. Das Schicksal kam dem Ganzen zuvor, denn am 7. Mai 1523 ereilte den Dogen den Tod.

Obwohl die Regierungszeit Antonio Grimanis für Venedig politisch eine schwierige Phase war, gab der Rat der Zehn lange nach dessen Tod 1555 doch noch den Auftrag an Tizian, ihn zu porträtieren, um die Tradition der Votivbilder der Dogen aufrechtzuerhalten. Erst nach dem Tod Tizians fand das Gemälde schließlich in der *Sala delle Quattro Porte* im Dogenpalast seine Aufhängung (*Der Doge Antonio Grimani vor der Allegorie des Glaubens*, 1555–1576). Ironie der Geschichtsmemoria: Es ist das einzige Gemälde, das den Brand im Dogenpalast 1577 unbeschadet überstanden hat. Der Doge kniend vor der in einer Sonnengloriole erscheinenden Allegorie des Glaubens, die, von Engelschören umrundet, siegreich Kreuz und Kelch hält. Grimani als gläubiger und bescheidener Diener der Republik, von Gott und dem Heiligen Markus geleitet, zum Wohle der Serenissima. Um die einstige militärische Niederlage in einen späten Triumph zu verwandeln, stellte Tizian den Dogen in Rüstung dar, den Dogenhut bescheiden beiseite gelegt, getragen von einem Pagen, als Verteidiger des rechten Glaubens im Feldzug gegen die Ungläubigen. Am unteren Rand des Bildes eine Ansicht von Venedig im goldenen, glücklichen Zeiten mit Blick auf die große Meeresflotte, als eindeutiges Symbol der Seemacht der Lagunenstadt. Die gesamte Komposition drängt zu einer Rehabilitation des Dogen und lässt Venedig, trotz aller erlittenen Niederlagen, als siegreich erscheinen.

Die Befreiung von den Osmanen als Sieg zu feiern, zeigte Venedig als wenig konsequent, waren doch der angesammelte Reichtum der Lagunenstadt und ihr Primat als Handelsstadt gerade auf den Handel mit dem osmanischen Reich zurückzuführen. Aber die Zeiten hatten sich bereits geändert und in der Lagunenstadt vollzog sich ein Wandel. Was kümmerte es, dass Grimani die Schlacht eigentlich verloren hatte, wenn es nun gerade galt, die Suprematie und Macht Venedigs im europäischen Kontext darzustellen und die diplomatische Hauptrolle der Serenissima deutlich zu machen. Als Meister dieser Bilderzählung zeichnete sich Tizian, der treue Diener der Republik, immer wieder aus.

Auf Grimani folgte der Doge Andrea Gritti, der mit nur minimaler Stimmenmehrheit gewählt wurde und deshalb zu Beginn seiner Regierungszeit wenig politischen Halt fand. Stark kritisiert, teils wegen seiner etwas undurchsichtigen Herkunft, teils wegen seines etwas leichten Lebensstils – man bezeichnete ihn als Schürzenjäger mit leichtlebigem Charakter und einem kaum zu bremsenden Ehrgeiz –, einten den Dogen und seinen Künstler wohl die große Willensstärke. Tizian war diesem Dogen sehr verbunden. Die beiden noch zu Lebzeiten entstandenen Porträts des Dogen, die im Dogenpalast ausgestellt waren, sind dem Brand von 1577 zum Opfer gefallen. Geblieben ist hingegen das großartige Porträt, das *post mortem* für die ewige Memoria aus der Hand Tizians entstanden ist. Es wird auf 1545 datiert. Andrea Gritti (1523–1538), großer Feldherr und weitblickender Doge, war der Autor der *Renovatio urbis Venetiarum* Dank seiner Initiative kamen nach dem Sacco di Roma 1527 Andrea Sansovino und Pietro Aretino nach Venedig, wo sie eine enge und einflussreiche Zusammenarbeit und lebenslange Freundschaft mit Tizian verband. Tizian drückte in diesem Porträt seine gesamte Wertschätzung gegenüber dem Gritti-Dogen aus. Dieser wirkt heroisch und kraftvoll. Stolz sitzt er in seinem golddurchwirkten Mantel mit dem typischen Dogenhut auf dem Kopf, dem Symbol seiner Führungsrolle, und blickt in die glorreiche Zukunft. Er hebt sich majestätisch gegen den dunklen Hintergrund ab. Die goldene Farbe des Mantels umrahmt die wunderbare Nuancierung der warmen Rottöne, das Weiß des Bartes und des Pelzes setzen feine Kontraste. Die Person des Andrea Gritti erlebt unter den Pinselstrichen Tizians eine Idealisierung. Macht, Glanz, Kraft und Entschlossenheit signalisieren der strenge Blick des Dogen, der sein Amt mit der Kraft des Löwen und damit mit dem Segen des heiligen Markus ausgeführt hatte. Die eigenartige Haltung der Hand soll an die Löwentatze des Stadtheiligen Markus erinnern.

Andrea Gritti gab gleich nach seiner Wahl Tizian den Auftrag zu Fresken im Dogenpalast, mit denen er seine Macht und seinen Status legitimierte. Das Fresko stellt den Dogen als frommen Mann in der Anbetung von Maria und Kind dar, angebracht in einer Lünette an der Treppe zur Kapelle des heiligen Nikolaus, welche gleichzeitig in die Privatgemächer des Dogen führte; ergo musste jeder, der den Dogen aufsuchen wollte, an diesem Fresko vorbei und wurde dabei an die fromme Gesinnung des Dogen erinnert. Im Inneren des gleichen Saals über der Treppe wurde ein muskulöser Heiliger Christopherus gemalt, der die Kraft des Dogen und seiner Regierung symbolisieren sollte. Dieses zweite Gemälde wurde in nur drei Tagen auf den feuchten Putz gemalt, es sind noch einige Spuren der vorbereitenden Skizzen zu erkennen. Es schuldet seine außerordentlich starke Ausdruckskraft und Körperlichkeit dem Beispiel des Michelangelo, von dem Tizian über verbreitete Zeichnungen Kenntnis hatte. Die dynamische Torsionsbewegung und die Betonung der Skulptur zeugen davon und sind ein Beweis dafür, dass selbst Tizian sich der Faszination der Kunst Michelangelos nicht entziehen konnte. Michelangelo war tatsächlich in dieser Zeit der einzige wirklich ernstzunehmende Konkurrent Tizians.

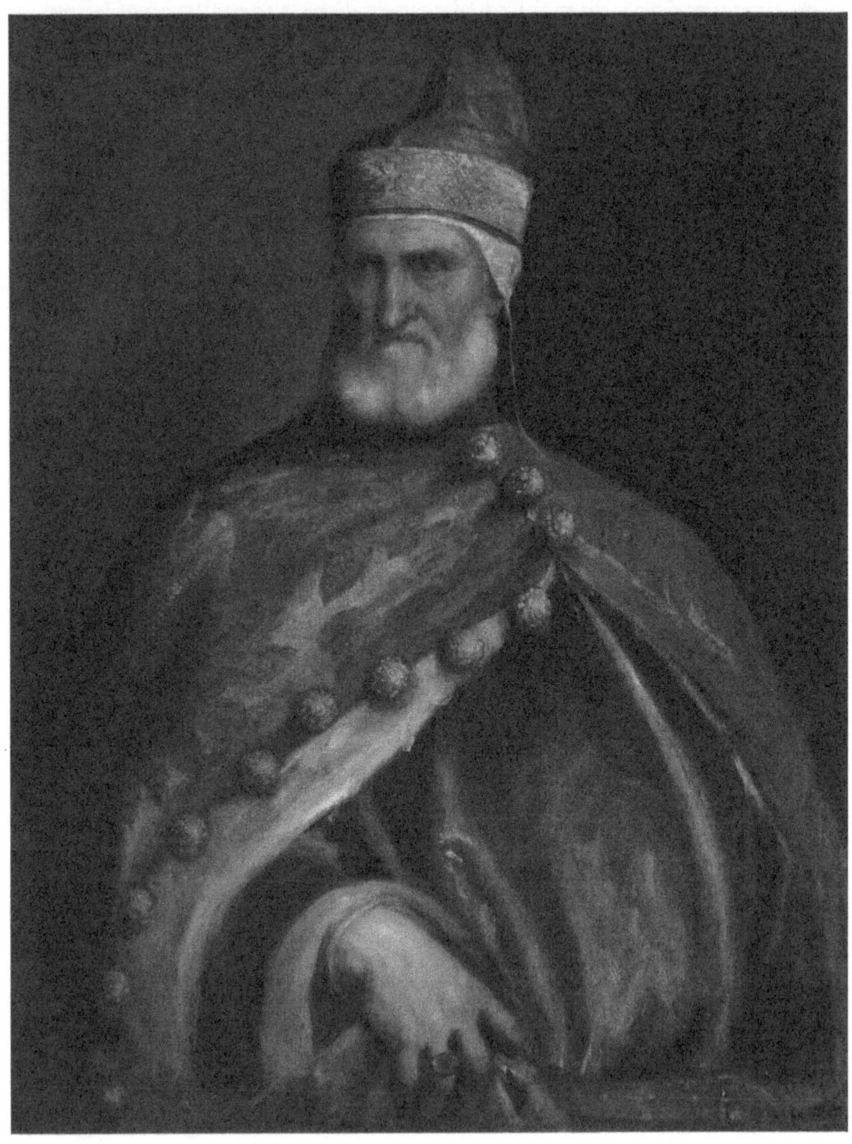

Andrea Gritti, Venedigs Doge von 1523 bis 1538. Gemälde (um 1545) von Tizian.

Wie in vielen anderen Gemälden aus dieser Zeit erscheinen im Hintergrund immer wieder die Ansicht von Venedig und hohe Alpengipfel, so werden sie beide gefeiert, der Doge als der kluge Herrscher der Serenissima und der Künstler, der seine Herkunft nie vergaß.

Über die politisch beauftragten Werke näherte sich Tizian an die humanistischen Zirkel in Venedig an, die dort allgegenwärtig waren und in denen sich reiche Kaufleute und gebildete Mitglieder des venezianischen Patriziats bewegten. Hier lernte er unter anderen den venezianischen Humanisten und späteren Kardinal Pietro Bembo kennen und schätzen.

Pietro Bembo wurde 1470 als Sohn einer aristokratischen Familie in Venedig geboren. Er wurde bekannt als Literat und Dichter, ein fieberhafter Sammler von Kunstdingen und neuen literarischen Erscheinungen, und er galt als Erfinder des Taschenbuchs, kleinformatiger Bücher, die man als ständige Begleiter mitnehmen konnte. Ebenso war er ein leidenschaftlicher Vertreter der politischen Einigung Italiens, die vor allen Dingen mit der Einheit der italienischen Sprache vollzogen werden sollte. Er galt allgemein als aufsteigender Stern am intellektuellen Firmament der Renaissance. Mit gelehrten Humanisten wie Bembo schmückten sich die italienischen Adelshöfe gerne, so ist es nur natürlich, dass er sich dort aufhielt und verdingte. Von 1497–1499 und dann, nach einer Pause im heimatlichen Venedig, wieder von 1502–1505 weilte er am Hofe Alfonsos D'Este in Ferrara, wo er die schöne Lucrezia Borgia kennenlernte. Lucrezia, geboren 1480 in Subiaco, war ein Instrument der Politik ihres Vaters, des Papstes Alexander IV. Borgia, und die Schwester des als grausam geltenden Cesare Borgia, der auch vor Morden nicht zurückschreckte, um an seine politischen Ziele zu gelangen. Sie wurde in dritter Ehe mit dem mächtigen Alfonso D'Este, dem Herzog von Ferrara, verheiratet.

Lucrezia galt als lebenslustig, schön und vor allem intelligent, und sie war wohl weitaus besser als ihr schlechter Ruf. Bis zu ihrem Tod – sie starb am 24. Juni 1519 im Kindbett bei ihrer achten Geburt – lebte Lucrezia Borgia als geschätzte Kunstmäzenin und gebildete, der Kultur zugewandte Frau als Herzogin von Ferrara, fernab vom orgiastischen Lebensstil der restlichen Borgia.

Am Hofe in Ferrara wurde Pietro Bembo zum Vertrauten der schönen jungen Braut, und es entwickelte sich zwischen den Beiden eine geheime und gefährliche Liebschaft. Bembos Poesieband *Gli Asolani* war Lucrezia Borgia und ihrer gemeinsamen geheimen Liebe gewidmet. In leidenschaftlichen Briefen erinnerte sich Bembo an den „blonden Zopf gleich Gold“, die „elfenbeinfarbenen Wimpern“, die „pfirsichweichen Wangen“ und den „graziösen Fuß, der sich dem Rhythmus der Musik beim Tanze“ hingab. Vielleicht entstammten alle Liebesschwüre aber auch nur Bembos Phantasie, und wir lesen bis heute darin pikante Liebesgeheimnisse, die nur im Geiste des Dichters existierten.

Im Jahre 1505 verließ Pietro Bembo Ferrara, um an den Hof von Urbino überzusiedeln, wo er einige Jahre verweilte, bevor er von Papst Leo X. Medici an den päpstlichen Hof beordert wurde. Dieser versuchte immer wieder, diese Verbindung nach Venedig zu nutzen, um Tizian nach Rom zu locken, was ihm allerdings nicht gelang. Nach dem Tode Leos X. 1521 ging Bembo nach Padua. Aus Rom kam er mit einer konkreteren Form der Liebe, als es die schöne Lucrezia gewesen war: Faustina Morosina stammte aus dem römischen Volk und war dem Humanisten über Jahre hinweg eine treue Gefährtin und Mutter seiner drei Kinder. 1530 wurde Bembo von der Serenissima zum Bibliothekar von San Marco berufen und wenige Jahre später bekam er von Papst Paul III. Farnese den lang ersehnten roten Hut. So siedelte er 1539 nach Rom über und bevor er Venedig verließ, malte Tizian von seinem Mentor und Freund ein Porträt. Trotz des offiziellen Charakters entstand eine sehr persönliche Darstellung dieses humanistisch gebildeten Kardinals: In seine kardinalsroten Gewänder gehüllt, zeigt sein Blick die herausragende Intelligenz, die strenge Geste drückt die geistige Vitalität aus und das Changieren der Seide erweckt den Eindruck der Lebhaftigkeit und Realität. Der Kardinal war um die 70 Jahre alt, als dieses Bild entstand. Bembo schätzte Tizian und seine Werke hoch und wie bereits unter Leo X. versuchte er auch jetzt wieder, den venezianischen Künstler an den römischen Hof einzuladen, was ihm dann mithilfe des jüngeren Giovanni della Casa, der als Botschafter des Papstes in Venedig weilte, und Dank Tizians veränderten Lebensumständen auch 1545 tatsächlich gelang. Tizian reiste nach Rom.

Der Kardinal Pietro Bembo war für Tizian eine Schlüsselfigur zwischen Venedig und Rom. 1547 starb er in Rom und wurde in der Kirche S. Maria sopra Minerva in der Nähe der beiden Medici-Päpste, Leo X. und Clemens VII., beigesetzt, denen er so viel zu verdanken hatte.

Die literarischen, philosophischen und musikalischen Ideen und Theorien, die in diesen elitären Kulturzirkeln entwickelt wurden, übersetzte Tizian in rein private Kunstwerke, deren Hauptthema das Verhältnis zwischen Liebe und Musik darstellte. Die musikalische Harmonie symbolisiert die Harmonie der Liebe, intensiv wie die Leidenschaft, aber auch die Sehnsucht nach der Schönheit, dem Göttlichen und Unsterblichen. Beispiele dieser humanistischen Studien sind die Bilder *Concerto campestre* (Ländliches Konzert, 1509/1510) und *Le Tre etá* (Die drei Lebensalter, zwischen 1512–1514), Werke, in denen bereits in frühester Zeit Tizian als unabhängiger, eigenständiger Künstler auftrat, sei es durch die kraftvolle Pinselführung, sei es durch die intensive Farbgebung.

Aber erst nach dem Tod Giovanni Bellinis 1516 wandten sich die venezianischen Eliten eigenständig an Tizian. Der Erste, der es wagte, diesem neuen Künstler etwas anzuvertrauen und bei ihm 1516 ein großes Tafelbild in Auftrag gab, war Germano da Caiole, Vorsteher des venezianischen Franziskanerordens. So entstand Tizians Assunta für den Hochaltar in Santa Maria Gloriosa dei Frari. Hier hatte der Maler die Möglichkeit, Venedig und Italien sein gesamtes Talent zu beweisen. Mit dieser Mariä Himmelfahrt begann das für Tizian so charakteristische Zusammenspiel zwischen den begeisternden Farben und szenischer Dramatik, was einen Bruch mit allen vorherigen venezianischen Traditionen darstellte, und erst mit der Zeit ging die anfängliche Ablehnung in grenzenlose Bewunderung über.

Die majestätische Jungfrau Maria, aufgenommen in die himmlischen Sphären, stellt nicht nur die glorreiche Himmelskönigin dar, sie verkörpert vor allem auch die jungfräuliche, unbestechliche, weise und unsterbliche Stadt Venedig. Eine klare Ansage nach dem Krieg gegen die Türken und der Liga von Cambrai; Tizians Treueschwur gegenüber der Serenissima. Der Maler schuf in diesem Meisterwerk eine Synthese aus perfekter Ästhetik und gleichzeitiger Hellsichtigkeit in politischen und religiösen Aspekten. Ein Meilenstein der italienischen Renaissancekunst, beispielgebend und zukunftsweisend.

Tizian wurde mit diesem Altargemälde schlagartig berühmt, und die Kunstmäzene an den norditalienischen Fürstenhöfen wurden auf ihn aufmerksam. Bereits von Januar bis März 1516 hatte er sich mit seinen Assistenten in Ferrara bei dem Herzog Alfonso D'Este aufgehalten, um Bellinis Bild *Das Götterfest* zu Ende zu bringen. Für 1518 sind dann erste Zeichnungen für das geplante Alabasterzimmer des Herzogs bekannt. Das Alabasterzimmer war das sogenannte *Studiolo* des Herzogs. In den Renaissancepalästen war das *Studiolo* der wichtigste Raum, um den

Intellekt und den Schöngeist seines Besitzers widerzuspiegeln; es war ein Ort der Kunst- und Büchersammlung, die reine Demonstration von Bildung und gutem Geschmack.

Alfonso D'Este trat mit 29 Jahren in die Fußstapfen seines Vaters Ercole I. Im spanischen Hofzeremoniell von seiner Mutter Eleonora D'Aragona erzogen, war der junge Herzog vor allen Dingen in der Kriegsführung ausgebildet und politisch versiert, wurde darüber hinaus aber einer der großzügigsten Mäzene für Kunst, Kultur und Architektur im Italien der Renaissance. Er wetteiferte neben seiner für ihre Schönheit berühmten Schwester Isabella D'Este um das Primat in der Kunstbeauftragung und in der Sammelleidenschaft der schönen Künste. An die Erben der Sforza von Mailand durch eine erste Eheschließung gebunden, heiratete er in zweiter Ehe Lucrezia Borgia, die schöne, intelligente, uneheliche Tochter von Papst Alexander VI. Borgia. Lucrezia war zuvor in erster Ehe mit einem Sforza und in zweiter Ehe mit dem Königshaus Aragón liiert. Beide Ehemänner aber starben früh und auf unerklärliche Weise.

So wirkte die Verbindung mit Alfonso D'Este in keiner Weise unnatürlich und eher wie ein politischer Aufstieg in der päpstlichen Heiratspolitik. Die Este standen nun mit Mailand und Spanien in gleicher Weise in verwandtschaftlichen Beziehungen und wussten diese politisch-familiären Verbindungen zu ihren Gunsten zu nutzten.

Der erste große Auftrag auf dem Festland kam Tizian sehr gelegen, auch wenn er eigentlich als Zweitbesetzung antrat, denn die weitreichenden Verbindungen dieses Hofes sollten dem Maler noch sehr von Nutzen sein. Alfonso hatte eine Art von Kunstwettstreit angestrebt, in Konkurrenz zu seiner Schwester Isabella am Hof von Mantua. Während in Mantua Bellini und Giulio Romano tätig waren, zog Alfonso es vor, Venedig, Florenz und Rom miteinander konkurrieren zu lassen. Das Projekt scheiterte tragischerweise am frühen Tod der Maler Fra Bartolomeo 1517 und Raphael 1520. Als Startkapital erwarb Alfonso D'Este 1514 von Bellini ein großes Gemälde, das *Götterfest*, welches nun zwei Jahre später von Tizian gänzlich umgearbeitet und vollendet wurde. Dargestellt sind die Götter im Olymp vor einer Wald- und Felskulisse in geselliger Runde. Der deutlich erotische Ton des Bildes symbolisiert die antike Mythologie nicht moralisierend, sondern als höfische Subkultur der humanistisch gebildeten Renaissanceelite, das gemeinschaftliche Wohlbefinden, der subtile Genuss und die Erotik des Schönen. Die Vorlage zu diesem großartigen Werk lieferten die Schriften Ovids. Dieses Gemälde erweckte im Herzog die Idee, sein gesamtes *Studiolo* mit einem mythologischen Bildzyklus ausgestalten zu lassen; ein umfangreicher Auftrag, den der junge, ehrgeizige Tizian übernahm.

Als Vorlage dienten Tizian antike Werke von Catull, Ovid und anderen. So kamen dem venezianischen Künstler die in den humanistischen Zirkeln verbrachten Stunden zu Hilfe. Die malerischen Kompositionen sind leichtlebig und locker, die Landschaft wird zum fließenden Rahmen, man beobachtet das bewegte Spiel und bewundert die strahlende, brillante Farbgebung. Der Rausch der Sinne und der Schönheit sind allgegenwärtig. Tizian wurde durch diesen mythologischen Bilderzyklus – das *Venusfest, Bacchus und Ariadne* und das *Gelage der Andrier* (entstanden zwischen 1518–1524) auch außerhalb von Venedig bekannt und in den höfischen Kreisen begehrt.

Sein Ehrgeiz, sich über die Lagunenstadt hinaus einen Namen zu machen, brachte ihn dazu, oft gleichzeitig verschiedenen Auftraggebern zu dienen, was nicht immer ganz konfliktfrei ablief. So erzählen unterschiedliche zeitgenössische Dokumente von der tiefen Rivalität des jungen ehrgeizigen Sekretärs des Bischofs von Treviso, Broccardo Malchiostro, und dem päpstlichen Legaten in Venedig, Altobello Averoldi.

Malchiostro, karrierebewusst und mit einer exzellenten humanistischen Bildung versehen, prahlte vor dem jungen päpstlichen Legaten mit einer Verkündigung von Tizian in der Kapelle des Doms in Treviso, in der sich der junge Sekretär ohne Scham selbst darstellen ließ. (Die Empörung über diese maßlose Selbstpropaganda brachte die Bürger von Treviso später dazu, das Bildnis des Stifters mit Pech zu beschmieren, allerdings erst, als die Macht dieses ehrgeizigen Sekretärs schon längst verflogen war.)

Averoldi, seit 1517 Apostolischer Nuntius in Venedig unter Papst Leo X. Medici, fühlte sich von so viel unverschämt zur Schau gestelltem Ehrgeiz angestachelt und gab so im Gegenzug ein Polyptychon für die Kirche der Heiligen Nazaro und Celso in Brescia bei Tizian in Auftrag.

Die eigentliche diplomatische Mission dieses Legaten war es, das durch den Krieg und die Liga von Cambrai angekratzte Verhältnis zwischen der Serenissima und Rom zu verbessern und zu harmonisieren, was ihn allerdings nicht davon abhielt, sich dieses kleine künstlerische Duell zu liefern.

Das traditionelle, etwas veraltete Altarschema, bei dem die unterschiedlichen Bildinhalte auf zahlreiche Tafeln verteilt sind, ist mit Sicherheit auf den Wunsch des Auftraggebers zurückzuführen. Dieser ist auf einer der Tafeln unten links mit den Titelheiligen der Kirche zu sehen. Tizians Darstellungsweise, die auf starken körperlichen Ausdruck setzte, sprengte diesen traditionellen Rahmen allerdings. Der Erzengel Gabriel erscheint links oben im Bild mit wehendem Gewand. Seine Präsenz wirkt weit über den Rahmen hinaus. Auf einer Schriftrolle breitet er seinen Gruß aus, den er Maria entgegenbringt, die rechts oben auf der gegenüberliegenden Tafel in einer im Gebet versunkenen Haltung zu sehen ist. Im Zentrum hingegen erscheint der schwerelos schwebende auferstandene Christus. Die frühe Morgensonne und das helle Licht im oberen Teil des Bildes stehen in starkem Kontrast zum unteren Teil mit dem Dunkel des kühlen, überwundenen Grabes. Wirkungsvoll unterstützt die Dramaturgie des Lichts die theologische Botschaft der Auferstehung. In der Tafel rechts unten wird der Heilige Sebastian dargestellt, dessen verstörende, geradezu explosive plastische Kraft jede Konvention sprengt.

Jocopo Tebaldi, der Bevollmächtigte des Herzogs von Ferrara in Venedig, war von dem Gemälde des Heiligen Sebastian tief beeindruckt, das er in der Werkstatt Tizians gesehen hatte. Er ging sogar so weit, dem Herzog dringend zum Kauf dieses Werkes zu raten. Alfonso D'Este, verärgert über die verspätete Lieferung der beiden letzten mythologischen Bilder für sein Alabasterzimmer, versuchte tatsächlich, diesen Heiligen Sebastian zu erwerben und bot Tizian die überhöhte Summe von 60 Dukaten für die Tafel. Mit Averoldi hatte Tizian ein Abkommen über 200 Dukaten für das gesamte Altar-Werk, und so wies Tizian dieses Angebot zurück. Der Herr von Ferrara ließ letztendlich von dem Kauf ab, nicht zuletzt aus Angst, den mächtigen Legaten Averoldi zu verärgern. Wieder einmal malte Tizian in der Mission des diplomatischen Gesandten der Markusrepublik, die ihren besten Künstler an den päpstlichen Gesandten verlieh, eine freundliche Konzession an Rom, da Venedig ebenfalls an der Besserung des beiderseitigen Verhältnisses interessiert war.

Dass Tizian für diese diplomatischen Dienste der Republik benutzt wurde und sich benutzen ließ, war nur zu seinem eigenen Vorteil. Der Künstler wusste um sein Können und seine Fähigkeit, sich an die unterschiedlichsten Situationen und Auftraggeber anzupassen, und so wurde er zur idealen Figur im diplomatischen Austausch der Mächtigen. Es war Tizians Zugang zu der Herrscherelite Europas, nicht zuletzt zum habsburgischen Kaiserhaus.

Auch Tizians Aufenthalt in Ferrara war über das Mäzenatentum des Herzogs hinaus eine diplomatische Mission. Ferrara war Grenzgebiet zwischen den umstrittenen Territorien des Machtanspruchs des Kirchenstaats und der Markusrepublik während der Cambrai-Krise. Der Aufenthalt Tizians beim Herzog sollte wohl auch dazu dienen, das gespannte Verhältnis zwischen dem Herzogtum D'Este und der Serenissima zu entschärfen. Die Reibungen zwischen Venedig und Ferrara zogen sich schon fast ein Jahrhundert lang hin, Gebietsstreitereien, Handelsmonopole, Salzproduktion und die Schlacht von Agnadello sowie eine gute Portion von diplomatischem Unvermögen waren nur einige der Reibungspunkte. So strengte Alfonso I. einen persönlichen Krieg gegen die Markusrepublik an, um Rovigo, Este und Mantegna zurückzuerobern. Allerdings mit wenig Erfolg. In diesem Falle stand sogar der Papst Julius II. auf der Seite Venedigs, um in einem geheimen Abkommen zwischen Papst und Republik den Ausbau der Macht des Herrn von Ferrara gegen Rom und Venedig zu verhindern.

Dass Tizian aus der mächtigen Lagunenstadt an den Hof nach Ferrara kam, konnte tatsächlich als besonderes Zeichen einer wiedergeschlossenen Freundschaft gewertet werden. Die Bedeutung der Arbeit des Künstlers lässt sich im intensiven Briefwechsel zwischen dem Botschafter von Ferrara in Venedig, Jacopo Tebaldi, Alfonso D'Este und Tizian nachvollziehen.

Das Alabasterzimmer wurde schließlich zu einem raffinierten, privaten Ambiente, dem wohl perfektesten Ausdruck des künstlerischen und kulturellen Geschmacks des Herzogs, und Tizian wurde im Laufe der Jahre zu einem der bevorzugtesten Künstler des Herzogs von Ferrara.

Als Tizian den Herzog zwischen 1524–1525 porträtierte (ein heute leider verloren gegangenes und nur in einer Kopie von Rubens überliefertes Werk), war Alfonso ein müder und von vielen

Kriegen erschöpfter Mann. Er wirkt angegriffen durch den viel zu frühen Tod seiner jungen, schönen Frau Lucrezia Borgia und gezeichnet von Krankheit.

Das Porträt gilt als eines der ersten Staatsporträts, das Tizian geschaffen hat. Durch seinen Pinsel wird Alfonso als Mensch real, dargestellt in einem prächtigen Gewand aus Brokat und Pelz, ganz der neuesten Mode nach geschneidert. Der Herr von Ferrara mit Schwert und in Herrscherhaltung, legt seine rechte Hand auf einen kleinen Hund, als ob es des Kampfes nun genug sei, ohne jedoch die Würde abzulegen, die ihm gebührte. Diese Art von Porträtmalerei war neu und bahnbrechend. Dieses Werk wurde selbst von Michelangelo hoch gelobt, der es bei seinem Besuch in Ferrara 1529 bewundern durfte.

Die Bekanntschaft mit Alfonso D'Este hatte für Tizians Karriere weitreichende Folgen. Er hatte mit seinen mythologischen Werken die Begeisterung des Herzogs von Ferrara hervorgerufen, der durchaus bereit war, trotz der nicht immer einfachen politischen Verhältnisse zwischen Ferrara und Mantua, seine künstlerische Neuentdeckung an den mit ihm verschwägerten Hof in Mantua weiterzureichen – seine Schwester Isabella D'Este war die Ehefrau des ehemaligen Markgrafen von Mantua, Gianfrancesco II.

In Mantua herrschte Federico II. Gonzaga. Seine Kindheit verbrachte Federico in den Wirren des europäischen Mächteringens als Geisel an den Höfen des deutschen Kaisers Maximilian I., des französischen Königs Franz I. und des Papstes Julius II. Im Jahr 1519, mit nur 19 Jahren, folgte er seinem Vater als Herrscher von Mantua auf dessen Thron. Wie seine Mutter war Federico ein kenntnisreicher und kultivierter Förderer der Künste. Am Beginn stand Federico noch stark unter dem Einfluss seiner Mutter. Dennoch konnte er frühe Erfolge in militärischen und politischen Bereichen verzeichnen. 1520 ernannte ihn Papst Leo

X. Medici zum Kapitän der päpstlichen Truppen und 1521 nahm er in dieser Rolle an der Seite des neu erwählten Kaisers Karl V. am Krieg gegen Frankreich teil, um Mailand und Genua zurückzuerobern. Federico hatte die Ehre, für diese treuen Dienste im Jahre 1530 von Kaiser Karl V. zum Herzog ernannt zu werden. Über die politischen und militärischen Anliegen hinaus widmete sich Federico vor allem der intensiven architektonischen Erneuerung seiner Stadt und einer modernen künstlerischen Ausgestaltung des Hofes. Bei einer Reise nach Rom zur Papstkrönung Hadrians VI., des ehemaligen Lehrers des jungen Karls V., lernte Federico den Maler Giulio Romano kennen und bestellte diesen als Hofmaler zu sich nach Mantua. Giulio Romano, Lieblingsschüler Raphaels, folgte diesem Aufruf 1524.

Die Schwester von Alfonso D'Este, Isabella D'Este, wetteiferte am Hofe Gonzaga in Mantua mit ihrem Bruder, was Sammelleidenschaft und Kunstgeschmack anbelangte. So hatte Isabella in ihrem privaten *Studiolo* eine durchaus beindruckende Kunstsammlung aufzuweisen. Dass ihr Bruder Tizian für sich malen ließ, stachelte ihren Ehrgeiz in Sachen Kunst an, so dass sie unbedingt Tizian auch für sich gewinnen musste. Wahrscheinlich hatte Alfonso Federico auf Tizian aufmerksam gemacht, und die Briefe Aretinos und kleine Gastgeschenke hatten ebenfalls ihre Werbewirkung nicht verfehlt. Tizian gelangte 1522 offiziell an den Hof von Mantua, ganz zur Zufriedenheit von Isabella. Der Hof in Mantua war für viele Venezianer der nächstgelegene Ort, die neuesten römischen Kunstströmungen kennenzulernen und zu studieren. Hier waren Werke von Raphael, Giulio Romano, gezeichnete Kopien der Werke Michelangelos, Zeichnungen der Antike und Vieles mehr zu sehen. Ein Ambiente, welches Tizian durchaus zu schätzen wusste.

Es war letztendlich Federico II. Gonzaga, der das Interesse Karl V. anlässlich dessen Besuchs am Hofe von Mantua auf den venezianischen Künstler lenkte und Tizian mit dem Kaiser bekannt machte. 1530 wurde Tizian nach Bologna gerufen, wo der Kaiser zur Krönung weilte, um ihn zu porträtieren. Ein weiteres Porträt entstand bei Karls V. zweitem Aufenthalt in Bologna 1533.

Durch den Zugang zu Karl V. eröffneten sich Tizian ganz neue Möglichkeiten. Die Bekanntschaft mit dem Kaiser zog für Tizian magische Kreise, der Künstler bekam Einblick und Einlass in den gesamten Kreis des Hauses Habsburg mitsamt den Kunstagenten, Gesandten und Räten des kaiserlichen Hofs. Anlässlich der Kaiserkrönung entfalteten sich unzählige diplomatische Aktivitäten, und zahlreiche Vertreter italienischer Elitefamilien erschienen in Bologna und machten dem Kaiser ihre Aufwartung, um dabei Kontakte zu knüpfen oder gar einen neuen Titel oder neue Besitzungen für ihre Familie zu erlangen. Federico Gonzaga, Markgraf von Mantua, dessen Familie schon immer besondere Beziehungen zum deutschen Kaiserhaus gepflegt hatte, erhielt hier den Herzogstitel, und genau in diesem Zusammenhang muss Federico Gonzagas Auftrag an Tizian gesehen werden.

Federico ließ sich von Tizian in seinem Porträt (1525) als bedeutender Würdenträger darstellen. Die stolze, aufrechte, gespannte Haltung kontrastiert mit dem träumerischen Blick, die dichten kurzen Locken umrahmen das freundlich entrückte Gesicht, der Griff nach einem kleinen Hündchen symbolisiert Treue und Zuverlässigkeit. Die Kleidung – ein samtenes Wams in bläulichem Lila –, wertvolle Juwelen und ein prächtiges Schwert zeigen die hohe gesellschaftliche Stellung. Tizian gelang es in diesem Porträt Federicos, die Spannung zwischen Stärke und empfindsamer, selbstbewusster Gelassenheit herauszuarbeiten und damit das Ideal des Höflings der Renaissance im Bild wiederzugeben. Nicht weniger beindruckend ist das Porträt seiner Mutter Isabell D'Este (1534–1536).

Die Kunst Tizians, in Frauen-Porträts einen gewissen Idealtypus der Schönheitsdarstellung anzuwenden, machte ihn zu dem begehrtesten Porträtmaler seiner Zeit: Der Meister erschuf für Isabella D'Este ein jugendliches Idealbildnis, als sie schon über 60 Jahre alt war. Ihr Porträt wurde zum Inbegriff der jugendlichen, von Schönheit strahlenden Isabella.

Wie die Briefe Tizians zeigen, sollte der venezianische Maler Isabella als junge Frau malen, nach einem Gemälde von Francesco Francia. Wie bei anderen Bildnissen, die nicht durch Betrachtung und Sitzungen direkt mit der darstellenden Person entstanden, sondern bei denen als Vorlage vorherige Gemälde benutzt wurden, konzentrierte sich Tizian auf die Elemente, die den sozialen Status der Person charakterisierten. In diesem Porträt feierte Tizian die frische Schönheit der jugendlichen Isabella, in einem Moment, in dem ihre Schönheit bereits lange verblüht war. Er ehrte Isabella in ihrer Rolle als Förderin und Mäzenin der Künste, als leidenschaftliche Sammlerin antiker und moderner Kunstwerke, die Mantua zu einem der raffiniertesten Höfe im Italien der Renaissance gemacht hatte. Isabellas Geschmack auch in Modedingen machte Schule, so dass man an anderen Höfen und sogar in Frankreich ihre Kleiderwahl verfolgte und kopierte. Auf Tizians Bild trägt sie der neuesten Mode entsprechend einen übergroßen, prächtig geschmückten Turban und ein Kleid mit weiten Ärmeln in dunklem Blau, durchwirkt von Gold und Silber. Der gesamte Eindruck vermittelt Intelligenz und Eleganz.

Neben dem Kaiser, den Höfen von Ferrara und Mantua und Venedig sowie privaten venezianischen Auftraggebern führte Tizian seine großartigsten Werke der dreißiger Jahre für die Herzogsfamilie der Della Rovere in Urbino aus.

Eleonora, die Herzogin von Urbino, war die Schwester von Federico II. Gonzaga. Mit 16 Jahren wurde sie an den wenig älteren Francesco Maria Della Rovere, Herzog von Urbino, verheiratet,

den Neffen von Papst Julius II. Erst vier Jahre nach der Eheschließung siedelte sie an den Hof von Urbino über; ein Renaissance-
ambiente vom Feinsten, gepaart mit dem Willen des Herzogs,
am italienischen Mächtereigen teilzuhaben. Seit die Della Rovere
sogar mehr als einen Papst in ihrer Familie verzeichnen konnten,
hatten sie darin keine ganz schlechten Karten.

Tizian kam über die Beziehungen mit Mantua an den Hof
von Urbino, um dort das Doppelporträt der Eheleute Francesco Maria Della Rovere und seiner Frau Eleonora Gonzaga anzufertigen. Im Hause von Urbino hatte das eheliche Doppelporträt
bereits Tradition, denkt man an das berühmte Doppelporträt
von Federico da Montefeltro und seiner Frau Battista Sforza, ein
Meisterwerk des Piero della Francesca.

Das Bildnis Eleonoras entspricht ganz dem Tugendideal der
Renaissance. In einem prächtigen Gewand in den Farben des
Hauses Montefeltro, den letzten Herrschern von Urbino, demonstriert Eleonora die Rechtmäßigkeit der Herrschaft der Della Rovere über Urbino. Der letzte Herrscher von Urbino, Guidobaldo
da Montefeltro, hatte seinen Neffen Francesco Maria Della Rovere, den Sohn seiner Schwester Giovanna und Giovannis della
Rovere, zu seinem Nachfolger ernannt. Mit der Verwendung der
Farben des Hauses Montefeltro zeigt Eleonora Dank und Respekt
gegenüber den vorherigen Herrschern. Wenig dringt durch von
der kraftvollen Persönlichkeit Eleonoras, die ihren Mann tatkräf-
tig unterstützte und, wenn er als Heerführer abwesend war, an
seiner Stelle regierte.

Das Gegenstück zu Eleonoras Bildnis ist das Porträt ihres Ehe-
mannes Francesco. In seiner schimmernden Rüstung und mit
blitzendem Helm, auf den Kommandostab der Republik Venedig
gestützt, streicht dieses Porträt vor allen Dingen die militärische
Karriere des Herzogs von Urbino heraus; die auf der samtver-
hängten Ablage liegenden Kommandostäbe der Stadt Florenz

und des Papstes unterstreichen diese Rolle, dazwischen rankt ein Eichenzweig, das Symbol der Familie Della Rovere. Stolz und entschlossen richtet Francesco seinen Blick direkt auf den Betrachter, allerdings füllt der kleine, zierliche Mann das Bildformat und den Rahmen nicht aus. Es sind nur wenige Aspekte, die Tizian herausgearbeitet hat, und dennoch entsteht der Eindruck einer individuell erfassten Persönlichkeit.

Francesco Maria Della Rovere starb 1538 in Pesaro an einer Vergiftung, deren Umstände nie geklärt wurden. Sein Barbier wurde des Mordes angeklagt und, obwohl er sich für unschuldig erklärte, dafür verurteilt. Der Nachfolger von Francesco Maria Della Rovere wurde sein Sohn Guidobaldo, der nicht nur den Thron von Urbino, sondern auch den Künstler Tizian erbte. Für ihn entstand 1538 die berühmte *Venus von Urbino*, ein Bild, welches Furore machen sollte. In einem Brief an seinen Kunstagenten in Venedig bezeichnete Guidobaldo die dargestellte Schönheit schlicht als „die nackte Frau". Die starke erotische Ausstrahlung und der porträthafte Charakter machten dieses Bild zu einem der wünschenswertesten Werke seiner Zeit.

Tizian vermied es immer, sich an einen einzigen Auftraggeber und Hof zu binden, und so arbeitete er auch während seiner Zeit in Urbino nicht nur für die Della Rovere, sondern weiterhin auch für Federico Gonzaga, den Kaiser und natürlich Venedig. Die Republik drängte darauf, sein Versprechen von 1513 einzuhalten und nun endlich das große Schlachtengemälde in der *Sala del Consiglio* zu Ende zu bringen, ansonsten müsse er die Bezahlung zurückerstatten. Daraufhin gab der Künstler nicht ganz unfreiwillig nach und fertigte das gewünschte Werk an, welches leider dem großen Brand 1577 im Dogenpalast zum Opfer gefallen ist.

Ein weiteres großartiges Werk aus dieser Zeit, das Tizian eigens für die Serenissima angefertigt hatte, ist im Versammlungsraum der *Scuola della Carità*, der heutigen *Galleria dell'Ac-*

cademia, wo man das Meisterwerk an seinem Entstehungsort bewundern kann, erhalten geblieben: *Der Tempelgang Mariens* (1534–1538). Tizian verbindet in diesem Gemälde auf unnachahmliche Weise ein großes Gruppenporträt – alle Mitglieder der *Scuola* sind in der Zuschauermenge abgebildet – mit einem religiösen Sujet. Hinter der meisterhaften Architektur, die den Tempel darstellt, breitet sich als Hintergrund eine wunderbare Alpenlandschaft aus, in dem der Künstler das gleiche Blau des Gewandes der Maria, der Himmlischen, verwendet. So werden die unterschiedlichen Bildzonen farblich wiedervereint. Eine harmonische Komposition mit großem Realismus und naturgetreu, was kennzeichnend für die künstlerische Schaffensperiode Tizians in den dreißiger Jahren war.

Der Ruhm Tizians breitete sich weiterhin über die Grenzen Venedigs hinaus aus. In den Familien der *terra ferma*, des nahen Festlands von Venedig, war der Künstler immer wieder begehrter und gern gesehener Gast. Die Herzöge von Ferrara, Mantua, Urbino, die untereinander verwandtschaftlich verbunden waren, nutzten diese Verbindungen und ihr Mäzenatentum, um den eigenen Status zu steigern und sich als Herrscherelite zu präsentieren.

Tizians Individualporträts mit ihrer psychologischen Tiefe und der oft kompromisslosen, detailgetreuen Darstellung des Individuums deuten auf eine gewisse künstlerische Unabhängigkeit und damit auch auf einen gesellschaftlichen Wandel hin.

Kein Wunder also, dass alles, was Rang, Namen und Ansehen hatte, ein Gemälde von ihm erstrebte, oder noch besser, vom Meister selbst porträtiert werden wollte. Handwerkliches Können und künstlerische Inspiration gepaart mit der Tizian ganz eigenen Betrachtungsweise, die er auf der Leinwand mit Pinsel in einem Rausch von Farben festhielt, waren die begehrten Wunschobjekte der italienischen und europäischen Elite. Besonders beliebt waren Tizians schöne und sinnliche Frauenbilder, die nur noch den Anschein erweckten, in einen mythologischen Rahmen zu gehören.

So konnte sich Tizian vor Aufträgen von Gemälden dieser Art kaum retten, was er zu seinem Vorteil zu nutzten wusste.

Vasari schrieb: „... *non è stato quasi alcun signore di gran nome, né principe, né gran donna, che non sia ritrattata da Tiziano ...*" (... es gibt wohl kaum einen Herrn mit großem Namen, keinen Fürsten und keine Edeldame, die nicht von Tizian porträtiert wurden ...).

Der Schlüssel zum Erfolg des ersten Malers der Serenissima lag in seiner peniblen Genauigkeit und seiner Betrachtungsweise. Er begnügte sich nicht nur mit dem Porträt als einem gelungenen Abbild der zu malenden Person, sondern malte sein Modell mit einer unglaublichen Detailtreue so, als würde er es von Innen heraus kennen und erkennen; er schuf mit jedem Porträt einen psychologischen Spiegel. Die Falten der teuren Stoffe, der wertvolle Schmuck, die stolzen Waffen mit dem Familienemblem, all das, was die Auftraggeber ausmachte und damit deren Rang und kulturellen Status beschrieb, wurde zu einem Gesamtbild vereint. Die besondere Maltechnik Tizians, die Auswahl und Herstellung bestimmter Farben und deren Nutzung ließ den Teint der Damen und den Ausdruck der Edelmänner lebendig erscheinen. Die Ausdrucksstärke und Echtheit der Bilder verzaubert die Betrachter bis heute.

✳✳✳

Tizians Porträtkunst war wandlungsfähig. Er entwickelte unterschiedliche Kategorien von Bildnissen, von der Halbfigur bis zur ganzfigürlichen Darstellung und zum Reiterbild, vom Kinderbild bis zum repräsentativen Dogenporträt und zum Gruppenporträt.

Diese Kunst des Porträtierens, diese neue Form der repräsentativen Darstellung, gehörte fortan zu den unverzichtbaren Darstellungen abendländischer Herrscherrepräsentanz.

Tizian malte sie alle, gelehrte Humanisten in Denkerpose, Räte und Gesandte in schwarzen Gewändern und in ihrer spanischen Tracht, Kinder, Fürsten und Frauen in hellen, bunten Farben. Die Bildnisse von Päpsten, Kaisern, Königen und Herzögen sind im Allgemeinen der Bildtradition und der höfischen Etikette unterworfen, so sitzen die Päpste im Armstuhl, der Kaiser und sein Sohn präsentieren sich aufrecht in ihrer Paraderüstung.

Tizian malte all diese Personen und verhalf ihnen über das typisch Repräsentative hinaus zu einer bildmäßigen Präsenz, indem er die jedem eigene Physiognomie in das dazugehörige Umfeld stellte und an die Lebenswelt anpasste; all dies meisterhaft mit den ihm eigenen koloristischen Darstellungsmitteln. In all diesen Bild-Porträts findet man spannungsreiche Lässigkeit, Energie, jugendliche Verträumtheit, Spontaneität, modische Raffinesse, Natürlichkeit, venezianische und adlige Vornehmheit. Tizians Auffassung von einem gemalten Porträt geht über das bis dahin bestehende Verständnis hinaus, es sind psychologische Bilder, in denen die Persönlichkeit eines jeden Einzelnen herausgearbeitet wird, ein Charakterbild, welches den Selbstinszenierungstrieb des Dargestellten einschränkte, da Tizian derjenige war, der die Darstellungsweise und das Ergebnis bestimmte.

Bereits mit dem als *Ariost* benannten Porträt (um 1510) ist der jugendliche Tizian seinen Zeitgenossen weit voraus. Zwar orientierte sich Tizian in der Darstellungsweise und der eingenommenen Position des Jünglings an den traditionellen Regeln der Porträtmalerei. Es ist aber nicht das rein repräsentative Porträt, nicht die schonungslose realistische Darstellung des Porträtierten und auch nicht die romantische Version des Dargestellten, sondern es ist etwas vollkommen Neues, Eigenständiges. Tizian gelang ein Porträt, das dem Betrachter gegenüber auf Distanz geht, ihn aber gleichzeitig in die Augen blickt. Der *Ariost* ist ein rein inszeniertes Bildnis, aber es ist lebendig, und genau diese Lebendigkeit suchten diejenigen, die sich von Tizian porträtieren lassen wollten. Sie gaben kein Porträt in Auftrag, in dem das flüchtige Wiedererkennen erwartet wurde, sondern sie wollten von der hohen Kunstkennerschaft und der perfekten malerischen Ausformulierung des Bildes und der Kunstfertigkeit dieses Künstlers profitieren.

Die Porträts Tizians rufen durch Körperhaltung, Farben und das Spiel von Licht im Betrachter den Eindruck hervor, dass sie die gesellschaftliche Stellung genauso wie die Persönlichkeit des Dargestellten naturgetreu wiedergaben, was bereits von Zeitgenossen bewundernd zur Kenntnis genommen wurde. Bei näherer Betrachtung wurden bei Tizians Bildnissen nicht alle Facetten der Person herausgearbeitet, es war kein nackter Realismus, sondern das Beschränken auf das Wesentliche, eine gekonnte Reduktion. Dies machte die Porträts für den Betrachter leichter verständlich. Tizian gelang es vorzüglich, gewisse Facetten einer Persönlichkeit zu erfassen und diese hervorzuheben, gleich ob es der historischen Wahrheit oder den gesellschaftlichen Konventionen und Erwartungen entsprechen sollte.

Die rund einhundert bekannten Porträts aus der Hand Tizians, die noch erhalten sind, bilden ein faszinierendes Kapitel der Kunstgeschichte. Dank dieser Porträts erschließen sich den Betrachtern die stilistische und menschliche Entwicklung des Malers, die unterschiedlichen Phasen seiner Künstlerlaufbahn und die damit verbundenen beruflichen Chancen. Wichtige persönliche Begegnungen, die sein Leben und seine Kunst gezeichnet haben, lassen sich anhand der Porträts nachvollziehen. Die italienische und europäische Geschichte des 16. Jahrhunderts wird durch diese Gemälde der politischen und gesellschaftlichen Protagonisten sichtbar, die politische, religiöse und kulturelle Macht repräsentieren. Tizians Porträtkunst dient uns heute als historische Reportage dieses großen Jahrhunderts.

Einige der von Tizian gemalten Porträts können als historische Dokumente betrachtet werden. Dazu gehören ohne Zweifel das Porträt Kaiser Karls V. bei Mühlberg 1548 sowie das Gemälde Papst Pauls III. und seiner Nepoten Alessandro und Ottavio von 1545/46. Das erste ist ein perfektes Bild des Kaisers, der weitblickend dargestellt wird. Zugleich ist das Gemälde ein politisches Pamphlet der absolutistischen Idee, die am katholischen Hof Habsburgs vorherrschte. Das zweite Bild hingegen wirft ein genaues und kritisches Licht auf die Persönlichkeit des Papstes, seiner Nepoten und die Politik Roms um 1545. Die Aussage des Bildes ist weitaus treffender als die vielen schriftlichen Quellen aus den Archiven.

Die beiden Gegenspieler und Verbündeten Karl V. und Paul III. erscheinen in der malerischen Darstellung der Pinselstriche Tizians ungleicher denn je. Würde, Macht und Ansehen auf der einen Seite, Dekadenz und Senilität hingegen auf der anderen Seite. Der Meister der Porträtkunst profilierte sich zwischen Kaiser und Papst.

Die Historizität in Tizians Bild-Porträts zeigt ein Gesamtbild und verbindet Persönlichkeit, Status und Zeitgeist. Diese Gemälde entstanden dank der Pedanterie und der sublimen Sensibilität des Künstlers „in den Dingen zu sein": „*Il senso delle cose ha nel penello*" (den Sinn der Dinge hat er im Pinsel), schrieb Aretino. Diese Meisterwerke schufen Idealcharaktere, die jede einzelne Person in ihrem Bildnis von den anderen zu unterscheiden wusste. Das Zusammenspiel der Details und deren Bedeutung ließen ein einheitliches und einzigartiges Bild der jeweils dargestellten Personen entstehen.

In den 1530er Jahren war Tizian bereits auf seinem künstlerischen Höhepunkt angelangt. Er arbeitete sowohl für Venedig als auch für die bedeutendsten norditalienischen Fürstenhäuser und für den Kaiser. Er hatte es immer vorgezogen, sich an keinen Hof zu binden, er hatte seine freie Karriere und blieb selbständiger Unternehmer, der kein untergeordneter Handwerker, sondern Teil des glanzvollen Hofleben war. Sein kaiserlicher Grafentitel galt in der Lagunenstadt wenig, aber als erster Maler der Serenissima hatte er über ein sicheres Einkommen hinaus eine künstlerische Freiheit, die ihm kein Hof bieten konnte. Der Republik war es recht und lieb, dass Tizian seine Freiheit wahrte, so konnte sie Nutzen aus diesem höfischen Künstler ziehen und ihn immer wieder auf diplomatische Missionen aussenden.

Als Geschäftsmann war es für Tizian von Vorteil, für die unterschiedlichsten Auftraggeber tätig zu sein, die er dann unter Umständen auch gegeneinander auszuspielen wusste. Die steigende Zahl an bedeutenden Aufträgen konnte der Meister auf Dauer nicht alleine bewältigen, und da er finanziell abgesichert war, gründete er bereits 1513 seine eigene Werkstatt, die im Laufe der Zeit zu einem regelrechten Unternehmen heranwuchs. Man könnte diese Werkstatt als eine der ersten Bildfabriken bezeichnen, genauer gesagt ein Unternehmen, das Bilder herstellte und kopierte und sie in Italien und in Europa vertrieb. So entstand nicht nur ein Wissen um die Kunst des großen Tizian in Venedig, es begann eine systematische Produktion in großem Stil, um Tizians Stil europaweit zu verbreiten und den Kunstgeschmack zu beeinflussen. Das Unternehmen könnte man als das ‚System Tizian‘ bezeichnen. Der Meister gab das Originalwerk vor, und in der Werkstatt arbeiteten die Mitarbeiter in seinem Stil die Werke aus. Es handelte sich um eine immense Werkproduktion mit den unterschiedlichsten Themen, aber vor allem waren es die mythologischen Bildthemen, nach denen die modebewusste Kunstwelt verlangte. So wurde Europa überschwemmt mit ‚tizianischen‘ Werken. Für den Künstler selbst bedeutete dies Ruhm, Ansehen und Einnahmen aus den verschiedensten Quellen und damit Wohlstand, für sich und seine Mitarbeiter. Nach über 60 Jahren blickte Tizian auf eine glorreiche Karriere zurück. Der geniale Maler war zum umsichtigen Geschäftsmann geworden und baute eine einzigartige Bilderindustrie auf, die in dieser Weise ein absolutes Novum darstellte. Von seinem Haus in Venedig in Biri Grande aus – Wohnhaus, Atelier, Werkstatt, Ausstellungsraum, Büro, Verwaltungszentrale – knüpfte und verwaltete Tizian ein dichtes Netz von internationalen Verbindungen. Die Werkstätten Tizians standen für die Verbreitung und Vervielfältigung der tizianischen Bilder unter der kenntnisreichen Leitung des Meisters selbst.

Tizians Spätwerk besteht seit 1550 zu einem Großteil aus Repliken, originalgroße Bildwiederholungen mit größeren oder kleineren Abweichungen gegenüber der Erstfassung. Man unterschätzt oft die malerische Qualität der Repliken, wenn man sie als bloße Kopie von Schülern, Gehilfen oder Mitarbeitern betrachtet. Die Anfertigung von Kopien hatte in Venedig eine lange Tradition. Bereits die Werkstatt Bellinis verbreitete Typenreihen von Bildern, die auf ein Musterbeispiel zurückgingen und dem Typus getreu mit Abänderung von Farbe und Landschaft über Jahre hinweg wiederholt wurden und damit den allgemeinen Kunstgeschmack formten. Ganz ähnlich war der Ablauf in der Werkstatt Tizians: die Erstfassung gab er aus der Hand, in seiner Werkstatt bewahrte er ein Simile auf, das bei Bedarf zu einer Replik ausgearbeitet werden konnte. Es waren durchaus auch Neukompositionen an einem Simile möglich, Variationen des vorgegebenen Themas. Tizians Werkstatt bestand vornehmlich aus Familienangehörigen, dem Sohn Orazio, dem älteren Bruder Francesco und den entfernten Verwandten Cesare und Marco Vecellio.

Alle Zeitgenossen stimmen darin überein, dass die genannten Familienmitglieder ebenso wie die übrigen Werkstattgehilfen wenig selbständig gewesen seien. So weiß Vasari zu berichten, Tizian habe es unterlassen, sie zu unterrichten und künstlerisch zu fördern. Aus Tizians Werkstatt gingen keine eigenständigen Künstler hervor, seine Werkgehilfen waren das Alter Ego des Werkstattleiters, der verlängerte Arm des Meisters. Mit Sicherheit ist die Vielzahl der Tizian zugeschriebenen Gemälde nur auf eine funktionierende Helferarbeit zurückzuführen.

Dieses System Tizian basierte auf der Einbindung von Schülern, Verwandten und Mitarbeitern, die Tizian zutiefst vertraut waren. Man könnte sich das Atelier Tizians fast wie eine Fließbandproduktion vorstellen. In dieser Produktionsreihe wurden Bildkopien mit Lizenz des Meisters hergestellt, Marke Tizian, made in Venice. Besonders beliebt waren die Bilder mit mythologisch-erotischem Hintergrund, ein absoluter Verkaufsschlager: die nackte Venus, die träumende Danae und mehr von dieser Art. Die Idee der Bilderfabrik unter Tizians Leitung, welche seine Bilder in ganz Europa verbreitete, gelang dank eines perfekten und effizienten Team-work. Durch diese professionelle Verbreitung wurde die Virtuosität der venezianischen Farbkunst einem begeisterten, internationalen Publikum bekannt gemacht.

V. Der Venezianer als Hofmaler Kaiser Karls V.

*Im Auftrag der Republik * Gegenseitige Wertschätzung und ein fast freundschaftliches Verhältnis*

„Er ist von mittlerer Statur, nicht besonders groß, auch nicht besonders klein, weiß, eher blass als rosenfarben, er hat einen gut proportionierten Körper, schöne Beine, gute Arme, ein wenig eine Adlernase, aber nur ein wenig, die Augen geizig, von ernstem Aussehen, aber nicht grausam und nicht streng, man kann nichts anderes an seinem Körper tadeln außer das Kinn oder vielmehr den ganzen Unterkiefer, welcher so sehr lang und so sehr breit ist, dass er unnatürlich an diesem Körper wirkt.“
Relazione dell'ambasciatore veneziano Gasparo Contarini su Carlo V. 1525

So beschreibt Gasparo Contarini, der venezianische Botschafter am habsburgischen Hof, Karl V. 1525 in einem seiner Berichte an den Großen Rat in Venedig, den Kaiser, der seine schützende Regentenhand über die ausgedehnteste politische Reichsbildung hielt, die Europa bis dahin kannte, ein Reich, das bis über den Atlantik reichte und Karls Aussage zu rechtfertigen schien, er regiere *„ein Reich, in dem die Sonne niemals untergeht“*.

Den Frieden in Europa und die religiöse Einheit unter der katholischen Kirche zu sichern, waren die Hauptanliegen des Kaisers – beides gelang ihm am Ende nicht.

Kaiser Karl V. vertrat in der ersten Hälfte des 16. Jh. den Anspruch des Universalherrschers über die gesamte Christenheit. Dieses traditionsbewusste Selbstverständnis wurde durch die europäischen Konflikte der Zeit zutiefst in Frage gestellt. Die Fülle seiner Macht zog auch eine Fülle von Problemen nach sich, und die Regierungszeit Karls V. war vor allen Dingen durch die Reformation und den Dauerkonflikt mit Frankreich charakterisiert.

Der Kaiser war ein gesamteuropäischer Herrscher: König von Spanien, Herzog von Burgund und Erzherzog von Österreich, und zugleich und vor allem Kaiser des Heiligen Römischen Reiches Deutscher Nation. Auf der Landkarte betrachtet, wird verständlich, warum der Kaiser mit seinen jungen 20 Jahren den Wahlspruch „PLUS ULTRA" wählte.

Karl V. wurde am 24. Februar 1500 im Prinzenhof in Gent geboren, als Sohn von Philipp dem Schönen, dem Herzog von Burgund und König von Kastilien und León, und von Johanna von Kastilien, welche als Johanna die Wahnsinnige in die Geschichtsschreibung einging. Durch den frühen Tod seines Vaters Philipp I. von Kastilien wurde Karl bereits 1506 Landesherr der Burgundischen Niederlande.

Die Herzogliche Tante Margarethe von Österreich, die verwitwete Erzherzogin von Savoyen, übernahm nach dem Tode ihres Bruders Philipp des Schönen die persönliche Erziehung der Kinder Karl und Ferdinand. Während Ferdinand fast gänzlich bei seinem Großvater Ferdinand in Spanien aufwuchs, weilte Karl bei seiner Tante, die die Regentschaft in Burgund übernommen hatte. Intellektuell geleitet und unterrichtet wurde der junge Karl von dem humanistischen Gelehrten Hadrian von Utrecht, dem späteren Papst Hadrian I. Die politische Erziehung des jungen

Prinzen und die Einführung in die Sitten und Gebräuche des Hofes oblag adligen spanischen und niederländischen Herren, die von seinem Großvater zu dieser Aufgabe berufen worden waren. So wurde der zukünftige König politisch auf sein Amt vorbereitet und dazu angehalten, stets den Ausgleich mit den benachbarten Großmächten Frankreich und England zu suchen, um den Bestand des jungen Herrschaftsgebildes in der Einheit der herrschenden habsburgischen Dynastie zu sichern.

Mit einer feierlichen Proklamation der Volljährigkeit am 1. Januar 1515 am Brüsseler Hof trat Karl in die politische Öffentlichkeit. Schneller als geplant wurde er dann 1516, nach dem Tod seines Großvaters Ferdinand II. von Aragón, in Personalunion mit seiner für unzurechnungsfähig erklärten Mutter Johanna, als Carlo I. König von Kastilien, Léon und Aragón, was die spanische Ständegesellschaft mit wenig Begeisterung hinnahm.

Sein Bruder Ferdinand, der bis dahin am spanischen Hof gelebt hatte und dort erzogen worden war, musste dem Erbfolgegesetz weichen und zog nach Österreich an den Hof Maximilians I. Dort wurde er mit Anna von Ungarn verheiratet, die ebenfalls aus der habsburgischen Dynastie stammte.

Wenige Jahre später, 1519, erbte Karl von seinem Großvater Maximilian I. das Herzogtum Österreich und wurde als Karl V. zum römisch-deutschen König gewählt und 1520 im Kaiserdom zu Aachen durch den Kölner Erzbischof zum König gekrönt. Danach trug er wie sein Großvater Maximilian I. den Titel *„erwählter Kaiser des Heiligen Römischen Reiches"*.

Die beiden Brüder schlossen 1521 Verträge untereinander ab, in denen sie darin übereinkamen, dass Ferdinand der Jüngere den älteren Bruder in seinen Funktionen in den österreichischen Herzogtümern vertrat. So griff das dynastische Prinzip der Solidarität und verhinderte eine Spaltung des Reiches. An der Wahl Karls V. zum Deutschen König war die Handelsfamilie der Fug-

ger mit beträchtlichen Geldmitteln nicht ganz unbeteiligt, was
den Zorn seines französischen Cousins Franz I. hervorrief und in
Zukunft zum habsburgisch-französischen Dauerkonflikt führen
sollte, dessen Machtzwiste vornehmlich auf italienischem Boden
ausgetragen wurden, in dem Land, welches zur damaligen Zeit
als das Zentrum der Zivilisation galt. Die Renaissancebewegung,
die ihren entscheidenden Anstoß hier gefunden hatte, war richtungsweisend für ganz Europa in Kunst, Architektur, Malerei,
Literatur und Wissenschaft – und auch in der modernen Finanz-
wirtschaft. Schade nur, dass diese so wunderbare Halbinsel durch
die so unterschiedlichen politischen und kulturellen Einflüsse so
sehr zerrissen war.

Mit der Thronbesteigung Karls V. bekamen Mailand und Genua eine ganz neue Bedeutung in Europa, als Bindeglied zwischen Deutschland und Spanien. Karl brachte es auf den Punkt:
*„Mein Cousin Franz und ich sind ganz der gleichen Meinung: Er
findet Mailand attraktiv, und ich auch.“*

Mit großem Pomp wurde Karl endlich am 24. Februar 1530,
an seinem dreißigsten Geburtstag, von Papst Clemens VII. zum
Kaiser gekrönt. Schauplatz dieses glanzvollen Höhepunkts auf der
politischen Bühne war Bologna, die elegante, nordöstliche Grenze des Kirchenstaats, und die dortige Basilika San Petronio, wo
der erkorene Kaiser in einem sakralen Akt die Kaiserkrone vom
Heiligen Vater persönlich erhielt. Beide, Papst und Kaiser, verließen anschließend in einer Prozession gemeinsam die Basilika,
und in einer letzten Demutsgeste half der Kaiser dem Oberhaupt
der Christenheit in den Sattel seines Pferdes. Die Botschaft dieses
aufwendigen Zeremoniells war die Zurschaustellung der in fried-
licher Eintracht vereinten Häupter der lateinischen Christenheit.

Dies alles nur ganze drei Jahre, nachdem die Truppen Karls V.
und seine Landsknechte beim *„Sacco di Roma“* 1527 die Ewige
Stadt in einem unsinnig ‚blutigen Karneval‘ über Monate hinweg

in Angst und Schrecken gehalten hatten. Den Römern erschien der Einfall dieser plündernden, mordenden, raubenden, vergewaltigenden Massen wie die Verkörperung des rein Bösen. Die Bevölkerung schrumpfte auf ein Drittel der vorherigen Anzahl, wer konnte, floh. Der Papst verbarrikadierte sich in der Engelsburg und harrte dort aus, in der Hoffnung, dass sich der Mob verziehen würde. Am Ende dieses zerstörerischen Rausches wurde allen die politische Katastrophe klar. So bekamen dieses Krönungszeremoniell und die Botschaft der wiedergefundenen Einheit zwischen Papst und Kaiser eine weitreichende Dimension, die weit über die Grenzen des italienischen Raums hinausreichen sollte.

Karl V. und die *Monarchia Universalis* zeichneten sich als ein Unikum in der politischen Landschaft Europas aus. Die Zeitenwende um 1500 katapultierte das Haus Habsburg auf den Zenit einer nie erwarteten Macht. Die Familie erbte die ‚Aktienmehrheit' auf dem Schachbrett des europäischen Mächtespiels, die Habsburger herrschten durch Erbfolge über Burgund, Spanien, einen Großteil Italiens, Österreichs und Ungarns. Das Erfolgsrezept? Kriege sollten andere führen, das glückliche Österreich heiratete: *Tu felix austria nube*. Diese Eheschließungen dienten der Erhaltung und Vitalität der Dynastie durch Erbe, eine kluge Ehepolitik entschied über Krieg und Frieden. Es bleibt zu erwähnen, dass ein großer Teil dieser politisch-dynastisch gestifteten Ehen in der habsburgischen Dynastie sich tatsächlich zu echten Liebesbeziehungen entwickelte, mehr als irgendwo anders.

Diese Kriterien waren auch für Karl unabdingbar, und da der jüngere Bruder Ferdinand bereits liiert war, die Ehe 1521 vollzogen hatte und 1526 einen Erben von seiner Frau Anna von Ungarn erwartete, kam Karl in gewisser Weise in Zugzwang. Es ging darum, für die nächste dynastische Generation Vorsorge zu treffen. Zwar war Karl mitnichten den Damen gegenüber abgeneigt.

So galt bei einem Besuch in Belgien in Oudenaarde südlich von Gent, wo sich Karl länger aufhielt, seine Leidenschaft weniger seinem Ritterbruder als dessen Kammerzofe Johanna van Gheynst. Diese wurde schwanger und brachte am 5. Juli 1522 ein gesundes Mädchen zur Welt – da war Karl allerdings bereits zurück in Spanien. Auf Drängen des belgischen Ehrenmanns hin übernahm Karl die Verantwortung für das Kind, erkannte Margarete, die er nach seiner Großtante benannte, als natürliche Tochter an und gab sie in die Obhut seiner Schwester Maria von Ungarn, die ihr eine höfische Erziehung angedeihen ließ und somit der zukünftigen jungen Frau den Weg in die europäische Führungsgesellschaft eröffnete. Später sollte Karl diese Tochter ohne viele Skrupel in seine Bündnis- und Ehediplomatie miteinbeziehen, und als Herzogin von Parma diente sie dann ihrem Halbbruder und spanischen König Philipp II.

Nach dem Sturm der Jugendjahre musste sich der Kaiser jetzt um ernstzunehmende Eheprojekte kümmern und die politische Heiratsplanung vorantreiben. Die Ehepläne folgten der dynastischen Vernunft, so war der König 1522 eine Verlobung mit seiner Cousine Maria Tudor (1516–1558), der Tochter Heinrich VIII., eingegangen. Allerdings war Maria zu diesem Zeitpunkt erst sechs Jahre alt und Karl konnte nicht die Volljährigkeit der Braut abwarten; so zerschlug sich dieses Eheprojekt aus der Jugendzeit.

Danach warb Karl um Isabella von Portugal und hatte ernsthafte Verhandlungen über eine Ehe mit ihr aufgenommen. Auch sie war eine Cousine ersten Grades, Tochter seiner Tante Maria von Kastilien und König Manuels von Portugal. Es war ein Heiratsplan der Machterweiterung, eine Verbindung, die aus politischen Gründen hochwillkommen war, und als die Dispens vom Papst eintraf, welche wegen des engen Verwandtschaftsgrads notwendig war, ging die politische Planung in die Phase der Trauung über.

Am 10. März 1526 fand die feierliche Trauung in der Kathedrale von Sevilla statt. Karl und Isabella begegneten sich an ihrem Hochzeitstag das erste Mal persönlich, schienen aber sofort Gefallen aneinander gefunden zu haben. So erzählen auch Zeitgenossen von dieser Verbindung die Geschichte erotischer Faszination und Leidenschaft. Vielleicht liegt dieses anfänglich so unerwartete Glück auch ein wenig am Zauber des mediterranen Ambientes: Die ersten Ehejahre residierte das Paar in Granada. Auch wenn die meisten Geschichtsschreiber von einer Liebesehe schwärmen, ist dies wohl doch übertrieben, mehr als erotische Neigung und Romantik stand wohl auch bei dieser Fürstenehe das dynastische und politische Kalkül im Vordergrund: Karls Entscheidung für die portugiesische Infantin war eine Entscheidung für Spanien als Sitz der Familie und kulturelle Heimat seines Nachfolgers.

Am 21. Mai 1527 gebar Isabella ihren ersten Sohn, gesund und robust, der später als Philipp II. den spanischen Thron erben sollte. Es folgten weitere vier Schwangerschaften, die die Gesundheit der Kaiserin angriffen, 1528 die Geburt der ältesten Tochter Maria, 1529 die des Infanten Ferdinand, der aus unerklärlichen Gründen innerhalb des ersten Lebensjahres verstarb, im Juli 1535 folgte die Geburt der Tochter Johanna, die später, immer dem Prinzip des habsburgischen Dynastie-Erhalts folgend, die Ehefrau ihres Cousins Manuel von Portugal werden sollte, und besonders anrührend im April 1529 Isabellas letzte Geburt, ihr dritter Sohn Johann. Dieser starb nur wenige Stunden nach seiner Geburt und Isabella folgte ihrem letzten Sohn 10 Tage später in den Tod, psychisch und physisch ausgezehrt mit nur 35 Jahren.

Kaiser Karl war untröstlich und schrieb an seinen Bruder, *„er habe bei diesem großen und höchsten Verlust keinen anderen Trost als ihr gutes und katholisches Leben und ihren heiligmäßigen Tod. Er tue alles, sich in den Willen Gottes zu fügen, den er gebeten* *habe, sie zu sich in sein Paradies zu nehmen, wo sie nun gewisslich weile."*

In seiner Trauer und Verzweiflung zog sich Karl für mehrere Tage in das Hieronymiten-Kloster in Yuste bei Toledo zurück. Dort reflektierte er über seine Todeserwartung, die ihn von da an nicht mehr verlassen sollte. So war es eine rein natürliche Entscheidung, dass Karl sich später nach seiner Abdankung 1555 in das Kloster in Yuste zurückzog, um dort seine letzten Lebensjahre in einem Eremitendasein mit Meditation und Studium zu verbringen.

Trotz aller glücklichen Momente war die kaiserliche Ehe seit 1530 vor allen Dingen durch die häufige Abwesenheit des Kaisers getrübt, Isabella blieb mit der Rolle der Regentin zurück, sie musste oft an seiner statt regieren, was ihr gut gelang.

So war Isabella für Karl in erster Linie eine zuverlässige Statthalterin und Mutter seiner Kinder. Er war ihr zugetan aus einer Mischung aus Liebe und Pflichtgefühl. Die sakrale Überhöhung dieser Ehe und die tiefe Verehrung der ihm von Gott gegebenen Gemahlin fand erst lange nach dem Tod Isabellas in dem von Tizian gemalten Bild der *Anbetung der Heiligen Dreifaltigkeit (La Gloria)* statt.

Längere Zeit nach dem Tod der Kaiserin begannen am kaiserlichen Hof wieder Gerüchte über weitere Liebesaffären Karls zu kursieren. Den 1547 in Nürnberg geborenen Sohn Juan, Spross aus einer Liaison mit der bürgerlichen Barbara Blomberg aus Regensburg, erkannte Karl als natürlichen Sohn an, und nach dem Tod seines Vaters empfing Philipp II. seinen Halbbruder offiziell am Hof als Don Juan de Austria. (Im Herbst 1571 sollte dieser dann als Oberbefehlshaber den Sieg bei der Schlacht von Lepanto miterringen und damit voll anerkannt die Rolle des kaiserlichen Sohns der habsburgischen Dynastie ausfüllen.)

Jenseits der privaten Sphäre sah sich der Kaiser größten Herausforderungen in seinem immensen Reich gegenüber. Da war die Gretchenfrage nach der Religion, die der Kaiser nach dem Reichstag in Worms und dann vor allen Dingen mit dem Religionsfrieden in Augsburg – *„Cuius regio eius religio"* – zu lösen versuchte. So war auf dem Weg zum modernen Staat die bevorstehende Glaubensspaltung ein dominierendes Problem, und den Kaiser trieb die ernsthafte Sorge um die Bewahrung der Einheit der Christenheit um. Dazu kamen sein Herrscherverständnis und die Verteidigung des Prinzips der *„Monarchia Universalis"*. Dies alles rief nicht nur die Kritik Frankreichs hervor.

PLUS ULTRA war das erste Motto des jungen Kaisers, als er an die Macht gelangte, ein Motto, das in gewisser Weise den ersten Schritt zur Globalisierung wies. So schrieb der Großkanzler Gattinara, der ganz fest an eine Weltherrschaft unter dem habsburgischen Kaiser glaubte, an Karl V.: *„Sire, da Euch Gott diese ungeheure Gnade verliehen hat, Euch über alle Könige und Fürsten der Christenheit zu erhöhen zu einer Macht, die bisher nur euer Vorgänger Karl der Große besessen hat, so seid ihr auf dem Wege zur Weltmonarchie, zur Sammlung der Christenheit unter einem Hirten."*

Was am Ende von Karls Regierungszeit bleibt, ist der Eindruck einer ernsthaften Persönlichkeit, fern aller Stilisierung und weit entfernt von dem überzogenen Wahlspruch PLUS ULTRA.

***

Dass dieser so europäische Kaiser ein sehr grundlegendes diplomatisches Interesse der Serenissima erweckte, erstaunt kaum. Die Idee, den venezianischen Großmeister Tizian als diplomatischen Gesandten einzusetzen, mag für heutige Zeiten unverständlich erscheinen, was es für die damalige Zeit allerdings nicht war.

Die Entwicklung diplomatischer Aktivitäten hatte ihren Ursprung in der Frühen Neuzeit, vor allen Dingen im politischen Kontext Italiens mit seinen vielen Kleinstaaten und deren Familien. Die komplexe politische Ordnung in Italien und die immer mehr oder weniger aufflammenden Konflikte zwischen den Großmächten um die Halbinsel machten ein ausgeklügeltes diplomatisches System notwendig, um die Mächte im Gleichgewicht halten zu können. Diplomatie wurde als wirksames Mittel gesehen, diese Konflikte ohne Waffengewalt zu lösen und dennoch die eigenen Hauptinteressen zu wahren. Die venezianische Republik gehörte zu den Staaten, die das diplomatische Wesen am raffiniertesten beherrschten.

Das Reich Karls V. stellte die größte territoriale Macht in Europa dar und grenzte direkt an das venezianische Herrschaftsgebiet. Nicht immer waren Venedig und Habsburg sich freundschaftlich gesonnen gewesen, denkt man nur an die Liga von Cambrai und die tödliche Bedrohung Venedigs in der Niederlage bei Agnadello 1509. Venedig hatte große Mühe, aus dieser tiefen Krise wieder emporzukommen, und es ist nur der Hartnäckigkeit der Serenissima zu verdanken, dass sie mit viel Geduld und diplomatischem Feingefühl die verlorenen Gebiete auf dem Festland langsam wieder zurückeroberte.

Die venezianischen Botschafter waren Personen mit einer raffinierten Bildung und Kultur und verfügten über ein gutes Anpassungsvermögen. Am Hof Karls V. konzentrierten sich die Gesandten in der Hauptsache auf die Person des Kaisers, und die Berichte davon an den Senat der Republik sind bis heute wertvolle Quellen zum Geschehen am Kaiserhof. Gemeinsamkeiten fanden das Kaiserreich und die Republik vor allen Dingen in der Türkenfrage, und so wurde das friedliche Zusammenkommen anlässlich der Kaiserkrönung in Bologna 1530 zwischen Papst Clemens VII., Kaiser Karl V. und der Republik Venedig sichtbar zelebriert. Die diplomatischen Aktivitäten des Ausgleichs waren und blieben das wichtigste politische Instrument der Serenissima, im italienischen und im europäischen Kontext.

Venedig unterhielt hochrangige Diplomaten am Hof Karls V., die oft auch mit dem Kaiser reisten, der selten länger an einem Ort weilte. Er reiste mit seinem gesamten Hofstaat, mit Mann und Maus und den dazugehörigen Botschaftern in seinen weitreichenden Ländern umher, von einem Schloss in das Nächste, von einem Reichsfürsten zum Nächsten, Gast bei den reichen Bankiers – wie den Fuggern – und an den italienischen Höfen, die ihm Freund waren, wie in Mantua. Einen festen Wohnsitz kannte er nicht.

Die venezianischen Botschafter, zu allererst Gasparo Contarini, aber auch Andrea Navagero, Niccolo Tiepolo und Alvise Mocenigo – beide zukünftige Dogen –, beschreiben immer wieder sehr eingehend die Persönlichkeit des Kaisers. Bescheidenheit, Gerechtigkeitssinn und eine ernste Frömmigkeit waren ihm eigen, etwas schwermütig, aber nicht temperamentslos sei er gewesen, frei von jedem Laster. Der Kaiser habe einen ernsthaften, introvertierten, zu anderen Menschen hin distanzierenden Charakter und eine bescheidene Weise sich zu kleiden, dazu kamen widersprüchliche Charakterzüge wie fehlende Großzügigkeit, plötzlich aufflammender Zorn und ein tiefer Wunsch zur Glorifizierung. In den späteren Jahren folgte die Enttäuschung und Resignation gegenüber der Glaubensfrage und die Verbitterung über die Vergeblichkeit seiner Ausgleichsbemühungen und Reformideen, der zerplatzte Traum vom Religionsfrieden.

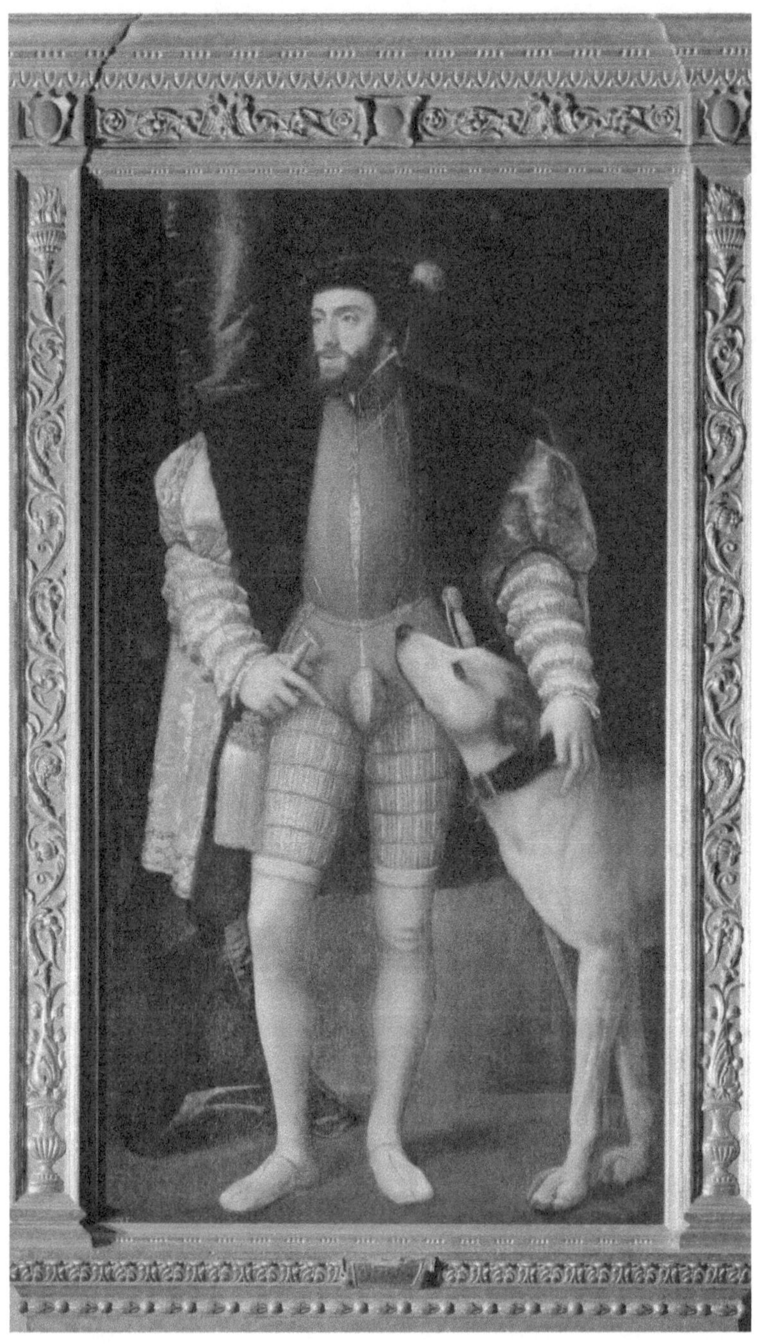

Kaiser Karl V. mit Ulmer Dogge. Gemälde (1532/33) von Tizian.

In diesem Kontext des kulturellen und politischen Dialogs ging es nicht nur um den Austausch wichtiger Informationen, sondern auch um gemeinsame Abkommen, die nicht immer die Politik als oberste Priorität hatten: Man lieh sich seine Künstler aus, sandte sie nach einem Friedensabkommen als Belohnung oder verschenkte deren Kunstwerke, um einen Dialog zu eröffnen. Ähnlich der politischen Heiratsstrategien war auch der Verleih eines Künstlers eine immer wieder gern genutzte diplomatische Methode. So kam der Künstler am Hofe des Beschenkten an Insiderwissen, und die Mächtigen in Venedig wollten immer ganz genau darüber informiert sein, was sich auf dem europäischen Parkett abspielte.

Ganz anders als die venezianischen Botschafter, die durchaus wertvolle Informationen über den Habsburgischen Kaiser lieferten, kreierte Tizian ein ganz anderes, ein persönliches Bild von Kaiser Karl V., das bis heute lebendig geblieben ist.

Er zeichnete den Kaiser meisterhaft in seiner europäischen Entwicklung nach. Das Lebensbild, dass Tizian von Karl V. mit seinem Pinsel entstehen ließ, lässt sich am besten durch fünf Meisterwerke beschreiben. So erscheint der junge Kaiser Karl, noch ganz bescheiden und wenig prätentiös, in einem ersten Porträt, *Karl V. mit Ulmer Dogge* (1532/33). Ganz anders erscheint er dann als siegreicher Herrscher in dem Reiterbild *Karl V. bei der Schlacht bei Mühlberg* (1547), und schließlich als weiser Regent im Lehnstuhl in dem Porträt von 1548. *Das Gloria*, genauer gesagt die *Anbetung der Heiligen Dreifaltigkeit*, zeigt Karl im Angesicht Gottes zusammen mit seiner verstorbenen Ehefrau Isabella. In tiefer Liebe wünschte sich der Kaiser ein letztes Porträt seiner ihm anvertrauten Ehefrau *post mortem* von Tizian.

Das Bewusstsein für Kunst wurde in Karl schon in jungen Jahren geweckt. Er war in Mechelen bei seiner Tante Margarete aufgewachsen, die ihm über die notwendige Erziehung hinaus auch den Zugang zu den Künsten ermöglicht hatte. Zur Musik war dem jungen Karl durch seine musikbegeisterte Tante ein direkter Weg geebnet gewesen, so war Karl nicht nur musikalisch, sondern durchaus auch ein Kenner der Musik, die ihn, wenn möglich, immer begleitete. Der direkte Zugang zur bildenden Kunst und der Malerei blieb Karl lange verwehrt, trotz der erlesenen Kunstsammlung seiner Tante.

Geradezu eine Schlüsselmoment für seine Begegnung mit der bildenden Kunst war der Besuch des Kaisers in Mantua im Frühjahr 1530, bei dem der Dreißigjährige in die Renaissancewelt eintauchte und fasziniert war von der neuartigen Ausarbeitung von Raum, Perspektive und Darstellung des menschlichen Körpers. Stolz führte ihn Federico II. Gonzaga als Dank für den Herzogtitel durch seinen Sommerpalast del Te, wo Karl die wunderbaren Fresken des Giulio Romano bestaunte. Der Eindruck auf den Kaiser war nachhaltig. Federico II. verehrte ihm noch ein weiteres, wahrscheinlich noch viel wertvolleres Geschenk: Er machte Karl mit Tizian bekannt.

Die grenzenlose Bewunderung des Kaisers für Tizians Kunst, die Entdeckung des Potentials dieses Ausnahmekünstlers für die dynastische Bildpropaganda der Habsburgischen Dynastie gemeinsam mit dem Karrierehunger Tizians führten zu einem unvergleichlich fruchtbaren Zusammenspiel in der Kunstgeschichte. Der Kunstgeschmack des Auftraggebers und seine unmittelbare Beteiligung an der künstlerischen Gestaltung, gepaart mit Tizians ästhetischer Meisterschaft, zeigt sich heute noch in den Meisterwerken, die unter Tizians Hand entstanden sind.

Dass der Kaiser Tizian den Pinsel aufgehoben habe, ist wohl eine Anekdote, und dass Tizian der einzige Künstler gewesen sei, von dem sich Karl porträtieren lassen wollte, ist Rhetorik. Dennoch pflegte der wortkarge und kontaktscheue Karl zu Tizian ein besonders vertrauensvolles Verhältnis, das mit wachsender gegenseitiger Anerkennung verbunden war.

Bereits nach den ersten Porträts für den Kaiser wurde der venezianische Maler zum Mitglied des kaiserlichen Hofs und mit dem Titel eines Pfalzgrafen ausgezeichnet, eine Ehrung, die sonst nur noch Gentile Bellini unter Karls Urgroßvater Friedrich III. zu Teil geworden war.

Karl drängte in den folgenden Jahren immer wieder darauf, dass Tizian während der Reichstage in Augsburg anwesend sein sollte, um die Habsburgische Dynastie im Bild festzuhalten: Die Familien-Dynastie im Porträt für das ruhmvolle Nachleben des Habsburgischen Kaiserhauses.

Tizians Bildnisse für die ewige Memoria, die unter Karl V. ihren Anfang nahm, wurden mit dem gleichen Verständnis unter seinem Sohn Philipp II. von Spanien fortgeführt. So hingen im Schloss des Prado nahe Madrid an die vierzig Porträts der Habsburgischen Familie, beginnend mit Karl V. mit Gemahlin und Kindern, gefolgt von Onkeln, Cousins und Neffen und Nichten, am Ende die Selbstbildnisse des Venezianers Tizian und des Niederländers Antonis Mor. Es wäre dem Kaiser wohl am liebsten gewesen, Tizian als permanenten Hofmaler zu verpflichten, ein Angebot, welches der venezianische Maler immer wieder freundlich, aber entschieden ablehnte.

Über die staatlichen Propaganda- und Ruhmeshymnen der Habsburger hinaus hatten die Porträts, die Tizian von Karl und seiner Familie malte, einen tiefen persönlichen Wert. Keinem anderen Maler war es gelungen, den Herrscher des Reiches so selbstbewusst, energisch und weitsichtig darzustellen, wie dies Tizian tat. Ganz entgegen den Berichten von Zeitgenossen, die Karl eher als scheu, zurückgezogen, kränkelnd und mit der habsburgischen Erbdeformation des ausgeprägten Unterkiefers beschrieben, was die deutschen Maler mit rücksichtslosem Realismus darstellten, wurde Karl unter Tizians Malerhand zu einem Mann von Willenskraft und Überlegenheit, später gemischt mit Zügen von Müdigkeit und Verdüsterung, Darstellungen, die das Erinnerungsbild des Kaisers bis heute prägen.

Wahrscheinlich traf Tizian Ende des Jahres 1529 in Parma das erste Mal mit dem Kaiser zusammen, es war der Herzog von Mantua, Federico II. Gonzaga, gewesen, der Karl auf Tizian aufmerksam gemacht hatte. 1530 entstand dann wohl das erste Porträt aus Tizians Hand, welches leider verloren gegangen ist, und so ist das früheste erhaltene Bild das von Karl mit Hund 1532/1533.

Kaiser Karl V. war Ende 1529 nach Italien gekommen, um sich im Februar 1530, an seinem dreißigsten Geburtstag, in Bologna durch Papst Clemens VII. zum Kaiser krönen zu lassen. Die Wiederaufnahme eines seit Mitte des 14. Jahrhunderts unterbrochenen Brauchs war ein nunmehr symbolischer Akt, welcher nach dem *Sacco di Roma* die Feindseligkeiten zwischen Kaiser und Papst zu einem vorläufigen Ende brachte.

Zwar hatte Tizian den Kaiser bereits über den Herzog von Mantua kennengelernt, seine Karriere am kaiserlichen Hof aber begann 1530, als Tizian vom Kaiser in Bologna offiziell den Auftrag bekam, ihn zu porträtieren. Karl war von dem Ergebnis begeistert und überzeugt von Tizians Kunst, was diesem den Zugang zum gesamten weitverzweigten Habsburgischen Haus eröffnete. Wenig später ernannte der Kaiser seinen neuen Künstler zum Ritter des goldenen Sporns, und diese soziale Aufwertung erleichterte Tizian den Umgang am streng geführten kaiserlichen Hof.

Man kann davon ausgehen, dass Venedig sehr genau über die Anwesenheit Tizians in Bologna informiert war, allein schon die Präsenz des venezianischen Gesandten genügte dazu. Ob die Serenissima ihren besten Künstler absichtlich an den Hof des Kaisers entsandt hatte oder nur ihre neugierig schützende Hand über das Ganze hielt, ist nicht ganz ersichtlich, aber mit Sicherheit waren es Tizians Aufstiegswille und Venedigs Hunger nach direkten, ungefilterten Informationen, die sich in diesem Falle optimal ergänzten. Der Künstler bekam Ansehen und Ruhm, der Republik hingegen gelang es, einen Blick in das Innerste des Habsburgischen Herzens zu werfen. Der so sehr an Venedig gebundene Künstler, der sich auch in politischen Fragen immer pro Republik erklärt hatte, hätte wahrscheinlich ohne die Einwilligung des Großen Rates nicht agiert.

Darstellung und Selbstdarstellung der Herrscherpersönlichkeit des Kaisers wurden zum größten Teil von Karl selbst inszeniert und manipuliert. Aber Tizian spielte in dieser Inszenierung eine dominante Rolle. In Schrift und Bild hat Kaiser Karl V. sehr bewusst versucht, sein eigenes Bild zu prägen, er kreierte die Anschauung von sich selbst so, wie er von den Zeitgenossen gesehen werden wollte und sollte. Das entsprach durchaus der Herrschertradition und wurde geradezu von seiner Umgebung erwartet. Der Kaiser, der einen übergroßen Wirkungsbereich auszufüllen hatte, musste notwendigerweise ein einheitliches, für alle gültiges Herrscher-Image inszenieren, um auf Dauer in seiner Führungsrolle im gesamten ihm anvertrauten Reich anerkannt zu werden.

Neben der Hofhistoriographie und seiner von ihm selbst formulierten Autobiographie nutzte der Kaiser zielgerichtet das Medium Kunst. Er gab den unterschiedlichen, an ihn gebundenen Künstlern den Auftrag, ihn und die habsburgische Dynastie im Bild darzustellen. Bildpropaganda vom Feinsten. So wurde das Bild Kaiser Karls V. bis in unsere heutige Zeit von ihm selbst geprägt. Und Tizian, der Lieblingskünstler des Kaisers, spielte in dieser Selbstinszenierung eine herausragende Rolle.

Karl V. mit der Ulmer Dogge ist das erste erhaltene Bildnis von zahlreichen Porträts, die Tizian von Kaiser Karl V. schuf. Es gibt die Annahmen, dass Tizian mit diesem Bild ein bereits be-

stehendes Bildnis des österreichischen Malers Jakob Seisenegger
kopierte, doch gibt es auch umgekehrte Vermutungen.

Vielleicht stand Karl auch während seines längeren Aufenthaltes in Mantua und Bologna im Winter 1532/33 gleich zwei berühmten Malern Modell, zum einen Tizian, dem Lieblingsmaler des Herzogs von Mantua, und zum anderen Jakob Seisenegger, dem Hofmaler seines Bruders Ferdinand, der in einigen Briefen das Porträt und vor allem den Hund, der in allen beiden Porträts so hervorsticht, erwähnte. So sei es diesen Erwähnungen nach ein großer englischer Wasserhund und nicht, wie allgemein beschrieben, eine Ulmer Dogge gewesen.

Das Porträt zeigt den jungen Karl bereit, sein immenses Reich zu regieren, in fürstlichen Gewändern, der Mode nach gekleidet, aber ohne Krone und königliche Embleme. Dies entsprach dem Konzept der burgundischen Herrschervorstellung, welche die Menschlichkeit in den Vordergrund stellte. Ein Regent zeichnete sich nach diesem Verständnis durch Würde und eine natürliche Autorität aus, ohne die klassischen monarchischen Insignien.

Tizian zeigt hier einen in sich ruhenden, jungen Herrscher, der in die nahe Zukunft blickt. Vielleicht kam er gerade mit seinem Hund von der Jagd zurück, eine Disziplin, die Karl liebte und welche ihm Tage der Muße und Köperertüchtigung schenkte, die einzige Möglichkeit, der Betriebsamkeit des Hofes zu entkommen. Tizian spielt mit Farben, Formen und hebt sichtbare Eigenschaften gekonnt hervor. Es ist nicht der absolute Realismus, sondern die gekonnte Beschränkung auf das Wesentliche, welche es dem Betrachter leichter machte, die Facetten der Persönlichkeit des Kaisers zu erfassen. Ob diese im Betrachter hervorgerufene Einschätzung des Kaisers der historischen Wahrheit entsprach, bleibt dahingestellt, auf jeden Fall gelang es Tizian, die Erwartungen des Kaisers zufriedenzustellen.

Ganz anders wirkt der kämpfende und siegende Kaiser in Tizians Meisterwerk *Karl V. bei der Schlacht bei Mühlberg*. Im Winter 1547/48 wurde Tizian vom Kaiser zum Reichstag nach Augsburg eingeladen. Der Künstler folgte dem Ruf und machte die beschwerliche Reise über die verschneiten Alpen. Er nahm seinen Sohn Orazio und einige seiner besten Mitarbeiter mit an den kaiserlichen Hof, was die Kritik des doch eher sparsamen Kaisers hervorrief, der sich darüber beschwerte, dass mehr Mäuler als geplant zu stopfen waren. Während der Augsburger Reichstage 1547/48 und 1550/51 begegneten sich Kaiser und Künstler dann jeweils über einen längeren Zeitraum, und Tizian wurde am kaiserlichen Hof mit einer Vielzahl von Aufträgen zur habsburgischen Bildpropaganda überhäuft. Vor allem aber hatte der Kaiser während des ersten Aufenthalts bei Tizian das riesige Reiterporträt in Auftrag gegeben, um den errungenen Sieg über die protestantischen Fürsten und den Schmalkaldischen Bund in der Schlacht bei Mühlberg am 24. April 1547 an den Ufern der Elbe zu feiern. Im eigenen Selbstverständnis und in dem seiner Umgebung galt Karl als „*defensor fidei*", als Verteidiger des einheitlichen christlichen Glaubens. Auf dem Augsburger Reichstag 1547/48 waren die führenden Vertreter der streitenden Parteien versammelt, und dieses Reiterporträt sollte den Sieg des Kaisers inszenieren, was Tizian meisterhaft gelang.

Er etablierte mit diesem Werk einen vollkommen neuen Porträttyp in der europäischen Malerei, indem er sich an den triumphalen Reiterstatuen der Antike orientierte, allen voran an der Reiterstatue des Marc Aurel. Tizians Werk aber strahlt wesentlich mehr Bewegung aus. Der Kaiser zeigt sich siegesgewiss und entschlossen, das nach rechts vorwärts stürmende Pferd, die lange Lanze des Kaisers und die Öffnung des Bildfeldes in dieselbe Richtung geben dem Bild eine starke Dynamik. Die Haltung ist der perfekte Ausdruck von Macht und Herrscherwillen. Die

glänzende Rüstung und das blinkende Pferdegeschirr erinnern
an den frühen Tizian und seinen Realismus. Das dominieren-
de, den Vordergrund beherrschende Rot, das sich an Karls Helm
und am Schmuck des Pferdes findet, war die Farbe der katholischen Partei in den Religionskriegen des 16. Jahrhunderts. Der
Kaiser mit Helm, Rüstung und Lanze, für Kampf und Sieg bereit.

In diesem Reiterporträt stellte Tizian Karl in seinem erinne-
rungsträchtigsten historischen Moment dar. Der Kaiser erhebt
sich auf dem Pferd gegen einen Himmel bei Sonnenuntergang,
der stolze Blick des „*miles christianus*" ist in die Ferne gerichtet, in eine rosige Zukunft, allen Anzeichen der Müdigkeit zum
Trotz. Er malt den Kaiser als Offizier der Kavallerie, mit den
üblichen roten Insignien des Habsburgischen Militärs über der
Rüstungsgarnitur. Auf der Brustplatte zeigt sich die Jungfrau mit
Kind, was die tiefe Frömmigkeit Karls unterstreicht. In dem gesamten Werk vereinen sich römische, deutsche und christliche
Elemente.

Der stolze, siegreiche Ritter in der Mühlberger Landschaft,
der großmütige Herrscher. So will Karl als alleiniger Regent des
gesamten Deutschen Reiches erscheinen, nicht nur den Katholi-
ken genehm, sondern durchaus auch den Lutheranern, deren Zu-
stimmung Karl benötigte für die zukünftige Regelung der Reli-
gionsfrage im Reich, für das Augsburger Interim von 1548. (Dass
diese Darstellung allerdings nicht ganz der historischen Realität
entsprach – die Schlacht selbst verfolgte Karl V. nur aus der Entfernung, da ein Gichtanfall ihn an sein Lager gefesselt hielt – und
dass die Zukunft alles andere als rosig und dieser Sieg der Anfang
vom Ende der Regentschaft Karls V. sein würde, tut hier nichts
zur Sache.)

Andererseits aber wirkt der Kaiser auf dem Siegerbild durchaus auch erschöpft und blass, sein Gesicht ist gezeichnet von den
Anstrengungen der vergangenen Jahre. Das Porträt feiert sehr

wohl die Macht und den Status des Kaisers, gleichzeitig aber zeigt Tizian auch seine Persönlichkeit, seine Sensibilität und seinen inneren seelischen Kampf. Keine Menschen sind zu sehen, keine Fahnen, keine Kanonen, der Kaiser ist alleine in der weiten Landschaft. Die gesamte Darstellung ist auf ihn und seinen Gesichtsausdruck konzentriert.

Nur kurz danach entstand 1548 als Gegenpart zum siegesgewissen Reiterporträt das Bildnis des weisen Herrschers *Kaiser Karl V. (im Lehnstuhl)*. Möglicherweise war Anton Fugger der Auftraggeber dieses Porträts. Der Kaiser residierte im Stadtpalast der Fugger in Augsburg, kennzeichnend für den Beginn eines neuen Zeitalters: Finanzwelt und Politik begannen Arm in Arm zu gehen.

Ganz in Schwarz gekleidet, mit dem Orden vom Goldenen Vlies als einzigem Glanzpunkt, strahlt der Kaiser Ruhe, Würde und unterkühlte Größe aus. Karl sitzt auf einem samtenen Lehnstuhl, dahinter an der Wand erkennt man einen golddurchwirkten Seidenbrokat. Der sitzende Kaiser blickt nachdenklich, hinter ihm eröffnet sich eine Loggia, die den Blick auf eine Landschaft frei gibt, durch die ein Fluss zieht, als Symbol der vergehenden Zeit. Der Stock, der an den Stuhl gelehnt ist, erinnert an Karls Krankheit, die Gicht, und seine zunehmende körperliche Schwäche. Der Betrachter spürt eine leichte Melancholie, der wache Blick und die immer noch majestätische Haltung hingegen vermitteln eine eindeutige Botschaft: Der Kaiser wird die Rechtschaffenheit seiner Zielsetzung wahren.

Tizian trifft auf das Genaueste die Vorstellung seines Auftraggebers, als gerecht und weise zu erscheinen. Dazu nutzte Tizian die ersten Anzeichen des Alters als ein Symbol für Erfahrung und eine kluge Herrschaft.

Als Sieger von Mühlberg stand Karl V. auf dem Gipfel seiner Macht, er hatte die deutsche Fürstenopposition besiegt, das

Reich stand auf dem Höhepunkt der territorialen Ausbreitung. So die Situation beim Beginn des Reichstags in Augsburg, zu dem Karl auch seinen Maler Tizian gerufen hatte, um den kaiserlichen Triumph bildlich zu inszenieren. Das auf den militärischen Triumph die politische Ernüchterung folgte und letztendlich die Abdankung in Brüssel 1555, ist in diesem historischen Moment noch nicht absehbar.

Tizian liefert uns hier die beiden gegensätzlichen Bilder des Kaisers, die in einem psychologischen Spannungsverhältnis zueinander stehen: auf der einen Seite das Reiterporträt des Kaisers als Sieger und Held vom Mühlberg, und auf der anderen der Politiker im Lehnstuhl.

Als Tizian 1547 in Augsburg ankam, gab der Kaiser dem Künstler aber zuallererst den dringenden Auftrag, ein Bildnis der Kaiserin, seiner 1539 viel zu früh verstorbenen Ehefrau Isabella von Portugal, post mortem anzufertigen. Ihrem Andenken widmete sich der Kaiser mit inniger Zuneigung und tiefer Empfindung, weit über die Gefühle hinaus, die er seiner Frau zu Lebzeiten zugestanden hatte. Isabella wurde nach ihrem Tod geradezu eine Ikone.

In tiefer Liebe verbrachte Karl mehrere Stunden am Tag in Betrachtung versunken vor dem Porträt seiner verstorbenen Ehefrau. Es kann wohl als Ausdruck der Liebe und Wertschätzung angesehen werden, dass Karl von den wenigen Dingen, die ihn nach seiner Abdankung 1555 in Brüssel mit in das Kloster San Jeronimo de Yuste begleiteten, auch dieses Porträt mitnahm. Karl fühlte sich innerlich verbunden mit seiner ihm angetrauten Ehefrau, auch über den Tod hinaus, so hielt er auf dem Totenbett das Kreuz, welches auch Isabella in der Stunde ihres Todes gehalten hatte.

Tizian hatte Isabella niemals gesehen, und so malte er ihr Porträt, wie bereits in anderen Fällen, nach einer Vorlage, die uns bis heute unbekannt geblieben ist. Er benutzte eine Leinwand, die nicht neu war und eine Frauenfigur darstellte, die er dann vollkommen mit dem Bildnis der Kaiserin, die Tizian in sehr klassischer Weise, dem Hofzeremoniell entsprechend gekleidet, übermalte.

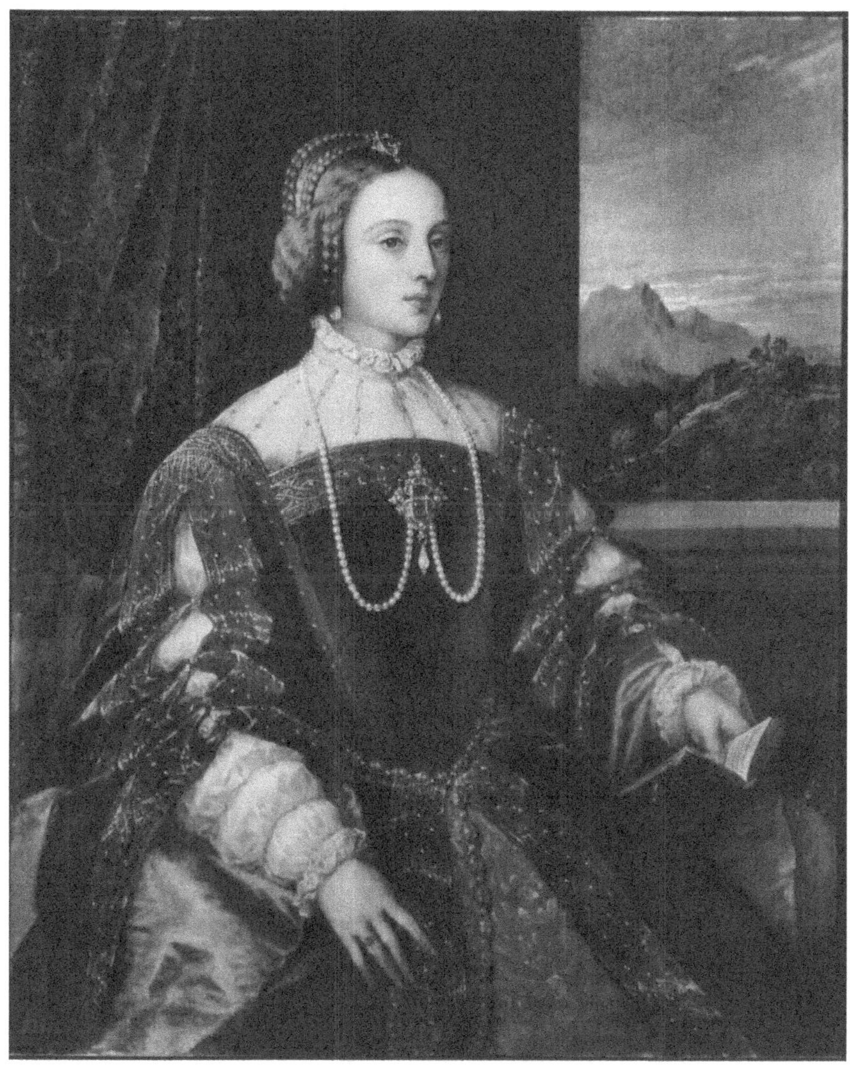

Isabella von Portugal, Frau von Karl V. Gemälde (1548) von Tizian.

Isabella von Portugal (1503–1539) war seit 1526 die Gemahlin Karls V. Sie starb sehr früh im Alter von nur 35 Jahren 1539, lange bevor Karl Tizian den Auftrag zu ihrem Porträt gab. Das blasse Gesicht der Kaiserin unterstreicht ihre Zartheit, die auch an ihren Händen und den feinen Fingern sichtbar wird. Die Rot-, Weiß- und Goldtöne vibrieren im Einklang mit der Farbe des wertvollen Brokatvorhangs und den nur leicht helleren rötlichen Haaren, die dem Brauch der Zeit entsprechend zu einer streng geflochtenen Frisur aufgesteckt waren; all dies betont den Zusammenklang der gesamten farblichen Darstellung. Im Kontrast dazu steht die im Hintergrund gelegene Landschaft in Blau-, Grau- und Grüntönen, eine Farbgebung, die perfekt mit der Farbe der Augen der Kaiserin korrespondiert. Der schlichte, wertvolle Schmuck deutet auf die edle Herkunft der Kaiserin hin, ihre Haltung symbolisiert Bescheidenheit, und das offene Buch in der Hand lässt auf die hohe Bildung Isabellas schließen. Ein Frauenbildnis, das seine Charakterisierung allein durch die meisterhaft herausgearbeitete Pracht des Gewandes erfährt, und dessen bescheidener Ausdruck mit dem in die Ferne gerichteten, abwesenden Blick das vollendete Idealbildnis der schönen Ehefrau ist.

Als Tizian 1550 erneut zum Reichstag in Augsburg bestellt wurde, erhielt er weitere großzügige Aufträge von Karl selbst und von dessen Sohn Philipp.

Für den Kaiser, der auf der Fürstenversammlung seinen bevorstehenden Rückzug aus allen öffentlichen Ämtern ankündigte, entstanden in den folgenden Jahren bis zu seinem Tod 1558 vor allem religiöse Gemälde. Es wundert kaum, dass er sich gegen Ende seines Lebens mit tief religiösen Gedanken beschäftigte. Dass Karl V. ein frommer Mann war, darin waren sich alle zeitgenössischen Betrachter einig. Die meisten dieser Bilder – so *La Gloria*, der Schmerzensmann *Ecce Homo*, die Maria als *Schmerzensmutter* oder als *Mater Dolorosa* mit gefalteten Händen, um nur einige zu nennen – begleiteten den Kaiser 1556 bei seinem Rückzug in das Hieronymus-Kloster von Yuste in Spanien, um ihm Trost und Halt zu spenden in seinem weltabgeschiedenen Ruhesitz.

Für diese Phase in Tizians Kunst ist *La Gloria (1554)* das wohl repräsentativste Werk. Der ursprüngliche Auftrag des Kaisers an den Künstler war die Erstellung eines großen Altarbilds, eine *Anbetung der Trinität*, ein Gloria. In Yuste hingegen nannte Karl es später *Das letzte Gericht*. Das Gemälde zeigt den Kaiser und seine Ehefrau, den Sohn und Thronfolger Philipp und seine Schwestern Eleonore und Maria kurz nach ihrem Tod, alle in weißes Leinen gehüllt, von Engeln umgeben und um Gottes Gnaden bittend. Ganz außergewöhnlich ist die Repräsentation der überirdischen Verbundenheit der Eheleute, wie sie Tizian hier darstellt, der Kaiser und die Kaiserin nebeneinander im Büßerhemd kniend, auf ewig vereint in der Anbetung der heiligen Dreifaltigkeit. Tizian versammelt hier im Auftrag Karls die ihm nahestehenden Menschen um ihn herum zur ewigen Anbetung. Eine neuzeitliche Darstellung der dynastischen Solidarität und der engsten Familienangehörigen, was über den Tod hinaus gültig sein wird und auf Ewig verbunden bleibt. Dass ausgerechnet der Bruder des Kaisers, Ferdinand, fehlt, obwohl er in Augsburg zugegen war, als dieses Bild in Auftrag gegeben wurde, dürfte kein Zufall gewesen sein.

In diesem gigantischen Altarbild erscheint im Zentrum des obersten Drittels die Taube als Heiliger Geist, links der Vater und rechts der Sohn, als Symbol und Mysterium der Trinität, der Dreifaltigkeit. Zur Rechten Gottes und neben ihrem Sohn in einen himmelblauen Mantel gehüllt, erscheint die Jungfrau Maria, ihr zur Seite Johannes der Täufer. In den goldenen Wolken tauchen unterschiedliche Figuren aus dem Alten und Neuen Testament in Anbetung der Trinität auf. Man erkennt Moses mit den Gesetzestafeln, Noah, der eine kleine Arche emporhebt mit der Taube und dem Ölzweig, König David, der seine Lyra spielt, in einem grünen Gewand Maria Magdalena, die erythräische Sibylle, die das Jüngste Gericht ankündigt, oder vielleicht doch Judith, sowie Rachel oder die Allegorie der Kirche, die Interpretation dieser weiblichen Gestalt und die Frage nach ihrer Identifikation bleibt bis heute offen. Zur linken Seite zu Füßen Gottes, in weiße Gewänder gehüllt, Karl und Isabella, der Infant Philipp und die Tochter Johanna von Habsburg sowie Maria von Ungarn und Eleonore, Königin von Frankreich und Portugal, alle in tiefer Anbetung der Heiligen Dreifaltigkeit versunken. Selbst Tizian reiht sich in den dynamischen Reigen biblischer Figuren und der habsburgischen Dynastie der Anbetenden mit ein, und seine Unterschrift ziert das Werk am unteren Bildrand auf dem zusammengerollten Blatt Johannes des Evangelisten, der durch einen Adler symbolisiert wird. Es ist die göttliche Stadt, die bei dem Heiligen Augustinus beschrieben wird, das Gloria für die Seligen, das Paradies in seiner himmlischen Verklärung und die Ewigkeit.

Das Altarbild war wahrscheinlich schon auf dem Reichstag 1551 in Auftrag gegeben worden. Aus den Briefen Tizians und denen des spanischen Gesandten in Venedig an den Kaiser geht hervor, dass der Künstler spätestens um 1553 an dem Bild arbeitete und dass es 1554 zunächst auf dem Seeweg nach Brüssel und von dort aus nach Yuste gelangte. In seinem Testament verfügte Karl V. die Errichtung eines Hochaltars mit diesem Gemälde, als Symbol des dynastischen Anspruchs im Rahmen des katholischen Glaubens. Das Selbstverständnis Karls V. und sein Wunsch der äußeren Wahrnehmung bestand darin, den Zeitgenossen und der zukünftigen Memoria sich selbst als den Verteidiger des christlich-katholischen Glaubens darzustellen; der Kaiser als der erste Fürst der Christenheit.

Das religiöse Erlebnis wird hier bei Tizian zur reinen Darstellung des Übersinnlichen, der Transzendenz in einer Explosion von Farbe. Ein einzigartiges Novum in der Malerei des 16. Jahrhunderts.

Tizian war der perfekte Künstler für dieses Projekt. Weltgewandt, diplomatisch erfahren, einfühlsam und mit der Fähigkeit begabt, die jeweiligen Auftraggeber in ihren Absichten zufriedenzustellen. Der venezianische Künstler übersetzte den Anspruch des Kaisers, das Konzept der *monarchia universalis,* in ein Idealbild, zu einem Zeitpunkt, als die Realisierungschancen auf den Bestand einer solchen Regierung immer unwahrscheinlicher wurden oder zumindest in weite Ferne gerückt waren. War der Wunsch des Kaisers, an diesem System festzuhalten und es für die Zukunft zu propagieren weltfern, oder eher der verzweifelte Versuch, die zukünftige Geschichtsmemoria zu bestimmen? Man sollte zur zweiten Theorie tendieren. Karl V. war sich schon lange bewusst, dass das von ihm vertretene Herrschaftsgebilde der Universalmonarchie und das dazugehörige riesige Reich nicht auf Dauer Bestand haben würden. Es waren zu große territoriale und mentale Unterschiede, die das Reich zerrissen, allen voran die Glaubensfrage, das Scheitern einer Einigung und die darauffolgende Glaubensspaltung. Der Kaiser war hellsichtig genug zu wissen, dass er bereits zu seiner Zeit ein Auslaufmodel in der Herrschaftstheorie propagierte, um im Nachhinein seine Regierungsweise und sein Motto *plus ultra* zu legitimieren und sein Scheitern nicht zu offenbaren. Karl V. wollte schlicht als der weise Herrscher und gesamtchristliche Kaiser in die Geschichte eingehen, in einem Reich, in dem die Sonne niemals unterging.

Die historischen und individuellen Bedingungen des künstlerischen Auftrags finden eine fast vollkommene Antwort in der Ästhetik Tizians. Mit Sicherheit war er der ideale Künstler einer solchen Selbstdarstellung und Staatslegitimation, der mit psychologischem Feinsinn und diplomatischer Weitsicht den Kaiser und seine Weltvorstellung in ein farbiges Bildnis zu tauchen wusste. Karl V. war ein außerordentlicher Mensch und hatte Außerordentliches geleistet, und nur ein Ausnahmekünstler wie Tizian konnte den vielfältigen Ansprüchen der Kaiser-Memoria gerecht werden.

Am Ende, als Karl V. 1556 endgültig abdankte und sich in das spanische Kloster in Yuste zurückzog, stammte der überwiegende Teil der Gemälde, die er mit sich nahm, von Tizian. Das *La Gloria*, weitere Andachtsbilder, das posthume Porträt seiner Frau Isabella, das Doppelporträt des kaiserlichen Ehepaares und ein Bildnis des Kaisers selbst in jüngeren Jahren.

Diese ganz private Auswahl der Gemälde, die Karl auf seinen letzten Jahren begleiten sollten, war frei von kunstpolitischem und propagandistischem Kalkül, es war vielmehr die ganz persönliche Wertschätzung des künstlerischen Ausdrucks Tizians von Würde, Trauer und Schmerz, gepaart mit einer tiefen Frömmigkeit und dem Blick ins Jenseits.

Tizian versüßte diese späte Bilderwelt des Kaisers mit der Macht seiner Farben.

Nach außen hin strahlte das gewollt geformte und politische Bild des glorreichen Kaisers über ein übergroßes Reich, nach innen hin standen der Glaube und der tiefe, innere Sinn des Gewesen-Seins.

VI. Das europäische Politgefüge Mitte des 16. Jahrhunderts – Ein Überblick

*Die Vernetzung des christlichen Europas, erschüttert durch die Reformation und ihre Folgen * Die Expansion Europas * Das Ringen um die christliche Einheit und die katholische Reform * Kunst und Kultur und die politischen Verflechtungen in Europa*

Das Europa der Frühen Neuzeit zeigte sich politisch, kulturhistorisch und religionsgeschichtlich auf den ersten Blick als homogener Kontinent, der in christlich geprägte Territorialstaaten aufgeteilt war und von dynastischen Monarchien regiert wurde. In dieser Zeit stiegen die Habsburger zur mächtigsten Dynastie Europas auf und stellten den Kaiser des Heiligen Römischen Reiches Deutscher Nation. Humanismus und Renaissance, deren Wiege in Italien lag, etablierten sich auch in den Ländern nördlich der Alpen. Dies führte zu einem enormen Aufschwung in den Wissenschaften und zu einer immer rationaleren Entwicklung von Politik und Wirtschaft. Die Einbindung Europas in den globalen Handel durch die Eroberung und Entdeckung neuer Regionen vergrößerte das Warenangebot und erweiterte das Wissen über die Welt. Der globale Austausch von Gütern und Ideen erreichte im 16. Jh. eine nie zuvor gekannte Qualität und Intensität. Es fand eine starke Abgrenzung zum Osmanischen Reich statt und damit entstand der Topos der „Türkengefahr".

Die europäische Idee der Homogenität wurde durch die Reformation gebrochen. In vielen Teilen Europas wandelte sich das religiöse Verständnis, was zu einer grundlegenden Veränderung der politischen Verhältnisse führte und letztendlich in gewaltsame Konflikte mündete.

Der Kampf um die Vorherrschaft in Europa zwischen Frankreich und Habsburg wurde immer wieder auf oberitalienischem Boden ausgetragen. Die Städte Venedig und Rom erwiesen sich im europäischen Kontext als die wichtigsten diplomatischen Austauschorte für die europäischen Konflikte. Es ist die italienische Renaissance-Idee von Staat und Diplomatie, welche eine europaweite Kommunikationsebene schuf.

Die venezianischen Botschafter gehörten zu den bestinformierten Diplomaten, noch heute sind ihre Aufzeichnungen wertvollste Quellen für das Verständnis der politischen Beziehungen der europäischen Staaten untereinander. Venedig, als Handelsmacht zwischen Ost und West, sicherte sich mit diesem Wissen seine wertvollen Handelswege und letztendlich die politische Unabhängigkeit.

Der Papst in Rom unterhielt ebenfalls diplomatische Verbindungen im gesamten christlichen Europa und darüber hinaus. Der päpstliche Hof war ein europaweiter Anziehungspunkt und die Ewige Stadt Dreh- und Angelpunkt des diplomatischen, künstlerischen und wissenschaftlichen Austauschs, an dessen Spitze der Papst stand, der weiterhin als *padre comune* seine schützende Hand über die christlichen Staaten in Europa hielt.

Italien war das wirtschaftliche und kulturelle Zentrum der Renaissance, ganz Europa zog es nach Italien, um Wissen, Kunst, Kultur und Diplomatie nach Europa zu exportieren.

Das moderne kulturelle Denken schöpfte seine Ideen aus der radikal neuen Gedankenwelt der Renaissance und des Humanismus, welcher den Menschen in das Zentrum des Denkens und

Seins stellte und ein vollkommen neues Konzept des Universums schuf. Die Idee des universalen Studiums führte zu neuen wissenschaftlichen Entdeckungen und zur empirischen Methodenfindung in der Wissenschaft. Eine außergewöhnlich reiche, blühende künstlerische Produktion war ein weiteres Ergebnis dieser glänzenden Epoche. Die Widerentdeckung der antiken Literatur und die neuplatonischen Interpretationen führten zu neuen Formen des Denkens, der Schrift und der künstlerischen wie architektonischen Gestaltung. Es kam zu einer Weiterentwicklung der Sprache, zu einem intensiven Studium der Mathematik, der optischen Gesetze und zu vermehrtem wissenschaftlichem Austausch an den Universitäten und Akademien in ganz Europa. Namen wie Leonardo da Vinci, Michelangelo, Raphael in der Kunst und im politischen und religiösen Denken Pico della Mirandola, Marsilio Ficino, Guicciardini oder Machiavelli sind glänzende Beispiele dieses Aufbruchs in Europa.

Die Verbreitung des modernen Gedankenguts wurde durch die Erfindung des Buchdrucks durch Johannes Gutenberg immer einfacher, und die einzelnen Universitäten traten in Verbindung zueinander. Dies alles wurde von einer größeren Mobilität der Wissenschaftler und Künstler begleitet, die an die unterschiedlichen Adelshöfe berufen wurden, um ihr Können zu zeigen und untereinander auszutauschen. Wer es sich leisten konnte, verdingte einen oder mehrere Hofkünstler, die zum Ansehen der Familie beitrugen. Durch das Mäzenatentum an den italienischen und europäischen Adelshöfen erlangten die Künstler Ruhm, die Mäzene hingegen Legitimation und Prestige für ihr Adelshaus.

Einige wenige herausragende Hauptdarsteller formten das politische Bild Europas in der Frühen Neuzeit, das Haus Habsburg und allen voran Karl V., in Frankreich vier Könige und eine Frau, bei der die Fäden zusammenliefen – Katharina de Medici –, in England Heinrich VIII. und seine beiden Töchter Maria und Elisabeth, in Spanien Philipp II., und zuletzt in Italien die Fürsten und Herzöge der Stadtstaaten, die Dogen in Venedig und der Papst in Rom.

Parallel zur europäischen Entwicklung der Neuzeit bestimmten neue geographische Entdeckungen das kulturelle Leben in Europa. Der Blick führte über die bis dahin bekannten Grenzen hinaus, es wurden immer mehr internationale Verbindungen mit Afrika und Asien geknüpft und im Zuge der Eroberung des neu entdeckten Amerikas folgte die Kolonialisierung.

Die Erkundungen in neuen Welten wurden durch innovative Erkenntnisse in der Astronomie, Geographie und Nautik begünstigt. Um einen intensiveren wirtschaftlichen Austausch zu gewährleisten, suchte man nach neuen Seewegen für direktere Verbindungen. Ein weiteres Motiv war die Suche nach Gold, immer notwendiger in einer Wirtschaft, die auf Wachstum und Expansion ausgerichtet war. Zu den Entdeckernationen gehörten Spanien, Portugal und die Niederlande, die sich am Anfang den internationalen Seehandel teilten. Später gesellte sich England hinzu.

1487 umsegelte Bartolomeo Diaz die Südspitze von Afrika, am Kap der guten Hoffnung vorbei, 1498 fand Vasco da Gama den Seeweg über das Kap der guten Hoffnung nach Indien. Dieser neu befahrbare Seeweg war für Portugal die Voraussetzung, dort ein koloniales Imperium aufzubauen, indem das Land nun auf zahlreiche indische Basishäfen an der indischen Küste zählen konnte. Weitere spätere Eroberungen machte Portugal in Brasilien durch Pedro Alvares Cabral.

Die Entdeckung Amerikas am 12. Oktober 1492 durch Christoph Columbus brachte ungeahnte Möglichkeiten mit sich. Eigentlich war der Genuese Columbus unter der spanischen Flagge ausgesandt worden, um einen direkten Seeweg nach Indien zu finden, ein Vorhaben, das mit der unerwarteten Entdeckung einen Schlüsselmoment in der Geschichte darstellte und einschneidende politische und wirtschaftliche Konsequenzen hatte. Die Eroberungen führten schnell zur Kolonialisierung und der damit einhergehenden Verbreitung der europäischen Kultur und der christlichen Religion. Oft wurden diese Werte den Ureinwohnern aufgezwungen, auch im Namen Gottes, und in Europa begann man, über dieses System der Besitznahme der eroberten Gebiete zu diskutieren. Im Zuge dieser Eroberungen begann auch der internationale Sklavenhandel, vornehmlich aus Schwarzafrika, an dem nahezu alle bedeutenden europäischen Seefahrer- und Handelsnationen beteiligt waren. Sehr bald nach der Entdeckung Amerikas erließ Papst Paul III. Farnese 1537 die Bulle *Sublimis Deus*, in der die Versklavung der Indios verboten und der Menschenhandel als Unrecht verurteilt wurde. Eine klare Ansage gegen diesen Menschenhandel! Heute bezeichnet man diese Bulle als die Magna Charta des Völkerrechts:

„Kraft unserer apostolischen Autorität" bestimmen wir, *„dass die Indios und alle andern Völker, die künftig mit den Christen bekannt werden, auch wenn sie den Glauben noch nicht angenommen haben, ihrer Freiheit und ihres Besitzes nicht beraubt werden dürfen [...]. Auch ist es nicht erlaubt, sie in den Sklavenstand zu versetzen. [...] Die Indios aber und die andern Nationen mögen durch die Verkündigung des Wortes Gottes und das Beispiel eines guten Lebens zum Glauben an Christus eingeladen werden."*

Auswirkungen auf das weitere Verhalten der Europäer in Übersee aber hatte diese Position kaum.

Die europäische Expansion führte in der Frühen Neuzeit zu folgenreichen Ergebnissen. Bei weiteren Expeditionen gab Amerigo Vespucci dem neuen Kontinent seinen Namen, und Ferdinand Magellan umsegelte 1519–1522 die Welt, der konkrete Beweis dafür, dass die Erde tatsächlich eine Kugel ist.

Die naturwissenschaftlichen Entdeckungen hatten zu einer Überwindung des traditionellen aristotelischen Weltbildes geführt und zur Wiederentdeckung der Erde als Kugel. Martin Behaim entwarf 1492 den ersten Globus; von Nikolaus von Kues und den pythagoreischen Lehren beeinflusst verteidigte Nikolaus Kopernikus, Arzt und Domherr aus Thorn in Polen, die Theorie des mathematisch noch nicht beweisbaren heliozentrischen Weltbilds, Johann Kepler begründete die Lehre zur modernen Astronomie und Papst Gregor XIII. Boncompagni aus Bologna, weitaus mehr den Wissenschaften zugeneigt als der Kunst, beschloss die bahnbrechende Reform des Kalenders. Am 5. Oktober 1582 wurde das Datum um 10 Tage auf den 15. Oktober verschoben, damit trat der gregorianische Kalender in Kraft und löste den julisch-römischen Kalender ab. In Deutschland weigerten sich die protestantischen Länder bis hin zu Leibniz, diesen Kalender anzunehmen, was nicht selten bei Vertragsunterzeichnungen, Eheschließungen oder Umzügen zu erheblichen Schwierigkeiten führte. Giordano Bruno erweiterte die Idee eines neuen Weltbilds durch pantheistische Vorstellungen, ein unendliches Universum ohne Mittelpunkt, und wurde bei der Inquisition angeklagt und letztendlich in Rom als Ketzer verbrannt; Theorien, die dem damals geltenden Weltbild und der Idee Gottes als Zentrum von Allem widersprachen, wurden von der Kirche unterdrückt und verfolgt, um deutlich zu machen, dass die Kirche die letzte Instanz in der Entscheidung des Wahren und des Falschen war. Paracelsus als Arzt, Chemiker und Botaniker reformierte die Medizin durch Erkenntnisse neuer physikalischer Grundlagen des Lebens. Neue technische Erfindungen wie das Schießpulver, die Verbesserung des Kompasses und weiterer Navigationsgeräte, welche die Seefahrt erleichterten, und die Erfindung des Buchdrucks 1445 von Johannes Gutenberg – das erste gedruckte Buch war die Bibel – läuteten die Moderne ein.

Auch wirtschaftlich gab es im Europa des 16. Jahrhunderts mit der wachsenden Entwicklung eines Bankensystems gewaltige Neuerungen. Ihren Ursprung hatten die Banken in Italien, zuerst in der Toskana, dann in den Seerepubliken Venedig und Genua. Mit der Entwicklung der neuen Zahlungssysteme und regelrechten Banken wurden die internationalen Wirtschaftsverbindungen erleichtert. Es war der Aufstieg der Handels- und Bankiersfamilien, die mit ihrer Finanzkraft Teil der lokalen und internationalen Politik wurden. Familien wie die Medici in Italien und die Fugger in Deutschland griffen aktiv in das politische Geschehen ein. Waren zuvor Spanien und Italien die wirtschaftlich gesehen wichtigsten Länder, ziehen nun sehr schnell England, Deutschland, die Niederlande und zuletzt Frankreich nach. Der Überseehandel der europäischen Handelsmächte erreichte eine globale Dimension, und so entstand eine Geldwirtschaft mit neuen Finanzinstrumenten wie Wechseln, Schuldpapieren, bargeldlosen Zahlungen, und es wurden internationale Börsen gegründet, die sich durch Finanzanleihen privater Anleger finanzierte.

Entscheidend war aber vor allem, dass im Bereich der kulturellen Zugehörigkeit und in religiösen Fragen zu Beginn des 16. Jahrhunderts eine grundlegende Umwälzung stattfand. An der Basis der Kirche wurden schon seit Längerem Forderungen nach der Erneuerung der geistlichen Spiritualität, nach Veränderungen und einer Rückkehr zum wahren Glauben gestellt. Man sah in den Missständen der Institution Kirche die Gefahr der Entfernung von der biblischen Heilsverkündigung. Es wurden Stimmen laut, die aufriefen, zum Wesentlichen zurückzukehren und die Kirche von Innen heraus zu reformieren. Erasmus von Rotterdam propagierte eine Besinnung auf die Wiederentdeckung des Wahren in der Heiligen Schrift und äußerte Kritik an der korrupten, kaufbaren Kirche. All dies bildete fruchtbares Terrain für die Reformation.

Ausschlaggebend für den Beginn der Reformation wurden die 95 Thesen, die der deutsche Augustinermönch Martin Luther am 31. Oktober 1517 an das Portal der Wittenberger Schlosskirche nagelte, in denen er sich gegen den Missbrauch des Ablasses und den geschäftsmäßigen Handel mit Ablassbriefen aussprach und den Lebenswandel der päpstlichen Obrigkeit in Rom kritisierte. Seine religiöse Erkenntnis war, dass das Heil des Menschen nicht durch Willensanstrengung oder gute Werke, sondern allein durch die Gnade Gottes erlangt werden könne, was über die Kirchenkritik hinaus in den Thesen ausgedrückt wurde.

Diese Thesen wurden Gegenstand einer breiten, öffentlichen Diskussion im gesamten Reich. Der Durchbruch der neuen Theologie Luthers kam schneller als erahnt, man dachte auch zunächst nicht an eine Spaltung der Kirche, ganz im Gegenteil, man wollte eine innerkirchliche Reform. Ein großer Teil der öffentlichen Meinung Deutschlands – von Theologen über Räte und Humanisten – wandte sich Luther zu, da man bei ihm die eigenen antirömischen Reformwünsche in großartiger deutscher Sprache formuliert vorfand. Kaum jemand war in diesem Moment in der Lage, die Tiefe und Radikalität von Luthers Theologie zu begreifen.

In Rom nahm man die Lage in Deutschland zunächst nicht sonderlich ernst und wartete erst einmal ab, was der Kirche am Ende zum Verhängnis wurde. Der römische Glaubensprozess gegen den Augustinermönch begann 1518 mit dem Verhör Luthers durch den päpstlichen Legaten Cajetan, 1520 schließlich kam es zur Bannandrohung gegen Luther mit der ultimativen Aufforderung, seine Lehre zu widerrufen. Statt dessen verbrannte er am 10. Dezember 1520 die von Papst Leo X. gegen ihn verfasste Bulle *Exsurge Domine*, in der ihm die Exkommunikation angedroht wurde, sollte er seine Thesen binnen sechs Wochen nicht widerrufen. Luthers publikumswirksame Gegenreaktion führte zum endgültigen Bruch mit Rom.

Als Antwort auf die päpstliche Bannandrohungsbulle verfasste Luther einen seiner zentralsten und wichtigsten Texte, *De libertate christiana*, „Von der Freiheit des Christenmenschen". In 30 Thesen erklärte Luther in dieser Schrift sein theologisches Glaubensverständnis. Von dieser Freiheitsschrift geht die stärkste Wirkung für die Reformwilligen aus, auch der spätere Bauernaufstand berief sich auf sie. Luther allerdings fühlte sich missverstanden, er hatte diese Schrift als einen Vermittlungsversuch gegenüber Papst Leo X. gesehen, in dem er ihm brüderliche Liebe und seelsorgerische Dienstbarkeit anbot, seine Kritik am Machtzentrum Papsttum und Kurie allerdings nicht zurücknahm. Luther sprach zu dem römischen Pontifex, als wäre er auf der gleichen Ebene, was Kurie und Papst als Affront verstanden, und so folgte, was folgen musste: Am 3. Januar 1521 wurde er mit der Bannbulle *Decet Romanum Pontificem* exkommuniziert und mit dem Kirchenbann belegt, am 8. Mai wurde mit dem Edikt von Worms schließlich die Reichsacht über Luther verhängt.

Auf dem Wormser Reichstag 1521 fand dann die erste Begegnung zwischen Luther und Karl V. statt. Der Kaiser hatte die Zusage, den vom Papst gebannten Martin Luther vor den Reichstag laden zu dürfen, um ihn zu seinen kirchlichen Äußerungen anzuhören. Dem Kaiser, der sich in seiner tiefen Frömmigkeit als Schutzherr und weltlicher Hirte der Christenheit sah, war Luther wohl eher lästig, aber er hielt es für seine Pflicht, die Einheit der Christenheit zu wahren und den immer stärker werdenden reformatorischen Strömungen im Reich Einhalt zu gebieten. Die Begegnung Luthers mit dem Kaiser fand letztendlich wohl nicht vor dem Reichstag statt – Geschichtsmythen sind langlebig –, allerdings besteht kein Zweifel darüber, dass das Treffen tatsächlich stattgefunden hat, aller Wahrscheinlichkeit nach im Bischofshof, der Wohnstätte des Kaisers für die Dauer des Reichstags.

Trotz des Wormser Edikts und der rigorosen Maßnahmen von Rom begann eine Verselbständigung der Reformation. Die Neuübersetzung der Bibel, die diesen Text für alle lesbar und verständlich machte, ohne notwendige Interpretation der Kleriker, trug einen großen Anteil daran.

1522/23 fand die Erhebung der Reichsritter gegen die kaiserliche Autorität statt, gefolgt 1524 (bis 1526) vom Bauernkrieg, der blutig niedergeschlagen wurde. Luther wandte sich heftig gegen diese Entwicklungen, aber die Reformbewegung war nicht mehr zu bremsen. Politisch führten die Aufstände nicht zu Reformen für die Bauern, sondern zu einer Verschärfung der Obrigkeit und der Forderung nach Gehorsam. Die religiöse Volksbewegung der Reformation aber wandelte sich zu einer von den Fürsten getragenen politischen Bewegung.

Luthers Lehren breiteten sich weiter aus, und da keine gemeinsame Lösung möglich war, wurde 1526 auf dem Reichstag zu Speyer beschlossen, dass jeder Reichsstand sich so zu verhalten habe, wie er gegen Gott und die kaiserliche Majestät es hoffte, verantworten zu können: Der Untertan musste die Religion des jeweiligen Fürsten annehmen, oder das Land wechseln. 1529, beim zweiten Reichstag zu Speyer, schlossen sich die Protestanten im Marburger Religionsgespräch zusammen. Mit dem Reichstag zu Augsburg 1530 versuchte Karl V. noch einmal, die Glaubenseinheit im Reich zu retten, aber die Protestanten, geleitet von Philipp Melanchthon, legten in der *Confessio Augustana* ihre Bekenntnisse vor, welche von den katholischen Theologen in der *Confutatio* widerlegt wurden. So bestätigte Karl das Wormser Edikt, die protestantischen Reichsstände schlossen sich im Schmalkaldischen Bund zusammen. Vorerst war es die Türkengefahr, die 1532 den Nürnberger Religionsfrieden nötig machte.

Auch weiterhin bemühte sich der Kaiser um einen friedlichen Ausgleich, den er sich von einem theologischen Konzil erwartete, aber die Religionsgespräche 1545 im Reichstag zu Worms waren vergeblich, die evangelischen Stände lehnten die Teilnahme am Konzil von Trient ab. 1546/47 kam es letztendlich zum Krieg gegen den Schmalkaldischen Bund, aus dem Karl V. mit der Schlacht am Mühlberg siegreich hervorging. So kam es gezwungenermaßen 1555 zum Augsburger Religionsfrieden (dessen Unklarheiten allerdings die Grundlage für zukünftige Konflikte bildeten).

Der Augustäische Religionsfriede galt nur für die katholische und lutherische Konfession, die Untertanen mussten dem Bekenntnis ihres Landesherren folgen, *„cuius regio, eius religio"*, und nur die Reichsstädte erhielten religiöse Toleranz. Ein geistlicher Fürst musste im Fall eines Übertritts seine politischen Ämter niederlegen. Die *„Declaratio Ferdinandae"* garantierte dem Adel und den Städten Glaubensfreiheit.

In Deutschland wurde die Reformation Fürstensache, Zwingli und Calvin führten zu einer Erweiterung reformatorischer Bestrebungen in den Schweizer Ständen, und von da ab verselbständigte sich die Reformation in Europa, vor allen Dingen in Frankreich und den nördlichen europäischen Ländern.

All diese Reformbewegungen wurden von Rom vehement zurückgewiesen, und nur durch den großen Druck, den Karl V. auf Rom ausübte kam es letztendlich zum Konzil von Trient, Beginn der katholischen Reform. Das Konzil von Trient, das 1545 unter Papst Paul III. eröffnet und in drei mühevollen Phasen zu Ende geführt wurde, markiert den Beginn der Erneuerung der katholischen Kirche.

Auf den Medici-Papst Leo X., der die Bannbulle gegen Luther verfasst hatte, folgte 1522 der Niederländer Hadrian VI. von Utrecht auf dem päpstlichen Thron. Von dem ehemaligen Lehrer und Erzieher von Kaiser Karl V. erwarteten viele den Beginn einer Reform in der Kirche. Hadrian aber verstarb nach einem kurzen und wenig erfolgreichen Pontifikat nach nur 13 Monaten 1523. Der darauffolgende Papst Clemens VII. kam wieder aus der Familie der Medici und regierte ganze 11 Jahre (von 1523–1534). Er war ein feingebildeter Schöngeist und Freund der Künstler und Humanisten, das Regieren hingegen lag ihm eher fern. Das Reformanliegen und die Idee eines Konzils hielt er auf Distanz, was wohl auch an seiner unehelichen Herkunft lag; er antwortete nur, wenn unbedingt notwendig, auf Anfragen zum diplomatischen Austausch mit dem Kaiser und einigen kirchlichen Persönlichkeiten im Umkreis der Kirche. Kein Wunder, dass bei dieser diplomatischen Unzulänglichkeit eine Katastrophe wie der *Sacco di Roma* 1527 die Stadt heimsuchte. Erst das Pontifikat von Paul III. aus dem Haus Farnese (1534–1549) brachte einen Wandel in der festgefahrenen Situation. Alessandro Farnese, der mit 66 Jahren den Stuhl Petri bestieg, legte die Grundlagen für die innere Erneuerung der katholischen Kirche, die ihr als zukünftige Konfessionskirche das Überleben in den folgenden Jahrhunderten garantieren sollte.

Kardinal Alessandro Farnese war zu jener Kardinalsgruppe im Kreise der Kurie zu rechnen, die ein Bewusstsein von der kirchlich-religiösen Verantwortung Roms angesichts der Vorgänge im Norden hatte und kirchliche Reformmaßnahmen befürwortete. Als er den päpstlichen Thron als Papst Paul III. bestieg, trieb er die Reform- und Konzilsidee voran. Er stellte nie die zentrale Rolle als Oberhaupt der Kirche in Frage, folgte aber der Einsicht, dass nur innerkirchliche Reformen die tiefgesunkene moralische und politische Autorität des Papsttums retten könnten. Allerdings hatte der Papst mit den Gegnern der Konzilsidee in der Kurie zu kämpfen. Ein weiteres Problem stellte das kompromittierende Erbe der kurialen Weltlichkeit dar: Der päpstliche Nepotismus blühte. Am päpstlichen Hof wie auch in der römischen Gesellschaft hatte der Nepotismus eine politische-soziale Funktion. So klafften Anspruch und Wirklichkeit weit auseinander. Während der Papst auf der einen Seite für die innere Reform der moralisch gesunkenen Kirche eintrat, war er zu gleicher Zeit umsorgender Vater, Onkel und Großvater seiner inzwischen weitverzweigten Familie. So hat Paul III. in seinem Pontifikat immer wieder seine gesamte Politik und kirchliche Entscheidungsfindung mit der gierigen Interessenspolitik seiner Familie belastet. Trotz all dieser Ungereimtheiten war es schließlich Paul III., der sich zur Eröffnung eines Konzils bereit erklärte. In seinem Anliegen, Rom zum Mittelpunkt der katholischen Reform zu machen, musste Paul III. für seine Konzilsidee allerdings Mitstreiter finden und das Kardinalskollegium auffrischen. Dies bedeutete, illustre Persönlichkeiten in das Kardinalskollegium zu berufen. So ging mit den Vorbereitungen für das Konzil auch die Neuernennung von Kardinälen einher. Allerdings hatten all diese neuen Kardinäle leider selten die gleichen Ansichten, was die Reform der Kirche anbelangte. Die Uneinigkeiten lassen sich gut an zwei Beispielen versinnbildlichen:

Da war zum einen der Kardinal Gian Pietro Carafa, der spätere Papst Paul IV., der aus einem Adelsgeschlecht von Neapel abstammte. Der damals bereits 60-Jährige verkörperte eine Reformhaltung, in der es um die sittliche und disziplinäre Strenge ging und darum, den „Schmutz der Kirche" zu beseitigen. Der Grundidee einer theologischen Reform und den Anliegen der Reformation war er wenig zugetan und stand damit auch der Politik Karls V. kritisch gegenüber. Es wundert also nicht, dass er ab dem Jahre 1542 die treibende Kraft der neu eingerichteten römischen Inquisition wurde.

Ein ganz anderes Profil zeigte Kardinal Gasparo Contarini, den man als den bedeutendsten Exponenten der „Liberalen" im

Kardinalskollegium sehen konnte. Der Venezianer hatte zuvor als Gesandter der Serenissima wertvolle Dienste geleistet und in dieser Funktion 1521 das Auftreten Luthers in Worms miterlebt. Er verfügte über eine humanistische Bildung und war weltoffen. Ganz im Gegensatz zu Carafa war Contarinis Reformwille vom Ideal der Urkirche und der Kirchenväter geprägt. Er zeigte sich unerbittlich im Ringen um eine institutionelle Erneuerung und hoffte, durch eine entschiedene Reform der katholischen Kirche einen Großteil der Protestanten für eine Wiedervereinigung mit der „Ecclesia Universalis“ unter dem Papst zurückzugewinnen. Leider erlebte Contarini die Eröffnung des Konzils, für das er sich so sehr eingesetzt hatte, nicht mehr, trotz allem blieb der reformatorische Geist Contarinis in einem Teil des Konzils erhalten. Den Ideen Contarinis stand auch die Gruppe der „Sirituali“ nahe, mit Vorstellungen zu einer inneren Reform der Kirche im Dialog mit den Lutheranern und Reformern. Zu dieser Gruppe zählten der Spanier Juan de Valdes, der englische Kardinal Reginald Pole, die intellektuelle Adlige Vittoria Colonna und Michelangelo. Dieser Versuch, mit den Reformern auf Augenhöhe zu verhandeln, war allerdings durch den päpstlichen Suprematieanspruch von Anfang an zum Scheitern verurteilt.

Die kirchlichen Mühlen mahlen langsam, sehr langsam, und so vergingen noch weitere Jahre, bevor das Konzil am 13. Dezember 1545 in Trient letztendlich feierlich eröffnet werden konnte.

Der Beginn des Konzils gestaltete sich äußerst mühsam, man war enttäuscht von der fehlenden Dialogbereitschaft Roms. Die protestantische Front hatte sich weiter verhärtet und führte so letztendlich zu einer Absage an die römische Konzilseinladung. Man beklagte ein zu katholisch orientiertes Konzilsprogramm mit zu wenig Raum für reformatorische Fragen und Anliegen. Auch bei Paul III. war der anfängliche Elan gegenüber einer so-

fortigen und notwendigen Reform abgeflaut, war der Papst doch
inzwischen weitgehend mit seiner Familienpolitik beschäftigt.

Programm und Zielsetzung des Konzils waren bei Eröffnung
immer noch umstritten: Während der Kaiser auf Beschlüsse zu
einer wirksamen Kirchenreform drängte, die die Unruhen im
Reich beilegen sollten, hielt der Papst an seiner zentralen Stellung als Oberhaupt der christlichen Kirche fest und plädierte
für eine Verurteilung der protestantischen Lehren. Bei der ersten Tagungsperiode (1545–1547) waren Prälaten und Theologen
aus den katholisch gebliebenen Ländern Europas anwesend, die
Mehrzahl der Teilnehmer stammte aus Italien, deutsche Bischöfe waren nicht anwesend. Das Konzil zog sich schleppend ohne
tiefgreifende Entscheidungen durch die zwei Jahre und am Ende
beschloss man eine Vertagung und den Umzug des Konzils nach
Bologna (1547–1549). Mit diesem Umzug verschlechterte sich
das Verhältnis zwischen Kaiser und Papst, und Karl V. versuchte, nach dem Sieg über den Schmalkaldischen Bund, die religiösen Verhältnisse im Reich selbst zu lösen. Mit dem Augsburger
Interim von 1548 scheiterte der Kaiser jedoch am Widerstand
der Protestanten und konnte keine kirchliche Einigung herbeiführen. Der Tod Pauls III. 1551 gab die Chance zu einem Neuanfang in diesem schwierigen Unterfangen, und das Konzil wurde
unter Papst Julius III. wiederum in Trient wieder aufgenommen
(1551–1552), ohne aber zu nennenswerten Ergebnissen zu kommen. Die eigentlichen Ziele, die Einheit der Christen in Deutschland und Europa, eine grundlegende katholische Reform und der
Kampf gegen die Häresie, wurden nicht erreicht. Erst Papst Pius
IV. aus der Mailänder Nebenlinie der Medici berief das Konzil
ein weiteres Mal ein (1562–1563). Dieses Mal war die Wiedereröffnung des Konzils nicht an die deutsche Reformationsfrage gebunden, sondern mit der Angst begründet, die Calvinisten könnten sich in Frankreich durchsetzen. Am 4. Dezember 1563 wurde

das Konzil dann endlich feierlich in der Kathedrale von Trient geschlossen, die Dekrete verlesen und durch die Bulle *Benedictus Deus* von Papst Pius IV. bestätigt.

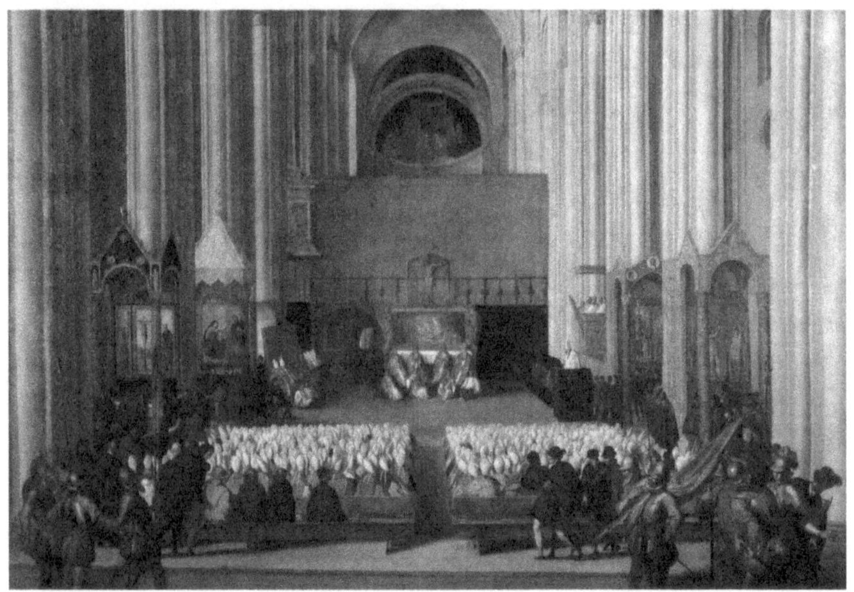

Das Konzil von Trient, 1546–1563 (hier die 23. Sitzung 1563). Gemälde (früher Tizian zugeschrieben) Venedig, 2. Hälfte 16. Jhr.

Letztendlich siegte in diesem langwierigen Konzil der päpstliche Zentralismus. Das eigentliche Ziel einer Wiederannäherung oder gar eines Dialogs mit den Reformern war gescheitert. So reformierte sich die katholische Kirche in ihrem Inneren selbst, ohne jedoch die Fragen und Kritiken der sich immer weiter verselbständigenden Reform miteinzubeziehen und führte so definitiv zu einem zweiten Schisma der Kirche.

Die Konzilsbeschlüsse brachten in den folgenden Jahren einen Aufschwung in der katholischen Kirche. Trotz der Absage der Protestanten an das Konzil blieb ein Weg der Concordia offen. Das Konzil gab seine Antworten in Sachen Glauben, innerer Reform und den religiösen Anliegen der Zeit. Es setzte neue Maßstäbe in der Ausbildung der Kleriker, der bischöflichen Pflichten und der Liturgie. Der Handel mit den Pfründen wurde limitiert, der Ablassmissbrauch und der Reliquienhandel abgeschafft.

Was 1545 unter Papst Paul III. wohl mit den besten Intentionen begonnen hatte, wurde so zu einer rein innerkatholischen Reform. Durch diese katholische Erneuerung festigte sich die Kirche vor allen Dingen in Spanien und Italien. Auch das habsburgische Österreich blieb weiterhin katholisch. Der großgriechische Raum hielt an der Orthodoxie fest, während in Frankreich blutigste Konfessionskriege stattfanden. England spaltete sich mit der Anglikanischen Kirche ab, und von Deutschland und der Schweiz ausgehend erfasste die Reformation ganz Europa, vor allen Dingen im Norden. So entstanden zwischen dem 15. und 16. Jahrhundert neue Identifikationswerte der modernen Staaten, wozu die Frage der richtigen Konfession gehörte, was oft politisch ausschlaggebend war. Parallel dazu begann im 15. Jahrhundert die Zentralisierung der politischen Macht, was zu einer neuen Ordnung in Europa führte, der modernen Staatenbildung.

✳✳✳

Der Weg zum modernen Staaten-System wurde von dem dominierenden Problem der beginnenden Reformation und der darauffolgenden Glaubensspaltung begleitet. Das Herrscherverständnis des Kaisers hatte zur Grundlage die Verteidigung der *Monarchia Universalis,* und der Kaiser war getrieben von der Sorge um die Bewahrung der Einheit der Christenheit. Karl wuchs mit der Idee auf, stets den Ausgleich mit den benachbarten Großmächten Frankreich und England zu suchen. Um den Bestand des jungen Herrschaftsgebildes unter Karl als Kaiser, den Erhalt der Dynastie und den allgemeinen Frieden zu sichern, griff man auf das Instrument der Eheschließungen zurück. So folgten die Planungen einer Eheverbindung der dynastisch-politischen Vernunft, und die Wahl fiel letztendlich auf seine Cousine Isabella von Portugal.

Die erfrischende Jugend des Burgundischen Herzogs Karl weckte die Hoffnung zahlreicher Zeitgenossen auf eine neue Zeit. Unter ihnen war auch der niederländische Gelehrte und Humanist Erasmus von Rotterdam. In seiner Vorstellung sollten die Herrscher die Konflikte auf friedlichem Wege bewältigen, und die christlichen Fürsten eine *res publica christiana* bilden, mit dem Grundsatz der Friedenswahrung und der religiösen Toleranz, Thema einer weitgespannten Debatte in Europa am Anfang des 16. Jahrhunderts.

Spätestens seit der Niederlage des französischen Königs Franz I. aus dem Hause Valois (1494–1547) bei der Wahl zum Kaiser des Heiligen Römischen Reiches 1519, bei der Karl durch die nicht ganz uneigennützige Förderung der Fugger-Familie das Rennen auf den kaiserlichen Thron gewann, wurde der Gegensatz zwischen Frankreich und dem Habsburgerreich zum Dauerkonflikt im 16. Jahrhundert, ausgetragen vornehmlich auf italienischem Boden.

Anfangs noch in harmonischer Eintracht im Kampf gegen das ottomanische Reich vereint, entfaltete sich nach der Wahl Karls zum Kaiser sein universales Herrschaftskonzept, welches von Frankreich als antifranzösisch verstanden wurde. Das war der Beginn der Polarisierung in Europa. Die geopolitische Grundlage der Habsburgischen Universalmonarchie bedurfte einer Landbrücke zwischen den spanischen, italienischen und deutschen Herrschaftsbereichen der Habsburger auf Kosten Frankreichs, und somit wurde Frankreich auf eine Art zweitrangige Machtstellung in Europa verwiesen. Es ist durchaus verständlich, dass dies den französischen Unwillen hervorrief, und so wollte der französische König die Niederlage in der Kaiserwahl mit territorialer Expansion wettmachen. Eine Abtretung der oberitalienischen Gebiete von Habsburgischer Seite aus war nicht denkbar, so erhob Frankreich stattdessen Anspruch auf die 1512 an Spanien verlorenen Gebiete von Navarra. Machterweiterung war also auch für Frankreich eine maßgebliche Handlungsmaxime.

Um Frankreich in seine Schranken zu weisen, eroberte Karl V. im November 1521 Mailand, und bis 1522 hatte der Kaiser zunächst ganz Oberitalien in seiner Hand. 1524 konnten die Franzosen einen Teil davon wieder zurückerobern. An Karls 25. Geburtstag 1525 aber gelang den kaiserlichen Truppen trotz großen Widerstands der entscheidende Sieg bei Pavia, und der französische König geriet in kaiserliche Gefangenschaft. Die Reaktion des Kaisers war verhalten, und als Reaktion auf diesen wohl eher unerwarteten Sieg begab er sich auf eine religiöse Wallfahrt nach Spanien zu dem Ort Unserer Lieben Frau von Guadalupe.

Erst am 14. Januar 1526 kam es zu einem vorläufigen Friedensschluss, den der französische König Franz I. als hart und ungerecht empfand; er akzeptierte ihn nur notgedrungen und widerrief ihn sogleich nach seiner Freilassung. Getragen von der antihabsburgischen Opposition in Italien gelang es dem französischen König, mit dem Papst, dem Herzog von Mailand, mit Venedig und Florenz am 22. Mai 1526 einen Verteidigungsbund gegen den Kaiser zu gründen, die Heilige Liga von Cognac. Trotz allem behielt der Kaiser die Oberhand, und der Konflikt wurde vorerst mit dem Damenfrieden von Cambrai am 5. August 1529 beendet. Diesen sogenannten Damenfrieden handelten zwei adlige Fürstinnen aus, da die beiden Herrscher nicht direkt miteinander verhandeln wollten. Deshalb verständigten sich Luise von Savoyen, die Mutter des französischen Königs, und Margarete von Österreich, die Tante Karls V., auf einen Interessensausgleich und unterzeichneten den Vertrag. In dem Abkommen wurde die Gültigkeit des Mailänder Vertrags bestätigt, in dem es vor allen Dingen um die Rückgabe Burgunds von Frankreich an Spanien ging. Allerdings, so weiter im Vertrag, erklärte sich der Kaiser bereit, einstweilen zum Wohle des Friedens auf diesen Anspruch und die Rückgabe zu verzichten. Teil des Vertrages war auch die Freilassung der beiden sich in Madrid aufhaltenden Söhne Franz' I. gegen ein stattliches Lösegeld von zwei Millionen *Écu au soleil*, der zeitgenössischen französischen Währung.

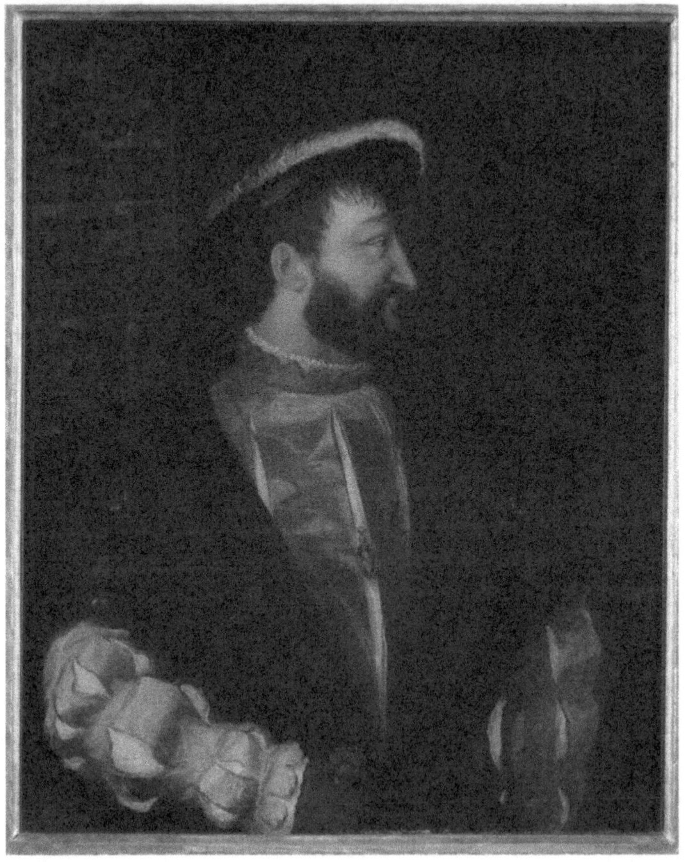

Der Widersacher Karls V., der französische Konig Franz I. Gemälde (1538) von Tizian.

Am 1. Juli 1530 wurden die königlichen Söhne, die über vier Jahre als Geiseln in Spanien gefangen gehalten worden waren, gegen das vereinbarte Lösegeld an Frankreich zurückgegeben. Als weitere Bekräftigung des Friedensvertrags fand am 7. Juli 1530 die Friedenshochzeit zwischen der Schwester Karls V., Eleonore von Kastilien, und Franz' I. statt. Eine Eheschließung auf dem Papier, per Procura und auf Distanz, als letztendliche Formel zur Bekräftigung dieses Friedensvertrags. Ein Zeichen, dass es Karl nicht nur um reine Machtpolitik ging, sondern um eine gesamteuropäische Verständigung und um ein politisches Gleichgewicht unter den Mächten.

Mit dem Frieden von Cambrai wurde die Vorherrschaft Habsburgs über Italien festgeschrieben. Frankreich verzichtete auf seine Ansprüche in Italien, Genua, im Herzogtum Mailand und Königreich Neapel und auf die Herrschaft über Flandern, Artois und Tournai. Mailand und Neapel gelangten so unter den direkten Einfluss Karls V. In Oranien wurde Philibert de Chalon als „Prince D'Orange" anerkannt. Im Gegenzug wurden Frankreichs Ansprüche auf das Herzogtum Burgund anerkannt, welches bereits seit 1477 in französischer Hand war.

Der Frieden von Cambrai war leider keine Dauerlösung, die Konflikte über die Vorherrschaft in Europa und Norditalien gingen weiter, auch wenn sie vorerst durch das Vordringen der Osmanen in den Hintergrund gedrängt wurden. Der Kaiser sah es als seine oberste Pflicht, in seinem sakralen Verständnis der Kaiseridee, das christliche Europa zu beschützen. Der Gegner des Kaisers war Suleiman der Prächtige, Sultan des osmanischen Großreiches von 1522–1560. Er verfolgte die Idee des „Heiligen Kriegs" gegen den Westen Europas. Suleiman rückte bis nach Belgrad, Ungarn, Rhodos, Algier und Tunis vor, spanische und ungarische Interessen waren davon betroffen, beide habsburgischen Brüder sehen sich in den Konflikt verwickelt. Im

Jahre 1529 konnte Ferdinand der Belagerung von Wien standhalten und erlangte 1532 einen Sieg über das türkische Heer in der Nähe von Wien, was die gesamte Lage etwas entspannte.

Durch diesen Konflikt mussten die europäischen Wirtschaftsbeziehungen mit dem Orient erhebliche Beeinträchtigungen in Kauf nehmen, was Frankreich nicht davon abhielt, 1536 ein Handelsabkommen mit Suleiman abzuschließen, was als ein Offensivbündnis gegen den Kaiser verstanden wurde, da dieses Abkommen den Türken die französischen Seehäfen auch als militärische Stützpunkte eröffnete. In zwei weiteren Kriegen (1536–1538 und 1542–1544) wurde der Konflikt zwischen den beiden Dynastien Frankreich und Habsburg weitergeführt, bis er endlich im Frieden von Crépy im September 1544 zu einem Ende kam. Das Friedensabkommen sah den Verzicht Frankreichs auf sein Bündnis mit dem Sultan vor. Savoyen blieb bei Frankreich und Franz I. verzichtete im Gegenzug auf Flandern, Artois und Italien. Ein weiteres wichtiges Element war die Zusage des französischen Königs, im Kampf gegen die Protestanten auch mit Waffengewalt auf der katholischen Seite des Kaisers zu stehen. Damit war es Karl gelungen, Frankreich aus seiner Verbindung mit den Türken und den protestantischen Verbündeten zu lösen.

Trotz aller Bemühungen entfernte sich Karl V. immer weiter von der Verwirklichung seiner universalen Kaiseridee. Seine primären politischen Inhalte blieben weiterhin das Ziel des religiösen Friedens im Reich und der Kampf gegen die Ungläubigen und Ketzer.

Dass sich der Kaiser in allererster Linie als Schutzherr der gesamten Christenheit in der sakralen Kaiseridee der Universalmonarchie sah, führte notwendigerweise zu Konflikten mit dem geistlichen Oberhaupt der Christenheit, dem Papst – Kaiser und Papst, ein Dauerthema in der europäischen Geschichte. Als Herr des Kirchenstaates blieb der Papst mit den politischen Konflikten des beginnenden 16. Jahrhunderts unweigerlich verbunden. Und gleichzeitig war der Pontifex an einer stabilen politischen Ordnung in Italien interessiert, dem dauernden Zankapfel zwischen dem Kaiser und Frankreich.

Die Einbindung Clemens' VII. in die Liga von Cognac, welche sich gegen das Reich wandte, nahm der Kaiser wenig großzügig auf, er sah dies als eine Belastung des Friedens. Der Papst würde als Feind der Kirche handeln, so Karl, und letztendlich führte diese Missstimmung zwischen dem Oberhaupt der katholischen Kirche und dem Kaiser des deutschen Reiches zum *Sacco di Roma* 1527. Die in der Lombardei aus Schweizern und deutschen Landsknechten zusammengesetzten Truppen waren lange Wochen ohne Bezahlung geblieben, da Papst und Kaiser sich nicht darüber einig waren, wer nun dieses Söldnerheer bezahlen sollte, welches vom deutschen Kaiser einberufen worden war, aber eigentlich im Dienst des Papstes stand. So wurden die Soldaten immer unkontrollierbarer, und das Heer marschierte plündernd und raubend durch die Toskana auf Rom zu. Der Papst flüchtete in die Engelsburg und musste am Ende kapitulieren. Der Kaiser behandelte ihn mit Achtung, der Kirchenstaat wurde wiederhergestellt, und der Papst erhielt seine Freiheit zurück. Der Sieg des Kaisers über Frankreich 1529 führte noch vor dem Frieden von Cambrai den Kaiser und den Papst in einem Sonderfrieden von Barcelona am 29.6.1529 wieder zusammen, und zum Zeichen dieser Aussöhnung zwischen weltlicher und geistlicher Autorität krönte Clemens VII. den Kaiser an seinem 30. Geburtstag am 22. Februar 1530 in Bologna zum Kaiser. Diese letzte Kaiserkrönung durch einen Papst war der Ausdruck des universalen Herrschaftswillens des Kaisers und seine tiefe Bindung an die römische Kirche.

Aber nach dem Scheitern eines Konzils unter der Einbeziehung von Vertretern des Protestantismus und trotz der Siege über

Frankreich in Oberitalien, des Sieges über den Schmalkaldischen
Bund bei Mühlberg 1547 und trotz der Hochzeit von Karls Sohn
Philipp mit der englischen Königin Maria Tudor (1516–1558),
der Tochter von Heinrich VIII. und der katholischen Katharina von Aragón – was kurzzeitig eine Rückkehr zur einheitlichen
katholischen Christenheit in Europa zu signalisieren schien –,
zeichnete sich immer mehr die Resignation des Kaisers ab. Seine Religionspolitik im Reich war gescheitert, die ständische protestantische Opposition war lebendiger denn je, die Stellung des
Kaisers blieb weiterhin umstritten. Die französische Rivalität
blieb ungebrochen und der Papst zeigte sich der religiösen Lage
im Reich gegenüber misstrauisch. Ein solider Partner im Interesse der christlichen Einheit war der am Ende der Herrschaft
Karls regierende Papst Paul IV. Carafa mit Sicherheit nicht. Dieser Papst verfolgte zu viele eigene Interessen in Rom, um sich der
Sorgen des deutschen Kaisers annehmen zu können.

Karl war erschöpft und krank. Der Kaiser, der von Anfang an
sehr hohe Maßstäbe an sich selbst gesetzt hatte, beschloss nun,
sich zurückzuziehen. Auf dem Reichstag zu Augsburg 1555 erreichte seinen Bruder Ferdinand I. von Habsburg, der Karl auch
hier vertrat, ein Brief aus Brüssel, in welchem Karl seine Abdankung ankündigte. Im Alter von 55 Jahren legte der mächtigste
Mann der Welt, der Herrscher des Reiches, in dem die Sonne niemals unterging, 1556 die Krone, seine Ämter und Herrschertitel
nieder. Auf seinen Sohn Philipp übertrug er die Herrschaft über
die Niederlande und Spanien. *„Ich habe die Kaiserkrone gesucht,
nicht um über mehr Reiche zu gebieten, sondern um für das Wohl
des Landes und andere Reiche zu sorgen, der gesamten Christenheit Frieden und Eintracht zu erhalten (...) Ich habe darum viele
beschwerliche Reisen machen, viele Kriege führen müssen (...) aber
niemals mutwillig, sondern stets sehr gegen meinen Willen. (...)
Große Hoffnungen hatte ich – nur wenige haben sich erfüllt und*

nur wenige blieben mir, und um den Preis welcher Mühen! Das hat mich schließlich müde und krank gemacht. Glaubt nicht, dass ich mich irgend Mühen und Gefahren entziehen will, meine Kräfte reichen nicht mehr hin. Vertraut meinem Sohn, seid einig, übt stets Gerechtigkeit und lasst den Unglauben nicht in eure Reihe."

So beschreibt Karl V. sein Verständnis des Kaiseramtes. Die Verhandlungen mit den Reichsständen zur Übertragung der Kaiserwürde an Ferdinand zogen sich noch bis Februar 1558 hin.

Sein Bruder Ferdinand nahm die Regierung im Reich *in absentia* wahr, bis hin zu seiner offiziellen Ernennung zum Kaiser im Frühling 1558. Er konnte und sollte nicht mehr vom Papst gekrönt werden; für einen Kaiser, der von drei protestantischen Reichsfürsten gewählt worden war, war dies nicht mehr angemessen.

Mit dem Frieden von Cateau-Cambrésis 1559 wurde der spanisch-französische Konflikt endgültig beigelegt; Frankreich verzichtete auf sämtliche Ansprüche auf der italienischen Halbinsel, und damit bestätigte sich die habsburgische Hegemonie auf italienischem Boden. Zu diesem Zeitpunkt hatte der Kaiser das Reich aber schon lange verlassen und sich in das Kloster in Yuste in Spanien zurückgezogen, wo er am 21. September 1558 verstarb.

∗∗∗

Kunst, Künstleraustausch und Austausch unter den Künstlern führten in diesem sich bekriegenden, aber stark vernetzten Europa in einzigartiger Weise zur Artikulation von Spannungen zwischen Ordnung und Umbruch, Norm und Individualität, Wollen und Erleiden, Vergangenheit und Zukunft.

Ein immer wieder gern gemaltes Thema war der *Raub der Europa*, den auch Tizian im Auftrag Philipps II. zwischen 1559 und 1562 verewigte. Laut den *Metamorphosen* Ovids verliebte sich

Jupiter in die schöne Europa, die oft mit ihren Freundinnen an der phönizischen Küste der Stadt Tyros spielte. Er näherte sich ihr in Form eines weißen Stiers und entführte sie nach Kreta, wo sie ihm drei Söhne gebar. Jupiter, um sich wieder seinen göttlichen Aufgaben zu widmen, ließ Europa in Kreta zurück, wo diese später den König von Kreta ehelichte. Venus erschien Europa im Traum und tröstete sie damit, dass der Kontinent, auf den sie Jupiter gebracht hatte, von nun an ihren Namen tragen werde. Tizian tauchte diese mythologische Erzählung in seine magische Farbenpracht. Kreta als die Wiege der europäischen Kunst und Kultur, übernommen von der römischen Literatur, eingebettet in die Renaissancekultur, in die Verflechtung der Kunst und Kultur des christlichen Abendlandes, das war das allgemeine kulturelle Verständnis der frühen Neuzeit in Europa.

VII. Szenenbild Rom

*Rom zur Zeit der Farnese * Die Stadt, der päpstliche Hof, die Künstler * Die großartigste Baustelle Europas * die neue Peterskirche * Fiebriges Wirken hinter den Mauern des Vatikanischen Hügels * Die großen Künstler*

Alle Straßen führen nach Rom. *Caput Mundi,* das ‚Haupt der Welt‘, die Stadt, welche aus dem dunklen Mittelalter kommend in der Frühen Neuzeit zur prächtigsten Stadt Europas heranwuchs.

Wer Rom in den 30er Jahren des 16. Jahrhunderts besuchte, fand sich in einer der grandiosesten Baustellen Europas wieder. Die *Renovatio Urbis* begann mit der endgültigen Rückkehr des Papsttums aus Avignon in die Ewige Stadt am Ende des Abendländischen Schismas 1417. Das Rom der Renaissance war das Rom Bramantes, Michelangelos und Raphaels. Diese zuvor im Mittelalter geschrumpfte und heruntergekommene Stadt wurde nach und nach zur Hauptstadt der Künste und der Architektur. Rom überwand seine mittelalterliche Vergangenheit und erfand sich neu. Durch das Baufieber, die großartigen städtebaulichen Projekte und architektonischen Initiativen – von den Päpsten gefördert und von den reichen Familien bezahlt – entstanden üppige Paläste, neue Kirchen und Straßen, welche das mittelalterliche Stadtbild mit seinen wirren, unregelmäßigen, engen Gassen und Gässchen, niedrigen Häusern, hohen Geschlechtertürmen und antiken Ruinen mehr und mehr verschwinden ließen.

Der auf dem Konstanzer Konzil 1417 gewählte einigende Papst Martin V., Oddo di Colonna, aus einer der ältesten Baronalfamilien Roms stammend, fand die Stadt *„Rom so verfallen und so verlassen vor, dass diese kaum noch Ähnlichkeit mit einer Stadt hatte"*; so berichtet Platina Cremonese, Mitbegründer und erster Leiter der Vatikanischen Bibliothek in seinem *Liber de vita Christi ac omnium pontificium*, einem Buch mit den Biographien der bis dahin regierenden Päpste. Es herrschten Hunger und Armut, die Häuser waren nur noch Ruinen, es fehlte am Nötigsten. In seiner Bulle von 1425 beschrieb Martin V. die offensichtlichen Missstände in der Stadt: Auf den Straßen häufte sich Müll: Fischköpfe, verwesende Kadaver, verdorbene Lebensmittel und mehr. Die wenigen in der Stadt verbliebenen Einwohner hausten in den Ruinen und nahmen sich als ihr Eigen, was ihnen nicht gehörte. Es bedurfte einer grundlegenden Erneuerung und Urbanisierung, um den Ort Rom wieder in eine bewohnbare Stadt zu verwandeln. So entstanden die ersten Modernisierungspläne, wofür Martin V. den legalen Rahmen schuf, indem er städtische Inspektoren ernannte, die für diese Maßnahmen zuständig und direkt der päpstlichen Autorität unterstellt waren, später dann auch direkt von den Päpsten ernannt wurden. Der intellektuelle Humanisten-Gelehrte Papst Nikolaus V. legte dann Mitte des 15. Jahrhunderts das kulturgeschichtliche Fundament für diese urbane Erneuerung.

Die Wiederherstellung des glanzvollen, antiken Rom, die Erschaffung eines neuen himmlischen Jerusalems spiegelte die Vision der Päpste und deren Anspruch auf weltliche und geistliche Macht wider. Zwar blieb die urbane und politische Realität weit hinter diesen Wunschvorstellungen zurück, aber die Päpste der Renaissance begannen, die Stadt als ein gesamtheitliches Kunstwerk zu betrachten. So wurden die städtebaulichen Pläne immer einheitlicher, der Bau und die Erneuerung von Festungsanlagen,

Straßen, Plätzen, Brunnen, Kirchen und Palästen hatte durchaus auch praktische Gründe: Die Stadt wurde übersichtlicher, was auch eine bessere Überwachung und politische Kontrolle der unruhigen Einwohnerschaft erlaubte, und dies alles förderte den Handel, verstärkte die Besiedelung und nicht zuletzt verbesserte es die bis dahin dramatischen Hygienebedingungen. Ein starkes, sicheres, in wirtschaftlicher und kultureller Hinsicht blühendes und gesundes Rom war das Ziel der Stadtherren, der Päpste: Die Ewige Stadt in ihrer Gesamterscheinung als Symbol der Größe der Christenheit sollte sich nach der Rückkehr der Päpste in ein neues, festliches Gewand kleiden.

Die Neuorganisation des Stadtbildes Roms wurde so zur großen Aufgabe der Päpste in der Frühen Neuzeit. Papst Martin V. (1417–1431) begann mit den Aufräumarbeiten und dem Beheben der Missstände, Papst Nikolaus V. (1447–1455) dann mit der Neubildung der Stadt. Dieser humanistische Papst verfolgte eine ausgleichende Politik in Rom, Italien und Europa, und ihm gelang es, die in Rom konkurrierenden Familienverbände untereinander weitgehend zu befrieden. Und weiterhin entwickelte er das, was man später als politische Bildpropaganda werten wird: Rom erzählte sich selbst in Bildern. Die Selbstdarstellung des Papsttums als Macht *sui generis*, die nicht an dynastische Erbfolge gebunden war, sondern an den göttlichen Auftrag, der auf geistlicher Einsetzung basierte. Es war das Medium der Kunst, welches diese über allen Mächten stehende Autorität propagierte und legitimierte, Kunstwerke, vor denen noch heutige Besucher staunend stehen. Die antiken Ruinen standen für die Vergänglichkeit der weltlichen Macht und legitimierten in einem Atemzug Rom als Sitz der christlichen Macht, welches das heidnische Imperium ablöste und erneuerte, während der Papst seine Herrschaft über die neue Stadtgestaltung vorführte – das Ewige Rom.

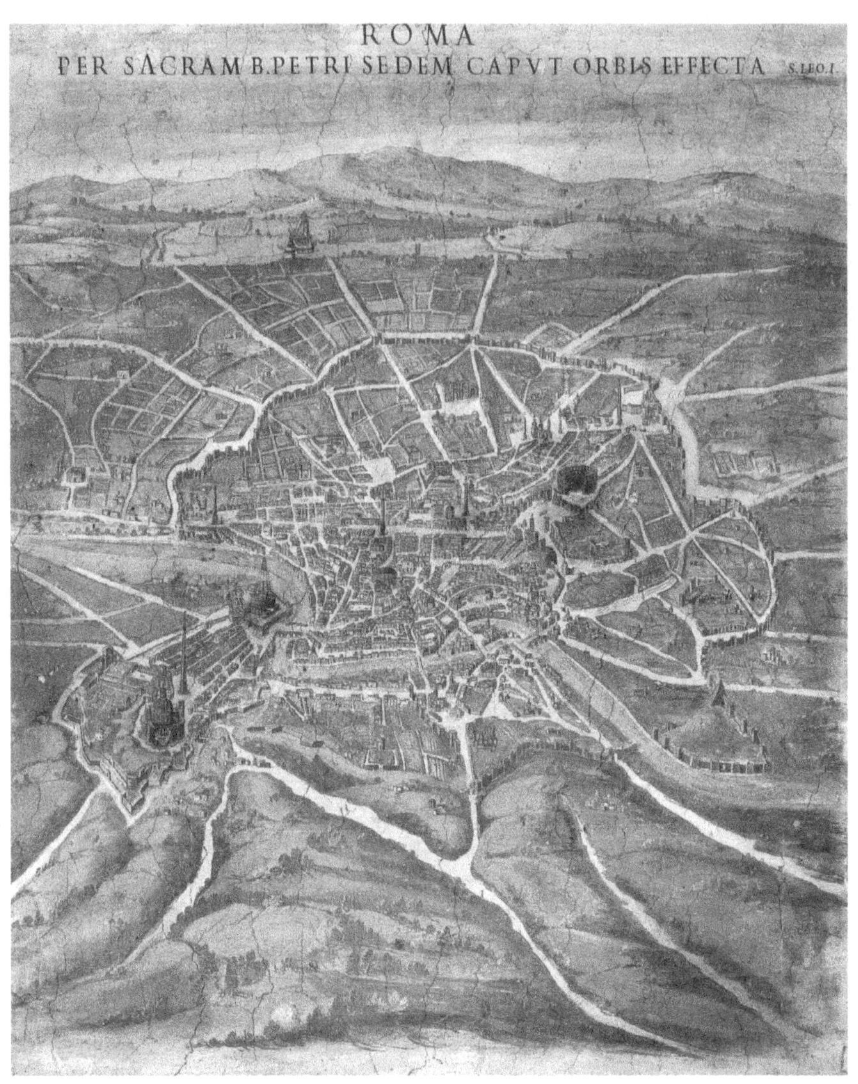

Ansicht Roms von Ignazio Danti, 16. Jhr.

Papst Nikolaus V. zeichnete sich auch als Friedensstifter aus. Der Frieden von Lodi 1454 begrenzte die Konflikte zwischen den wichtigsten italienischen Mächten und schuf ein neues Gleichgewicht. Die innere Konsolidierung wurde durch das Übereinkommen der fünf Hauptmächte in Italien festgelegt: das Papsttum, das bei den Verhandlungen die Führungsrolle übernahm, Neapel mit der seit Jahrzehnten unangefochtenen Aragonesischen Dynastie, das Großherzogtum Florenz mit der einigermaßen stabilen Vorherrschaft der Medici, Mailand mit den Sforza und die dynamische und unberechenbare Republik Venedig wurden sich einig.

Die Päpste nutzten diese Aufbruchszeit zur Neugestaltung ihrer Stadt. So strebte Nikolaus V. mit seinem Architekten Bernardo Rossellino den Neubau des Papstpalastes auf dem mons vaticanus an. Als Pietro Barbò dann als Paul II. (1464–1471) zum Papst erwählt wurde, ließ er seinen in der Stadt begonnenen Familienpalast von seinem Baumeister Francesco del Borgo weiter ausbauen. So entstand am Fuße des Kapitolinischen Hügels mit dem grandiosen, würfelförmigen Palast eine Repräsentationsstätte der päpstlichen Macht, als Gegengewicht zum Stadtparlament auf dem Kapitol. Papst Sixtus IV. della Rovere (1471–1484) nutzte dieses neue Aufblühen von Kultur und Wissen und stellte sich ein irdisches Jerusalem wie auch ein neues, mächtiges Kaiserreich vor: Caput Mundi. Er nutzte alle ihm gegebenen Möglichkeiten, um sich und seine Familie auf dem römischen Olymp zu etablieren und bescherte seiner Familie gleich ganze sechs Kardinalshüte und ein Fürstentum. Des Weiteren verabschiedete er ein Gesetz, welches denjenigen Steuererlass versprach, die ihrer Familie eine standesgemäße Residenz bauten, um damit die Stadt zu verschönern. So gab es gewaltige Anreize, sich an der Entwicklung und Erneuerung des römischen Stadtbilds zu beteiligen. Dazu kam noch, dass dieser so kunstverliebte Papst ohne Unterlass den Bauwillen der kirchlichen Elite förderte und selbst als Auftraggeber an der Modernisierung teilnahm. Er sorgte für den lang ersehnten Raum der Wissensansammlung mit der Gründung der Vatikanischen Bibliothek, an der Platina, der gelehrte Humanist, als erster Bibliothekar wirkte, und gab den Bau einer eigenen privaten Kapelle neben dem Apostolischen Palast in Auftrag, die von umbrischen und toskanischen Künstlern mit Motiven aus dem Alten und Neuen Testament ausgestaltet wurden. Diese Sixtinische Kapelle wurde später der Raum, in dem Michelangelo sein gesamtes Genie offenbarte. Dann profilierte der Papst sich, indem er die antiken Substruktionen einer alten römischen Brücke erneuern ließ und diese wiederherstellte, die heutige Ponte Sisto, die das Marsfeld mit Trastevere verband und so den Pilgern einen einfacheren Weg nach St. Peter möglich machte.

Ein Meisterwerk der frühen Renaissancearchitektur in Rom ist mit Sicherheit der Palazzo della Cancelleria, den Kardinal Raffaele Riario, Kämmerer und Privatsekretär des Papstes Sixtus IV., in Auftrag gab. Hier entstand eine der luxuriösesten Renaissance-Residenzen in Rom. Seine Titelkirche San Damaso, heute Teil des Palastes, baute der Kardinal gleich neu, und damit er den Palast groß und prächtig genug bauen konnte, kaufte er die dazu notwendigen umliegenden Häuserzeilen einfach auf. Eine typische Handelsweise im Rom der Frühen Neuzeit, um Platz für die neu geplanten großartigen Bauwerke zu schaffen. Der Palast beeindruckt bis heute durch seine Größe und die konsequent im klassischen Stil gestaltete Fassade, die erste dieser Art in der römischen Renaissance. Der Entwurf wird unter anderem auf Leon Battista Alberti zurückgeführt, als Architekten beziehungsweise Baumeister werden neben Bernardo Rossellino auch Bramante oder Baccio Pontelli genannt. Der Palast wurde, nachdem der Kardinal Riario 1516 wegen einer Beteiligung an einem Mordkomplott gegen Papst Leo X. in Ungnade gefallen war, an die päpstliche Kammer, die Kanzlei, abgegeben und war von da an Wohnsitz des Kardinal-Vizekanzlers, nach dem Papst der mächtigste Mann an der Kurie. Bis heute ist der Palazzo ein beispielhaftes Werk. Der Kardinal selbst verstarb früh, wie man munkelte an seinem exzessiven Lebensstil. Heute ist der Palast extraterritorialer Besitz des Vatikanstaates und unter anderem Sitz der *Sacra Rota,* welche als Eheauflösungsinstitut immer mal wieder in die Schlagzeilen gerät.

Der folgende Papst war der Spanier Rodrigo Borgia, welcher den Namen Alexander VI. (1492 bis 1503) annahm und selbst für die an Grenzüberschreitungen gewöhnte Kurie sämtliche Rahmen sprengte. Dieser Papst widmete sich weitgehend der Erweiterung des neuen apostolischen Palastes, dem Bau des Belvedere-Hofs und dem Ausbau der Engelsburg zur Festungsanlage der Päpste. Sein Hauptanliegen lag allerdings darin, sich um das zukünftige Fort- und Auskommen seiner schönen und intelligenten Tochter Lucrezia Borgia zu bemühen.

In der Folge war es dann der Neffe von Papst Sixtus IV., Giuliano della Rovere, der sich als Papst Julius II. (1503–1513) in der Verpflichtung fühlte, die Projekte seines Papstonkels fortzuführen und ins Überdimensionale zu steigern. Die Finanzierung oblag einem Bankier aus Siena, Agostino Chigi. Zwischen dem zweiten Della Rovere-Papst und seinem sagenhaften Bankier entstand eine regelrechte Symbiose, und Julius II. schätzte ihn so sehr, dass dieser die della Rovere-Bäumchen in seinem Wappen tragen durfte und sein Grab, von Raphael gestaltet, schließlich in der Kirche S. Maria del Popolo seine Aufstellung fand, wo die della Rovere ihre Familienkapellen hatten. Agostino Chigi war ein Mann mit verfeinertem Kulturgeschmack, dessen Vorliebe sich in wunderbarer Weise in dem kleinen, eigens für den Bankier von dem sienesischen Architekten Baldassare Peruzzi erbauten Renaissancejuwel, der Villa Farnesina auf der anderen Seite des Tibers, widerspiegelt. In den Geschichten von Erotik und Erfolg in der von Raphael ausgemalten Loggia verbinden sich raffinierte Sinneslust, Sinnesfreude und reiner Kunstgenuss.

Julius II. führte die urbanistische Idee seines päpstlichen Onkels mit der Via Giulia fort, welche die Ponte Sisto in einer geraden Achse mit der Engelsbrücke und somit mit der Peterskirche
verband. Die Via Giulia wurde mit ihrer Länge von einem Kilometer zur längsten geraden Renaissance-Achse, die ein dicht be-
siedeltes Altstadt-Gebiet in Richtung Peterskirche durchquerte.
Die neue Via Giulia wurde zur ersten Adresse für reiche Familien, die begannen, diese moderne Straße mit ihren Palästen zu
säumen, dazu gehörten die Sacchetti, Ricci, Chigi und später, unter Leo X., die gesamte florentinische Gemeinschaft. So entstand
an der Via Giulia das toskanische Viertel, gekrönt durch die von
Antonio da Sangallo errichtete Kirche am Ende der Straße, San
Giovanni dei Fiorentini.

Stadtplanung, Kunst und Kultur fanden unter Julius II. eine
Steigerung ins Monumentale, die Vision eines neuen irdischen
Jerusalem begann Realität zu werden. In sein Pontifikat fiel die
Entscheidung zum Neubau der Peterskirche und die gloriose
Ausgestaltung der päpstlichen Paläste. Julius II. weigerte sich,
in die Appartements des Borgia-Papstes zu ziehen und zog die
älteren Appartements von Nikolaus V. vor, welche mit einer raffinierten Bildpropaganda neu ausgestaltet wurden. Aegidius von
Viterbo, Augustinermönch und Humanist, lieferte das intellektuelle Programm, und Raphael zeichnete sich als künstlerischer
Gestalter aus. Der nur 25-jährige Künstler bezaubert bis heute
mit seinen Meisterwerken das Publikum. In der eigentlichen Bibliothek des Papstes, der *Stanza della Segnatura,* befinden sich
seine berühmtesten Fresken. Sie stellen das Debüt des großen
Malers am päpstlichen Hof dar und kennzeichnen den Beginn
der Hochrenaissance. In der *Schule von Athen* schließlich voll-
zieht sich der Aufbruch in die Moderne. Die Fresken Raphaels
waren als Bildprogramm für den internationalen Hof des Papstes
gedacht; sie symbolisieren die ideale Vorstellung der Welt, in der

die Schlüssel des Wissens und die Schlüssel Petri zu einem Ganzen verschmelzen.

In der *Stanza di Eliodoro* hingegen symbolisieren die Fresken die reine Machtansage des Papsttums. Besiegt werden hier die inneren und äußeren Feinde, man wird auf den rechten Weg des Glaubens geführt, und das visionäre Fresko der Befreiung Petri aus dem Kerker war nicht nur die letztendliche Legitimation des päpstlichen Machtgehabes, sondern auch ein zukunftsweisender Akt in der Kunstgeschichte, in dem Raphael das Licht aus dem Dunkeln heraus wirken lässt wie kein Künstler zuvor.

Die *Sala di Costantino* hingegen bietet Bildpropaganda vom Feinsten. Es waren die Schüler Raphaels, die unter dem Folgepapst Leo X. das Politprogramm der Stanzen zu einem Abschluss brachten. Leo X. war der erste Papst aus der Familie der Medici. Den Medici gelang es als einziger Familie, ganze drei Päpste zu stellen, auch wenn der letzte aus der Mailänder Nebenlinie stammte.

In der *Sala di Costantino*, eine große Raumflucht, die für zeremonielle Anlässe genutzt wurde, liefern die Wände eine eindeutige Bildpropaganda zur Legitimation der weltlichen Macht der Päpste. Kaiser Konstantin, der unter dem Zeichen des Kreuzes in die Schlacht an der Milvischen Brücke zog und diese glorreich mit der Hilfe himmlischer Heerscharen gegen Kaiser Maxentius gewann und somit das Christentum im römischen Reich legalisierte, wird auf den nächsten Fresken auch noch gleich getauft und verschenkt seine Verwaltungsmacht ehrerbietig an den römischen Bischof. Die dargestellte Bilderflut schreckte nicht einmal vor ‚Fake News‘ zurück, waren doch die Taufe des Kaisers und die sogenannte Konstantinische Schenkung durchaus fragwürdige Ereignisse oder sogar willentliche Fälschungen, was den Zeitgenossen durchaus bewusst war.

Zeitgleich zu den Fresken Raphaels in den Stanzen mühte sich Michelangelo noch unter Julius II. an der Decke der Sixtinischen Kapelle ab und liefert in seiner Genesis eines der spektakulärsten Meisterwerke der Kunstgeschichte, ein Werk, in dem der Künstler Architektur, Skulptur und Malerei in einem Gesamtwerk vereinte. Ungeachtet aller Anfragen, Kritiken und Vorstellungen von Seiten des Papstes, eingeschlossen in der Kapelle, malte Michelangelo sein ganz eigenes, persönlichstes Werk, welches ihm noch zu Lebzeiten den Namen *Il Divino*, der Göttliche, eintrug. Der Künstler Michelangelo gilt als einer der Höhepunkte der Renaissance, seine Größe wurde bereits von den Zeitgenossen erfasst, er war unantastbar, stolz, besessen. Für den Papst zu malen, war trotz allen Mäzenatentums eine große Ehre, die nur Wenigen zu Teil wurde.

Mit der Wahl des ersten Medici-Papstes Leo X. im März 1513 erhoffte man sich in Rom von dem als lebenslustig und großzügig bekannten Giovanni de Medici einen wirtschaftlichen Aufschwung und mehr Freiheiten, anders als unter seinem strengen Vorgänger Julius II. Dieser Papst trieb intensiv den Bau der Peterskirche voran und nutzte zur Finanzierung dieser immensen Baustelle unter anderem den Ablasshandel. So argwöhnte man in Deutschland, dass der neue Papst sein Wirtschaftswunder mit ihrem Geld finanzieren wollte, was letztendlich dazu führte, dass Martin Luther ihn als Antichrist beschimpfte.

Leos Nachfolger Hadrian VI. bildete im Reigen der Renaissancepäpste eine Ausnahme. Hadrian von Utrecht, Humanist und Gelehrter, intellektueller Erzieher Karls V., war fest davon überzeugt, die drohende Glaubensspaltung in Europa durch eine *innere* Reform der Kirche abwenden zu können. Dass dies eine fromme Illusion war, wurde ihm sehr bald bewusst. Er vertrug weder das Klima von Rom noch das Klima der römischen Kurie und verstarb nach nur knapp zwei Jahren unverrichteter Dinge.

Ihm folgte der zweite Medici-Papst, Clemens VII., geboren als Giulio Zenobi, der uneheliche Sohn des Giuliano de Medici, welcher bei der Pazzi-Verschwörung einen Monat vor der Geburt seines Sohnes ermordet worden war. Giulio wurde von seinem Onkel Lorenzo de Medici großgezogen und als Medici anerkannt. Mit nur 35 Jahren wurde er von seinem Papst-Onkel zum Kardinalnepoten ernannt, und nur zehn Jahre später wurde er als jüngster Papst der Geschichte mit nur 45 Jahren auf den Stuhl Petri gewählt. Wie bereits der erste Medici-Papst zog auch er mehr Kritik als Lob auf sich. In sein Pontifikat viel die politische Katastrophe des *Sacco di Roma*. Rom befand sich auf dem Gipfel der Hochrenaissance, als am 6. Mai 1527 die Truppen Karls V. die Mauern der Stadt erstürmten und in wilder Raserei plünderten. Die Römer sahen in den vornehmlich protestantischen Landsknechten, welche glaubten, den Antichristen zu bekämpfen, das reine Böse. Grund der Katastrophe war wohl die Selbstüberschätzung Clemens VII., verstärkt durch diplomatische und militärische Irrungen und Wirrungen. Die etwas mehr als 60.000 Einwohner zählende Bevölkerung Roms schrumpfte fast auf die Hälfte, das Söldnerheer terrorisierte die Stadt monatelang, wer nicht ermordet werden mochte floh oder verbarrikadierte sich, und selbst der Papst musste in der Engelsburg ausharren und beten, dass der Spuk vorrüberging. Trotz des dramatischen Geschehens fand Rom ziemlich rasch nach dem *Sacco di Roma* wieder zu einer politischen und wirtschaftlichen Normalität zurück, selbst im Stadtbild blieben kaum Spuren zurück. Nur drei Jahre später, am 24. Februar 1530, ritt Kaiser Karl V. zu seiner Krönung in Bologna neben Papst Clemens VII., als hätte es die Plünderung Roms nie gegeben.

Clemens VII. entzog sich konsequent der Notwendigkeit eines Konzils, seine uneheliche Herkunft dürfte dabei keine ganz unerhebliche Rolle gespielt haben. Um dennoch einen mahnenden

Zeigefinger zu erheben, beauftragte er Michelangelo, die Altarwand der Sixtinischen Kapelle mit einem Jüngsten Gericht zu versehen, um allen Zweiflern zu demonstrieren, dass der Papst und die katholische Kirche durchaus ihre Seelen läutern. Clemens VII. selbst war die Vision dieses Meisterwerks versagt geblieben, er starb noch vor Beginn der Arbeiten im September 1534.

Am 13. Oktober 1534 folgte ihm Kardinal Alessandro Farnese als Papst Paul III. auf den Thron Petri, der Papst, der Tizian nach Rom holte. Der intelligente Renaissancefürst, der dank seiner schönen Schwester Giulia, der Mätresse Papst Alexanders VI. Borgia, eine steile Karriere gemacht hatte und sehr bald den ersehnten roten Hut bekam, bestätigte ohne mit der Wimper zu zucken den Auftrag an Michelangelo, war sogar bereit, die gesamten Werk- und Materialkosten im Voraus zu bezahlen.

Der Göttliche, *„il divino"*, stellte in seinem Jüngsten Gericht Christus als griechischen Helden mit bartlosem, apollinischem Gesicht dar, gleich einem heidnischen Gott, angelehnt an den Guten Hirten, wie es die frühen Kirchenlehrer propagierten. Die Jungfrau Maria schön, im himmelblauen Gewand, geschützt unter dem Arm ihres Sohnes. Wie in einer Glorie ist Christus umgeben von Heiligen, Figuren aus dem Alten und Neuen Testament und der antiken Mythologie: Er ist der Erlöser Aller. An der rechten Seite Christi stehen der Heilige Andreas und Johannes der Täufer, etwas weiter unten der Heilige Laurentius, auf der anderen Seite Paulus sowie Petrus, in dem man ein Porträt des Farnese-Papstes erkennen möchte, und der Heilige Bartholomäus. Michelangelo selbst zeigt sich gleich drei Mal selbst auf dem Fresko. Und da sind die Engel mit den Trompeten von Jericho, die zur Auferstehung rufen, die erretteten Seelen, Frauen und Männer, umschlungen in der himmlischen Freude der Auferstehung. Nur wer getauft ist und an die Auferstehung glaubt ist Christ und wird errettet werden, so die Grundaussage des Wer-

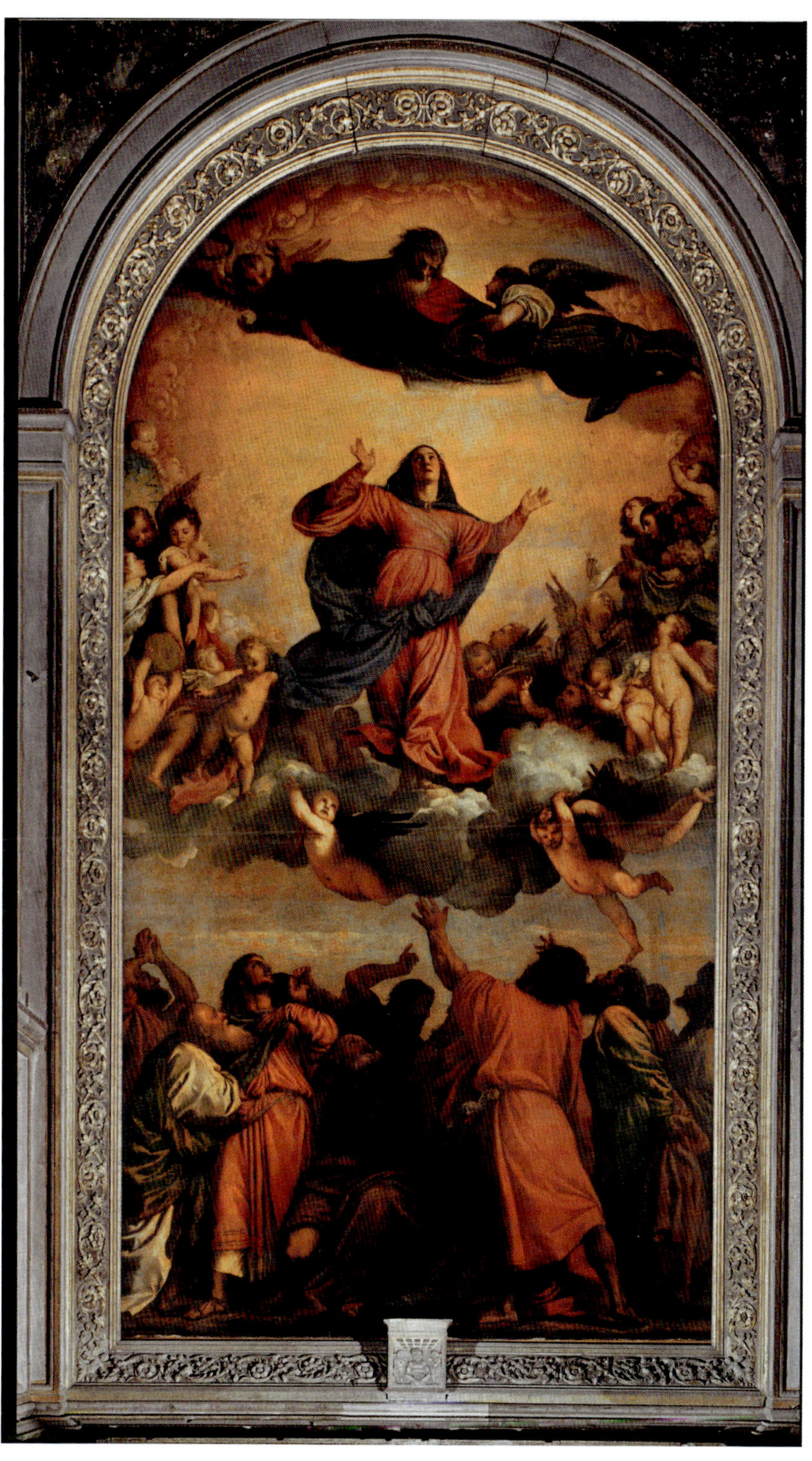

Assunta, oder Mariä Himmelfahrt. Gemälde (Öl auf Holz, 1516-1519) in der Kirche S. Maria Gloriosa dei Frari, das Tizian zum Durchbruch verhalf.

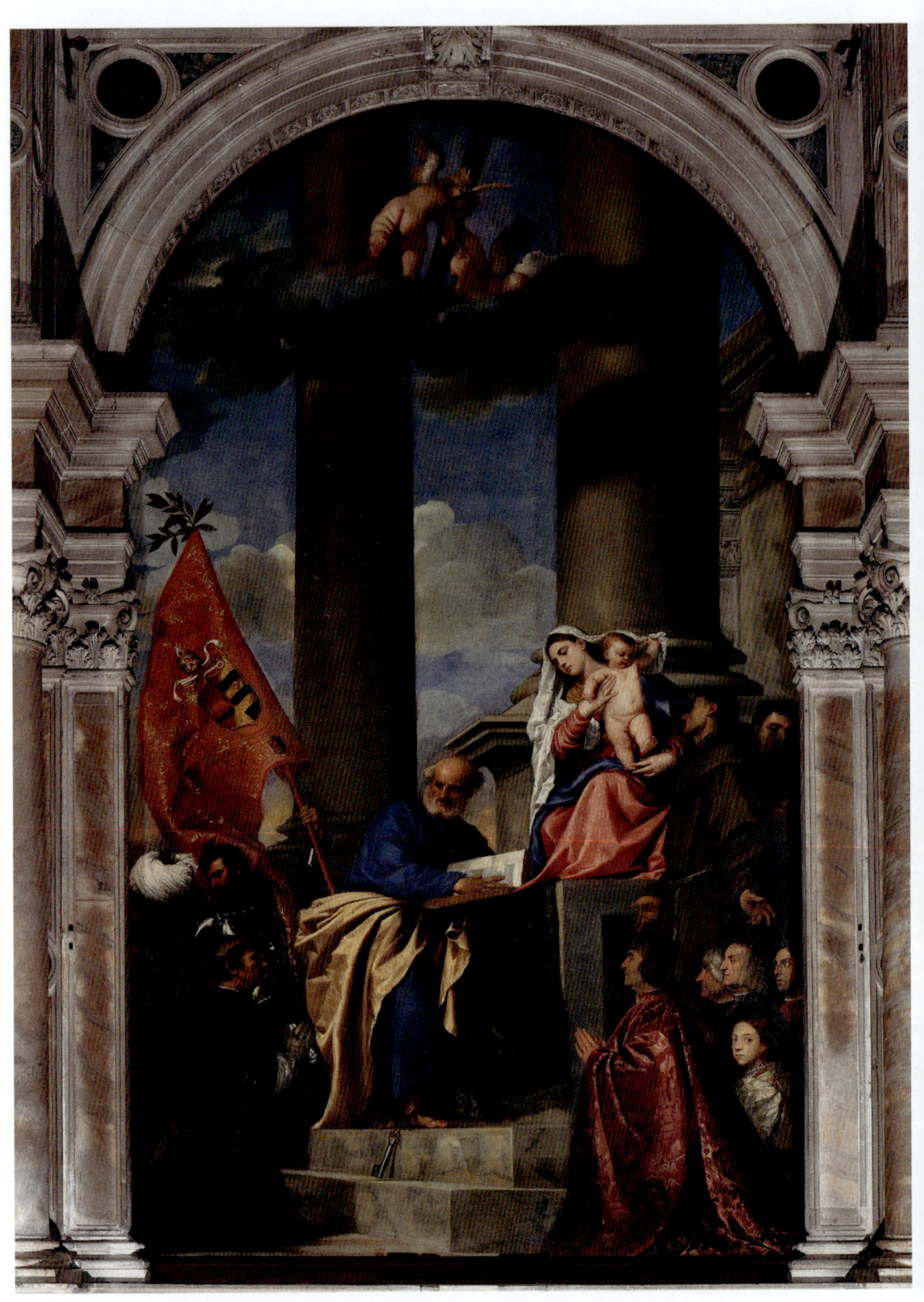

Das Altargemäde „Madonna di Ca' Pesaro" in der Basilica Santa Maria Gloriosa dei Frari.

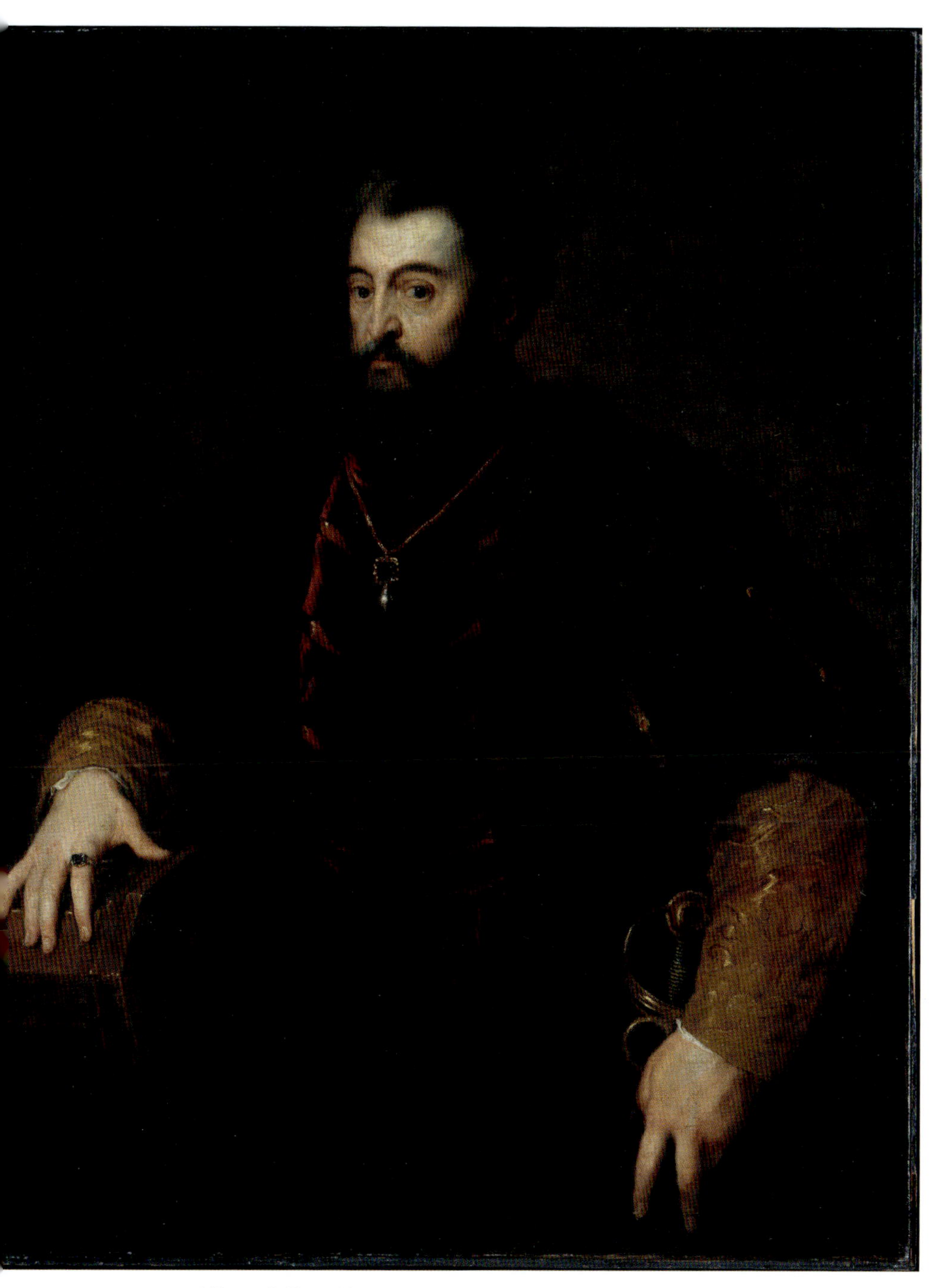

Alfonso D'Este, Herzog von Ferrara, Modena und Reggio.
Kopie von Rubens, nach dem verlorenen Original von Tizian.

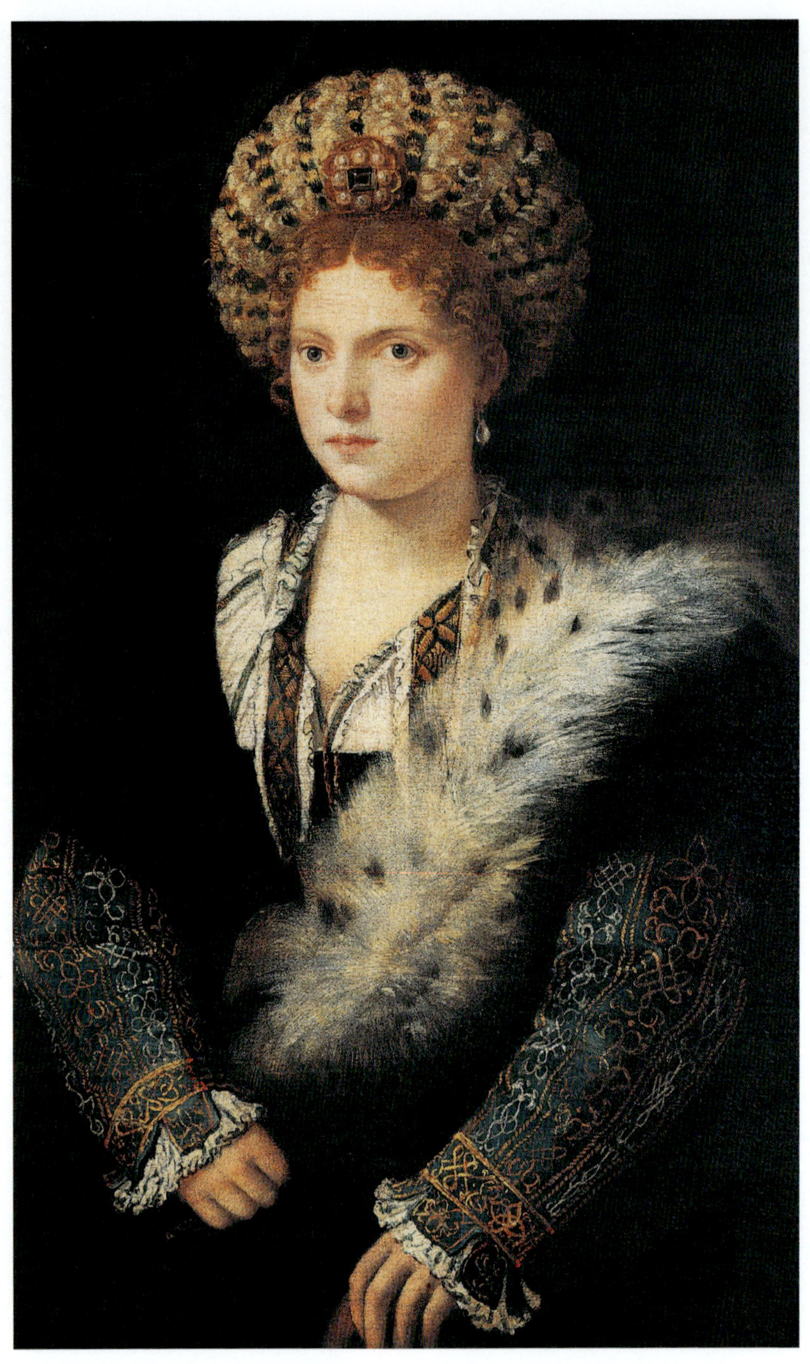

Isabella D'Este, die Frau des Herzogs Alfonso D'Este.
Gemälde von Tizian.

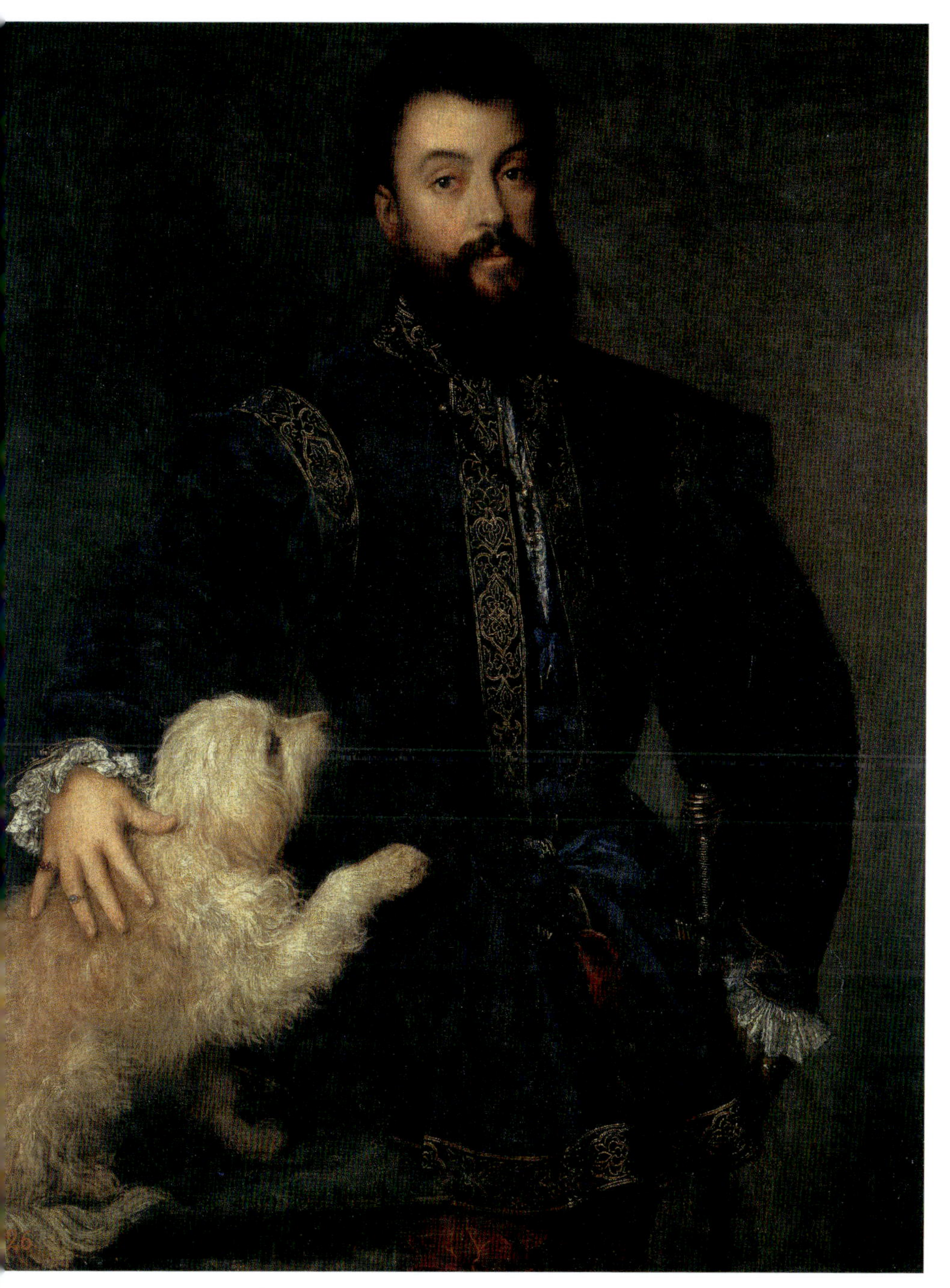

Federico II. Gonzaga, Markgraf von Mantua.
Gemälde (um 1525) von Tizian.

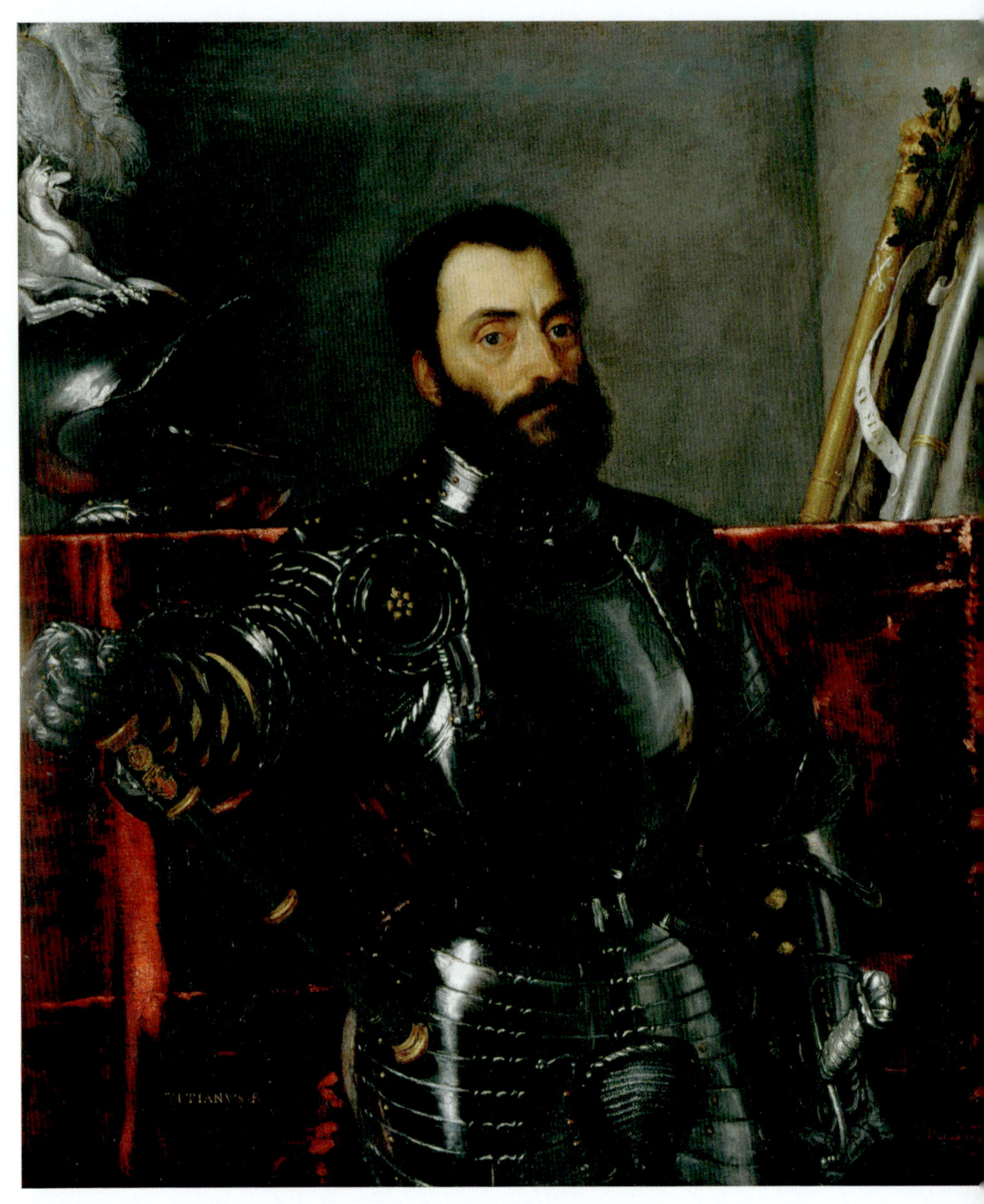

Francesco Maria I. della Rovere, Herzog von Urbino.
Gemälde (1536/38) von Tizian.

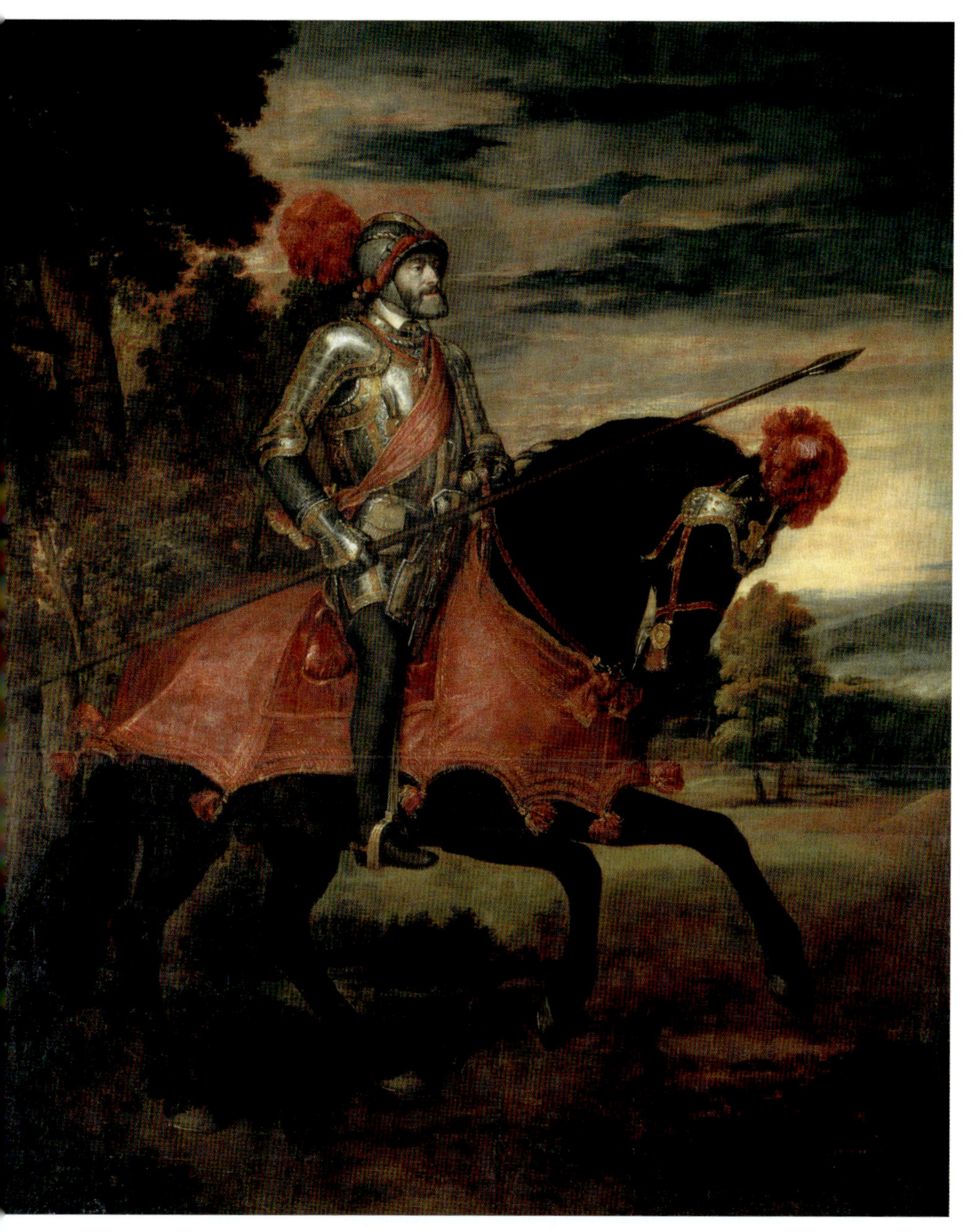

*Karl V. bei der Schlacht bei Mühlberg 1547.
Gemälde (1548) vonTizian.*

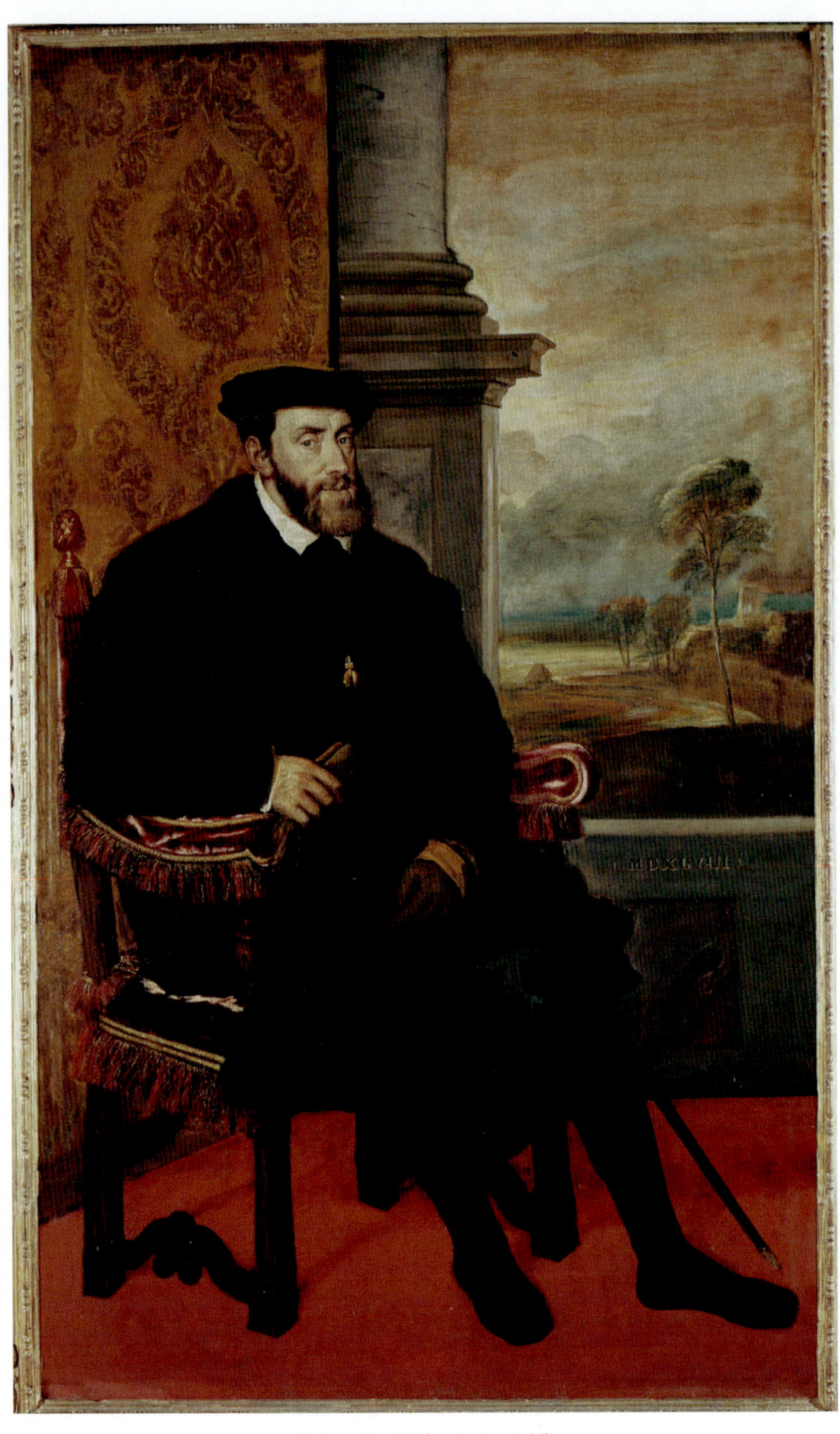

Kaiser Karl V. (im Lehnstuhl).
Gemälde (1548) von Tizian.

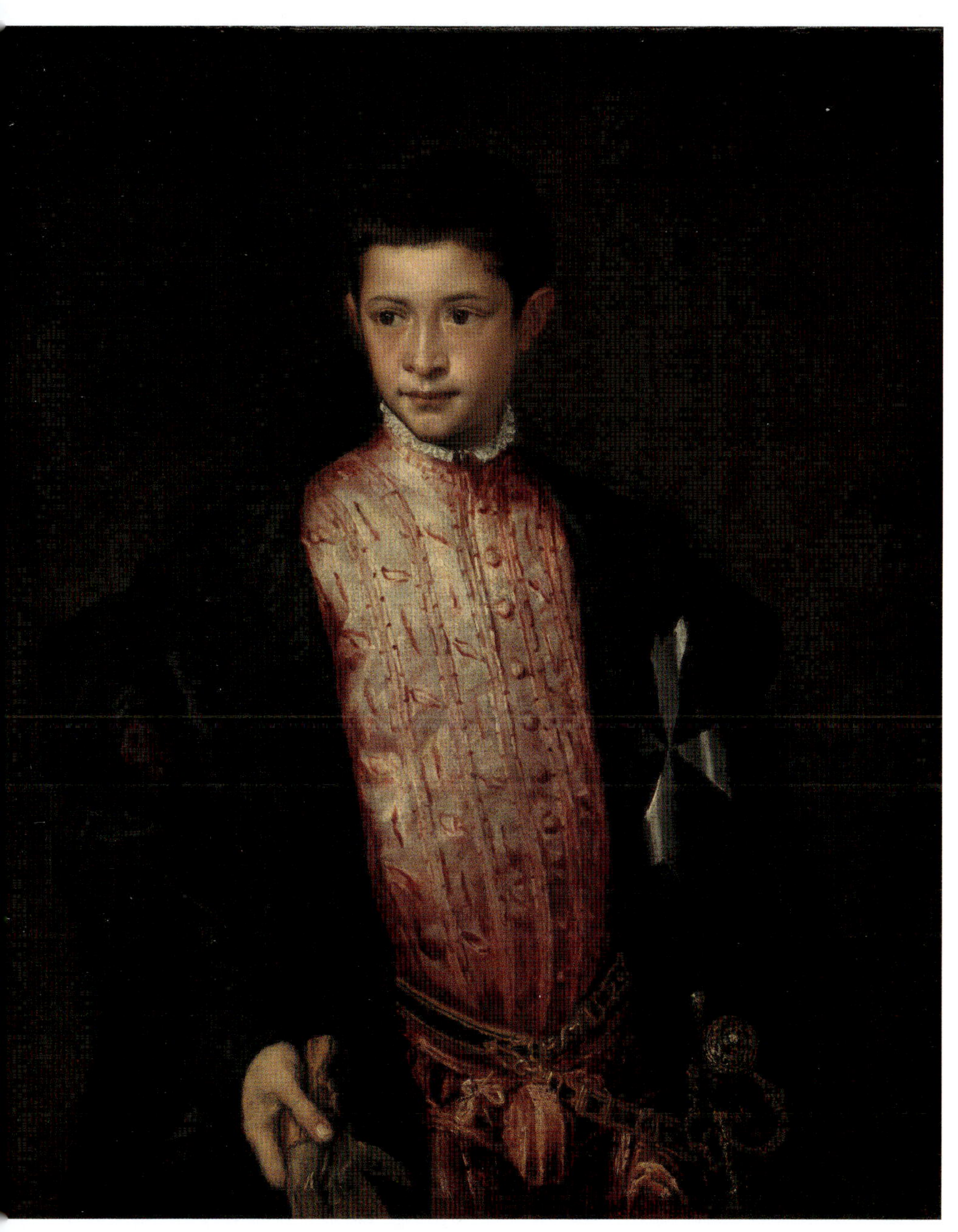

*Ranuccio Farnese, der spätere Kardinal, im Alter von 12 Jahren.
Gemälde (1542) von Tizian.*

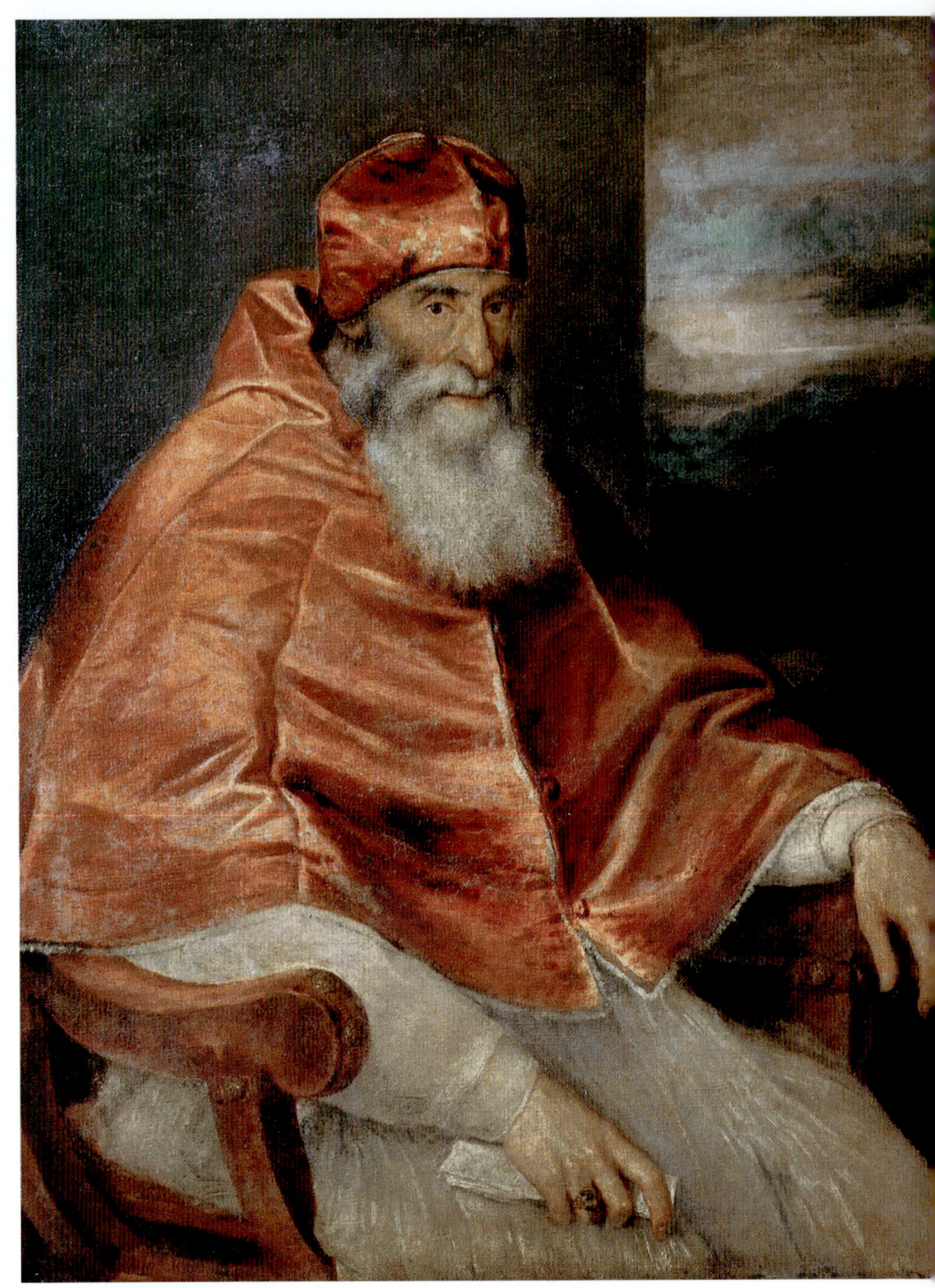

Papst Paul III. Farnese mit Camauro.
Gemälde (1543) von Tizian.

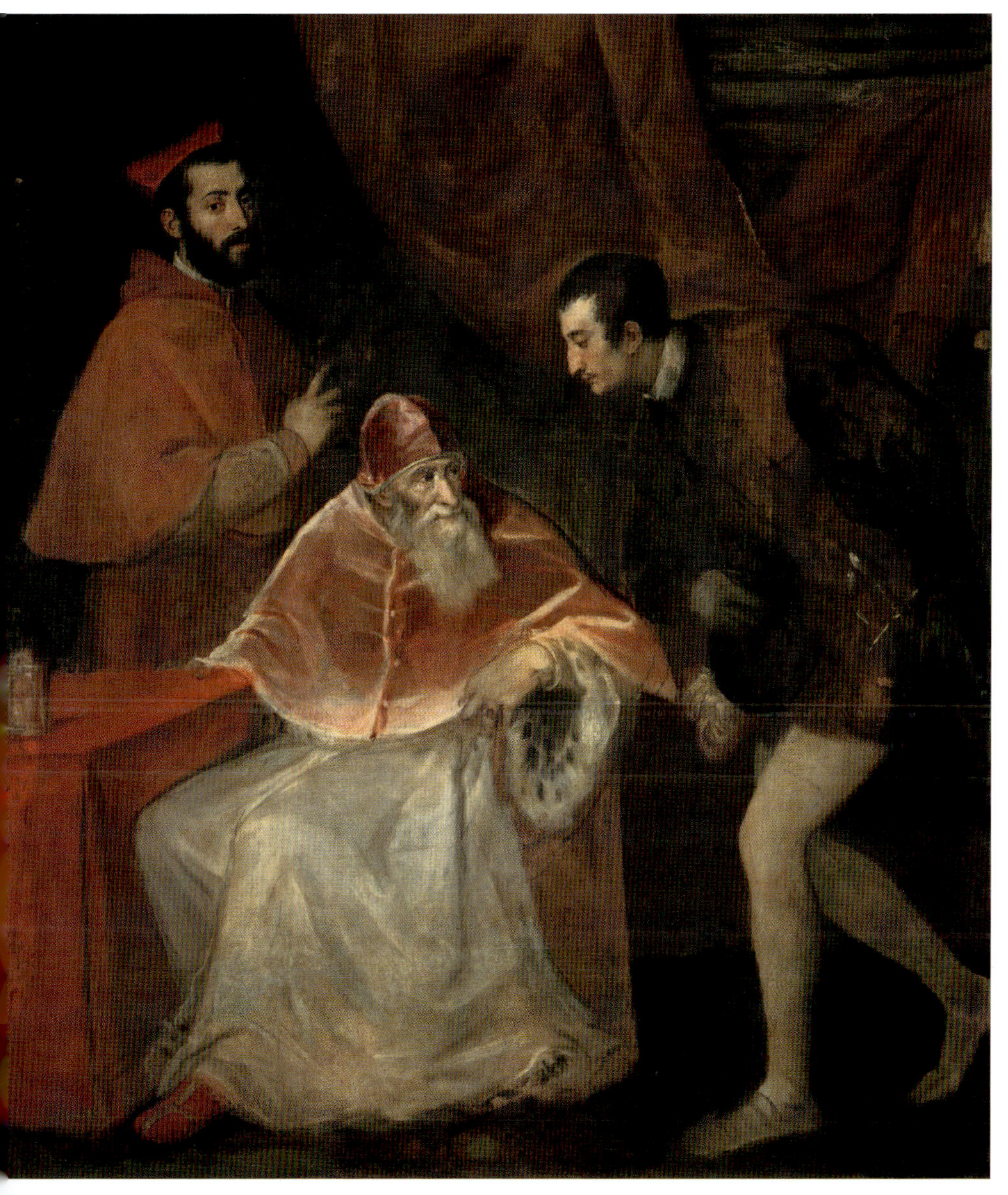

*Paul III. mit seinen Enkeln Alessandro und Ottavio Farnese.
Gemälde (1546) von Tizian*

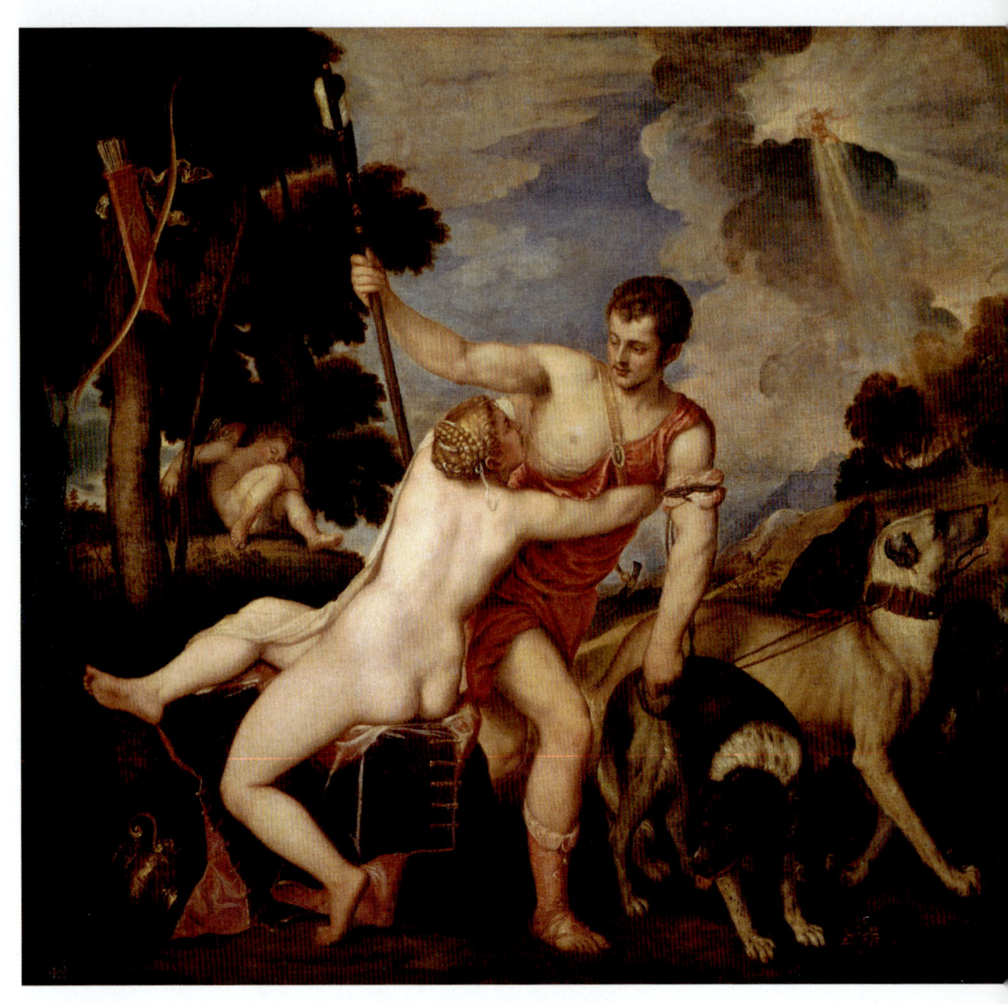

Venus und Adonis.
Gemälde (1553) von Tizian.

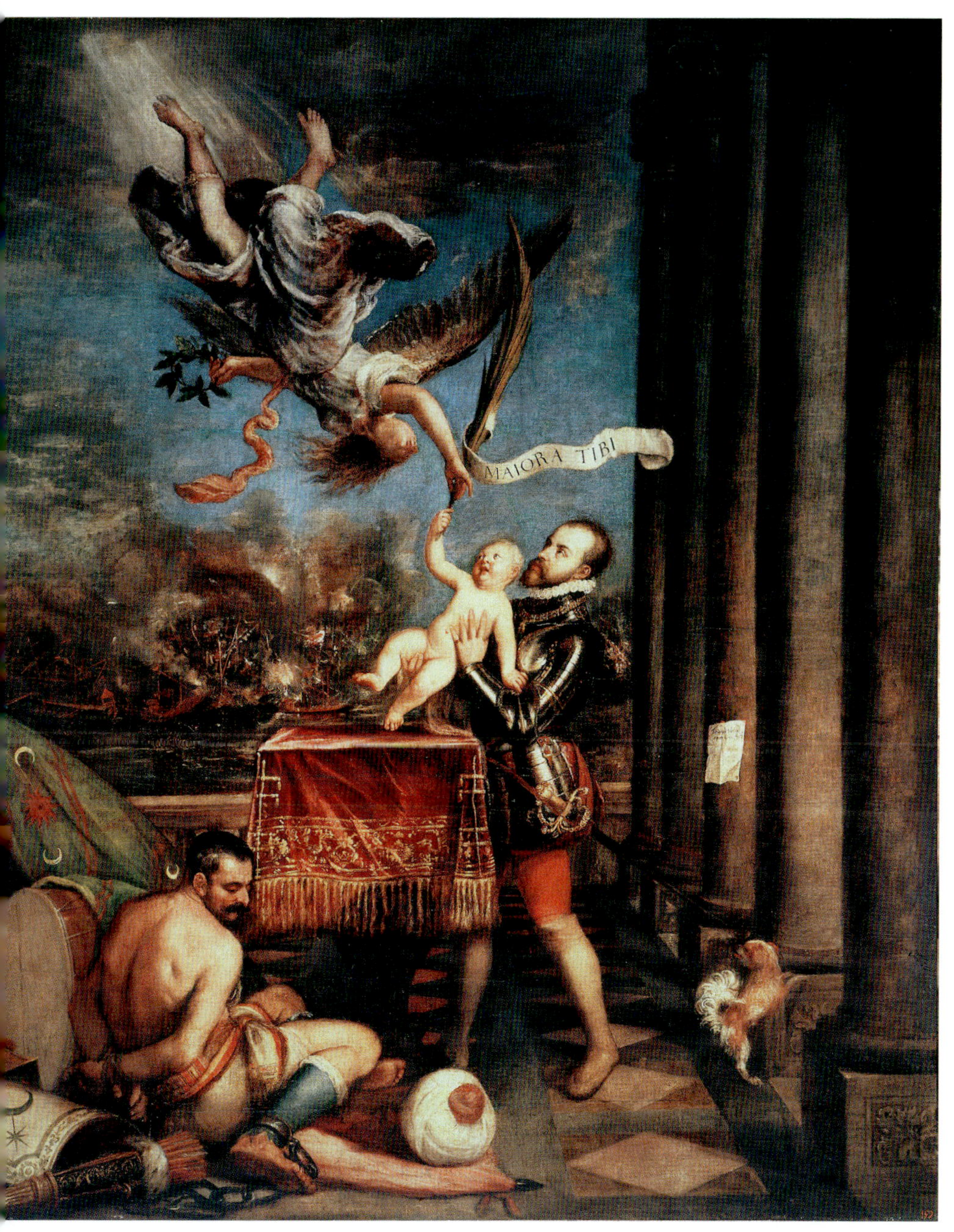

Allegorie auf den Sieg in der Seeschlacht bei Lepanto: König Philipp II. mit seinem Sohn Ferdinand, der aus der Hand der Siegesgöttin die Siegespalme empfängt. Gemälde (1573/75) von Tizian.

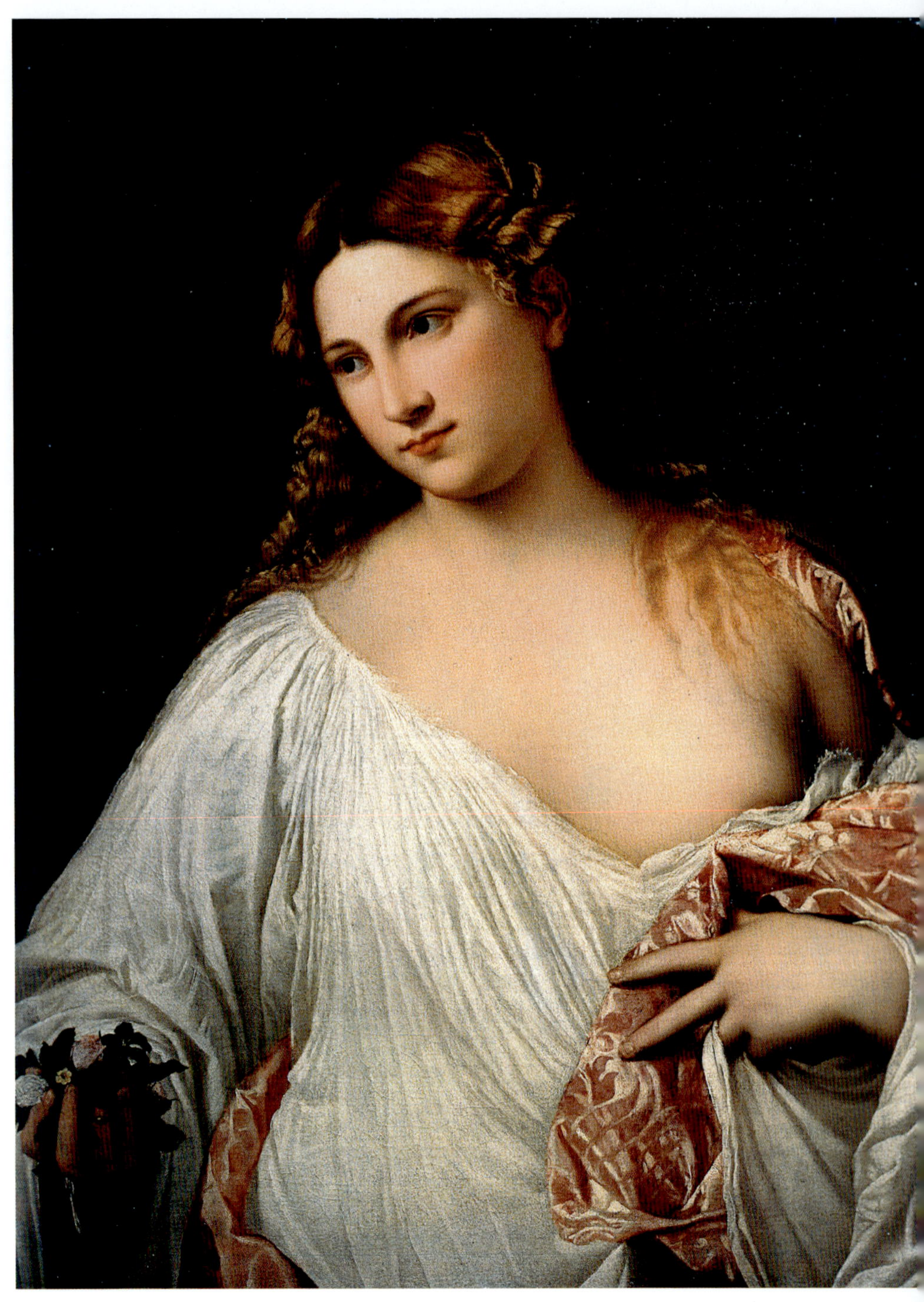

Flora.
Gemälde (um 1515/20) von Tizian.

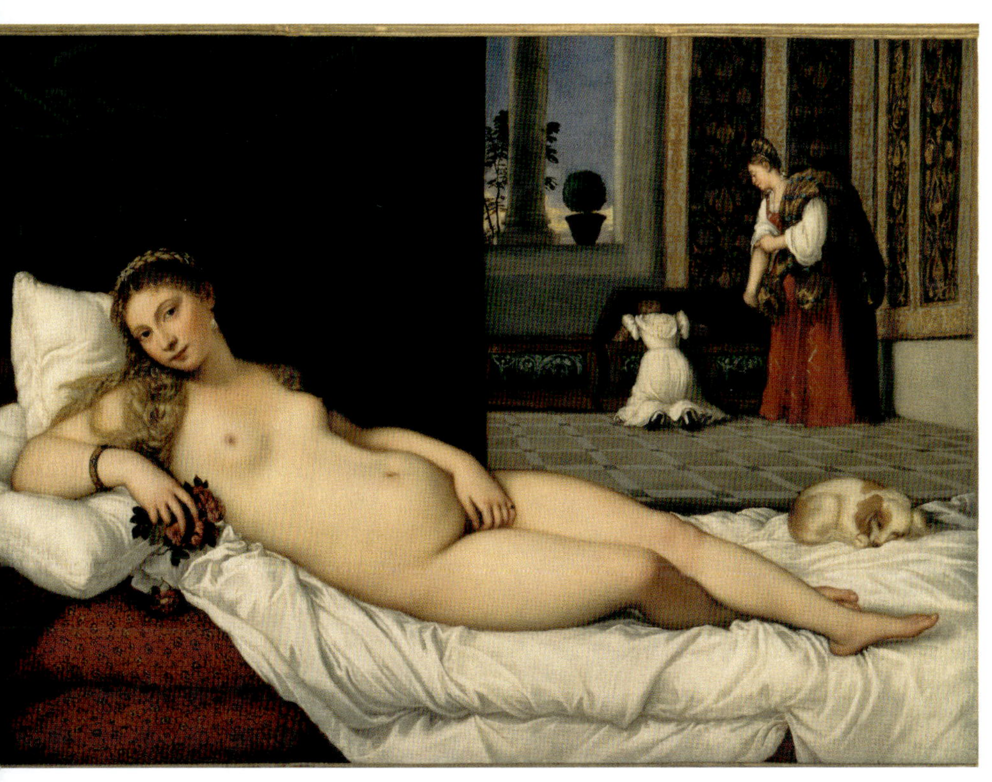

Ruhende Venus, bekannter unter dem Namen Venus von Urbino.
Gemälde (um 1538) von Tizian.

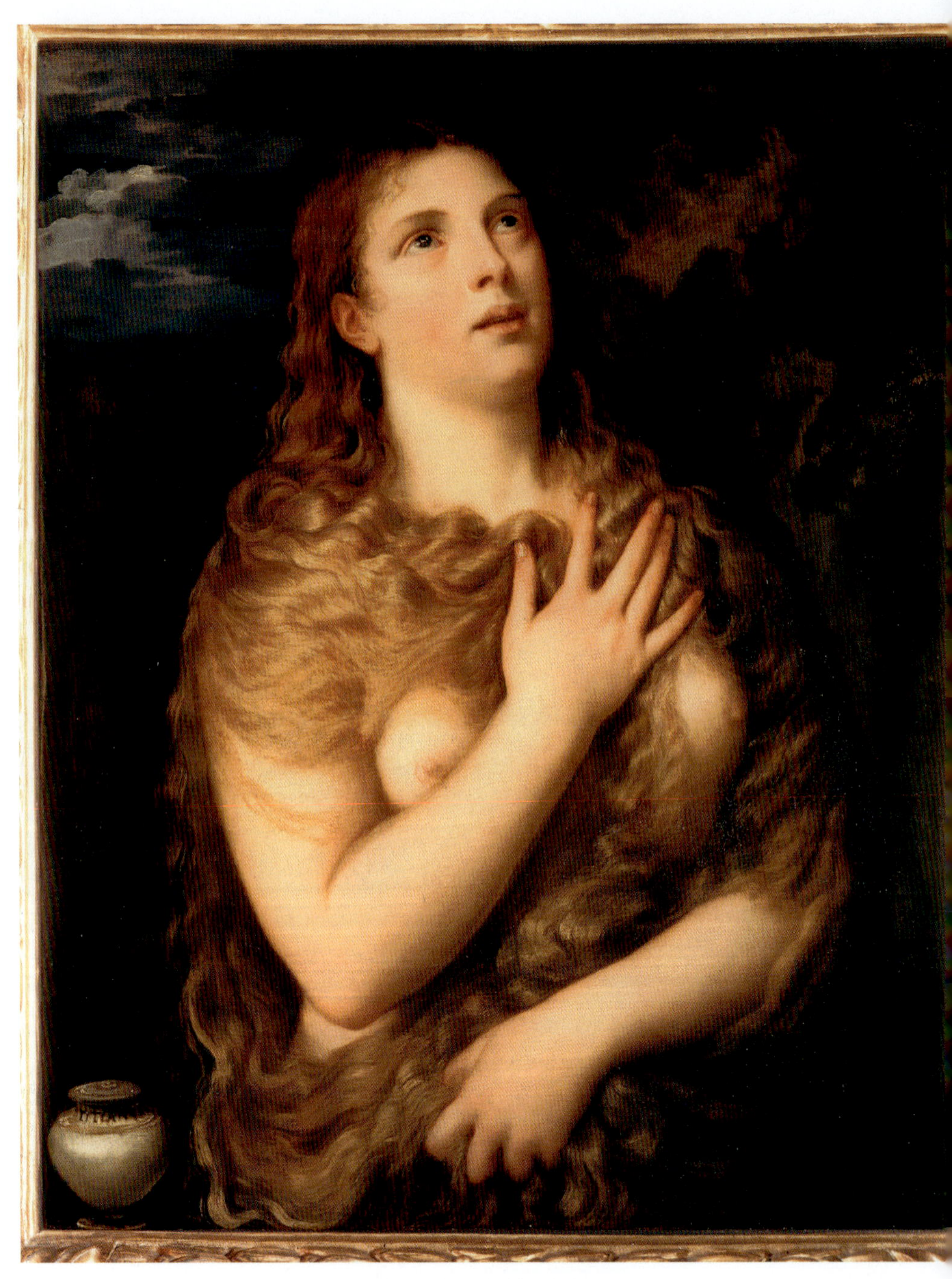

Die büßende Magdalena.
Gemälde (um 1530/35) von Tizian.

kes. All diejenigen, die sich vom Glauben abwenden, werden verdammt sein; Dämonen und Teufel zerren die Verdammten in das ewige Höllenfeuer, überführt am Styx durch Charon, eine bildhafte Anlehnung an das Inferno aus der *Göttlichen Komödie* des Dante Alighieri. Michelangelo malte fast alle Figuren nackt, und diese pure Nacktheit, der auch die späteren Unterhosen kaum etwas anhaben konnten, war das Symbol der Errettung der Seele: So wie man geboren wurde, so kehrte man zurück, ohne jede Art von Status, in seiner reinen Blöße. Michelangelo wollte nicht gefallen, er wollte die Seelen umstülpen und an das Innerste seiner Betrachter rühren.

In der von Paul III. in Auftrag gegebenen Paulinischen Kapelle zeugen die letzten Fresken dieses einzigartigen Künstlers – die Bekehrung des Saulus und die Kreuzigung Petri – von seiner alles überstrahlenden Genialität. Michelangelo war ein Intellektueller, der nur ein einziges Ventil für seine großen Emotionen zu nutzen wusste, die Kunst. Sein geschundenes Selbstporträt auf der geschundenen Haut des Bartholomäus im Jüngsten Gericht zeugte von der tiefen, inneren Qual dieses Mannes.

Zu den großen Plänen der Erweiterung des Apostolischen Palasts gehörte auch der Bau des neuen Ehrensaals, der sogenannten *Sala Regia,* der nach Plänen des Antonio da Sangallo erbaut und von unterschiedlichen Künstlern ausgestaltet wurde. Es ist bis heute einer der wichtigsten Verbindungssäle im Apostolischen Palast, den man direkt durch das Bronzetor auf dem Petersplatz über die *Scala Regia* betreten kann. Von diesem Saal aus gelangt man zur Segnungsloggia, dem berühmten Balkon, wo der Bischof von Rom bis heute den Segen *Urbi et Orbi* spricht und von wo aus das *Habemus Papam* verkündet wird. Bis heute ist die *Sala Regia* der Ort, an dem Würdenträger, Staatsoberhäupter und Botschafter aus aller Welt vom Papst empfangen werden. Dementsprechend ist die politische Bildpropaganda in diesem

Saal eindeutig. Francesco Salviati, Federico Zuccari und Giorgio Vasari lieferten die gewaltige Bilderschau einzelner Triumphe. So wird vor der Kulisse des Markusdoms in Venedig der Venezianische Friede bildlich zelebriert: Nach einem langen und blutigen Krieg zwischen dem Kaiser und Rom wurde die lang gewünschte Versöhnung erreicht, und am 24. Juli 1177 küsste Friedrich Barbarossa den Schuh von Papst Alexander III. und erkannte damit die päpstliche Suprematie an. Weitere Bilder erzählen von dem Investiturstreit, dem Gang nach Canossa und der Auflösung der Exkommunikation des deutschen Königs Heinrich IV. durch Papst Gregor VII. im Januar 1077. Groß wird die Rückkehr der Päpste aus Avignon nach Rom 1376 gefeiert. Eine ganze Längsseite des Saals wurde dem Triumph über die Türken gewidmet: Die Flotte der Heiligen Liga vor Messina und der glorreiche Sieg in der Schlacht bei Lepanto 1571.

Überall stolperte man im Rom des 16. Jahrhunderts über Baustellen, die oft wie Fremdkörper im mittelalterlichen Stadtgewirr wirkten. Die wichtigste Baustelle für fast zwei Jahrhunderte, das großartigste Feld, auf dem sich Künstler, Architekten, Bildhauer und Maler erproben sollten, lag auf dem Vatikanischen Hügel, dem sogenannten Belvedere. Der im Entstehen befindliche Apostolische Palast auf dieser Hügelkuppe auf der anderen Seite des Tiberufers grenzte an die bereits bestehenden Gebäude an. Damit wurde endlich das leidliche Problem der päpstlichen Residenz gelöst, man zog nun endgültig in den Neubau auf dem Vatikanischen Hügel und verließ den Laterankomplex. Der unter Papst Nikolaus V. begonnene Neubau wurde mit viel Elan unter seinen Nachfolgern fortgesetzt. Die frühen päpstlichen Paläste des Belvedere wurden mit dem neu errichteten Apostolischen Palast verbunden, während der ältere ursprüngliche Palast mit seinem wunderschönen achteckigen Innenhof zur Herberge der Künstler wurde, die am päpstlichen

Hof dienten, unter anderem Leonardo da Vinci, die Brüder Sangallo und – Tizian. Der architektonische Zusammenschluss der alten Bausubstanz mit dem Neubau schuf die langen Galerien, die heute etwas mehr als acht Kilometer langen Gänge der Vatikanischen Museen. Eine einzigartige Verknüpfung historischer Gebäude und päpstlicher Appartements mit den unterschiedlichen Innenhöfen und Ausstellungsräumen, die deutlich macht, wie lebendig dieser päpstliche Hof im 15. und 16. Jahrhundert und darüber hinaus war.

Der päpstliche Hof war nicht nur ein Hort der Künste, sondern durchaus auch ein Ort des Studiums und der Wissenschaften. So war es Papst Gregor XIII., der sich mehr als zur Kunst zu den Wissenschaften hingezogen fühlte und Astronomen und Mathematiker an seinem Hof beschäftigte. Dieser Papst gründete neue Universitäten, das *Colleggio Romano* und die Gregorianische Universität, erneuerte die römische Universität *La Sapienza* und reformierte den julisch-römischen Kalender.

Die zweite Großbaustelle neben den Papstpalästen war der Neubau von St. Peter. Die Peterskirche war seit über eintausend Jahren der Hort der Pilger, die an das Grab des Apostelfürsten Petrus strömten. Nun bedurfte die Basilika einer grundlegenden Renovierung, wenn nicht gar eines Neubaus, so die Ansage der Päpste. Ob nun die Altersschwäche der Grundmauern oder doch wohl eher die Notwendigkeit der Demonstration des neuen Status der Päpste zur letztendlichen Entscheidung für den Neubau geführt haben, lassen wir dahingestellt. Mit Sicherheit war das Neubauprojekt der Peterskirche eines der kühnsten Unternehmungen in der Geschichte der Neuzeit, welches in ganz Europa als ein Zeichen der Aufbruchsstimmung gesehen wurde.

Auftraggeber war Papst Julius II., und am 18. April 1506 wurde in einer feierlichen Zeremonie von ihm und seinem Architekten Donato Bramante der Grundstein für die neue Basilika gelegt.

Während Bernardo Rossellino zuvor den Versuch einer Restaurierung gestartet hatte, begann Bramante einen vollkommenen Neubau. Sein ursprünglicher Plan, der weitaus größer war, als die heute zu Ende gebaute Kirche, sah ein griechisches Kreuz vor, überstrahlt von einer großartigen Kuppel. Bramante begann, den notwendigen Marmor für die neue Kirche von den antiken Monumenten zu holen, nutzte das Forum als Steinbruch und riss die alte Peterskirche bis auf die Grundmauern ab, was ihm den Namen *Maestro ruinante* eintrug. Bramante riss ab und baute wenig neu; bei seinem Tod 1514 ragten nur vier gigantisch große Pilaster als sein architektonisches Erbe in den Himmel, während es auf das Petrusgrab regnete.

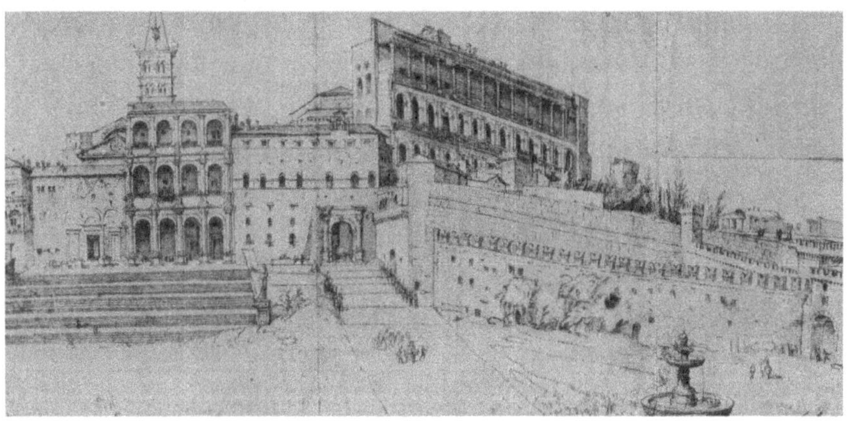

Piazza San Pietro und Vatikanischer Palast um 1532–1536. Zeichnung von Maarten van Heemskerck.

Es folgten die Architekten Raphael, Giuliano da Sangallo, Fra Giocondo, später Antonio da Sangallo und Baldassare Peruzzi. Die *Reverenda Fabbrica di San Pietro* wurde zu einer nie zur Ruhe kommenden Baustelle. Das Erbe des von Bramante geplanten, enormen Zentralbaus wog schwer, die Arbeiten blieben sehr schnell stecken, und Stiche der Peterskirche aus den dreißiger

Jahren zeigen statt des stolzen Baus eine Ruinenlandschaft. 1546 hatte die Bauverzögerung endlich ein Ende, als Papst Paul III. Michelangelo den Auftrag erteilte, den Bau der Peterskirche voranzutreiben. Der große Künstler wurde nun zum Bauleiter der *Reverenda Fabbrica di San Pietro* bis zu seinem Lebensende und zeichnete verantwortlich für die Idee eines Zentralbaus und die gigantische Konstruktion der Kuppel.

Der Papst verknüpfte die Idee der Fertigstellung der Petersbasilika über dem Grab des Apostelfürsten mit seinem eigenen Prestige. Nach Michelangelos Tod 1564 waren weder der Bau der Kuppel noch der Bau der Basilika zu einem Ende gelangt, und die Schüler Michelangelos, Giacomo della Porta und Domenico Fontana, waren gezwungen, die von dem Großmeister geplante Kuppel zu vollenden, was ihnen tatsächlich in weniger als zwei Jahren gelang. In einem Brief, den Giacomo della Porta hinterlassen hat, liest man, dass er genau den Anweisungen Michelangelos folgen und keinerlei Verantwortung für den Bau auf sich nehmen würde. Wir können bei der Kuppel also durchaus vom letzten großen Meisterwerk Michelangelos sprechen.

Am 14. Mai 1590, in den letzten Monaten des Pontifikats Sixtus V., galt die Kuppel als vollendet, und um dies allen mitzuteilen, donnerten alle Kanonen der Engelsburg Salut.

Paul V. Borghese wird Anfang des 17. Jahrhunderts durch seinen Architekten Carlo Maderno das Langschiff anbauen und die Fassade errichten lassen. Die Innenausgestaltung entstand nach einem Projekt Gianlorenzo Berninis, und am 18. November 1626, genau 1300 Jahre nach der ersten Weihe unter Papst Silvester I., wurde die neue Peterskirche in einer festlichen Zeremonie von Papst Urban VIII. wieder geweiht.

＊＊＊

Die Finanzierung der Kurie und des päpstlichen Hofes verschlang Unsummen, hinzu kam der immense Aufwand für das Hofpersonal, Kurienkardinäle, für tausende von Höflingen, Schreiberlingen, Künstler und ihre Werkstätten, Botschafter aus aller Welt – ganz zu schweigen von den Verwandten und Bekannten, die an den Hof gerufen wurden. Dies alles hatte seinen Preis. Durch die Reformation entstanden erhebliche Finanzlöcher, die es zu stopfen galt, und das Papsttum war stärker auf die direkten Einnahmen aus dem Kirchenstaat angewiesen. Hier kamen die findigen Bankiersfamilien – vornehmlich aus der Toskana, Genua und Venedig – ins Spiel, die mit ihren Monti, Staatsanleihen und Ämterkäufen ein Finanznetz kreierten, in das die gesamten italienischen und päpstlichen Familien verstrickt waren. So traten die Päpste nicht nur als *Padre Comune* auf, die segnend die Hand über die Pilger hoben, vielmehr waren sie weltliche Fürsten, Kriegsherren und Steuereintreiber in einem immer komplizierter werdenden europäischen Kontext. Das Papsttum des 16. Jahrhunderts wurde zu einer fast rein italienischen Angelegenheit, welches durch immer wieder erneuerte Legitimationen die Festigung der päpstlichen Macht suchte, auch wenn es auf der europäischen Bühne in seiner Bedeutung immer mehr an den Rand rückte. Grund für diesen Verlust an Prestige und Einfluss war – neben der Reformation – die fortschreitende Bildung zentralistischer Staaten in Europa, die sich immer weiter von Papst und Kirche als Entscheidungsträger entfernten.

Die Missstände in Rom selbst führten letztendlich zur Reformation und der katholischen Reform. Das Papsttum konnte nicht auf dynastische Vererbung bauen, aber die beiden Schlüssel Petri symbolisierten sowohl die weltliche als auch die geistliche Macht, allumfassend und absolut. Die Tradition basierte auf dem biblischen Fundament, dem *Tu es Petrus,* Du bist Petrus, und auf dem Grab des Apostelfürsten. Darüber hinaus bezogen die Päpste die

Legitimation ihrer Macht aus der Anknüpfung an das Römische Imperium. Wo besser als in Rom, wo die zahlreichen Ruinen der Antike die Vergangenheit lebendig machten, konnte diese Wiedergeburt ihren Sitz haben.

Während auf dem vatikanischen Hügel fieberhaft gebaut wurde, wuchsen die Anforderungen an die Familienresidenzen in der Stadt ins Maßlose. Die römischen Familien und die Verwandten der Päpste bauten immer schöner, größer und besser. Im allgemeinen Bauboom wurde der Bau von Renaissancepalästen zur Selbstdarstellung der römischen Familien, damit jeder sah, wer das Sagen hatte. Die ersten urbanistischen Eingriffe aber wurden vornehmlich zugunsten der Pilger vorgenommen, Straßenbau, sowie der Bau von Herbergen und Unterkünften. Neben den bereits erwähnten Achsen der *Ponte Sisto* und der *Via Giulia* nach Sankt Peter und den danebenliegenden Verkaufsachsen der *Banchi Vecchi e Banchi Nuovi* war vor allem die urbanistische Neuorganisation des Stadtteils *Tridente* einschneidend, welche unter den beiden Medici-Pontifikaten Leos X. und Clemens' VII. vorgenommen wurde. Drei große Bewegungsachsen, die sich vom Norden und der Via Flaminia aus über die *Piazza del Popolo* in die Stadt zogen, das Entrée der Pilgerströme schlechthin.

***

Durch die Wahlmonarchie erlebte Rom einen kontinuierlichen Elitenaustausch, bestimmt durch ein klienteläres Netzwerk, das den Aufstieg und die Karriere junger Sprösslinge regulierte und ermöglichte, wodurch eine hohe gesellschaftliche Mobilität gewährleistet war. Baronaladel, Adel und römische Patrizierfamilien teilten sich die Macht in der Stadt mit den nichtrömischen ‚Newcomern'. Heiratsallianzen schafften oft das notwendige Bindeglied.

Die römische Gesellschaft war aufgefächert zwischen Adel und Patriziern, Gelehrten und Händlern, dem einfachen Volk sowie Tagelöhnern, Dieben, Bettlern und einem Heer von Kurtisanen. Von den schönen Edelkurtisanen bis hin zur vulgären Straßendirne, bei dem Überschuss an männlicher Bevölkerung im klerikalen Rom wurde für alle etwas geboten.

Man lebte und überlebte durch ein wohl durchdachtes, mit Sorgfalt geknüpftes Netzwerk. An der Spitze dieser Sozialpyramide saßen der gewählte Pontifex und seine Nepoten. Der Papst als *padre comune* segnete, die Nepoten regierten – oft mehr schlecht als recht –, nutzten das Medium Kunst zur Selbstdarstellung und Legitimation und schöpften die Ressourcen ab, um dafür gerüstet zu sein, auch nach dem Tod des Papstonkels weiterhin auf den obersten Rängen zu verweilen.

So wurde Rom zu einer kosmopolitischen Stadt. Nach einer Volkszählung im Jahre 1526 kommt man auf fünfundfünfzigtausend unterschiedliche Familiennamen: Die Römer wurden aktenkundig, in den Gemeindebüchern wurden Herkunftsorte registriert, Hochzeits- und Geburtsurkunden archiviert. Weiterhin gab es Verzeichnisse von Handels- und Berufsständen und Besitzurkunden, die den Kauf und Verkauf registrierten. So liefern die römischen Archive bis heute wertvolle Hinweise auf die soziale und gesellschaftliche Struktur der Frühen Neuzeit.

Ein Großteil der in Rom lebenden Personen waren keine geborenen Römer, sondern kamen zum Studium, des Handels wegen und um sich eine zukünftige Karriere zu sichern. Die Nachfrage nach Sekretären, Verwaltern, Bankiers war groß, darüber hinaus wurden Musiker, Dichter, Künstler, Theaterspieler, Wollhändler, Kerzenzieher, Hostienbäcker oder Haushaltspersonal gesucht. Die adligen Haushalte in Rom hatten einen immensen Bedarf an Personal.

Die Stadt wurde zu einer grandiosen Theaterbühne, für Herrschende gleichermaßen wie für das Volk. Rom hatte im europäischen Kontext eine Sondersituation: eine Stadt des Lebensstils, der Bildung und Hochkultur, gleichzeitig aber auch der käuflichen Liebe, die nicht mit Reizen geizte. So wurden die in Rom ankommenden Reisenden – waren es nun Pilger oder hohe Herren, Studierende oder Botschafter – von Reizen überflutet; an jeder Ecke gab es Angebote verschiedenster Art, immer wieder musste Wegegeld bezahlt werden und man konnte froh sein, wenn man unbeschadet in seiner Herberge ankam. Geschichten alltäglicher Gewalt waren keine Seltenheit, die Römer galten als gefährlich und tückisch, wenn man mit einer leeren Geldbörse dafür aber lebend davonkam, war viel gewonnen. Recht und Unrecht in Rom bestimmte der Papst, während einer Sedisvakanz herrschten der Mob und die Anarchie, und die römischen Uhren blieben stehen.

Die politischen und sozialen Strukturen im frühneuzeitlichen Rom waren verschlungen. Die Kurie und die römische Gesellschaft waren untrennbar miteinander verbunden und verständigten sich durch dieselben Normen und Werte. Um im hochkompetitiven Klima des römischen Hofes überleben zu können, bedurfte es literarischer Bildung, Kunstgeschmack und religiöser Grundnormen. Der römische Hof in seinem Gehabe und seiner Selbstdarstellung war beispielhaft für Europa, ein internationales Parkett, auf dem es sich zu beweisen galt, Informationsaustauschquelle auf den verschiedensten Ebenen der damaligen diplomatischen Welt, der pulsierende Mittelpunkt gesellschaftlicher und kultureller Innovation.

Rom als verbrauchende, verzehrende und wenig produktive Stadt überspielte mit ihrer Bilderflut, den großartigen Bauprojekten und Kunstprogrammen die eigentliche Finanzsituation. Die Päpste waren gute Schuldner und bezahlten pünktlich die notwendigen Zinsen. Die Monti, die Schuldenberge, wuchsen ins Unendliche, um die großartigen Kunst- und Bauprojekte der jeweiligen päpstlichen Familie zu finanzieren. Für die normalen Einwohner hingegen war Rom eine versorgende Stadt: das Volk bekam billiges Brot und Zurschaustellungen aller Art, Brunnen, Prozessionen, Karnevalszüge, Theateraufführungen. Dazu benötigte die Stadt Künstler, viele Künstler, die über die erhabene Kunstpatronage hinaus auch dem Volk Vergnügungen bereiteten.

Die gesamte römische Kunstproduktion basierte nur zu einem kleinen Teil auf lokalen Künstlern; Rom war der Nährboden, der italienischen und europäischen Meistern Raum für eine künstlerische und intellektuelle Entwicklung bot.

Die Päpste nutzten die Gunst der Stunde, um die Größe Roms wiederherzustellen, indem sie an die imperiale Vergangenheit anknüpften und Rom mit den neuen Künsten modernisierten. So wuchs der päpstliche Hof zu einer Schatzkammer kostbarer und raffinierter Dekorationen heran. Das ikonographische Programm verschmolz die christliche Lehre mit dem damals in Rom populären archäologischen Geschmack und dem Rückgriff auf die griechisch-römische Antike, vorgegeben durch die humanistischen Ideen der Intellektuellen und Schriftsteller am päpstlichen Hof.

Künstler wie Bramante, Raphael und Michelangelo konnten durch die Kunstpatronage in Rom ihre außergewöhnlichen Fähigkeiten entwickeln und Außergewöhnliches leisten.

Donato Bramante wurde 1444 in Fermignano, nahe Urbino, geboren, absolvierte seine Ausbildung in Urbino, einem der wichtigsten Renaissancezentren Italiens, und machte sich als Maler und Architekt schnell einen Namen. Er kam nach dem Fall von Lodovico il Moro aus Mailand nach Rom und nutzte die Gunst der Stunde der päpstlichen Kunstpatronage, um Zeichen zu setzten. Auf den Meisterarchitekten gehen Werke mit einer perfekten Harmonie zurück wie der Kreuzgang von Santa Maria della Pace und der *Tempietto* von *St. Pietro in Montorio.* Zukunftsweisend sind die Wendeltreppe im Palazzo del Belvedere und seine Vorarbeiten zum Bau der Kuppel von Sankt Peter. Auch im urbanistischen Bereich setzte er mit der Via Giulia und der Via della Lungara Zeichen. 1514 starb Bramante 70-jährig und hinterließ mit der Peterskirche eine der größten unvollendeten Baustellen seiner Zeit.

Michelangelo di Lodovico Buonarroti Simoni stammte von niedrigem florentinischen Adel ab und wurde 1475 in dem einsamen Nest Caprese, einem verlorenen Ort im toskanischen Apennin-Gebirge, geboren. Er kam fast zufällig zu seiner Künstlerkarriere als ihn sein Vater zur Strafe in die Malschule des Ghirlandaio schickte, um ein Handwerk zu erlernen. Sehr bald erkannte man seine außergewöhnlichen Fähigkeiten und er wurde in die Akademie der Medici aufgenommen, wo seine Ausbildung im intellektuellen wie künstlerischen Sinn Form annahm. Seiner florentinischen Anonymität entkam er durch eine reine Zufallsbegebenheit. Der französische Kardinal Jean de Bilhères hatte einen kleinen Amor von einem Kunstagenten als antikes Werk erworben, welcher sich im Nachhinein als ein Frühwerk des florentinischen jungen Künstlers entpuppte. Neugierig geworden, beorderte der Kardinal Michelangelo nach Rom, um eine Pietà zu erstellen. Dies wurde zu seinem Durchbruch. Michelangelo griff in dieser virtuosesten Skulptur seiner jungen Meisterzeit die ikonographische Tradition des hölzernen Vesperbildes Nordeuropas auf und konzipierte sie vollkommen neu. Die Schmerzensreiche wirkt in sich gekehrt und harmonisch schön. Ihr Sohn Christus liegt real, schwer, tot und mit außerordentlicher Natürlichkeit auf den Knien Mariens. Sie ist die Jungfrau und Mutter Gottes, die mit ihrer Ideal-Schönheit die Ewigkeit verkörpert. Der Großmeister aus Florenz schuf eine vollkommen neue Art der Skulpturenkunst.

1505 rief Papst Julius II. Michelangelo an seinen Hof, um bei ihm sein Grabdenkmal in Auftrag zu geben, das in der neuen Peterskirche seine Aufstellung finden sollte. Ein immenses Projekt, welches die gesamte Zeit und Kraft des Künstlers in Anspruch nahm. Ganze 45 Jahre sollte es Michelangelo beschäftigen – immer wieder unterbrochen von den Fresken in der Sixtina –, bis das Kenotaph seines Gönners Papst Julius II., lange nach dessen Tod, letztlich in *San Pietro in Vincoli* seine Aufstellung fand.

Der wachsende Erfolg Raphaels brachte Michelangelo trotz des durchschlagenden Erfolgs der Deckenfresken in der Sixtinischen Kapelle in eine gewisse Isolation und trieb ihn letztendlich dazu, nach Florenz zurückzukehren. Erst 1534 kehrte Michelangelo definitiv nach Rom zurück, um 1535 mit seinem Jüngsten Gericht in der Sixtinischen Kapelle zu beginnen. Nach dem Jüngsten Gericht gestaltete er noch die Paulinische Kapelle für den Farnese-Papst mit Fresken. Seine späte Zeit war dann vor allen Dingen von seinen architektonischen Werken bestimmt, wie der Neugestaltung des Kapitols mit der Aufstellung der Reiterstatue des Marc Aurel und dem Umbau der Diokletiansthermen in die Kirche *Santa Maria degli Angeli*. Am 18. Februar 1564 starb Michelangelo in seinem römischen Haus. Sein Schüler Daniele da Volterra beschreibt die letzten Tage des Meisters: *„Er arbeitete den ganzen Samstag, vor dem Karnevals-Sonntag, am Montag wurde er krank. Er arbeitete im Stehen und studierte den Körper der Pietà.“* Es handelte sich um sein letztes Werk, die *Pietà Rondanini*, die heute in Mailand im Castello Sforzesco ausgestellt ist. Am ersten Freitag der Fastenzeit dann der Tod Michelangelos. Eigentlich wollte die päpstliche Behörde Michelangelo in der Peterskirche beisetzen, aber Michelangelos Neffe wollte ihn nach Florenz überführen, wo der Leichnam des Jahrhundertgenies am 11. März ankam und in der Basilika Santa Croce seine letzte Ruhestätte fand.

Raffaello Sanzio wurde am 6. April 1483 in Urbino als Sohn einer Künstlerfamilie geboren. Nach dem Tod seiner Eltern kam er unter den Schutz des Herzogs Montefeltro und verfeinerte seine Malkunst in der Werkstatt des Andrea Verrocchio in Florenz. Durch Empfehlung Donato Bramantes, eines entfernten Verwandten, gelangte der nur 25-Jährige an den Hof von Papst Julius II., um die päpstlichen Appartements auszugestalten. Danach arbeitete er für den Papst-Bankier Agostino Chigi. Als Lieblingskünstler Leos X. war Raphael auch für die Familienpropaganda des Hauses Medici zuständig. Neben den Stanzen und den päpstlichen Loggien im Apostolischen Palast fertigte er für Leo X. auch die Kartons für die Wandteppiche an, die mit der Apostelgeschichte das Bildprogramm der Sixtinischen Kapelle vervollständigten.

Als Architekt zeigte Raphael seine Fähigkeiten an der Bauhütte von Sankt Peter, der Grabeskapelle des Agostino Chigi und der kleinen Kirche von *S. Eligio degli Orefici*. Ebenso beachtenswert war die Gestaltung der Villa Madama für Kardinal Giulio de Medici, späterer Papst Clemens VII. Die Villa und der Garten waren perfekt aufeinander abgestimmt und in die Umgebung integriert; dieses kleine architektonische Juwel wurde zum Archetyp italienischer Landhäuser.

Raphael starb viel zu früh mit nur 37 Jahren im April 1520. Ob nun das Liebesfieber oder eine Lungenentzündung für den Tod dieses so erfolgreichen und höchst dotierten Malers verantwortlich waren, lässt sich heute kaum mehr entschlüsseln. In seinem Sterbezimmer hing sein letztes, noch unvollendetes Werk, die Verklärung Christi. Ein Werk, welches mit seiner Dynamik, der Disharmonie und seinen heftigen Kontrasten auf einen neuen Raphael schließen ließ. Raphael wurde nach seinem eigenen Wunsch im Pantheon beigesetzt. Dass Raphael kein Kostverächter war, wussten alle, und so hinterließ er eine Geliebte, die Bäckerstochter Margherita Luti, die er in dem berühmten Gemälde *La Fornarina* verewigt hatte. Margherita lebte bis zu ihrem Tod in Raphaels Haus, im Palazzo Caprini im Rione Borgo, nahe der Peterskirche.

Unter dem kurzen Pontifikat Hadrians VI. (1522–1523), der eine gewisse Gleichgültigkeit gegenüber der Kunst an den Tag legte, stagnierte die künstlerische Produktion für eine Weile, was einige Künstler dazu veranlasste, Rom zu verlassen. Dies änderte sich mit der Rückkehr der Medici auf den Papstthron allerdings schnell wieder. Die künstlerische Szene unter Clemens VII. (1523–1534) zeigte eine große Anlehnung an die Antike, und es wächst der Hunger nach neuen Gemälden. Diese kosmopolitische Kultur erlitt mit dem *Sacco di Roma* 1527 eine erneute Zäsur, welche zur Diaspora der Künstler aus Rom führte, gleichzeitig aber den römischen Kunstgeschmack in Italien verbreitete. Aber schnell erholte sich Rom von diesem Schock und neue Künstler zogen in die Stadt, angelockt von den vielfältigen Möglichkeiten. Der Farnese-Papst Paul III. eröffnete auf Drängen Karls V. nun endlich das lang erwartete Reformkonzil in Trient als Antwort auf die reformatorischen Bewegungen in Europa.

Die Kunst suchte neue Ausdrucksweisen im Manierismus. Junge Künstler wie Parmigianino oder Rosso Fiorentino trafen mit ihren Werken von extremer formaler Eleganz den Geschmack der avantgardistischen Gönner. Andere Meister wie Francesco Salviati, Federico Zuccari, Federico Barocci oder Giorgio Vasari führten diesen Stil mit seiner neuen Ausdrucksweise zu einem Höhepunkt.

Die Kunst wurde zum wichtigsten Propagandamittel der „richtigen" Religionsbegrifflichkeit und suchte ihre Überzeugungskraft in der visuellen Überwältigung. Rasch wurden nachträglich die Körper in Michelangelos Jüngstem Gericht übermalt (was in der Kunstszene durchaus Kritik hervorrief). Nicht alle

Künstler hielten sich an die Vorgaben von Trient, welche oft den Errungenschaften von Renaissance und Humanismus eine Absage erteilten und die Verbindung von christlichen und antiken Motiven kritisch bewerteten. Die Vorgabe war, die Künstler sollten ab jetzt religiöse Themen für die Gläubigen klar, verständlich und angemessen umsetzen. Alles strebte nach oben, alles sollte himmlisch und glorreich sein. Für die Künstler bedeutete dies zuerst eine große Einschränkung und verkehrte sich erst langsam unter dem Einfluss der Jesuiten in ein positives Gegenteil. Der Gläubige sollte die Dinge mit dem Herzen und allen Sinnen erfassen und nicht nur mit dem Verstand. In diesem Sinne eröffneten sich für die Künstler neue, ungeahnte Möglichkeiten. Der lehrhafte Stil wurde durch gefühlsbetonte Malerei abgelöst, und alle Möglichkeiten der Inszenierung zur sinnlichen Überwältigung des Gläubigen wurden in einem nie enden wollenden Farbenspiel ausgenutzt. Damit wurde das Tor zur Barockmalerei aufgestoßen, das Ende der Renaissance.

Besucher Roms Mitte des 16. Jahrhunderts fanden sich in einem Strudel von Alt und Neu wieder. Antike Ruinen, die in den Himmel aufragten, das majestätische Kolosseum, die Schirmpinien auf dem Palatin inmitten der Gärten der Farnese, das Kapitol im Begriff, ein grandioses Renaissanceensemble zu werden, überragt von der Fassade der Kirche des Bettelordens S. Maria in Aracoeli, moderne Baustellen, die wie Fremdkörper inmitten herumliegender Altertümer und mittelalterlicher Straßen wirkten, ägyptische Importkunst – die Obelisken –, Schafe und Ziegen auf dem römischen Forum, Kalkbrennofen und Steinbrüche in den antiken Palästen, Malergerüste in den Kirchen, Umbauarbeiten hier und dort, unfertige Palastbauten und die gigantische Dauerbaustelle des Vatikan-Palastes und der Peterskirche. In dieser so unglaublichen Stadt standen Monumente aus allen unterschiedlichen Epochen unmittelbar nebeneinander: Aufbruch, Abbruch,

Vorbild, Ergänzung, Gegensatz, Verschmelzung. Rom wurde in der Renaissance neugestaltet, und es war das Medium Kunst, das in anschaulicher Bildpropaganda die gesamte päpstliche Ideologie widerspiegelte. Für die Zeitgenossen war Rom trotz seiner Gefahren vor allen Dingen aufregend, prickelnd, stimulierend. Inmitten aller Ruinen und Baustellen bot sich dem Besucher eine großartige, von Bildern überflutete und mit Bauwerken und Kunst geschmückte Metropole.

VIII. Die Farnese

*Der rasante Aufstieg der Farnese * Die Wahl des Kardinals Alessandro Farnese zum Papst Paul III. * Das letzte große Pontifikat der Renaissance * Der Weg in die Reform – Das Konzil von Trient * Die Nepoten der Familie Farnese im Zenit der Macht * Die Festigung von Macht über den Papstthron hinaus * Eine römische Parabel*

Die römische Stadt brodelte, endlich gab es wieder etwas zu feiern, es fackelten die Feuerwerke, die Karussells fuhren, und Wagen mit den Allegorien der *Roma triumphans*, des Glaubens und der Kirche als Garant für Frieden, Wohlstand und Wohltätigkeit, durchquerten die Stadt. Die Römer feierten den neuen Pontifex, endlich war wieder ein Römer auf den Stuhl Petri gewählt worden.

Als am 13. Oktober 1534 Alessandro Farnese als Papst Paul III. zum Pontifex gewählt wurde und mit der Krönungszeremonie am 1. November den Papstthron einnahm, waren die Farnese am Gipfel ihrer langjährigen Bemühungen angekommen.

Die Wahl des Römers Alessandro Farnese zum Pontifex wurde von den Römern mit Begeisterung aufgenommen. Hatte man doch seinem Vorgänger, Clemens VII. Medici, die Mitverantwortung am *Sacco di Roma* nie wirklich verziehen. Die intellektuellen Kreise, die Kirchenmänner, die römischen Familien und das einfache Volk, alle waren sie dieses Mal mit der Wahl des Heiligen Kollegiums einverstanden. Viel wurde von diesem Renaissancefürsten erwartet.

Die Farnese begannen ihren Aufstieg als Landbesitzer und Schwertadel in Umbrien und dem nördlichen Latium und wurden erstmals im 14. Jahrhundert dokumentiert. Ihr angestammter Familiensitz war der kleine Ort Caprarola. Der Aufstieg der Familie begann im 15. Jahrhundert, als die Farnese für die Päpste Martin V. und Eugen IV. und für die Konsolidierung des Kirchenstaates kämpften, was ihnen mehrfache Ehrungen eintrug.

Der Name Farnese ging wohl auf die ersten Ländereien im Norden Latiums, beim See von Bolsena gelegen zurück, die die Familie im Mittelalter besaß, das Castrum Farneti. Unter Ranuccio dem Älteren im 15. Jahrhundert kamen die Farnese durch Landkauf zu einem ansehnlichen Grundbesitz, der das Ansehen der Familie und die Verhandlungsbasis im Gesellschaftsroulette erheblich erweiterte. Dank einflussreicher Verbindungen zu zwei Päpsten, Innozenz VIII. und Alexander VI., gelang den Farnese ein rasanter gesellschaftlicher Aufstieg, der mit der Integration des Hauses Farnese in den Reigen der großen Adelsfamilien in Rom einherging: Mit der Ehe, die Pierluigi Farnese, Sohn des Ranuccio, mit Giovanella Caetani, Schwester des Herzogs Nicola von Sermoneta, einging, heirateten die Farnese sich in die Hocharistokratie von Rom ein. Um dies zu feiern und gleichzeitig an die Wurzeln der Familie zu erinnern, ließ Ranuccio auf der Insel Bisentina im See von Bolsena ein Familiengrab anlegen, zur ewigen Memoria. Noch heute in Privatbesitz, ist diese kleine, entzückende Insel ein beliebter Geheimtipp für alle, die etwas besuchen möchten, was nur Wenigen bekannt ist.

Der aristokratische Aufstieg der Familie wurde von hoher Bildung im humanistischen Sinn begleitet, parallel dazu behielten die Farnese ihre Dienste im Schwertadel bei, was ihnen durchaus Sympathien eintrug.

Aus der Ehe von Pierluigi und Giovanella gingen vier Kinder hervor, für die die karrierebewusste Mutter unterschiedliche Aufgabenbereiche fand. Angelo, der erstgeborene Sohn, wurde der Erbe von Latera und für den weltlichen Erhalt der Familie abgestellt. Für Alessandro Farnese, 1468 geboren, der eigentlich eine diplomatische Laufbahn hatte einschlagen wollen und sich bereits als junger Mann an den Hof Lorenzos de Medici zu seiner Ausbildung begeben hatte, sah seine Mutter eine kirchliche Laufbahn vor. Seine hohe Bildung – er hatte sich in Rom und Florenz unter den besten Lehrern ausgebildet, Namen wie Pomponio Leto, Demetrio Calcondila und Lorenzo de Medici il Magnifico ragen aus seinem Lebenslauf heraus – kam ihm dabei mit Sicherheit zu Gute. Allerdings halfen seine Mutter mit ihren guten Verbindungen und letztendlich seine Schwester durchaus nach, damit seine Karriere glanzvoll verlief.

Bevor Alessandro Farnese jedoch zu Papst Paul III. gewählt wurde, stellte er einen typischen Renaissance-Kardinal dar. Er war wohl das Gegenteil dessen, was man allgemein als frommen Mann bezeichnen würde, und führte nicht gerade einen Lebenswandel, den man für einen Kardinal vorbildlich fände. Der junge Alessandro ging willensstark seinen Karriereweg ohne Rücksichtnahme, so klagte er seine Mutter des Betrugs an, was diese für kurze Zeit ins Gefängnis brachte und ihm einen Karriereknick bescherte. Um die verlorene Zeit aufzuholen, drängte Alessandro seine Schwester Giulia und ihren Geliebten, Papst Alexander VI., dazu, ihm den ersehnten roten Hut zu verleihen. Mit nur 25 Jahren wurde Alessandro Farnese Kardinal, was ihn allerdings nicht daran hinderte, weiterhin mit der schönen Adelsdame Silvia Ruffini, mit der er vier Kinder zeugte, in einem prächtigen Palast wie ein weltlicher Fürst zu leben.

Giulia *La Bella* wurde um 1475 geboren und oft als die Gefangene ihrer eigenen Schönheit beschrieben. Mit ihrer Erscheinung und Eleganz öffnete sie jedoch sich und ihrer Familie die Türen zum Erfolg. Die am gesellschaftlichen Aufstieg ihrer Kinder so sehr interessierte Giovanella Caetani sorgte für eine hervorragende humanistische Erziehung all ihrer Kinder, schloss Bündnisse und machte Heiratsversprechen, die der Familie zu Gute kamen. Ihren ersten gesellschaftlichen Auftritt hatte Giulia am 20. Mai 1489 im Palazzo Borgia, dem heutigen Palast Sforza Cesarini, und bei dieser Gelegenheit wurde ein Vertrag mit einem Heiratsversprechen unterzeichnet, in dem die 15-jährige Giulia dem Neffen des Kardinals Rodrigo Borgia, Orsino Orsini, versprochen wurde. Orsino war blind auf einem Auge, was ihm den Spitznamen *Monoculus Orsinus* eingetragen hatte, und in seinem gesamten Erscheinen eine blasse und wenig auffällige Figur. Sein Vorteil war, dass er zu einer der angesehensten römischen Hochadelsfamilien gehörte und somit der schönen Giulia einen sicheren gesellschaftlichen Aufstieg versprach. Als Giovanella ihre Tochter zu dem Besuch im Kardinalspalast begleitete entging ihr nicht die ungezügelte Leidenschaft des Borgia-Kardinals, die dieser gegenüber ihrer schönen Tochter empfand. Diese Tatsache wusste sie gewinnbringend zu nutzen. So hieß es, dass sie ihre Tochter dem Kardinal geradezu ins Bett legte, als der Borgia Giulia für sich als Geliebte reklamierte. 1490, ein Jahr später, wurde die Hochzeit der Giulia Farnese mit dem unglücklichen Orsino Orsini in großem Stil gefeiert. Ob Giulia zu diesem Zeitpunkt bereits die Geliebte von Rodrigo Borgia war, bleibt Spekulation, auch wenn die römische Hochzeitsgesellschaft hinter vorgehaltener Hand munkelte, dass Giulia schon seit Längerem das Bett des Papstes wärmte.

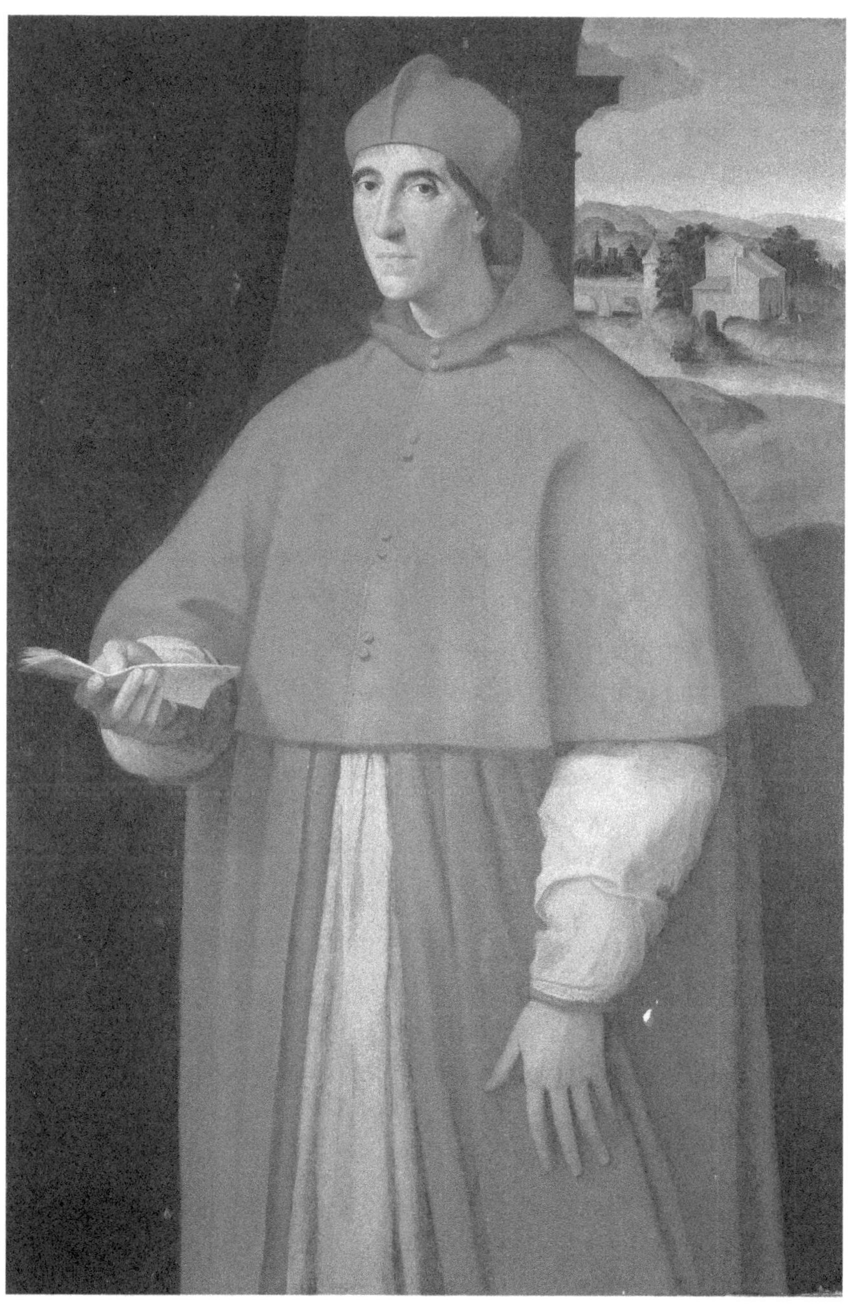

Kardinal Alessandro Farnese, der spätere Papst Paul III. Gemälde (1511) von Raphael.

Giulia Farnese galt als die schönste Frau ihrer Zeit, und sie zeigte wohl keinerlei Skrupel, diese Schönheit für die Familie gewinnbringend einzusetzen. Aber ganz anders als man es sich vorstellen mag, war Giulia keine *femme fatale*, sondern eine intelligente, gebildete Frau mit viel Selbstkontrolle und Kalkül. Als Instrument in den Händen ihrer karriereorientierten Mutter musste sie sich und ihren Körper der Familiensache opfern. In ihrem späteren Leben, als sie sich endlich selbst entfalten konnte, zeigte sie ein anderes Bild. Sie galt als großzügig, gerecht, respektvoll und voller Liebe ihren Nächsten gegenüber.

Tatsache war, dass mithilfe der schönen Giulia die Familie bis ganz nach oben auf den Olymp der römischen Gesellschaft gelangte. Über sie selbst als Person ist wenig bekannt, so gibt es nicht einmal ein offizielles Porträt von ihr. Sie ging als die Mätresse Papst Alexander VI. in die Geschichte ein und bekam den Spitznamen *Sponsa Christi*. Dieses Liebesverhältnis war ein offenes Geheimnis in Rom, und oft wurde darüber spekuliert, ob ihre einzige Tochter, Laura Orsini, die am 30. November 1492 zur Welt kam, vielleicht doch die Tochter Rodrigos sei, was die schöne Farnese selbst aber immer wieder verneinte. Dazu kam, dass es keinerlei Anzeichen von irgendwelchen Zuwendungen von Seiten des Papstes gegenüber Laura gab, weder in menschlicher noch in finanzieller Hinsicht, was als Beweis dafür gesehen werden kann, dass Laura doch tatsächlich Orsinis Tochter war, da der Borgia sich seinen leiblichen Kindern gegenüber immer ausnehmend großzügig zeigte. Der gehörnte Ehemann hingegen forderte Genugtuung und drohte damit, seine untreue Ehefrau zu verlassen, wurde aber schnell mit einem großzügigen Lehen und einem hochdotierten Amt zum Bleiben und Schweigen gebracht.

Es ist kaum anzunehmen, dass Giulia sich in dieser zwielichtigen Situation wirklich wohl fühlte. Kein Wunder also, dass Giulia, als Lucrezia Borgia, die Tochter des Papstes (bei der Giulia wohnte), 1493 Giovanni Sforza, den Herrn von Pesaro, ehelichte, die Gelegenheit nutzte und mit Lucrezia abreiste, ganz gegen den Willen des Papstes, der alles daran setzte, seine Geliebte nach Rom zurückzuzwingen. Erst die Nachricht von der Erkrankung des ältesten Bruders Angelo zwang Giulia nach Rom zurück. Sie erreichte ihn, zusammen mit ihrem Bruder Alessandro, allerdings nur noch am Sterbebett. Beide Geschwister erkrankten und wurden von den päpstlichen Ärzten geheilt, und so kehrte Giulia aus Dank zu Rodrigo zurück. Sie verbrachte allerdings nur eine Nacht in den päpstlichen Gemächern. Zu diesem Zeitpunkt wurde Rom von Karl VIII. von Frankreich bedroht, und aus Angst um sich und ihre Tochter floh Giulia mithilfe ihres Bruders aus Rom. Dies war das Ende der jahrelangen skandalträchtigen Liaison zwischen der schönsten Frau Roms und dem spanischen Papst.

Als am 18. August 1503 der Borgia-Papst starb, bedeutete dies den Ruin des Hauses Borgia, und für die Farnese-Familie hieß es nun, neue Wohltäter aufzutun, und auch in diesem Falle war es wieder Giulia, die vor allen Dingen für die Belange ihres Bruders Alessandro hilfreich war. Nach dem kurzen Pontifikat des Piccolomini-Papstes Pius III. folgte auf dem Papstthron Giuliano della Rovere als Papst Julius II. Giulia reiste nach Rom, um für ihre Tochter Laura eine standesgemäße Verbindung zu finden, und wählte für das zukünftige Schicksal ihrer Tochter und der Farnese das Haus der della Rovere. Am 15. November 1505 heiratete die dreizehnjährige Laura Orsini Niccolò della Rovere, den Neffen von Julius II.

Giulia Farnese heiratete noch weitere zwei Mal, wenig ist über ihre späteren Ehen bekannt. Bis 1522 lebte sie in Carbognano, um dann als dreifache Witwe nach Rom zurückzukehren und dort ihre letzten zwei Lebensjahre bei ihrer Tochter zu verbringen. Sie starb 1524 mit nur 48 Jahren. Zehn Jahre später bestieg ihr Bruder Alessandro, der ihr so viel zu verdanken hatte, den päpstlichen Thron.

Alessandro Farnese betrieb systematisch seinen Aufstieg, und als er 1509 zum Bischof von Parma ernannt wurde, wuchsen Prestige, Einkommen und Anhängerschaft des sich von nun an bewusst als Römer bezeichnenden Kardinals ständig. Mehrfach hatte der Farnese-Kardinal gehofft, auf den päpstlichen Thron zu gelangen, aber erst nach 41 Jahren Kardinalat hatte er es nun endlich geschafft und wurde 1534 im Alter von 66 Jahren auf den Stuhl Petri gewählt.

Das Pontifikat Clemens VII. hatte eine gespaltene Christenheit hinterlassen, und der Ruf nach inneren Reformen wurde immer lauter. So suchte das Heilige Kollegium einen reformwilligen Papst und einen neutralen, für alle Seiten annehmbaren Kandidaten; einen, der weder der finanziellen Lobby der Medici unterworfen war, die seit 1513 weitgehendst im Kardinalkollegium regierte, noch eine polarisierende politische Meinung gegenüber den ewig rivalisierenden Großmächten Frankreich und Spanien vertrat, und einen, der sich gut genug im römischen System auskannte, um die innerrömischen Rivalitäten zu neutralisieren. Diesen Idealkandidaten fand man in einem kurzen Konklave nach nur zwei Tagen in Alessandro Farnese.

Die Gründe für einen so schnellen Entschluss lagen auf der Hand: Alessandro konnte eine langjährige Erfahrung an der Kurie nachweisen, er galt als klug, gebildet, selbstbeherrscht und er besaß eine gewisse Skrupellosigkeit und Willensstärke, Eigenschaften, die der neue Papst benötigte, um sich den vielfältigen Problemen der Zeit zu stellen.

Paul III. wurde trotz seines nicht ganz einer religiösen Karriere entsprechenden Lebenslaufs als Hoffnungsträger und Entscheidungsfinder gesehen, der die Kirche in den schwierigen

Zeiten der Reformation, Reform und der Korruption wieder in einen sicheren Hafen geleiten würde. Er brachte seine Kritiker schnell zum Schweigen, indem er einen Erneuerungsprozess ins Leben rief.

Mit Paul III. war nach langer Zeit endlich wieder ein römischer Patrizier auf den Papststuhl gewählt worden, und er belohnte die römischen Bürger, indem er nach der strengen Zeit unter Clemens VII. den Karneval wieder aufleben ließ. Rom wurde wieder eine Stadt der Freudenfeste, Maskenbälle, Spiele, Stierkämpfe auf den öffentlichen Plätzen und auslandenden Gelagen, an denen der Farnese-Papst sich nicht scheute, im päpstlichen Palast selbst teilzunehmen, und dass dort auch Edelkurtisanen geladen waren, war durchaus bekannt. Trotz aller Exzesse war das Pontifikat Pauls III. ein Erfolg. Die Kardinäle, die Alessandro Farnese gerade wegen seines Alters gewählt und auf ein baldiges erneutes Konklave gehofft hatten, wurden allerdings bitter enttäuscht, denn entgegen seines fortgeschrittenen Alters wurde das Farnese-Pontifikat mit 15 Jahren das längste des 16. Jahrhunderts. Am Ende vertrat Alessandro Farnese seine Rolle als Papst durchaus würdevoll.

Auf der einen Seite stand der machthungrige Renaissancefürst mit seinen Nepoten und seiner Vergnügungssucht, auf der anderen Seite war es der gleiche Fürst, der als Papst ein höchst fähiger und gewandter, hellsichtiger und gebildeter Politiker war. So kam es, dass gerade dieser Papst jene Reform begann, die die katholische Kirche letztendlich weiterbestehen ließ.

Paul III. rief gleich nach seiner Wahl Kommissionen ins Leben, die die katholische Reform einleiten sollten, 1535–1536 holte er bedeutende Kirchenmänner verschiedener Ausrichtungen ins Kardinalskollegium und verteilte den begehrten roten Hut an die Engländer John Fisher und Reginald Pole, an den Venezianer Gaspare Contarini, an Gian Pietro Carafa, den späteren Papst

Paul IV., an Giovanni Morrone, einen Reformdenker, an Pietro Bembo, Humanist und enger Freund Tizians, und einige andere. Alle diese neuen Kardinäle hatten einen soliden intellektuellen Hintergrund. Auch wenn sie sich nicht immer alle einig waren und durchaus unterschiedliche Ansichten vertraten, waren alle gemeinsam der Ansicht, dass es einer inneren, radikalen Reform der Kirche bedurfte.

Diese prestigeträchtigen und couragierten Kardinalsernennungen verhinderten allerdings nicht die Ausbreitung der reformatorischen Ideen, auch in Italien nicht, so dass der Papst sich im Laufe seines Pontifikats gezwungen sah, härtere Maßnahmen anzustreben. So belegte er 1537 Heinrich VIII. mit dem Kirchenbann und bezog damit zu England Position, approbierte den Jesuitenorden, investierte weiter in den Kampf gegen den Protestantismus, indem er mit der Bulle *Licet ab Initio* die Kongregation der Inquisition, das Heilige Offizium, ins Leben rief, aus der später die heutige Glaubenskongregation wurde. Und letztendlich kam es nach langen Verhandlungen mit Karl V. und anderen Fürsten 1545 zur Eröffnung des Konzils von Trient. Tradition und Innovation zogen sich durch das gesamte Pontifikat Pauls III.

Allerdings fand unter seinem Pontifikat keine kritische Auseinandersetzung mit der Reformation statt, ganz im Gegenteil. Statt diplomatischer Entscheidungen auf europäischer Ebene oder innerer Staatsaktionen ging es an erster Stelle in diesem Pontifikat immer um das Interesse der Papstfamilie: Der Farnese-Papst betrieb einen ungehemmten Nepotismus. Seine leiblichen Kinder – Pierluigi, Paolo, Ranuccio und Costanza, die Papst Julius II. 1505 legitimiert hatte – waren für günstige Heiratsallianzen in der italienischen und europäischen Politik von Nutzen, und gleichzeitig konnten sie auch auf Lehen und Besitztümern als Familienherrscher eingesetzt werden.

Seine beiden Enkel wurden als politisches Unterpfand durch zwei politische Hochzeiten gebunden, der eine an Habsburg und der andere an Frankreich: Ottavio wurde mit Margarete, der leiblichen Tochter Karls V. verheiratet, sein Bruder Orazio mit Diana von Frankreich, Herzogin von Angoulême. Sie war die leibliche Tochter des französischen Thronfolgers, dem späteren Heinrich II. von Valois.

Auch das Kardinalskollegium wurde mit den Verwandten des Papstes bereichert. So erhob er gleich in der ersten Kardinalssitzung zwei seiner leiblichen Enkel zu Kardinälen – Guido Ascanio Sforza Santafiora, Sohn der einzigen Papst-Tochter Constanza, und Alessandro Farnese, Sohn Pierluigis, der zum einflussreichen Groß-Kardinal in Rom heranwuchs, sowie wenig später auch dessen jüngeren Bruder, den feinsinnigen und eleganten Ranuccio Farnese – und versorgte sie mit gewinnbringenden Pfründen und Schlüsselämtern.

Die Politik des Papstes wurde ausnahmslos von privaten Interessen geleitet, so hatten der weitere gesellschaftliche Aufstieg, die Bereicherung der Farnese und die Knüpfung wichtiger Familienbande Priorität, auch wenn gerade diese Familie die päpstliche Gunst nicht unbedingt nötig hatte, galten die Farnese doch schon seit Generationen als eine Familie mit ansehnlichem Status. Gewinnung und Sicherung eines ‚Farnese-Staates‘ – diesem ganz persönlichen Ziel war die gesamte römische Diplomatie untergeordnet.

Für seinen Enkel Ottavio wurden zuerst die Herzogtümer Camerino und Nepi erworben, um sie dann 1538 gegen das Herzogtum Castro und Ronciglione umzutauschen, das eine weitaus wichtigere strategische Lage für die Farnese hatte. Castro lag im Grenzgebiet zwischen dem heutigen Latium und der Toskana, war dem Kirchenstaat lehenspflichtig und durch die geographische Nähe von Rom abhängig. Darüber hinaus versuchte Paul III.

für seinen Sohn Pierluigi eigene Herrschaftsgebiete zu gewinnen und hatte dabei sein Augenmerk auf Parma und Piacenza geworfen, Herzogtümer, die ebenfalls dem Kirchenstaat lehenspflichtig waren. Sie hatten nur ein Problem: Diese beiden Städte unterstanden direkt dem Kaiser, welcher sich nur unter der Bedingung bereit erklärte, Parma und Piacenza abzugeben, wenn als Herzog sein Schwiegersohn Ottavio Farnese, Enkel des Papstes, eingesetzt würde, was ihm der Papst auch versprach. Nach langem Hin und Her zwischen Kaiser und Papst wurden diese beiden Städte endlich dem Kirchenstaat zugeschlagen, und der Papst setzte als Herzog nicht etwa wie versprochen seinen Enkel Ottavio ein, sondern gab das neu errungene Herzogtum an seinen übel beleumdeten, skrupellosen und als gewalttätig geltenden Sohn Pierluigi. Die Aktion hatte die gesamte europäische Diplomatie in Atem gehalten, aber nun hatten es die Farnese geschafft: 1545 wurde aus diesen beiden Städten ein Familienherzogtum, die Farnese wurden zu Herzögen und gehörten fortan dem Hochadel an. Nur zwei Jahre später wurde der frisch gebackene Herzog von Parma und Piacenza, Pierluigi Farnese, in Piacenza von rebellischen Adligen ermordet. Dieser politische Mord wurde von Paul III. dem Kaiser angelastet, und es ist bis heute nicht klar, ob er damit vielleicht sogar Recht hatte. Das so mühsam erarbeitete Verhältnis zwischen Kaiser und Papst war nach diesem Mord nun gänzlich zerrüttet.

Ottavio Farnese folgte seinem Vater auf den herzoglichen Thron und konnte Parma für sich retten, so dass sich die Farnese weiterhin in ihrem Herzogtum behaupten konnten. Am Ende des Pontifikats Pauls III. waren die Farnese mit ganz Europa vernetzt und hatten sogar einen eigenen Staat. Keine andere Papstfamilie hatte es so weit gebracht.

Margarete von Österreich, die uneheliche Tochter Kaiser Karls V., spielte eine aktive politische Rolle im Europa des 16. Jahrhunderts. 1529, als das Mädchen sieben Jahre alt war, erkannte der Kaiser sie als seine Tochter an. In den folgenden Jahren der politischen und religiösen Unruhen wurde Margarete zu einer fundamentalen Figur im Spiel von politischen Heiratsallianzen: Sie war Regentin der spanischen Niederlande, Herrin über italienische Lehen durch Schenkung ihres Vaters, Herzogin von Florenz über ihre Ehe mit Alessandro de Medici und Herzogin von Parma und Piacenza durch ihre zweite Heirat mit Ottavio Farnese. Ganze zwei Päpste banden sie an ihre Familie durch Heirat, Clemens VII. Medici und Paul III. Farnese.

In erster Ehe wurde Margarete 1536 mit Alessandro de Medici verheiratet, der für sein zügelloses Leben bekannt war. Die Ehe war nicht glücklich, und Margarete flüchtete sich in das Studium, um ihren Aufenthalt in Florenz erträglich zu gestalten. 1537 wurde Alessandro bei einer Verschwörung seines Cousins Lorenzo de Medici ermordet, und so war Margarete wieder frei für weitere politische Heiratsallianzen. Die junge Witwe bereitete sich darauf vor, nach Österreich an den habsburgischen Hof zu reisen, als kurz vor ihrer geplanten Abreise kein geringerer als der Papst um ihre Hand anhielt, für seinen Enkel Ottavio Farnese, Herzog von Castro. Für Paul III. war diese Verbindung zur kaiserlichen Familie eine politische Lebensnotwendigkeit. Der Staatraison gehorchend, musste sie nach Rom reisen, präsentierte sich allerdings bei ihrer Ankunft als eine ganz in schwarz gekleidete Witwe, um ihrem Widerwillen Ausdruck zu verleihen. Am 4. November 1538 wurde trotz aller Widerstände die Ehe in der Sixtinischen Kapelle im Beisein Papst Pauls III. geschlossen.

Anfangs erwies sich die Verbindung als wenig erfolgreich, sei es, dass Margarete sich weigerte, die Ehe zu vollziehen, sei es durch den unangenehmen und wenig freundlichen Charakter Ottavios. Während der Papst und sein Sohn Pierluigi versuchten, Margarete einen angenehmen Aufenthalt zu gestalten, erreichten den Kaiser Nachrichten darüber, dass Ottavio seine Nächte in eindeutig-zweideutigen Etablissements verbrachte und einen Lebensstil führte, der sich für den Enkel eines Papstes nicht geziemte. Margarete bewohnte den von ihrem ersten Mann ererbten Palazzo Madama in Rom, wo sie geistliche und menschliche Unterstützung von Ignatius von Loyola bekam, der oft und gerne Gast bei dieser jungen, intelligenten Frau war. Als Dank für diese wertvolle Unterstützung wurde sein neu gegründeter Orden von Paul III. approbiert und ihm das Recht eingeräumt, eine Mutterkirche zu errichten, die heutige Kirche *Il Gesù*.

Erst nach Jahren näherte sich das Paar langsam an und am 27. August 1545 kamen die Zwillinge Carlo – nach seinem kaiserlichen Großvater – und Alessandro – nach seinem päpstlichen Urgroßvater benannt – auf die Welt. Carlo überlebte nicht lange, Alessandro hingegen wurde zu einem stolzen Condottiere am niederländischen Hof im Dienste Philipps II., der mit seinen Siegen zur politischen Neugestaltung Europas beitrug.

Da das Herzogtum Parma an Pierluigi fiel, mussten sich Ottavio und Margarete zunächst mit dem kleineren Herzogtum von Castro zufriedengeben, bis sich das Schicksal mit dem gewaltsamen Tod von Pierluigi 1547 wandte. Ottavio und Margarete kämpften für den Erhalt des Herzogtums Parma für die Farnese-Familie, und Margarete stellte sich in diesem Konflikt sogar gegen ihren Vater und stärkte ihrem Mann den Rücken. Die Farnese konnten durch die anstehende Hochzeit zwischen dem jüngsten Bruder Orazio und Diana von Frankreich auf die Solidarität Frankreichs hoffen. Heinrich II. von Frankreich versuchte, den Farnese-Spross Alessandro zur Erziehung nach Frankreich zu holen, was Ottavio entschieden zurückwies. Er gab alle von seinem Vater besetzten Gebiete an Frankreich zurück und befreite sich so aus den politischen Pflichten gegenüber der französischen Krone. 1556 stellte er sich selbst, Parma, seinen Sohn Alessandro und seine Frau Margarete unter den Schutz Spaniens. Auf seinem Sterbebett hatte Karl V. seinen Sohn Philipp angewiesen, sich um seine Schwester Margarete zu kümmern, was dieser dann auch tat: 1559 wurde sie zur Regentin der Niederlande. 1582 kaufte sie sich als ihre letzte persönliche Residenz Ortona, südöstlich von Pescara, wo sie sich einen Palast errichten ließ, in dem sie wenige Jahre später starb. Nur wenige Monate später starb Ottavio in Parma. Kurz vor seinem Tod hatte Philipp II. dem Farnese Piacenza zurückgegeben.

Um das europäische Gleichgewicht zwischen dem Kaiser und dem französischen König zu wahren, wurde der jüngste Enkel Pauls III., Orazio Farnese, 1543 nach Frankreich an den Hof von Franz I. gesandt. 1547 wurde dann ein Vertrag unterzeichnet, in welchem Orazio und Diana von Frankreich, leibliche Tochter des Königs, einander versprochen wurden. Diana wurde von Heinrich erst legitimiert, als der voreheliche Vertrag unterzeichnet werden sollte, um so eine Verbindung zwischen dem König von Frankreich und dem Papst überhaupt erst möglich zu machen. Damit Orazio standesgemäß wurde, bekam er das Herzogtum Castro und ein jährliches Verdienst von 25 000 Scudi. Die Hochzeit zwischen Orazio und Diana wurde dann in Paris am 13. Februar 1553 am Hof des französischen Königs geschlossen. Das Schicksal schenkte den jungen Eheleuten wenig Zeit: Am 18. Juli 1553 fiel Orazio nach nur fünf Monaten Ehe einem Scharmützel zum Opfer, als Philibert von Savoyen im Auftrag Karls V. die Belagerung von Artois vornahm.

***

1545 befand sich Paul III. auf dem Höhepunkt seiner Macht. Er war stolz auf seine familiäre Politik, die Farnese hatten nun endlich einen eigenen Staat, und gleichzeitig fühlte er sich mit seiner ausgleichenden Politik in Europa abgesichert, war er doch mit den beiden rivalisierenden Großmächten in verwandtschaftliche Beziehungen getreten. Das Wappen der Farnese zeigt sechs goldene Lilien auf blauem Grund. Auf dem Höhepunkt ihrer Macht trugen die Farnese als Zeichen ihrer Macht und politischen Verbundenheit ein kompliziertes Allianzwappen zwischen den Farnese und dem Hause Habsburg.

In der Frühen Neuzeit gehörte der Nepotismus durchaus zum päpstlichen Regierungsstil, und ein ausgeprägter Familiensinn kurialer Würdenträger wurde toleriert. Paul III. nutzte dies alles und noch viel mehr, er sprengte den bereits weit ausgedehnten Rahmen des nepotistischen Systems in Rom, indem er seine Familienmitglieder nicht nur mit Ämtern, Lehen und Verdiensten überhäufte, nein, der Farnese-Papst machte seine Neffen zu Hauptakteuren der europäischen Politik, in der diese herausragende Stellungen einnahmen. Sein exzessiver Nepotismus hinderte Paul III. jedoch nicht daran, das schon so lange fällige Konzil ins Leben zu rufen, mit dem Ziel, die Protestanten zurückzudrängen, die dogmatischen Positionen in der katholischen Kirche zu festigen und die Hoheit des Papstes zu sichern. Das Ende des Konzils von Trient 1563 aber erlebte Paul III. nicht, er starb am 10. November 1549 in Rom. Auf den Papstthron folgte ihm Julius III.

Von seinem übertriebenen Familiensinn einmal abgesehen war Paul III. vor allen Dingen ein kenntnisreicher und großzügiger Kunstmäzen und Förderer der Wissenschaften. So war die Farnese-Familie eine der wichtigsten Kunstsammler und Auftraggeber des 16. Jahrhunderts. Mit viel Kunstsinn, Wissen und Urteilsvermögen wuchs die private Sammlung stetig und der Familienpalast beherbergte Skulpturen der Antike, Gemälde, Bücher, antike und dekorative Kunst. Was von seinem Großvater begonnen worden war, führte sein Enkel, Alessandro Farnese, meisterhaft fort.

Schon als Kardinal plante der spätere Papst eine angemessene Residenz für seine Familie und gab 1513 Antonio da Sangallo dem Jüngeren den Auftrag zum Bau eines monumentalen Palastes. Als seine Karriere 1534 mit der Wahl zum Pontifex gekrönt wurde, genügte Paul III. diese stattliche Residenz nicht mehr, seine Ansprüche waren gestiegen, und so wurde der Palast den Vorstellungen des karrierehungrigen Papstes angepasst und unter Michelangelo monumental erweitert. Er wurde zum Vorbild aller römischen Renaissancepaläste. Später wurde die Galerie des Palastes von Annibale Carracci mit mythologischen Szenen aus der griechisch-römischen Götterwelt ausgestaltet. Die kurz nach dem Tod des Papstes entstandenen Fresken zeugen und überzeugen den Betrachter bis heute von der Bedeutung dieser letzten großen römischen Renaissancefamilie. Die Hoffnung auf ein weiteres Pontifikat blieb unerfüllt, und im 19. Jahrhundert kam der riesige Palast in den Besitz der Bourbonen von Neapel. Heute befindet sich in dem Palast der Sitz der französischen Botschaft.

Im nahegelegenen Palazzo della Cancelleria, der Kanzlei des Papstes, trat der Kardinalnepot in die Fußstapfen seines päpstlichen Großvaters und versuchte, es ihm gleichzutun. Alessandro Farnese Junior gab dem Maler Giorgio Vasari den Auftrag, den Ehrensaal im Piano Nobile auszugestalten. Der Machtanspruch der Farnese sollte auch hier legitimiert und zelebriert werden. Der Bilderzyklus in manieristischem Stil stellte Szenen aus dem Leben des Farnese-Papstes dar. Die vier großen Bilder – die Übergabe von Meldungen an die internationalen Botschafter, das Treffen zwischen Papst Paul III., Kaiser Karl V. und dem französischen König Franz I. in Nizza 1538, der Neubau der Peterskirche und der Wert der christlichen Tugenden – wurden in einem einzigartigen illusionistischen Rahmen dargestellt, reich dekoriert mit allegorischen Figuren unter einer schweren goldenen Kassettendecke. Viel Lob erntete Vasari mit diesem Bildzyklus allerdings nicht. Der Papst beschwerte sich über die unzulänglichen Porträts, und Michelangelo soll beim Betrachten des Saals abgewunken und gesagt haben, man sehe, dass es ein in Eile hingeworfenes Werk sei. Trotz aller Kritik stellt dieser Saal in Bildprogramm und Einheitlichkeit ein Unikum dar.

Auch in den päpstlichen Palästen setzte Paul III. Akzente. Zwar war es bereits Clemens VII. gewesen, der Michelangelo aus Florenz zurück nach Rom gerufen hatte, um als Abschluss der Ausmalung in der Sixtinischen Kapelle ein Fresko des Jüngsten Gerichtes an die Altarwand zu bannen, aber es war Paul III., der dieses Projekt wieder aufnahm, Michelangelo Buonarroti die Ausmalung übertrug und dem Künstler vollkommen freie Hand bei der Gestaltung des Themas ließ. Das vollendete Werk rief staunende Bewunderung auf der einen Seite und Entsetzen auf der anderen Seite hervor.

Die Künstlerszene war, trotz Neid und Ehrfurcht gegenüber dem Göttlichen, begeistert von diesem gigantischen Werk, die Kunstkenner lobten dieses rahmensprengende Meisterwerk. Die Theologen hingegen fürchteten die magische Kraft dieser Bilder, die über 390 überlebensgroßen Figuren in einer kolossalen Komposition auf dem Grund des blauen Lapislazuli, die auf den Betrachter herniederstürzten. Zu viel Raum für freie oder gar falsche Interpretationen, so die Hüter des Glaubens. Auf diesen 540 qm der riesigen Altarwand präsentierte sich zu viel anstößige Nacktheit, oder doch heroische, nackte Schönheit, Engel ohne Flügel mit den Trompeten von Jericho, die das Buch der Bücher mit leeren Seiten zeigen, denn es musste neu geschrieben werden, Heilige, alttestamentarische Figuren, mythologische Helden, die die Glorie um diesen schönen, geradezu apollinischen Gott Jesus formen, Maria in idealer Schönheit, als die einzige ganz bekleidete Person in ihrem himmlisch blauen Gewand. „Zurück zum Wesentlichen im Glauben", scheint dieses Fresko uns mitzuteilen, ein unglaublich modernes Werk, welches ganz ohne architektonischen und perspektivischen Hintergrund auskommt. Michelangelo gelang und gelingt es bis heute, den Betrachter in die Tiefe dieses Freskos zu ziehen.

Die Bildkritiker hingegen sahen in diesem gigantischen Werk häretische Ansätze und dogmatische Abweichungen, sie empfanden es als Kritik an Kirche und Kurie, und Michelangelo wurde der Ketzerei bezichtigt. Und auch der scharfzüngige Kritiker Pietro Aretino, der selbst für seine unzüchtigen Sonette berüchtigt war, empörte sich darüber, dass die Nackten nicht bedeckt seien. Er kritisierte das Werk Michelangelos und verbreitete schamlos seine Kritik in den einschlägigen Kreisen: Der Maler stelle seine eigene Kunst über den Glauben, so sein Fazit. Diese so harsche Kritik trieb die sowieso schon grassierende Polemik auf die Spitze, und so wurden erste ‚Unterhosen' bereits im Auftrag des Zeremonienmeisters Biagio da Cesena über die Intimbereiche gemalt. Paul III. selbst scherte sich nicht um die Empfindlichkeiten frömmelnder Theologen und die Kritik neidischer Zeitgenossen, er stand zu diesem gigantischen Meisterwerk Michelangelos. Die zweite Phase der Übermalung wurde Daniele da Volterra anvertraut und fand 1565 statt, ein Jahr nach Michelangelos Tod. Der Michelangelo-Schüler rettete als *brachettone*, als „Hosenmacher", Michelangelos Werk vor dessen Zerstörung.

Dass das Fresko Kritik am Papsttum der Zeit widerspiegelt, bleibt ohne Frage, setzte sich Michelangelo doch schon seit längerem im Kreis der *Spirituali* um die Reformkardinäle Reginald Pole und Giovanni Morrone, den Augustiner Aegidius von Viterbo und Vittoria Colonna mit Ideen einer inneren Reform der Kirche auseinander.

Paul III. aber stand zu Michelangelo und erteilte ihm noch
den Auftrag zur Ausmalung der neu errichteten Paulinischen
Kapelle. Die beiden Fresken in dieser Kapelle sind das malerische Testament Michelangelos und ein eindringlicher Aufruf
für eine Grunderneuerung der Kirche. 1547 schließlich krönte
Papst Paul III. seinen Künstler mit der Berufung zum Bauleiter
der *Referenda Fabbrica di San Pietro*, zum Bauleiter der Peterskirche. Dies zeigte die unendliche Bewunderung, die Paul III. für
Michelangelo hegte, und den tiefen Glauben des Papstes an das
unanfechtbare künstlerische Genie des „*Divino*", des Göttlichen.
Michelangelo ging auf die Ursprungsidee Bramantes für einen
Zentralbau zurück und schuf neue Akzente. Als krönenden Abschluss plante und erschuf er die gewaltige Kuppel, welche zwar
erst nach seinem Tod von seinen Schülern vollendet wurde, aber
genau nach seinen Plänen. 1590 war die alles überragende Kuppel letztendlich vollendet.

Über die Arbeiten auf dem Vatikanhügel hinaus strengte Paul
III. auch eine Neugestaltung des Kapitolinischen Hügels an. So
wurde der eigentliche politische Sitz der Stadtregierung visuell
direkt mit dem Sitz des Pontifex verbunden, indem Michelangelo die große, wunderbare Freitreppe, die *Cordonata,* entwarf,
die das Kapitol zur Stadt und in Richtung *Mons Vaticanus* öffnete und die bis heute den Hauptzugang zum Kapitol darstellt. Es
wurden auch die Paläste auf dem Kapitol erneuert: Michelangelo ummantelte mit seinem *Palazzo dei Conservatori* präexistente
Architektur und errichtete gegenüber den kleineren *Palazzo dei
Senatori* neu. In der Mitte des Platzes dazwischen stand und steht
die heidnische Reiterskulptur des Kaisers Marc Aurel. Mit der
Neugestaltung des Kapitols schuf Michelangelo eine der großartigsten architektonischen Kreationen der Renaissance.

Dieser unruhige, hochintellektuelle und in sich zerrissene
Künstler suchte ein Leben lang nach dem Absoluten, was ihm

am Ende zur Krönung seiner Karriere die Ehrenbürgerschaft der Stadt Rom eintrug. Ein Titel, den sich Michelangelo mit Tizian teilen sollte.

Alessandro Farnese, der Liebling unter Pauls Kardinalnepoten, wurde wie sein päpstlicher Großvater zu einem der größten Kunstmäzenen seiner Zeit. Paul III. hatte den Groß-Kardinal verwöhnt mit führenden Kurienämtern und Pfründen, die ihn zu einem der reichsten Kirchenfürsten seiner Zeit machten, und der junge Alessandro wusste, wie er seinen Reichtum für ein genussreiches Leben verwenden konnte. Jedem in Rom war bekannt, dass der junge, lebenshungrige Farnese-Kardinal den schönsten Palast, die begehrteste Geliebte und die schönste Tochter sein Eigen nennen konnte.

Dass Alessandro Farnese kein Kostverächter in Sachen fleischlicher Liebe war, zeigt die schöne „Nackte", die Tizian für den Kardinal malte und welche nach Angaben von Zeitgenossen seiner Mätresse Angela doch sehr ähnelte.

Von Tratsch und Klatsch einmal abgesehen, zeichnete sich der Kardinal durch sein herrschaftliches und stattliches Auftreten aus. Er erledigte geschickt und mit Diskretion diplomatische Missionen im Auftrag Pauls III., und seine Intelligenz und hohe Bildung brachten ihn darüber hinaus dazu, in Wissenschaft und Kunst zu investieren. Darunter sind der Auftrag zum Bau und der Verschönerung der Kirche *Il Gesù*, dem Sakralbau des jungen Jesuitenordens, dem sich der Kardinal sehr verbunden fühlte, und der Bau und die Ausgestaltung des Familienpalastes in Caprarola erwähnenswert.

Nachdem 1540 der Orden der *Societas Jesu* von Papst Paul III. kirchlich bestätigt worden war, bewarb sich Ignatius von Loyola noch im gleichen Jahr beim Papst um die Zuweisung der kleinen gotischen Kirche S. Maria della Strada im Zentrum der Stadt. 1542 wurde diese Kirche dann Eigentum des Ordens. Der Orden konnte auf die großzügige Förderung der Farnese und vor allen Dingen auf das Mäzenatentum des Kardinals Alessandro Farnese vertrauen, der finanzkräftig und mit Kunstkennertum den Neubau der Kirche vorantrieb. 1550 kam es zur ersten Grundsteinlegung der Kirche *Il Gesù*, und nach langen Diskussionen um Form und Gestaltung zur zweiten Grundsteinlegung 1568. Die Kirche entstand unter dem Protektorat des Groß-Kardinals und seines Lieblingsarchitekten, des Manieristen Jocopo Barozzi, der Vignola genannt wurde.

Was die Städteplanung anbelangte, so verwirklichte der Farnese-Kardinal die Verbindungsachse, welche vom Esquilin-Hügel und der Kirche *S. Maria Maggiore* bis hin zum Kapitol reichte, die Via Farnesina, deren Verlauf der heutigen Via Cavour entspricht.

Ein weiteres manieristisches Meisterwerk stellt der Farnese-Palast in Caprarola dar. Der Bau des Familienpalastes in der Provinz von Viterbo, einer der vielen Paläste, die die Farnese ihr Eigen nennen durften, wurde ursprünglich von Kardinal Farnese dem Älteren, dem späteren Papst Paul III., als Festungsanlage geplant. Der Baubeginn war 1530, und Alessandro Farnese betraute Antonio da Sangallo den Jüngeren mit diesem Projekt, das eine pentagonale Festungsanlage mit Wehrbastionen an den Spitzen Enden darstellte. Die Planung wurde durch den Tod des Architekten 1546 unterbrochen und erst unter dem Auftrag Alessandro Farnese des Jüngeren und dem Architekten Vignola 1547 wieder aufgenommen, und da nun kein Verteidigungspalast mehr gefordert wurde, sondern ein Residenzpalast, veränderte der Architekt die Pläne und schuf einen der schönsten manieristischen Paläste der Zeit. Dieser wunderschöne Renaissancepalast wurde zur Sommerresidenz des Groß-Kardinals. Palast und Gärten formten eine harmonische Einheit im Zusammenspiel zwischen Architektur und Natur. In seinem Inneren arbeiteten die besten Künstler der Zeit. Der Bildzyklus wurde von dem zeitgenössischen Literaten Annibale Caro inspiriert, welcher selbst Sonette schrieb, die sich wiederum an antiken Mythen orientierten. Der verantwortliche Maler der Fresken war Taddeo Zuccari. Alessandro Farnese verbrachte so viel Zeit als möglich in diesem Palast, den er sich nach seinen Vorstellungen hatte bauen und einrichten lassen und in dem er 1589 verstarb. Unerfüllt blieb seine Hoffnung, den Farnese ein zweites Pontifikat zu bescheren. Am Ende einer bewegten Karriere und vielen Konklaven, die nie zur Krönung geführt hatten, hinterließ der Kardinal seine Einkünfte der Kirche und dem Jesuitenorden für mildtätige Zwecke. Sein letzter Wille war es, in der Kirche *Il Gesù* beigesetzt zu werden, und dass ihm regelmäßig eine Messe gelesen werde, damit die Lebenden in ihrem Gebet dem verstorbenen Sünder Erleichterung im Jenseits verschafften.

Eines war den Farnese allerdings gelungen, was vorher noch keine Nepoten-Familie erreicht hatte: Mit dem Erwerb der Herzogtümer Parma und Piacenza stiegen die Farnese zum Hochadel auf und erreichten die dauerhafte Gründung eines eigenen souveränen Staates, bis zum Aussterben der männlichen Linie 1731.

Die Kunstsammlung der Farnese ist bis heute großartiger Ausdruck einer gebildeten Sammelleidenschaft. Die Werke sind heute in verschiedenen Museen verstreut, die wichtigsten lassen sich in den Kapitolinischen Museen in Rom, dem Museo Capodimonte in Neapel und im Archäologischen Museum in Neapel besichtigen.

Der Kunstkenner Paul III. suchte für sich, seine Familie und Rom die besten Künstler aus. Gemeinsam mit Michelangelo war Tizian der Einzige in der gesamten italienischen Kunstlandschaft, der seinem Anspruch genügte. Kein Wunder also, dass sich Michelangelo und Tizian die Ehrenbürgerschaft Roms teilen mussten. Tizian weilte nur eine kurze, intensive Zeit in der Ewigen Stadt, aber als er sie verließ, war Rom nicht mehr die Stadt, die sie bei seiner Ankunft gewesen war.

Die Reise Tizians nach Rom und sein Aufenthalt in der Ewigen Stadt zeugten von der letzten, kurzen, glorreichen Phase der italienischen Renaissance. Tizian reiste an den Hof des großen Renaissance-Papstes, wo er gemeinsam mit Michelangelo Buonarroti, Antonio da Sangallo dem Jüngeren und Giorgio Vasari die letzten Verse einer großen Blütezeit schreiben sollte.

Diese vier Künstler, die sich am Hof Pauls III. begegneten, waren die letzten großen, innovativen Renaissancekünstler, die – alle auf unterschiedlichste Weise – Zeugnisse ablegten von dieser außerordentlichen Kunstepoche in der Frühen Neuzeit, der Renaissance.

Mehr als ein halbes Jahrhundert lang hatten die großen Familien Italiens Künstler an ihre Höfe gerufen, um sie an der Neuerfindung der Gesellschaft, des Wissens und der Regierungsstruktur mithilfe ihrer künstlerischen Kreativität teilhaben zu lassen, zur Glorie und zum Ansehen ihrer Auftraggeber. Gebildete Frauen wie Eleonora Gonzaga in Mantua und Emilia Pia in Urbino sowie Alfonso d'Este in Ferrara, die Herren von Florenz und die Päpste gehörten zu diesen weitblickenden Persönlichkeiten, die den Aufbruch in die Moderne möglich machten. Während des kurzen Aufenthalts Tizians in Rom änderten sich die Welt und ihre Werte schnell und unaufhaltsam. Die freie Kreativität, die Neuerfindung der Kunst, der intellektuelle und künstlerische Ausdruck mussten der pädagogischen Funktion der Kunst weichen, wie es vom Konzil von Trient gefordert wurde. Als 1546 die vier Künstler auseinandergingen, war Rom nicht mehr die gleiche Stadt wie bei ihrer ersten Begegnung. Es bedurfte keiner so mutigen Künstler mehr, die Renaissance, die vom Aufbruch und der künstlerischen Beteiligung an der Neuerfindung der Welt lebte, war vorbei, die Anforderungen an die Kunst waren nun andere.

Mit der Eröffnung des Konzils in Trient 1545 wurde der katholische Reformweg eingeläutet, es bedeutete aber für die Kunst einen radikalen Wandel, weg vom experimentierfreudigen, freien Denken hin zu einer Kunst im Dienst der Lehre.

Wie in seiner Politik, Theologie und in seinem Handeln, so zeigte Paul III. auch in seiner Kunstbeauftragung, Selbstdarstellung und Bildpropaganda die Co-Existenz von Tradition und Innovation, welche sein gesamtes Pontifikat charakterisierte.

Wie seine Vorgänger, die großen Kunstmäzene Alexander VI. Borgia, Julius II. della Rovere, Leo X. Medici, war auch er der Ansicht, dass die Künstler an den päpstlichen Hof gerufen werden sollten um an der Neuerfindung der Welt mitzuwirken.

IX. Tizian in der Stadt des Papstes

*Tizian wird nochmals nach Rom eingeladen, und dieses Mal nimmt er die Einladung an * Tizians Ankunft in der Ewigen Stadt * Am Hof der Farnese * Wohnen in der Werkstatt des Belvedere * Tizian und Michelangelo – parallele Künstlerleben * Das künstlerische Unverständnis * Tizians Bitte an den Papst um eine Pfründe für seinen Sohn * Der Auftrag des Papstes für das Familienbild * Die Ehrung auf dem römischen Kapitol*

Die noch warme Oktobersonne tauchte die Ewige Stadt in ein warmes, goldenes Licht, erste leichte Regen hatten Erleichterung gebracht, und die Stadt erholte sich langsam von der sommerlichen Hitze. Noch waren die Straßen leer und die Stadt noch nicht zu ihrer gewohnten Geschäftigkeit zurückgekehrt. Tizian wurde von den beiden Kardinälen Alessandro Farnese und Pietro Bembo hoch zu Ross feierlich empfangen und in ein komfortables Appartement im Belvedere begleitet, in direkter Nachbarschaft zu den päpstlichen Gemächern. Als er am darauffolgenden Morgen vom Turm der Spiraltreppe des Bramante, einer der genialen Renaissancearchitekturideen, den Sonnenaufgang betrachtete, schien ihm sein gesetztes Ziel greifbar nah. Er würde für die päpstliche Familie malen, ohne ihr Hofkünstler zu werden, und mit viel Ehre, einer großzügigen Bezahlung und der Pfründe für seinen Sohn in der Tasche wieder in die Serenissima zurückkehren.

Lange hatte sich Tizian jeder Einladung nach Rom verweigert, und erst seine manieristische Schaffenskrise ließ diesen Ausnahmekünstler so weit reifen, dass er sich dem Anspruch Roms stellen wollte. Zuvor allerdings hatte er den Rahmen seines Einflussbereiches erweitert und bediente nun schon seit Jahren in ganz Europa Auftraggeber aus der Hocharistokratie.

Ab den dreißiger Jahren bekam Tizian immer mehr Konkurrenz in Venedig, neue Kunstströmungen wurden gefragt, es gab jüngere und günstigere Künstler, die sich den preisbewussten Venezianern anboten. Hier begann die künstlerische und menschliche Schaffenskrise Tizians. Es waren gewaltige Figuren nach der Art Michelangelos oder Giulio Romanos gefragt, selbst Aretino sah ein, dass es genau das war, was die Zeitgenossen begeisterte. So spornte der Literat seinen Freund an, in diese Richtung zu experimentieren und bestärkte ihn, dass – wenn überhaupt – nur er es mit dem Giganten Michelangelo aufnehmen könnte. In diesen Jahren lud der Kardinal Giovanni Grimani römische Künstler nach Venedig ein, um seinen Palast bei Santa Maria Formosa nach römischer Manier dekorieren zu lassen. Es kamen Francesco Salviati, Giovanni da Udine und Giuseppe Porta in die Serenissima. 1541 folgte Giorgio Vasari einer Einladung seines Landsmanns Pietro Aretino, um eine Bühnendekoration für Aretinos Komödie *La Talenta* zu gestalten. All diese Künstler brachten neue Anregungen und den Manierismus in die Lagunenstadt. Ihre Kunst, ebenso wie Stiche und Zeichnungen nach Werken von Raphael und Michelangelo oder Correggio, hinterließen Spuren in Tizians Kunst. So begann der Künstler, den Einsatz von Farbe und Raum neu zu erproben. Diese Zeit war eine schöpferische Krise Tizians, aus der der fast 60-Jährige mit einem ganz neuen Malstil hervorging. Parallel zu seinem neuen Stil förderte Tizian seine Werkstattarbeiten, um so die ‚Marke Tizian‘ in Europa zu verbreiten.

Diese Fähigkeit, sich neu zu erfinden, Farbe und Raum neu zu orientieren und einen neuen, monumentalen Stil zu entwickeln, bestätigte erneut Tizians führende künstlerische Position in Venedig.

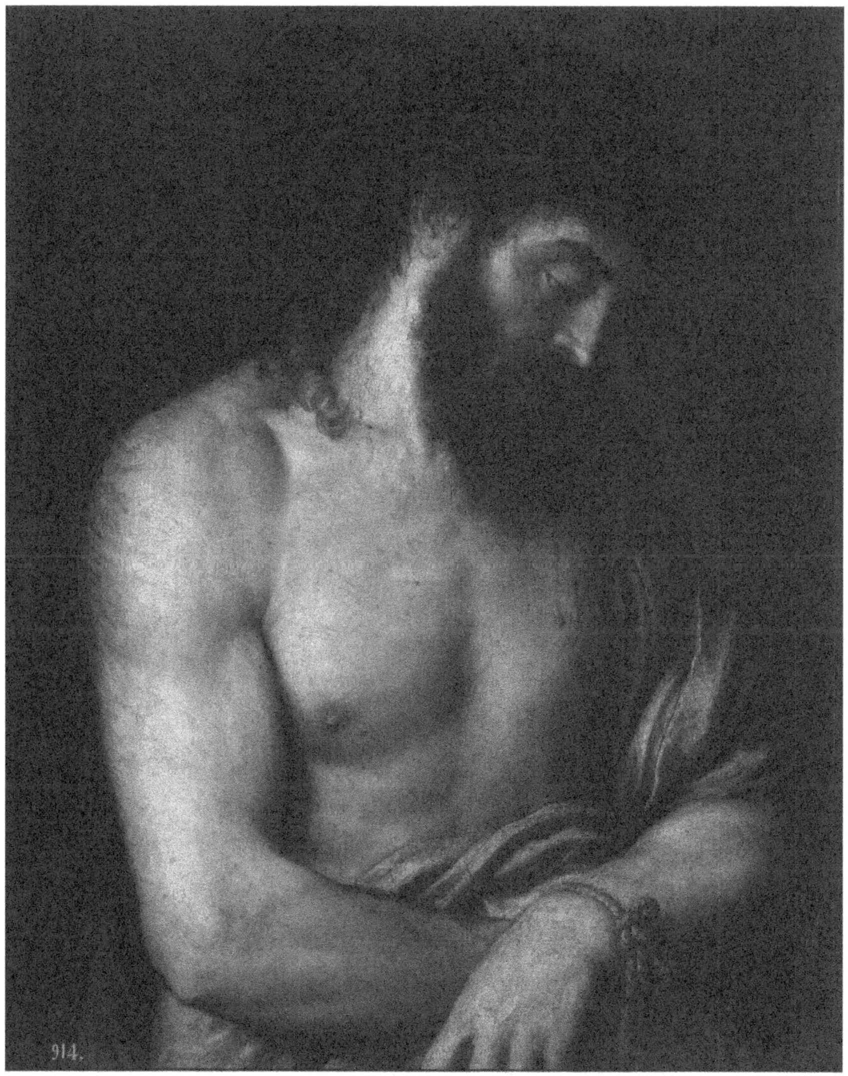

Ausdruck von Tizians menschlicher wie religiöser Krise: ‚Ecce Homo‘ (1547).

Auch außerhalb von Venedig bemühte man sich um den Künstler, so malte er in Mailand die Ansprache des Marquis von Avalos an seine Truppen (1539–1541), heute im Prado in Madrid zu sehen. Die Ansprache des Heerführers an seine Truppen ist ein antikes Motiv, welches in der Renaissance wieder aufgenommen wurde. Das Vorbild war der Krieg gegen die Türken in Ungarn 1532, als Avalos seine zögernden Truppen durch seine Rede anspornte. Das Werk wurde von dem Marquis selbst bei Tizian in Auftrag gegeben, die Verbindung kam durch die Empfehlung des Kaisers zustande. An der Seite des Marquis sieht man einen Jungen, der den Helm des Heerführers trägt, es handelt sich wohl um den achtjährigen Sohn des Marquis, der ihn zukunftsweisend mit ins Bild bringen wollte. Das Bild wirkt monumental durch seine klassische theatrale Struktur, in die Tizian antike Elemente und manieristischen Stil einarbeitete. Mit Sicherheit orientierte er sich an Giulio Romano, dessen Werke er in Mantua gesehen hatte. Der Auftrag in Mailand stärkte Tizians Verhältnis zum Kaiser und interessierte ihn vor allen Dingen, da er hoffte, für seinen Sohn Pomponio mit dem vakanten kirchlichen Lehen von *Santa Maria della Scala* ein Auskommen zu finden, eine Hoffnung, die sich letztendlich nicht realisieren ließ.

Tizian befand sich in diesen Jahren nicht nur in einer Schaffenskrise, sondern hegte durchaus auch religiöse Zweifel. Venedig, schon immer eine Stadt mit internationalem Publikum und Menschen aus aller Herren Länder, die sich mit den unterschiedlichsten Glaubensrichtungen und Überzeugungen in der Serenissima willkommen fühlten, war das Tor der reformatorischen Schriften nach Italien. Die Lagunenstadt verwehrte sich auch dieses Mal nicht dieser neuen Lehren. Bekannt als Stadt des freien Drucks, zirkulierten sehr bald lutherische Schriften in Übersetzungen in der Stadt, und der engste Freund Tizians, Pietro Aretino, verfasste selbst solche Schriften mit Begeisterung, welche allerdings allesamt in naher Zukunft auf dem Index landeten. Tizians Krise machte sich in seinen damaligen religiösen Bilddarstellungen bemerkbar, wie *Johannes der Täufer* (1540, Galleria dell'Accademia, Venedig) oder *Die Dornenkrönung* (1540, Louvre, Paris) und später *Ecce Homo* (1547, Prado, Madrid).

Diese Werke machen seine tiefen Glaubensreflexionen greifbar. Die kräftigen Körper und die bunte Farbdarstellung zeigen die Beschäftigung mit der Formenwelt Giulio Romanos in Mantua. Tizian verwendete Kornblumenblau, Maisgelb, Maigrün und Rosa, er entwickelte neue Lichteffekte, die Landschaft wurde immer mehr Teil des Werkes, und inmitten alledem die tiefe religiöse Reflexion des Leidens und der Erlösung. Was die Glaubenszweifel anbelangte, befand sich Tizian in illustrer Gesellschaft, denn auch Michelangelo blieb von den Reformideen nicht unberührt. Der Künstler hielt sich allerdings von jeder Art öffentlicher Erklärungen fern, seinen inneren Kampf trug er auf der Leinwand aus, so dass er nie direkt mit den ketzerischen Kreisen in Verbindung gebracht werden konnte.

Tizians Krisenjahre und seine manieristische Schaffensperiode waren weiterhin geprägt von Arbeiten für den Kaiser und seine enge Umgebung. Tizian war am Höhepunkt seiner Karriere angelangt, er war der erste Maler der Serenissima und *primer pintor* Kaiser Karls V. Trotzdem versuchte der Künstler, seine Kreise immer weiter zu ziehen. Einer der drängenden Gründe waren mit Sicherheit der Wunsch, seinem unseligen Sohn Pomponio ein zukünftiges Auskommen zu verschaffen, dazu kam wohl auch der Druck des *Consiglio dei Dieci,* der Rat der Zehn, die Tizian empfahlen, eine etwaige weitere Einladung nach Rom aus diplomatischen Gründen nicht abzulehnen, wollte doch Venedig sein friedvolles und positives Verhältnis zu Rom nicht riskieren.

Zwei Mal hatte Tizian eine Reise nach Rom entschieden abgelehnt; trotz der Bemühungen von Alfonso D'Este und Pietro

Bembo war er der Einladung der Medici-Päpste nicht gefolgt. Jetzt allerdings schien ihm die Zeit reif zu sein, der Künstler konnte eine Reise nach Rom wagen, ohne ein größeres Risiko einzugehen und sich dem päpstlichen Hof zu sehr verpflichtet zu fühlen. Auch war er sich seiner Kunst jetzt so sicher, dass er die römische Konkurrenz nicht scheute, sondern gespannt darauf war, die Werke im Original zu sehen, die er bis dahin nur aus Zeichnungen und Stichen kannte. Und so bemühte sich Tizian, mit dem Hof der Farnese in Kontakt zu treten und dem Papst seine Dienste anzubieten. Dafür benötigte er Pietro Aretino, der weitläufige Beziehungen besaß, um seinen Künstlerfreund bei den Farnese zu empfehlen. Als Agent des Künstlers schrieb er einen Brief an den päpstlichen Münzendesigner Leone Leoni, der an der päpstlichen Münzprägeanstalt tätig war, in dem er Tizian dem Hause Farnese empfahl. Er hoffe, so der Literat, dass Tizian bei den Farnese eine bleibende Erinnerung hinterlassen könne, indem er die Prinzen des ehrenvollen Hauses porträtiere: *„lasciar memoria de la sua arte nei ritratti die principi de la celeberrima stirpe Farnese"*. Allerdings blieb dieser Brief ohne Antwort, und dieser erste Versuch Tizians 1539, mit Papst Paul III. in Kontakt zu kommen, schlug fehl.

Wenige Jahre später bot sich auf ganz andere Weise für Tizian die Möglichkeit, in den Dienst einer der reichsten Familien Italiens zu treten, als der Bischof von Brescia, der aus venezianischem Adel stammende Andrea Cornaro, dem venezianischen Maler den Auftrag gab, den Enkel Papst Pauls III., Ranuccio Farnese, zu malen. Der elfjährige Ranuccio war 1541 an die Universität von Padua entsandt worden, um dort unter dem Schutz von Andrea Cornaro humanistische Studien zu betreiben. 1542 reiste Cornaro mit seinem Schützling nach Venedig, wo der junge Spross zum Kommandanten des Ritterordens der Malteser der Kirche *San Giovanni dei Templari* ernannt worden war. Auf Wunsch seines Tutors saß der nun zwölfjährige Ranuccio Tizian Modell für eines der beeindruckendsten Porträts von Tizians Hand. Das Bild war als Geschenk für Ranuccios Mutter Girolama Orsini gedacht. Dieses Porträt gehört zu den Meisterwerken der Porträtkunst der Renaissance und rief mit Sicherheit Begeisterung bei seinen nächsten Verwandten hervor. Dieser malerische Erfolg öffnete Tizian die Türen zum Hause Farnese. Es sollte das erste einer Reihe von Bildern sein, die Tizian für die päpstliche Farnese-Familie malen sollte.

1543 dann ist Tizian als Anerkennung für geleistete Dienste als Mitglied des Gefolges des päpstlichen Hofes dokumentiert, der in dieser Zeit in Ferrara, Bologna und Busseto, in der Nähe von Parma, residierte. Bei dieser Gelegenheit nahm der Künstler auch offiziell am Treffen zwischen Papst Paul III. und Kaiser Karl V. in Bologna teil. Ein Maler, die beiden mächtigsten Männer in Europa, nun beide Auftraggeber des Großmeisters, und im Hintergrund die Serenissima – eine Ausnahmesituation. Dass in diesem politischen Geflecht der Maler Tizian auch eine diplomatische Rolle übernahm, liegt auf der Hand.

Bei diesem Anlass bekam Tizian von Karl V. den Auftrag, seine 1539 verstorbene Frau Isabella zu porträtieren, und gleichzeitig wurde er nach Busseto gebeten, wo der Papst bereit war, für ein Porträt Modell zu sitzen. So entstand das berühmte Bildnis *Papst Paul III. Farnese mit Camauro*. Der 75-jährige Papst wirkt leicht ermüdet auf diesem Gemälde, strahlt aber gleichzeitig eine ungebändigte Energie aus, wie sein aufmerksamer, wacher Blick und seine nervendurchzogenen Hände zeigen, die auf der Armlehne des Stuhls und auf der kleinen Geldbörse am Gürtel ruhen. Dieses erste Porträt überzeugte selbst den Papst, so dass dieser versuchte, Tizian als seinen Hofmaler zu gewinnen, und er bot dem Künstler ein lukratives Amt an. Tizian war allerdings, wie schon zuvor, mitnichten an diesem Angebot interessiert, auch weil er das für ihn sichere Venedig nicht gegen den ihm unbekannten römischen Hof eintauschen wollte.

Es war der Enkel des Papstes, der Groß-Kardinal Alessandro Farnese gewesen, der mithilfe des apostolischen Nuntius in Venedig, Giovanni della Casa, den Kontakt zu Tizian hergestellt hatte. Als Förderer der Künste gab er weitere Werke bei Tizian in Auftrag, um ihn an die Familie zu binden und den venezianischen Künstler nach Rom einzuladen. Die außergewöhnliche Kunstfähigkeit des Meisters zeige sich vor allem in seinen Porträts und in den Darstellungen der schönen, nackten Frauen, so schrieb der Nuntius an den jungen Kardinal, und genau so eine schöne „Nackte" wollte Alessandro Farnese Junior von Tizian. So sandte er mehrere ungeduldige Briefe an seinen Freund, den Nuntius, um zu wissen, wie lange es denn noch dauern würde, bis das ersehnte Bild fertig wäre.

Giovanni della Casa stammte aus Florenz und war ein humanistischer Gelehrter, der, um Karriere zu machen, 1532 nach Rom ging und dort das Glück hatte, dem jungen, karrierehungrigen Alessandro Farnese zu begegnen, dem ein treuer intellektueller Diener vonnöten war, und dank der Empfehlungen des jungen Kardinals wurde della Casa 1544 Erzbischof von Benevent und apostolischer Nuntius in Venedig. Venedig zeigte sich für ihn als die ideale Stadt für seine Bestrebungen, sein kleiner Palast am Canale Grande wurde zum Treffpunkt der höchsten Gesellschaftsschicht Venedigs. Dort knüpfte er Freundschaften und Verbindungen, die ihm als Nuntius durchaus hilfreich waren. Hinzu kam, dass della Casa kein Kostverächter war und sich gerne mit den weiblichen Schönheiten der Stadt umgab, von denen es in Venedig eine große Auswahl gab. So schrieb er auch einige schlüpfrige Gedichte und Verse, die er, nachdem er Erzbischof gworden war, verzweifelt zu verbergen suchte. Della Casa war mit Pietro Aretino freundschaftlich verbunden und deshalb häufiger Gast im Hause Tizians. Für Alessandro Farnese ein Grund mehr ihn damit zu beauftragen, Tizian von einer Reise nach Rom zu überzeugen.

Della Casa wusste von den Sorgen des Malers um seinen Sohn Pomponio. Dieser Sohn hatte die kirchliche Laufbahn eingeschlagen, was sich sehr bald als großer Fehler herausstellen sollte. Deshalb war der Vater zutiefst bemüht, den Taugenichts mit einer einträglichen Pfründe finanziell abzusichern, und es ist nicht auszuschließen, dass schon zu Beginn Tizian die einträgliche Pfründe für seinen Sohn als Belohnung in Aussicht gestellt worden war, um ihn nach Rom zu locken. An einem Vormittag im September 1544 frohlockte der Erzbischof endlich. Sein langes Bemühen schien Früchte zu tragen und della Casa war in Eile, in sein Haus am Canale Grande zurückzukehren, um schnellstens einen Brief nach Rom zu schreiben. Er kam von der Werkstatt Tizians, wo er ein- und auszugehen schien. Liest man seine Briefe, sind Erwähnungen des Künstlers keine Seltenheit. Am 20. September 1544 schreibt Giovanni della Casa an Alessandro Farnese, dass Tizian durchaus bereit wäre nach Rom zu kommen, um *a ritrar l'illustrissima casa*, „das hocherlauchte Haus Euer Hochwohlgeboren", zu malen, nur um die Pfründe von *San Pietro in Colle* für seinen Sohn zu erlangen.

Dass die Pfründe der Abtei von San Pietro in Colle bereits vergeben war und somit der Papst gar nicht frei darüber verfügen konnte, ignorierten beide Seiten, Tizian, der einen Weg suchte, dieses finanziell lukrative Lehen für seinen Sohn zu erwerben ebenso wie Kardinal Alessandro Farnese, der im Namen seines päpstlichen Großvaters nur allzu leichtsinnig Tizian diese Belohnung versprach, allerdings nur, wenn er der Einladung nach Rom nun endlich Folge leisten würde. War doch der Kardinal einer der wichtigsten Auftraggeber Tizians. Bei einem Besuch in Pesaro hatte er Tizians *Venus von Urbino* gesehen und war geblendet von diesem sinnlichen Akt, so dass auch er so eine Venus gemalt haben wollte. So malte Tizian 1544–1545 für den Farnese seine sinnliche *Danae*, eine venezianische Visitenkarte, die der Künstler selbst dem Kardinal in Rom überreichen wollte, um den Kardinal zu betören. Auch wollte Tizian der toskanischen und römischen Künstlerriege um den göttlichen Michelangelo ein venezianisches Meisterwerk der Farbgebung entgegensetzen. Die *Danae* ist ein erotisch-sinnliches Bildnis, was sich auch aus den zeitgenössischen Bemerkungen herauslesen lässt. So kommentiert Giovanni della Casa in einem persönlichen Brief an den Kardinal, dass die Venus, die er in Pesaro im Palast des Guidobaldo della Rovere gesehen habe, im Vergleich zu seiner „*Nackten*" eine „*Theatiner-Nonne wäre*". Die Übergabe der *Danae* an den Kardinal veranlasste Tizian letztendlich dazu, die Einladung der Farnese nach Rom anzunehmen und damit die Frage der Pfründe direkt in Angriff zu nehmen, auch wenn die Anziehungskraft der Ewigen Stadt auf Tizian gering war.

Auf seiner Reise nach Rom besuchte Tizian Guidobaldo II. della Rovere in Urbino, der ihn fürstlich empfing. Zu seiner Weiterreise gab ihm der Herzog eine bewaffnete Eskorte mit, die Tizian, seinen Sohn und einige Mitarbeiter aus der venezianischen Werkstatt sicher in die Ewige Stadt geleiten sollte, und so kamen die venezianischen Reisenden am 9. Oktober 1545 im spätsommerlichen Rom an.

Giorgio Vasari schrieb in seinen *Viten*:

„Es war im Jahr 1545, als Tizian von Cadore, venezianischer Maler, berühmt für seine Porträts, der auch den Heiligen Vater in Busseto porträtiert hatte, und da er keine Bezahlung bekommen hatte, auch nicht für einige andere Bilder, die er für den Kardinal Farnese und den Kardinal Santa Fiore gemalt hatte, nach Rom kam. Er wurde von ihnen [den Farnese] mit allen Ehren im Palazzetto des Belvedere aufgenommen."

Der päpstliche Hof und der Papst selbst weilten noch in Viterbo. Für Tizian war dies die Möglichkeit, sich erst einmal alleine, ohne Gefolge und Pflichten, mit der römischen Stadt vertraut zu machen, die er bisher nur aus Aufzeichnungen, Karten und künstlerischen Veduten kannte. Wenig später bot sich ihm Vasari als Reiseführer durch die Schönheiten der Ewigen Stadt an, und wie Pietro Bembo in einem Brief an Girolamo Quirini schrieb, schien der illustre Gast diesen Teil seines Rombesuchs durchaus zu genießen. Geschmeichelt von dem so freundlichen und großzügigen Empfang, schrieb Tizian begeistert an seinen Freund Aretino in Venedig, der sogleich die Begeisterung seines Freundes dämpfte und ihn mahnte, nicht zu sehr den Schmeicheleien des Papstes zu trauen, denn die Farnese seien bekannt dafür, viel zu versprechen und wenig zu halten. Tizian kümmerte sich nicht um diese Warnungen und scheute keine Mühen, dem Papst und dem Groß-Kardinal zu gefallen. Von seiner Hand entstanden hier neben dem Dreifach-Porträt des Papstes mit seinen Nepoten, auch das zweite Papstporträt, die Fertigstellung der *Danae* und wahrscheinlich auch noch ein *Ecce Homo*.

Rom, Caput Mundi: Ganz so herrschaftlich weltoffen und großartig dürfte die Stadt bei Tizians Ankunft tatsächlich nicht gewirkt haben. Die Piazza del Popolo hatte noch nicht ihr heutiges, majestätisches Aussehen. Einsam ragte der Obelisk Ramses II. in der Mitte empor. Gleich nach dem Passieren des römischen Stadttors der antiken Via Flaminia, am Eingang zur Stadt, stand vereinsamt die Augustinerkirche Santa Maria, die das Mausoleum der della Rovere und der Chigi in Rom beherbergte. Die Via Leonina, die heutige Via di Ripetta, führte an den Tiberhafen, die Via Clementina, die heutige Via del Babuino, führte zum

spanischen Platz, und zur Kirche Trinità dei Monti führte nur
ein erdiger Hügelweg hinauf, der bei Regen unpassierbar wurde.
Das Kolosseum stand hingegen inmitten von mit Gras bedeckten
Ruinen, in welchen Schafe und Ziegen friedlich weideten. Das
Kapitol war noch ein vom Altertum angehauchter Hügel, und an
der Seite zum Marsfeld hin war nur die Büßertreppe der Kirche
S. Maria in Aracoeli vorhanden, Michelangelos Cordonata war
noch in der Planung. Allerdings hatte die Umgestaltung unter
den Plänen des Michelangelo im Auftrag des Papstes auf dem
Platz bereits Form angenommen, wie auch auf dem Palatin, wo
auf den Resten der kaiserlichen Villa eine grandiose Gartenanla-
ge der Farnese entstand.

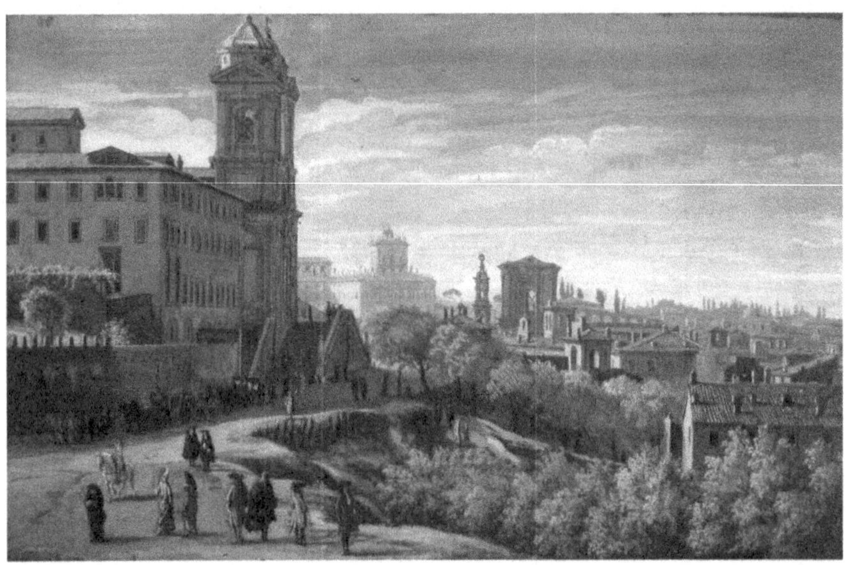

*Gaspar Van Wittel, Trinità dei Monti vor dem Bau der Spanischen Treppe, Ge-
mälde (1683).*

Rom war nicht mehr die Stadt der Veduten, die Tizian vertraut
waren, Rom war viel mehr. Die Päpste der Moderne – Sixtus IV.,
Alexander VI. und Julius II. – hatten mit einer radikalen Erneue-

rung der Stadt begonnen. Rom war eine gigantische Baustelle, um nach ihrer *Renovatio Urbis* zu einer der modernsten Städte Europas zu werden. Paul III. Farnese war in die Fußstapfen seiner päpstlichen Vorgänger getreten, die bereits versucht hatten, die Gedanken der Renaissance in die Realität umzusetzen. Von Haus aus war der Farnese-Papst der geeignete Renaissancefürst für diese Erneuerungsidee. Er stand fest in der Aufbruchsstimmung des 16. Jahrhunderts und gewährleistete den Künstlern uneingeschränkte Freiheit ihrer Kreativität, um das Beste aus ihnen herauszuholen, natürlich im Dienste Roms, des Papstes und zuallererst seiner Familie.

Tizian war geradezu berauscht von all diesen neuen Eindrücken, die auf ihn einwirkten. Gewöhnt an das morgendliche Spiel des Lichts, welches sich im Wasser spiegelte, an die leichten Frühnebel, die den Farben einen weichen Ton gaben, beeindruckte ihn die klare Kraft des Lichtes in Rom zutiefst. Die klassische Sprache, die Härte des in den Stein gemeißelten Bildes, die klare Luft, die die Schatten zeichnete, waren vollkommen neue Erfahrungen für den venezianischen Künstler.

Bei seiner Ankunft wurde ihm ein Appartement im Palazzo des Belvedere angewiesen. Der Palast Innozenz' VIII. war der älteste und intimste Bereich im Gewirr der neu entstehenden päpstlichen Prachtbauten und wies einen kleinen, privaten Innenhof auf, den achteckigen Hof *Cortile Ottagono*, in dem sich das harmonische Zusammenspiel von Architektur, Skulptur, Kunst und Natur fernab vom Baulärm der entstehenden Neubauten in Ruhe genießen ließ.

Bramante hatte bereits den alten *Palazzetto* in eine moderne Vision verwandelt, mit einem gigantischen apsidialen Schaufassadenbau, in dem der antike Pinienzapfen prangte, der zuvor als Brunnen vor der alten Peterskirche seine ehrenwerte Funktion erfüllt hatte. In diesem *Palazzetto* hatten zuvor bereits Leonardo

da Vinci, Raphael und Sangallo gewohnt, hier traf die Künstler-
elite aufeinander, hier fand reger Austausch von Kunst und Wissen statt.

Während in Richtung der Peterskirche die großen Verbindungs-
trakte entstanden, die die alte Bausubstanz mit den Neubauten
verbinden sollten und dem gesamten Palast eine imperiale Grö-
ßenordnung verliehen, glitt der Blick vom Hügel des Belvedere-Pa-
lastes Richtung Norden über einen mediterranen Steineichenwald,
der über die Stadtgrenze hinaus gedieh. Teile dieses Waldes hatte
Leonardo da Vinci in einen geheimen Garten verwandeln lassen,
eine botanische Pflanzensammlung, in der unter anderem medizi-
nische Pflanzen, heilende Kräuterpflanzen und botanische Raritä-
ten aus aller Welt gediehen. Paul III. kümmerte sich leidenschaft-
lich gerne um diese reichhaltige Pflanzensammlung, begleitet von
kenntnisreichen Gärtnern. Besucher aus ganz Europa kamen zum
Studium dieser fantastischen Pflanzenwelt in diesem einzigartigen Mikroklima. Immer wieder kamen neue Pflanzen hinzu, so
sandten Missionare aus der Neuen Welt Sonnenblumen, Tomaten,
Auberginen und Paprika. Aus Asien kamen der Orangenbaum
und der Maulbeerbaum, aus Persien Rosen, Quitten, Zitronen und
Tulpen. Hinzu kam noch ein Teil der Nutzbepflanzung für den Bedarf der päpstlichen Küche, was aber bei Weitem nicht genügte. So
kamen täglich Bauern aus der Umgebung, lieferten frisches Obst,
Gemüse, Wild, Fleisch und Fisch für den päpstlichen Haushalt.
Dieses ganze Schauspiel konnte Tizian von seinem Appartement
aus beobachten, und umgeben von Wald und Grünanlagen fand
der Künstler vielleicht ein wenig zu Erinnerungen an seine Kindheit zurück, die so ganz anders gewesen war als sein Leben in dem
vom Element Wasser umgebenen Venedig.

In den weitläufigen Räumen und Innenhöfen des Palastes befanden sich außerdem die unterschiedlichsten Werkstätten. So
gab es Labore und Produktionswerkstätten für Medizin- und

Pharmazieprodukte, für Parfumdestillation, Bleischmelzung zur Herstellung von Glas, eine kleine Glocken- und Bronzegießerei, Metall- und Goldwerkstätten, eine Münzprägeanstalt, Holz- und Rahmenwerkstätten, eigene Räumlichkeiten für die Weber und eine Werkstatt zur Verarbeitung von Pigmenten und zur Herstellung von Leinwänden. Dazu kam eine Art Schule, die junge Männer in diesen Tätigkeiten ausbildete, dazu gehörten auch die Steinmetzkunst, der Gerüstbau, das Mischen und Auftragen von Putz und die Herstellung von Farbe. In den Nischen des Innenhofs waren darüber hinaus die neuesten archäologischen Entdeckungen zu besichtigen wie der *Apollo von Belvedere* und der *Laokoon*. Für den Meister aus Venedig eine einzigartige Gelegenheit, dies alles aus der Nähe und in Ruhe zu studieren.

Die römischen Paläste beherbergten einen unermesslichen Reichtum an Gemälden, Skulpturen, Büchern und dekorativer Kunst, von dem Tizian seinem in Venedig verbliebenen Freund Aretino in zahlreichen Briefen berichtete. Auch dem Kaiser sandte der Künstler Briefe, in denen er seine Bewunderung der majestätischen, römischen Architektur ausdrückte. So schrieb er im Dezember 1545 an den Kaiser, dass er *imparando da questi meravigliosissimi sassi antichi*, von „diesen wundervollen antiken Steinen lernen würde", und es sich alleine dafür gelohnt habe nach Rom zu kommen.

Er wandelte durch die Baustelle der neuen Paläste und die Bauhütte von Sankt Peter und besichtigte ehrfurchtsvoll dieses neue Rom. So erzählte er von seinen ersten Eindrücken, die die Fresken des Raphael in den neuen päpstlichen Gemächern und nicht zuletzt die Sixtinische Kapelle mit dem seit kurzer Zeit vollendeten Jüngsten Gericht des Michelangelo auf ihn gemacht hatten. Am Anfang waren die Beschreibungen in den Briefen Tizians minutiös und präzise, aber je mehr Zeit verging, desto weniger schrieb Tizian an den Freund, so dass dieser ihn sogar immer wieder ermahnte und ungeduldig auf neue Berichte wartete. Das gigantische Fresko des Jüngsten Gerichts des göttlichen Michelangelo brachte selbst einen von sich so sehr überzeugten Künstler wie Tizian zum Staunen und Schweigen. Rom und der päpstliche Hof waren nicht nur das Zentrum der diplomatischen Welt, sondern das pulsierende Zentrum der Kunst und der kulturellen Innovation.

Tizian hatte schon immer mit Öl auf Leinwand gemalt, während sich Michelangelo in der Paulinischen Kapelle weiterhin mit der Freskotechnik abmühte. Ein Konkurrent? Nein, ein genialer, ebenbürtiger Meister, so musste es dem Venezianer erschienen sein. Tizian war begeistert von so viel Schönheit und all den Meisterwerken auf engstem Raum. Ein Mikrokosmos der künstlerischen Produktivität, dem nun auch er angehörte. Rom bedeutete, sich mit den ganz großen Künstlern auf einer Künstlerbühne in einem Universaltheaterstück zu bewegen, zu profilieren und zu beweisen. Eine einzigartige Chance auch für einen so erfolgsgewohnten Maler wie Tizian. Die Begeisterung, die Tizian für Rom zeigte, wurde im Gegenzug nicht unbedingt von der römischen Künstlergilde geteilt. Abgesehen von dem über allen stehenden Michelangelo waren die römischen Künstler einem hoch kompetitiven Klima ausgesetzt und verteidigten eifersüchtig ihre mit Mühe errungene Position. Ein Künstler wie Tizian konnte da, wenn auch nur für kurze Zeit, eine Bedrohung darstellen im prekären Gleichgewicht der Gunstverteilung am päpstlichen Hof. Dennoch wurde Tizians Werkstatt im Belvedere zum Anziehungspunkt für die römischen Maler, die so viel von diesem Genie der Farben gehört hatten, dass sie sich seine Werke mit eignen Augen ansehen wollten.

Die beiden Geschenkbilder, die Tizian in Venedig für die Farnese vorbereitet hatte und im Belvedere vollendete, verschafften ihm im römischen Künstlermilieu wenig Respekt. Er brachte in seinem Kunstgepäck die für den Kardinal Alessandro Farnese gedachte *Danae*, welche in der römischen Kunstlandschaft ein absolutes Novum darstellte und nicht kritiklos blieb. Der venezianische Künstler war noch mit diesem Meisterwerk zu Gange, als ihm Michelangelo in seiner Werkstatt die Aufwartung machte. Der Malerfürst traf auf den Göttlichen, eine Begegnung der Superlative.

Schnell und bereitwillig befreite Tizian die Leinwand mit der *Danae* von ihrem schützenden Ledertuch, um Michelangelo das Werk zu zeigen. Bewundernd betrachtete Michelangelo die Farbgebung und die Handhabung der Farbe, tatsächlich war dieses Gemälde ohne Vorzeichnungen auf der Leinwand entstanden, wie der Expertenblick Michelangelos richtig konstatiert hatte. Vasari beschrieb die Begegnung und legte Michelangelo die Worte in den Mund, „dass man in Venedig nicht gut zeichnen lerne", gleichzeitig aber rühmte er Tizians Talent, seine reichen Farben und besonders seine Porträtkunst: „Auf diesem Gebiet sei er wirklich herausragend". Von der Natur alleine aber könne man nicht lernen, die Kenntnisse der Antike wären höher zu werten als die Naturnachahmung. Dieser Ausspruch entsprach der toskanischen Kunstlehre und war wohl eher eine Idee Vasaris als die des Michelangelo, der mit Sicherheit das große Malergenie in Tizian erkannte.

Michelangelo, das absolute Genie, und Tizian, der geniale Maler und Meister der Farben, sind die beiden Künstler, die die Frühe Neuzeit nachdrücklich beeinflusst haben. Sie werden beide im letzten Viertel des 15. Jahrhunderts geboren, durchlaufen in ihrer Jugend eine gut strukturierte Ausbildung, und beide möchten sie ganz groß hinaus. Sie wuchsen in unterschiedlichen Lebensumständen und Städten auf, was ihre Kunst bis ins hohe Alter prägte. Ebenfalls charakteristisch für beide Künstler war das ewige Suchen. Beide Künstler entwickelten sich bis weit ins hohe Alter weiter, wuchsen über sich hinaus und erfanden sich neu.

Lodovico Dolces Ansicht, „dass der perfekte Künstler Michelangelos Zeichnung und Tizians Farbe vereinen solle", klingt einleuchtend, schmälert aber die absolute Kunstfertigkeit beider Großmeister nicht, denn diese beiden Künstler waren in ihrer Einzigartigkeit perfekt und unvergleichlich.

Michelangelo, das absolute Genie, das Intellekt und Kunst in einzigartiger Weise verband und Leben, Denken und Glauben durch das Ventil Kunst der Welt mitteilte, und der geniale Maler Tizian, der durch die Magie der Farben betörte und von der reinen Perfektion in den Bildern seiner frühen Zeit zur Auflösung des Erkennbaren durch das Fließen der Farben und damit an die Grenzen der Wahrnehmung gelangte. In den späten Jahren ihrer Schaffensphasen durchdrangen sich diese beiden Künstler in ihren Werken.

Sie sahen sich nicht als Konkurrenten sondern befruchteten sich gegenseitig, ließen sich voneinander beeinflussen und nutzten diese Visionen und künstlerischen Einflüsse, um an sich selbst zu wachsen. Das Genie Michelangelos durchdringt bis heute die Farbmagie des Malerfürsten Tizian.

Bei beiden Künstlern verstärkten sich in der späten Phase die Komponenten der Dramatik und Tragik, beide wurden sie von der protestantischen Reform beeinflusst und entwickelten, jeder für sich, eine tiefe religiöse Dimension, und beide ließen am Ende ihres langen künstlerischen Lebenslaufs willentlich Werke unvollendet, unvollendet für den Betrachter, für die beiden Künstler hingegen war es die reine Vollendung.

Michelangelos Jüngstes Gericht ist gewaltig und voll von unbezwingbaren Zweifeln, Tizian hingegen entwickelte in seinen religiösen Werken eine scheinbare Sachlichkeit, die nur wenigen Malern eigen war. Mit dem halbfigürlichen *Ecce Homo* (1545, Prado, Madrid) malte Tizian dem Papst nicht ein Konkurrenzbild zu Michelangelos heroischem Christus – das hatte Tizian nicht nötig –, sondern gab eine Probe der ihm eigenen Andachtsbildkunst. Nicht Christus als der trotz seines Leidens siegreiche Held, sondern einen wunden, gequälten und dem Mitleid ausgesetzten Körper. In der geschundenen Haut, dem wunden Fleisch und der blassen Farbmodellierung zeigt sich Tizians einzigartige Kunst. Dieses Bild, dessen Repliken in nicht ferner Zukunft in Oberitalien, Deutschland und Spanien als höchste Andachtskunst verehrt wurden, galt Vasari und seinen toskanischen und römischen Parteigängern als Stümperei. Sie waren voreingenommen und von Vasaris Beschreibungen geblendet, blind gegenüber dem Neuen und absolut Schönen.

Es entspricht nicht der Realität, dass Tizian nicht zeichnete, ganz im Gegenteil, und es entspricht nicht der Wahrheit, dass Michelangelo nicht mit Farbe umzugehen wusste, beide waren Opfer des zum Stereotyp gewordenen Vorwurfs. So wurde Tizian zur Schlüsselfigur im Streit zwischen Kolorit und Zeichnung, eines der dominanten Themen der künstlerischen Debatte im späten 16. Jahrhundert. Der einzigartige Umgang mit der Farbe Tizians und das Zeichentalent Michelangelos hatten grundsätzlichen Einfluss auf die Kunst der Zeit. Der erhabene Ausdruck dieser beiden Kunstformen, Tizians Süße der magischen und warmen Farben und Michelangelos Herrlichkeit, durchdrang die Seele der Zeit. Die Qual Michelangelos und der Pragmatismus Tizians, die Konkretheit Michelangelos und die sublime Farbgebung Tizians gingen Hand in Hand. Dass es ausgerechnet Tizian war, mit dem sich Michelangelo die Ehrenbürgerschaft Roms teilen sollte, war also nur natürlich.

Tizian wurde von Ariost und Aretino gepriesen, er war die Glanzfigur Venedigs, der Vorzeigekünstler der Serenissima, Lodovico Dolce lobte ihn in seinem *Dialogo della Pittura*: „Tizian stehe der Ruhm des vollendeten Malers zu, und zwar im absoluten Sinne".

In Rom aber war man Tizian gegenüber skeptisch, so traf der venezianische Großmeister auf das Unverständnis der römischen Künstlerszene gegenüber der venezianischen Malerei. Als Tizian in Rom ankam, arbeiteten für den Papst außer dem unerreichbaren Michelangelo Vasari und Sebastiano del Piombo. Sebastiano und Tizian kannten sich aus Venedig, hatte der Jüngere doch in der Werkstatt Tizians eine Weile gearbeitet. In Rom hatte sich Sebastiano einen Namen gemacht, mit Raphael für den Agostino Chigi gemalt und war nun Hofmaler der Farnese, kein Wunder, dass ihm bei dem Gedanken, Tizian könnte ihn verdrängen, nicht ganz wohl war. Vasari hingegen schien Tizian wohl sehr zu bewundern, hielt aber an der toskanischen Kunsttheorie fest, dass das Studium und die Zeichnung die Basis jeder Kunst seien. So war es für Tizian kein leichtes Spiel, in die geschlossene römische Künstlerszene einzudringen, er war und blieb ein Fremder.

In Tizians Bildern kam der Farbe eine herausragende Rolle zu, sie wurde mit breitem Pinsel aufgetragen, dicht, fließend, die Genauigkeit des Bildes verschwand immer mehr, die Ausdruckskraft nahm zu. Der freie Einsatz der Farbe, die für Tizian immer wichtiger wurde, steigerte sich weiter und traf auch bei seinem Freund Aretino auf Unverständnis.

Was die Farben anbelangte, so bediente sich Tizian nur an seinen eigenen, aus Venedig in einem kleinen Farbkoffer mitgeführten, wertvollen Pigmenten, die in kleinen Glasgefäßen sicher untergebracht waren. Auch band Tizian seine Pinsel selbst, so dass sich in seinem Künstlerkoffer auch Tierhaare der verschiedensten Art befanden, um die jeweils notwendige Pinselart herstellen zu können. Echthaar und Borsten von Wildschweinen und Hausschweinen, Feinhaare von Mardern, die man mit Gold aufwiegen konnte, Wiesel-, Hermelin- und Bärenhaare, Ziegenhaare und Haare von Eichhörnchen, die als sehr feine Haarpinsel verwendet wurden. Dazu kamen pflanzliche Fasern, Hanf und

Rosshaar. Alles war fein säuberlich aufgegliedert in einer Inventarschrift an der Innenseite des Koffers.

Einen großen Teil seiner anfänglichen Zeit in Rom widmete Tizian der Betrachtung und dem Studium der römischen Kunst, sei es der Kunst der Antike oder der bildenden Kunst seiner Zeitgenossen und der römischen Renaissancekünstler. Des Weiteren widmete er sich in seiner römischen Werkstatt der Vollendung der farbgewaltigen *Danae*, auf die Kardinal Farnese so sehnsüchtig wartete. Als Antwort auf die Beschäftigung mit Rom entstand wohl sein *Ecce Homo* (Christus der Schmerzensmann). 1548 lieferte Tizian eine neue Version dieses Sujets, ein monumentaler Schmerzensmann im Dreiviertelporträt, auch hier farbgewaltig und mit weichen Pinselstrichen, die Konturen fast verwischend, mit einem bewegenden, tiefgründigen Blick in die leidende Seele, und implizit das Versprechen, dass wir alle durch das Opfer Christi von diesem Leiden erlöst werden würden. Karl V. schätzte dieses Bild so sehr, dass er es nach seiner Abdankung in sein selbstgewähltes Exil nach Yuste mitnahm. Ganz eindeutig ist hier die innere Auseinandersetzung mit den monumentalen Figuren Michelangelos im Jüngsten Gericht nachzuvollziehen. Seine gesamte Zeit und Energie widmete er darüber hinaus dem politpropagandistischen Dreierporträt Papst Pauls III. mit seinen Nepoten. Tizian bemühte sich weiterhin um die Farnese und war intensiv mit dem Gemälde der päpstlichen Familie beschäftigt, aber von dem Lohn des Malers oder der versprochenen Pfründe für seinen Sohn war nicht mehr die Rede. Erst als Tizian darauf drängte, genauere Nachricht zu erhalten, nahm der Kardinal Alessandro Farnese den Kontakt zu dem Bischof Sertorio wieder auf, dem Eigner des Lehens, welcher sich immer weitere neue Ausreden einfallen ließ und auf die Ansprüche des Herzogs von Ferrara und des Kardinals Salviati verwies. Wenig später schien das Problem gelöst zu sein, denn am 8. Mai 1546 schrieb der Nuntius della Casa an den Kardinal, dass er die herzoglichen Briefe habe, die das Lehen an Tizian übereignen würden, eine Vereinbarung, die selbst Sertorio bestätigte. Sich der Pfründe endlich sicher, sah Tizian nun keinen triftigen Grund mehr in Rom zu weilen, und so verabschiedete sich der Meister vom päpstlichen Hof mit dem Versprechen, bald wiederkehren zu wollen, um die unvollendeten Arbeiten zu Ende zu bringen, und reiste nach Venedig ab. Mit dieser Abreise hinterließ Tizian nicht nur das große bildnerische Testament der Farnese unvollendet, sondern brach gänzlich den Kontakt zu dieser Familie ab, was allerdings zum Zeitpunkt seiner Abreise noch nicht ganz so deutlich war.

Am 12. Juni 1546 weilte Tizian in Florenz als Gast von Cosimo de Medici und besuchte dort die reichhaltige Kunstsammlung. Auf seiner Weiterreise plante er noch einen Aufenthalt in Urbino ein, wo er die beiden Herzoginnen Eleonora Gonzaga und Giulia Varrano um ein Gemälde bat, welches er für den Farnese-Papst kopieren sollte. Die Damen verweigerten diese Freundlichkeit, da der Meister versprochen habe, bald nach Rom zurückzukehren, so könne er die Arbeit dort in Angriff nehmen. Sobald er in Venedig angekommen war, besuchte Tizian den Nuntius und bekam die schlechte Nachricht, weder der Erzbischof, noch der Herzog von Ferrara, noch der Kardinal Salviati seien bereit, auf ihre Rechte an dieser Pfründe zu verzichten. Die Zusicherung, die della Casa sich vom Dogen hatte schriftlich geben lassen, war wertlos gewesen. Tizian schrieb an den Groß-Kardinal in Rom in klagendem Ton, wie sehr er sich ungerecht behandelt fühle, und wenn er nun doch noch die Pfründe für seinen Sohn bekäme, würde er die ihm verbleibenden Jahre den Farnese dienen. Für Alessandro Farnese wäre es ein Leichtes gewesen, Sertorio eine reichere Pfründe zu besorgen und San Pietro in Colle an Tizian zu übereignen, aber er wusste genauso gut wie der Künstler selbst, dass dieser gar nicht daran dachte nach Rom zurückzukehren, hatte er doch weitere lukrative Ämter, die der Farnese ihm angeboten hatte, ausgeschlagen. Also warum sich unnötig mühen, da er sich der Pflicht als Hofkünstler entzog. Die Pfründe war für Tizian verloren, aber darüber hinaus fehlte auch jede weitere Bezahlung der Farnese an Tizian: Weder der Papst noch einer der Nepoten hatten irgendwelche Zahlungen an Tizian angewiesen. Das Einzige, was sich nachweisen lässt, sind Reise- und Aufenthaltskosten. Der Künstler sah sich zweifach betrogen: um die Pfründe seines Sohnes und um die ihm zustehende Bezahlung für seine Arbeit. Für Tizian war seine Kunst außerordentlich, eine Bezahlung war von daher nur eine Anerkennung dessen, was der eigentliche Wert des Werkes darstellte, mit dem diejenigen geadelt würden, die er gemalt hatte. Die Farnese sahen gerade das anders: Wer für die Farnese arbeitete, wurde allein dadurch geadelt, und es würde mit Sicherheit eine Wertsteigerung seiner zukünftigen Werke zur Folge haben. Man hatte den Spitzenporträtmaler der Mächtigen in Europa einfach mit einem kleineren Lehen abgespeist, das sollte genügen.

So hatte der Freund Aretino doch Recht behalten, die Begegnung mit den Farnese endete für Tizian verlustreich. Zwar war er in Rom mit allen Ehren aufgenommen worden, bekam eine wunderbare Unterkunft und ihm fehlte es an nichts, dazu kam auch noch die Ehrenbürgerschaft der Stadt, aber tatsächlich wurden ihm seine Mühen nie bezahlt. Aretino kannte den römischen Hof gut, war er doch Jahre zuvor in Rom gewesen und dann während des *Sacco di Roma* nach Venedig geflüchtet, der Stadt der Buchdrucker, Verleger und der Pressefreiheit, wo er seinen Ruhm und seinen Einfluss festigen konnte. Mit Leichtigkeit drückte er sich in allen unterschiedlichen literarischen Formen meisterhaft aus, seine Bandbreite reichte von Sonetten über Briefe bis hin zu Komödien, Kunstkritik und Kunstpropaganda. Das Porträt, das Tizian 1545, heute im Palazzo Pitti, für seinen Freund angefertigt hatte, spricht für sich selbst, auch wenn der Freund leicht verärgert war, hatte doch Tizian eine bereits benutzte Leinwand für sein Porträt verwendet.

Aretino verband eine unlösbare, tiefe Freundschaft mit Tizian und Jacopo Sansovino, ein Freundschafts-Triumvirat, das ein Leben lang halten sollte. Kaum ein anderer hatte die tiefen und außergewöhnlichen Qualitäten des Malergenies aus Cadore so erkannt und verstanden. Aretino beschrieb seine Werke mit der feinen Beobachtungsgabe eines Kunstkritikers und machte daraus eine Werbestrategie für seinen Freund.

Lo Aretino non ritragge le cose men bene in parole, che Tiziano in colori, (…) et credo, che l'esser dipinto da Titiano, e lodato dall'Aretino, sia una nuova regeneratione de gli huomini (Der Aretino beschreibt die Dinge nicht weniger gut in Worten als Tizian in Farben, (…) und ich glaube, von Tizian gemalt zu werden und von Aretino gelobt, das ist das neue Bestreben der Menschen), so schreibt der Literat Sperone Speroni in den *Dialoghi* (Venedig 1542). Der Briefwechsel zwischen Pietro Aretino und seinem Malerfreund Tizian gibt einen faszinierenden Einblick in das Leben dieser beiden Freunde, eine Momentaufnahme der Frühen Neuzeit. Eine enge Verflechtung von aufrichtiger Freundschaft, beiderseitigen beruflichen Interessen, Geschmack und Lust an internationalen Intrigen, Neugier, Leidenschaft, großer Kunst und Literatur in einem intimen Dialog miteinander.

Aretino hatte Tizian vor Rom gewarnt und er sollte Recht behalten. Ein Ruf Karls V. 1546 beorderte den habsburgischen Hofkünstler an seinen Hof. Auf der Reise nach Augsburg begegnete er in Mailand erstmals dem spanischen Thronfolger Philipp II., der bis in das hohe Alter des Künstlers sein letzter großer Auftraggeber werden sollte. Eine große Rolle spielte bei dieser fast wie eine Flucht wirkenden Abreise des Venezianers aus Rom auch die veränderte politische Lage. Zwischen Papst und Kaiser war die politische Gemeinsamkeit beendet. Das Gemälde des Papstes mit seinen Nepoten, welches den Triumph der päpstlichen Macht und die Legitimation des Nepotismus feiern sollte, war nun obsolet, und Tizian ließ das Werk unvollendet.

X. Bildpropaganda am päpstlichen Hof – ein Exkurs

*Melozzo da Forli: Sixtus IV. und Platina Cremonense * Die Gründung der Vatikanischen Bibliothek ** Raphael: Porträt Papst Julius' II. della Rovere * Porträt Papst Leos X. mit Nepoten * Porträt Kardinal Alessandro Farneses * Sebastiano Piombo: Porträt Clemens' VII. ** Tizian: Ranuccio Farnese 1542 * Porträt Papst Pauls III. 1543 * Porträt Pauls III. mit Camauro * Kardinal Alessandro Farnese * Pierluigi Farnese * Papst Julius II., Kopie nach Raphael*

Im frühneuzeitlichen Rom schwelgte man in einem Rausch von Bildern. Bildpropaganda am päpstlichen Hof war gang und gäbe, die Legitimation von Macht und Memoria auf Ewigkeit war das Motto. Die bildliche Darstellung der päpstlichen Familienmitglieder zur Legitimation der nepotistischen Vernetzung kann durchaus mit dem in Mode gekommenen Staatsporträt verglichen werden. Der Papst erklärte sich zum Oberhaupt der Christenheit und mit geistlicher und weltlicher Macht gesegnet, besaß er die Suprematie über die weltlichen Regenten. Untermauert wurde dieser Machtanspruch mit dem immensen Reichtum, den die Kirche verstreut im ganzen christlichen Europa besaß und verwaltete, und der damit verbundenen Befugnis, kirchliche Lehen zu verteilen und zu übertragen. Diese Konzentration von Reichtum und Macht machte eine kirchliche Karriere durchaus erstrebenswert für Viele. Die Adelsfamilien kauften für ihren erwählten männlichen Spross ein Kirchenamt, nun musste der junge Mann nur noch auf die richtige Seilschaft setzen, um möglichst schnell die Karriereleiter erklimmen zu können, und mit viel Glück bekam er durch die richtigen Empfehlungen einiger hoher Kleriker und das päpstliche Wohlwollen, trotz eines nicht immer gerade beispielhaften Lebenswandels, den ersehnten roten Hut, was den Einzug in das Kardinalkollegium garantierte. Dieses Kollegium wählte dann im Konklave den neuen Pontifex. Der Kirchenstaat mit seinem Oberhaupt war eine absolute Monarchie wie sonst keine in Europa, eine Monarchie, die nicht auf dynastischem Erbe beruhte, sondern eine Wahlmonarchie.

Um sich auf Dauer eine Machtposition in Rom zu schaffen und zu erhalten, bedurfte es eines funktionalen Netzwerkes und gut geknüpfter Verbindungen, die man vornehmlich innerhalb der eigenen Familie oder durch Heiratsallianzen festigte. Der Nepotismus war die Garantie der Macht über den Tod des Familienpapstes hinaus, dafür bedurfte es der ewigen Memoria. Um diese Memoria zu erschaffen, war Propaganda nötig, Bildpropaganda zur Legitimation der Macht, sei es im Porträt, sei es in darstellenden Bildern. Der weltliche Herrscher baute auf das dynastische Erbe, der Papst hingegen auf die göttliche Gnade und die ewige Erinnerung. Der dynastische Anspruch zeigte sich in der Darstellung des alleinigen Herrschers mit den Insignien der Macht, den Familienfarben und dem dynastischen Wappen zur Legitimation der Nachfolger. Ansonsten wurden Familienbilder gewählt, in denen die nächsten Verwandten und Thronfolger im Geleit des Herrschenden bereits auf dem Bild erscheinen, alles im Namen der herrschenden Dynastie. Die Päpste hingegen, wenn sie sich nicht allein auf dem päpstlichen Thron als wohlwollend segnenden *padre comune* darstellen ließen, zeigten sich mit ihren Nepoten. Im Verständnis der päpstlichen Bildpropaganda wurde somit nicht nur die päpstliche Macht gerechtfertigt, sondern auch und gerade die der möglichen Nachfolger. Da der Papst nicht auf eine Dynastie zählen konnte, da das Papsttum eine Wahlmonarchie war, sicherte der Pontifex in Bildern den Nepoten die Zukunft im Heiligen Kollegium und seiner weltlichen Familie Ansehen und Macht.

Das Staatsporträt war zu einem fundamentalen Instrument der päpstlichen Regierungsstrategie geworden und die Wände der päpstlichen Paläste wurden von den besten Künstlern der Zeit mit aussagekräftigen Fresken geschmückt, die Lebensstil, Bildung, die richtige Glaubensüberzeugung und die Hegemonie des päpstlichen Machtanspruchs propagierten und legitimierten. Anhand von ausgewählten Beispielen lässt sich erkennen, wie kunstvoll und wirksam diese Bildpropaganda in der Frühen Neuzeit war, was auch die Farnese durchaus für sich zu nutzen wussten. Berühmte Vorgängerwerke machten vor, wie die Zelebration und Legitimation des Pontifex, seiner Nepoten und des römischen Systems aussehen sollte.

Das Fresko *Papst Sixtus IV. della Rovere mit seinen Nepoten und dem Bibliothekar Bartolomeo Sacchi* von Melozzo da Forlì, zwischen 1475 und 1481 für die Einweihung der Bibliothek entstanden, zeigt Sixtus IV. ganz rechts im Bild auf seinem Thron im Profil, er umfasst entschlossen die Knäufe seines Armlehnstuhls, an der linken Hand ist der Fischerring mit seinem Siegel zu erkennen. Vor ihm kniet der erste Präfekt und Bibliothekar Platina und deutet mit dem Zeigefinger auf den lateinischen Schriftzug unter ihm, in dem die Verdienste des Pontifex gepriesen werden. Der Papst ist umgeben von zwei geistlichen und zwei weltlichen Nepoten. Direkt neben ihm steht Kardinal Pietro Riario, der für seinen exzessiven Lebenswandel bekannt war, aber durchaus eine wichtige Rolle im Mächtespiel des römischen Systems spielte. Dem Papst gegenüber, direkt in seine Augen blickend, in einer dominanten Position und die Bildmitte einnehmend, der Kardinal-Nepote Giuliano della Rovere, der spätere Papst Julius II. Beide hatten sie die Kardinalswürde von ihrem Papst-Onkel erhalten. Links im Bild stehen im blauen Gewand Girolamo Riario und roséfarben gekleidet Giovanni della Rovere, die weltlichen Nepoten, beide mit einträglichen Lehen bedacht. Sixtus IV. verheiratete seinen Neffen Giovanni mit Giovanna, der Tochter von Federico von Montefeltro, Herzog von Urbino. Deren erstgeborener Sohn Francesco Maria della Rovere erbte dann 1508 das Herzogtum Urbino von seinem Großvater, und so kamen die della Rovere zu einem eigenen Herzogtum, ein genialer Schachzug.

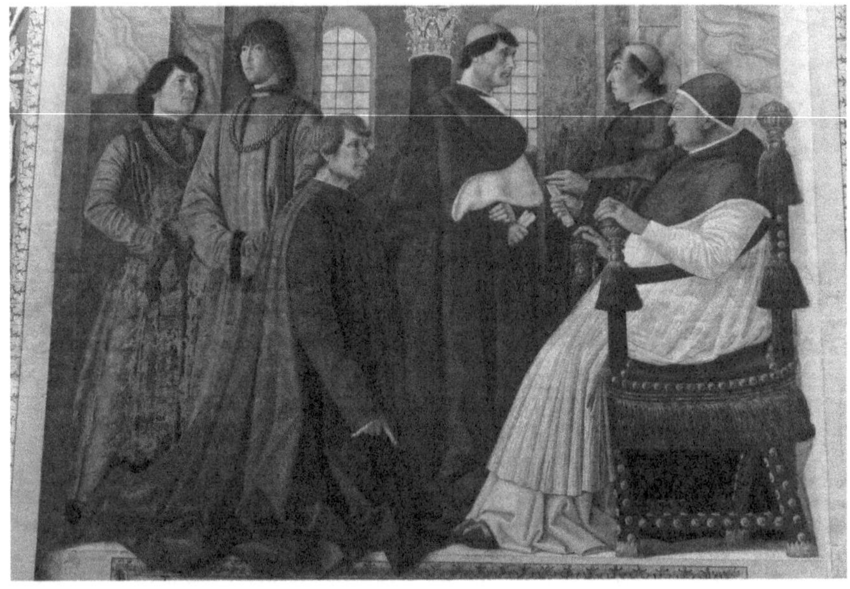

Papst Sixtus IV. della Rovere mit seinen Nepoten und dem Bibliothekar Bartolomeo Sacchi. Fresko (zwischen 1475 und 1481, später auf Leinwand aufgezogen) von Melozzo da Forlì.

Es bedurfte der einträglichen irdischen Besitztümer und Staaten, welche die Macht der Familie über den Tod des Papst-Onkels hinaus sicherten. Pietro Riario war der Stiefsohn der Schwester des Papstes, Bianca della Rovere, die Paolo Riario in zweiter Ehe geheiratet hatte. Der junge Mann hatte eine kirchliche Laufbahn eingeschlagen und stellte sich schnell als fähig und intelligent heraus, so dass er seinen Onkel, Kardinal Francesco della Rovere, als Sekretär nach Rom an den päpstlichen Hof begleitete. Es war Pietro Riario gewesen, der mit diplomatischem Geschick im Konklave 1471 die Stimmen auf seinen Onkel zu vereinen wusste, welcher dann nach acht Tagen Konklave am 9. August 1471 als Sixtus IV. zum Papst gewählt wurde. Noch im gleichen Jahr belohnte er seinen 26-jährigen Neffen mit dem roten Hut.

Und zeitgleich wurde auch sein Augapfel, der 28-jährige Giuliano della Rovere, Sohn des Bruders des Papstes, zum Kardinal ernannt. Giuliano wurde als unerlässlicher Kardinalnepot zur rechten Hand des Papstes und war bereits als Kardinal so mächtig, dass seine zukünftige Wahl nur eine Frage der Zeit war. Nach dem Borgia-Papst Alexander VI. und dem kurzen Intermezzo des Piccolomini-Papstes Pius III. wurde er 1503 als Julius II. zum Papst gewählt. Die dargestellten Figuren sind tatsächlich realistische Porträts. Sie reihen sich in die großartige Architektur der neu errichteten Bibliothek ein, was dem Bild eine gewisse Feierlichkeit verleiht, und so entsteht eine monumentale theatralische Szene. Die Komposition der Figuren ist augenscheinlich so gewählt, dass jede einzelne Person eine für sich individuelle Wertigkeit hat und dennoch im Zusammenspiel der gesamten Szene harmonisch wirkt. Drei Hauptdarsteller stechen hervor: Es ist der Papst selbst, der einzige, dem es erlaubt ist zu sitzen, und er bestimmt die Blickrichtung des Bildes. Dann der vor ihm im Zentrum der Komposition stehende

Kardinalnepot Giuliano della Rovere, der vom Papst als sein Nachfolger Auserwählte, intelligent, willensstark, und tatsächlich wird er zum zweiten della Rovere-Papst gewählt werden, und kniend vor dem Papst und seinem Nepoten Platina, der Humanist und Denker am päpstlichen Hof und erste Präfekt der Bibliothek.

Das Fresko war an exponierter Stelle angebracht und hatte politische Bildgewalt. Mit Sicherheit kannte Papst Paul III. es, sowie er auch den Werdegang und den Aufstieg der della Rovere-Familie nur zu gut kannte. Zu Kardinal Giuliano della Rovere stand er als junger Mann in einem engen Vertrauensverhältnis, was sich auch nicht änderte, als dieser Papst geworden war. Letztendlich knüpften die Farnese durch die Hochzeit der päpstlichen Nichte Laura Orsini mit einem della Rovere auch noch familiäre Bande. Dass die della Rovere es erreicht hatten, sich einen italienischen Kleinstaat einzuverleiben, imponierte dem Farnese und entsprach ganz genau seinen eigenen Plänen und Ambitionen. Es ist also anzunehmen, dass dieses Fresko in ihm den Wunsch zur Nachahmung erweckte, politisch wie bildlich.

Richtungsweisend in der propagandistischen Bilddarstellung werden wenig später die Bilder und Porträts Raphaels am päpstlichen Hof. Sein Porträt des Kardinals Alessandro Farnese, des späteren Papstes Paul III., entstand zwischen 1509 und 1511, kurz nachdem Alessandro zum Bischof von Parma ernannt worden war. Dieses Porträt legitimierte den Bischof in seiner Rolle und erhöhte sein Prestige. Der Kardinal ist stehend dargestellt, die kräftige rote Farbe seiner Robe dominiert das Bild, er trägt seinen Kardinalshut, und in der rechten Hand hält er einen Brief als Ausdruck von Intellekt und Stolz, die Dreiviertelfigur übermittelt eine gewisse Feierlichkeit.

Die Bildkomposition zeigt einen dunklen Raum, das offene Fenster gibt den Blick auf eine Flusslandschaft frei.

Das wenig später entstandene Bildnis Papst Julius' II. gehört zu Raphaels berühmtesten Werken. Das Porträt dieses kunstsinnigen Papstes ist um 1511 wahrscheinlich im Auftrag des Papstes selbst entstanden, wurde 1513 nach seinem Tod in Santa Maria del Popolo ausgestellt und ist in mehreren Fassungen überliefert, eine davon von Tizian. Vasari schreibt über das Porträt: „... er malte das Porträt von Julius II. in Öl ähnlich und lebendig, so dass es dem Besucher die gleiche Ehrfurcht einflößte, die er beim Anblick des Papstes selbst empfunden hätte."

1503 wurde Julius II. zum Papst gewählt. Sein Pontifikat war charakterisiert durch die Rolle als italienischer Territorialfürst, mächtiger Kriegsherr und großer Kunstmäzen. An den Auseinandersetzungen um die Vorherrschaft in Italien waren der Kirchenstaat, die Republik Venedig, König Ludwig XII. von Frankreich und Kaiser Maximilian beteiligt, und es war das Hauptanliegen des Papstes, die Franzosen aus Italien und dem Kirchenstaat zu vertreiben. Als Zeichen dafür ließ der Pontifex sich einen Bart stehen, als Erster seit 150 Jahren, und schwor, er würde ihn erst wieder abnehmen, wenn der leidliche Konflikt mit den Franzosen sein Ende gefunden habe. So wird die komplexe Ikonographie politisch erklärt, war doch zu dieser Zeit das Tragen eines Barts eher unüblich, vor allem für Priester und Päpste. Als sich die politische Situation für den Papst besserte, nahm er 1512 den Bart wieder ab, aber gerade die Bilder von Julius II. mit Bart sind in die Geschichtsmemoria eingegangen.

Raphael zeigt Julius II. *il terribile* vor einem moosgrünen Hintergrund, der die samtige Wandbespannung des Raumes erahnen lässt, auf der die Schlüssel Petri als Symbol der päpstlichen Schlüsselgewalt zu sehen sind. Der Papst sitzt auf seinem Zeremonialstuhl, der *sedia camerale*, leicht diagonal zum Betrachter. Die goldenen Knäufe des Stuhls sind als Eicheln gestaltet, als Symbol der Familienzugehörigkeit der Della Rovere. Auf der glänzenden Oberfläche spiegeln sich Licht und Farben der Umgebung wider. Das Porträt zeigt den Papst im fortgeschrittenen Alter in seinem zeremoniellen Gewand: das weiße Unterkleid, darüber der samtrote, mit Hermelinfell gefütterte Schulterumhang und der Camauro.

Raphaels Darstellung besticht durch Realismus, der durch die Farbgebung und die meisterhafte Darstellung von Licht und Schatten entsteht. Der Betrachter begegnet dem Papst auf Augenhöhe, jedoch ohne Blickkontakt. Julius II. blickt in sich versunken, abwesend, nachdenklich. Seine Arme ruhen auf den Stuhllehnen, seine mit wertvollen Ringen geschmückten und gepflegten Hände ruhen auf der Armlehne, die Hand mit dem Siegelring umgreift die Lehne fest und entschlossen. Das Gesicht erscheint vom Leben gezeichnet, mit schlaff herunterhängenden Wangen, tiefliegenden Augenhöhlen und verschlossenen Lippen. Der lange weiße Bart umrahmt das von Müdigkeit und Resignation gezeichnete Gesicht.

Ist Raphaels Bildnis tatsächlich als Staatsporträt gedacht, oder sollte es eine andere Funktion erfüllen? Der müde erscheinende alte Mann auf dem Papstthron wirkt in keiner Weise wie der mächtige, oft jähzornige Papst, als der er immer wieder beschrieben wurde, aber wahrscheinlich ist es gerade dieser Widerspruch, der aus dem Porträt ein propagandistisches Bild macht. Das Meisterwerk stellt eine bewusste Inszenierung dar, bei der sich Julius II. nicht als Machthaber, sondern als das segnende Oberhaupt der katholischen Kirche und als Vorbild für die Gläubigen und guter Christ darstellte. So erfüllte das Werk offizielle und private Ansprüche. Raphaels Julius-Porträt war beispielgebend und prägend als Bildtypus für die Zukunft, es gilt als Schlüsselwerk für repräsentative Papstporträts der folgenden Jahrhunderte, machte Schule und entstand parallel zu den Staatsporträts der weltlichen Herrscher.

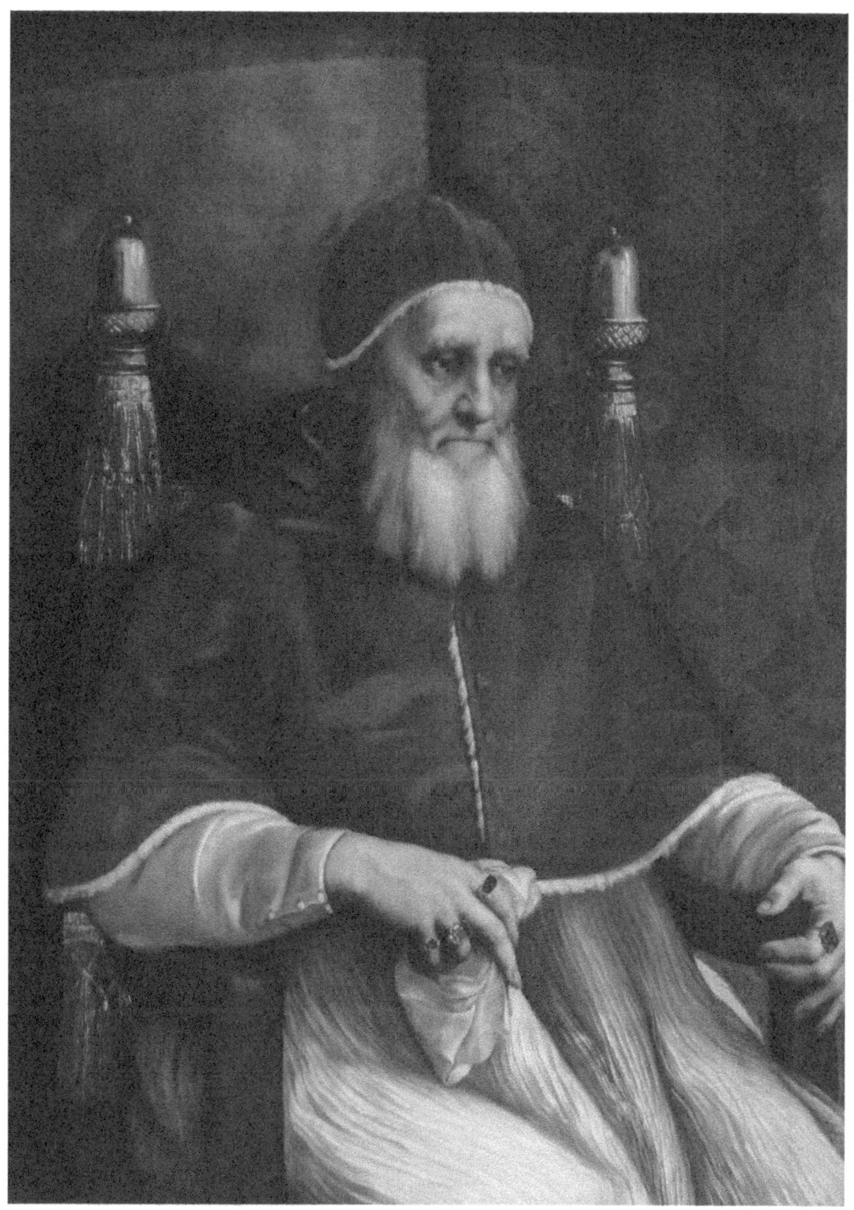

Der greise Papst Julius II., Gemälde (1511) von Raphael.

Das Gemälde, das Raphael 1518 von Papst Leo X. Medici mit den Kardinälen Giulio de Medici und Luigi de Rossi malte und das heute in Neapel im Museo Capodimonte zu sehen ist, ist mit Sicherheit das berühmteste Staatsporträt der nepotistischen Päpste in der Frühen Neuzeit. Im Vordergrund des Bildes sitzt der Papst auf einem Armlehnstuhl, vor sich ein Tisch, der mit einem roten Tuch bedeckt ist, darauf eine silberne Glocke und ein wertvolles, geöffnetes, mit Miniaturen bemaltes Messbuch. Der Papst ist dabei, die Seiten umzublättern, nachdem er die Miniatur mit dem Vergrößerungsglas genauer betrachtet hat. Links vom Papst stehend sein Cousin Giulio de Medici, der uneheliche Sohn seines Onkels Giuliano. Leo X. hatte Giulio gleich nach seiner Wahl auf den Stuhl Petri 1513 zum Kardinal berufen, und nach einem sehr kurzen Pontifikat des deutschen Hadrian VI., folgte Giulio Leo X. als Papst Clemens VII. nur 10 Jahre später, 1523, auf den Papstthron. An seiner rechten Seite der zweite Nepot, ganz frisch 1517 mit dem roten Hut gekrönt, Luigi de Rossi, ein weiterer Cousin.

Dieses offizielle Porträt des Papstes führte die neue Tradition der päpstlichen Porträts als Staatsporträts fort, die Raphael mit dem Porträt Julius II. begonnen hatte. Der politische Zweck dieses Bildes ist eindeutig. Die majestätische Haltung des Papstes, die wertvollen Stoffe der Kleidung, die schönen, gepflegten Hände, die auf dem Kodex ruhen, die Lupe in der Hand, um diesen genauer zu betrachten: Leo X. war nicht nur Herrscher und Papst, sondern vor allen Dingen Gelehrter, würdiger Erbe des Lorenzo il Magnifico.

Das gesamte Bild ist in ein tiefes Scharlachrot getaucht, der Papst als intellektueller Renaissancefürst im Vordergrund und direkt neben ihm der Nepot, den er für den zukünftigen dynastischen Herrscherweg auserkoren hatte. Die wissenschaftliche Analyse des Bildes hat ergeben, dass die beiden Prälaten im Hintergrund erst später hinzugefügt worden sind, die Bedeutung ist eindeutig. Leo X. zeigt sich mit seinen beiden Cousins, um sie als mögliche Nachfolger zu präsentieren, ein eindeutiger dynastischer Anspruch. Die politische Brisanz und Aussagekraft dieses Werkes sind unverkennbar. Historische Realität ist, dass die Medici als einzige Familie drei Päpste stellten.

Raphaels Gemälde glorifiziert den päpstlichen Nepotismus, macht ihn salonfähig, legitimiert die Päpste in ihrem Machtanspruch und geht sogar noch weiter: Auch die Päpste haben einen dynastischen Anspruch auf eine zukünftige Herrschaft.

Es ist wohl eher unwahrscheinlich, dass die Farnese dieses Gemälde kannten, aber Tizian kannte es mit Sicherheit, wie sein eigenes Dreierporträt später zeigen wird.

In genau dieser Tradition der Dreiviertelporträts entstand 1526 das Porträt Clemens VII. von Sebastiano del Piombo. Eine erste Erwähnung dieses Gemäldes geht auf 1531 zurück, als Sebastiano del Piombo in einem Brief an Michelangelo ebendieses Porträt erwähnt. Es war mittlerweile Mode und Pflicht für die Päpste, sich so darstellen zu lassen. Clemens VII. erfüllte gleich mehrere Ansprüche in diesem Porträt, er erinnert an die dynastische Zugehörigkeit der Medici-Familie, hatte ihn Raphael als Kardinal doch nur 10 Jahre zuvor auf dem Gemälde zukunftsweisend mit seinem päpstlichen Verwandten dargestellt, und nun folgte er diesem nach dem kurzen Pontifikat Hadrians VI. auf den päpstlichen Thron. Der Papst ist leicht von der Seite zu sehen, mit einem stolzen und strengen Ausdruck, der die Herrscherqualitäten des Pontifex hervorheben sollte. Es ist ein Meisterwerk des Venezianers Sebastiano del Piombo, der den Papst hier noch vor dem *Sacco di Roma* und ohne Bart darstellte.

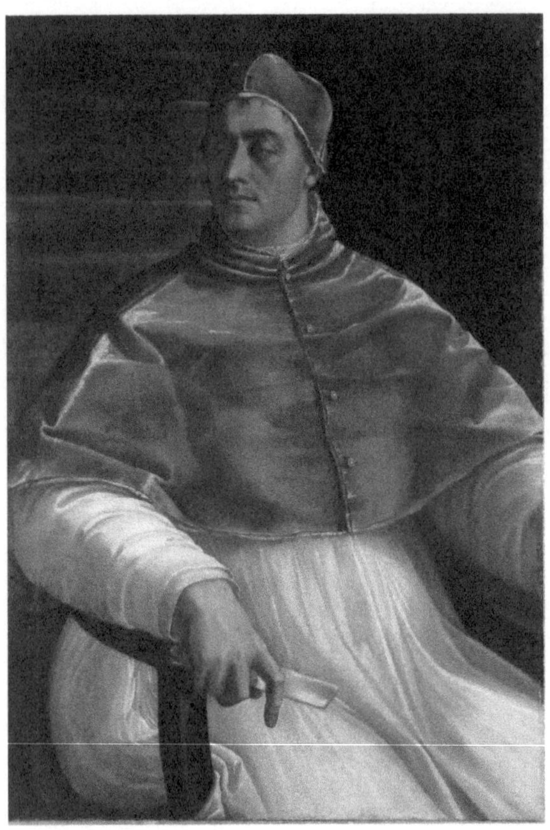

Papst Clemens VII., Gemälde (um 1526) von Sebastiano del Piombo.

Das Porträt des Pontifex wurde zu einem grundlegenden Instrument der päpstlichen Politik. Dargestellt wurde der Papst so, wie er gesehen werden sollte, um sein Bild in der Memoria zu definieren. Die Darstellungen der Päpste mit ihren Nepoten hingegen waren reine Politikpropaganda im Sinne der Legitimation der päpstlichen Macht und des nepotistischen Systems. Sie sollten als ein Fingerzeig für die Zukunft der Nepoten gelten, eine Allusion auf die Möglichkeit, einen Nachfolger aus den eigenen familiären Reihen auf den päpstlichen Thron zu wählen. Sollte die Familie nicht mit einem weiteren Pontifikat gekrönt werden, so sollte zumindest die weltliche Macht der Nepoten gesichert sein.

Dann wurden die Nepoten der Päpste Herzöge und Großgrundbesitzer mit Adelstiteln, damit sie am Ränkespiel der Macht in Italien beteiligt waren und der geistliche Vertreter der Familie als Mitglied des Heiligen Kardinalskollegiums eine Stimme in der Entscheidung der göttlichen Vorsehung für einen neuen Pontifex auf dem päpstlichen Thron wahrnehmen konnte.

In diesem Kontext der Bildpropaganda suchten die Farnese einen erstklassigen und außergewöhnlichen Künstler. Dass sie sich gerade Tizian als Porträtmaler auserkoren hatten, lag zum einen an dessen Ruhm, zum anderen an der Tatsache, dass der Künstler seit Jahren der Hofmaler Karls V. und der Habsburger war. So hatte der Kaiser erklärt, dass Tizian der Einzige sei, dem das Privileg zustehe, die kaiserliche Dynastie zu porträtieren. Wenn also der venezianische Künstler die Habsburger auf Bildern festhielt, dann sollte sein Pinsel auch den Farnese dienen. Ein deutliches Zeichen des Machtanspruchs auch hier, machten sich doch seit Langem der Papst und der Kaiser die Suprematie im christlichen Erdkreis streitig.

Die Farnese benötigten darüber hinaus einen Künstler, der in der Lage war, das Publikum zu begeistern und davon zu überzeugen, dass die Farnese Tugenden besaßen, die über die politische Propaganda hinausgingen. Tizian war der ideale Künstler, der dieses Wunder für die Farnese vollbringen konnte.

Die Mitglieder des Farnese-Clans gehörten einer der wichtigsten Familien der Hochrenaissance an, die in Rom das Geschehen bestimmte und darüber hinaus in Europa in Wechselwirkung zu Karl V. standen. Tizian schuf die Porträts dieser illustren Personen mit einer meisterhaften Wiedergabe ihrer Körperhaftigkeit und ihrer Psyche. Diese Bildnisse der Farnese geben einen tiefen Einblick in Wesen und Zeit dieser Familie.

Papst Paul III., Giulia Farnese, die schöne Schwester, Pierluigi, der grausame Sohn des Papstes, Costanza, die geliebte Papsttochter, Kardinal Alessandro Farnese Junior, der Papst-Enkel und karrierehungrige Aufsteiger, Ottavio Farnese, der weltliche Nepot, unterwürfig, aber mit ausschweifendem Lebenswandel, Ranuccio Farnese, der zarte, feine Spross der Familie, Orazio Farnese, der jüngste Enkel, der sein junges Leben auf dem Schlachtfeld ließ, dies waren die Hauptakteure in Tizians Bildern.

1542 entstand das entzückende Porträt des zwölfjährigen Papstenkels Ranuccio Farnese, heute in der National Gallary of Art in Washington. Es war das erste einer ganzen Reihe von Bildern, die Tizian bis 1546 für die Farnese malen sollte. In seiner Darstellung des jugendlichen, vielversprechenden Sprosses der Familie verließ sich Tizian allein auf die formalen Mittel der frischen Färbung der Wangen, der schimmernden Lippen und des Glanzes in den Augen, die gerade seine Kinderporträts authentisch erscheinen ließen. Meisterhaft gelang es Tizian, den feinen Charakter des Jugendlichen auf die Leinwand zu bannen, die leichte Unruhe des Zwölfjährigen beim Pose-Stehen und die Drehung des Körpers verleihen dem ganzen Bild eine Dynamik, die zum Eindruck der jugendlichen Frische beiträgt. Tizian benutzte eine reduzierte Palette an essentiellen Farben. Der dunkle Hintergrund, der schwarze, schwere Mantel mit dem silbernen Malteserkreuz, Rosé- und Goldtöne für die frische, jugendliche Haut und die Rot-Nuancierung für das schwere Gewand aus Brokat liefern eine genaue psychologische Charakterisierung des Jungen und laden zu einer intensiven Betrachtung des Porträtierten ein. Dieses Meisterwerk offenbart die Sensibilität und das tiefe Verständnis des Venezianers. Tizian spielte mit dem Kontrast der schweren Kleidung, die den hohen Rang des Sprösslings darstellte, und dem schlanken, jungen Körper, den noch unreifen Zügen und dem scheuen, schüchternen Blick des Jungen. Mit nur vier Jahren wurde Ranuccio von seinem päpstlichen Großvater zum Prior von San Giovanni di Forlani in Venedig ernannt, das dem

Malteser-Ritterorden gehörte. Das weiße Kreuz auf dem Mantel signalisierte die Zugehörigkeit zu dem Orden. Das Gemälde entstand im Auftrag des Bischofs von Brescia, Andrea Cornaro, der 1542 Ranuccio nach Venedig begleitet hatte, um den jungen Mann in die Adelskreise der Serenissima einzuführen. Es war als Geschenk an die Mutter des Jungen, Gerolama Orsini, gedacht, und mit diesem Porträt entstand ein erster Kontakt Tizians zu den Farnese. Ranuccio galt als der Lieblingsenkel Pauls III., der von Anfang an in seine Erziehung investierte. So befanden sich unter seinen Lehrern Gianfrancesco Leoni, der Bischof Andrea Cornaro und Giovanni della Casa, genau jener Diplomat, welcher mit Mühe und Geschick wenig später erreichte, Tizian für die Farnese nach Rom zu locken.

1543 wurde Tizian nach Busseto gerufen, um den Großvater Paul III. zu porträtieren. Als Pietro Aretino dieses erste Porträt Pauls III. von Tizian sah, kommentierte er, dass Tizian mit dieser Darstellung ein Wunder gelungen wäre: *miracolo fatto dal vostro pennello.*

Das Gemälde ist der vollkommene Ausdruck päpstlicher Macht und Größe. Tizian gelang es, aus Papst Paul III. einen fast freundlich blickenden Papst-Herrscher zu machen. Waren doch die zeitgenössischen Beschreibungen dieses Papstes alles andere als schmeichelnd, sein wohl eher unmoralischer Lebenswandel war in aller Munde und seine Lasterhaftigkeit allgemein bekannt. So kreisten etliche Spottgedichte über den Farnese-Papst, die die allgemeine Meinung durchscheinen ließen. Allerdings bestand ein großer Unterschied zwischen der Feder der Spottschreiber und Tizians Pinsel. Hochinteressant ist die Radiographie des Bildes. In der Vorzeichnung erscheint das Gesicht des Papstes mit scharfen Linien, die schmale Stirn von tiefen Falten durchfurcht, die nach unten gerichteten Augen mit düsterem Blick und dunklen Gedanken. Die lange Nase, verleiht dem Gesicht den Ausdruck eines Raubvogels, der jeden Augenblick bereit ist, sich auf seine Beute zu stürzen. Tizian erkannte im durchfurchten Gesicht des Papstes ein Laster, welches ihm selbst durchaus bekannt war: der Geiz und die Gier nach Reichtum und Macht. Ganz anders war dann das vollendete Werk. Tizian überarbeitete die Vorzeichnung vollkommen, verschönte das Gesicht des Papstes, ohne dessen Authentizität in Frage zu stellen. Der Künstler bestand darauf, die traditionelle Kopfbedeckung des *Camauro* wegzulassen, um die hohe Denkerstirn des Papstes wirken zu lassen, und legte äußerste Sorgfalt in die Darstellung der feinen, gepflegten Hände, was dem Papst ein würdevolles Aussehen gab.

Ein weiteres Porträt, welches kurz nach der offiziellen Version 1545 entstand, wurde zur Privatbenutzung von dem Kardinal-Kämmerer Guido Ascanio Sforza Santa Fiora in Auftrag gegeben. Es zeigt Papst Paul III. dann, dem Zeremionell entsprechend, mit *Camauro,* aber ohne Fischerring. Der Papst wirkt älter als auf dem offiziellen Porträt, aber freundlicher und zugänglicher, die Farben sind heller. Der Betrachter soll in diesem Gemälde den gütigen, segnenden Heiligen Vater sehen, nicht den nepotistischen Papstherrscher, der er in Wirklichkeit war. Auch hier wird die Wahrnehmung der Betrachter auf die zukünftige Memoria hin manipuliert. Anders als im Vorgängerbild öffnet sich hier im oberen rechten Bildrand ein Fenster mit Blick in die Landschaft. Das gesamte Werk ist mit schnellen, flüchtigen Pinselstrichen gearbeitet, als hätte Tizian weniger Zeit und Genauigkeit auf dieses zweite Werk verwendet, wahrscheinlich weil er wusste, dass es für den reinen Hausgebrauch gedacht war.

Das Porträt des Kardinalnepoten (1545/1546), des jüngeren Alessandro Farnese, wurde von diesem selbst in Auftrag gegeben. Nachdem Tizian den jüngeren Bruder Ranuccio und dann den päpstlichen Großvater Paul III. porträtiert hatte und nachdem Alessandro die sinnliche *Danae* für sein Schlafgemach erhalten hatte, wollte auch er ein eigenes Porträt von dem großen Tizian. Der hier 26-Jährige ist in seiner Kardinalsrobe in einer Dreiviertelbüste dargestellt. Plastisch sticht er vor dem dunkelroten Samtvorhang des Hintergrundes mit seinem grellroten Gewand hervor. In der rechten Hand hält er ein Paar Handschuhe und distanziert den Betrachter mit seinem intensiven Blick. Der schlanke junge Mann wirkt schön, attraktiv und intelligent. Alles Eigenschaften, die, so hoffte der Kardinal, ihn in Zukunft auf den Papstthron bringen würden, was ihm am Ende doch nicht gelang. In diesem Gemälde wird Tizians außerordentliche Fähigkeit der genauen Beobachtung und der psychologischen Interpretation seines Gegenübers deutlich.

Gleichzeitig war Tizian auch ein meisterhafter Manipulator, dem es gelang, die Porträtierten so darzustellen, wie sie vom Betrachter gesehen werden sollten, ohne es jedoch an Authentizität fehlen zu lassen. Deutlich wird das im Porträt des Pierluigi Farnese 1546.

Pierluigi, der erstgeborene Sohn Pauls III., galt als grobschlächtig, brutal und jähzornig, das Gesicht von der Malaria gezeichnet. In der Version Tizians erscheint er nahezu als stolzer Feldherr von imposanter Präsenz. Man weiß wenig über die Entstehungsgeschichte des Bildes. Mit Sicherheit waren sich Pierluigi und der Venezianer in Rom nie begegnet. Es ist eher wahrscheinlich, dass das Werk auf eine ursprüngliche Skizze zurück ging, die Tizian angefertigt haben könnte, als er Paul III. in Busseto porträtierte. Die Ausarbeitung dieses Meisterwerks fand dann auf Wunsch des Papstes statt, entweder in der letzten Zeit von Tizians Romaufenthalt oder kurz nach seiner Rückkehr nach Venedig.

Die Leinwand und das Bild sind in schlechtem Zustand, und dennoch überzeugen die brillante Komposition und die weichen Farben. Pierluigi erscheint in einem Dreiviertelprofil in Uniform, kräftig, mit militärischem Kampfgeist. Faszinierend sind die Farben und die leicht verwischten Konturen, die den Farnese streng und kraftvoll erscheinen lassen, allerdings ohne die ihm eigene Brutalität. Sein scheinbar abwesender Blick mimt Kontemplation, die sich in jedem Moment in Aktion verwandeln kann, die Hand auf dem Stab ruhend als Symbol des militärischen Kommandos. In den verschmelzenden Farben der dunklen Braun- und Rottöne fängt Tizian im Glitzern der Uniform Lichteffekte ein. Der Soldat im Hintergrund hisst eine purpurrote Fahne als Zeichen des Sieges, der Farnese als Fahnenträger des Kirchenstaates, als Symbol der Verteidigung der Kirche.

Tizians Bild lässt den ersten Sohn des Farnese-Papstes ganz anders erscheinen, als dieser tatsächlich war. Dieser skrupellose Mann hatte die Militärkarriere gewählt und hatte keine Hemmungen, sich immer auf die Seite der Sieger zu schlagen. So kämpfte er für den Papst mit den Truppen der Republik Venedigs, um kurz darauf gemeinsam mit den Landsknechten Karls V. Rom zu plündern. Er ging so weit, dass selbst sein Vater ihn zurückwies und letztendlich nur im Namen der dem Papst so heiligen Familienpolitik an ihm festhielt. Mit der gleichen Arroganz und Überheblichkeit, die ihn in seinen Lebensentscheidungen begleitete, drängte er sich auf den Herzogthron von Parma und Piacenza, der eigentlich seinem Sohn Ottavio zugedacht war. 1547 wurde der Herzog Opfer einer Verschwörung: Man fand ihn erstochen in Piacenza.

Die Kopie des Raphael-Porträts von Julius II. wurde bei Tizian wahrscheinlich von den della Rovere in Auftrag gegeben, als dieser auf seiner Reise nach Rom den Herzog an dessen Hof besuchte. Vasari erwähnt dieses Gemälde 1548 im *Studiolo* des Herzogs in Urbino. Tizian nutzt die ihm eigene Weise der Benutzung der Farbe, macht die Konturen weicher, holt den Papst näher an den Betrachter heran, als wäre es eine Nahaufnahme, und lässt den Hintergrund in einem undefinierten Dunkel verschwinden. Er konzentriert sich allein auf die Gestalt des Papstes. In diesem Gemälde zeigt sich wieder einmal Tizians beeindruckende Fähigkeit zur idealen Überhöhung der Person, ohne jedoch der reellen Widergabe Abbruch zu tun. Der Künstler übersteigert die Lichteffekte im Gewand, stimmt dafür aber die Haut und das Gesicht mit matten Farben und Rosétönen ab, was dem Bildnis eine starke Präsenz verleiht. Tizians Julius II. wirkt kraftvoller, entschlossener und weniger introvertiert als der Papst auf Raphaels Porträt.

Auch bei dieser Kopie zeigt sich noch einmal die politische Bedeutsamkeit der päpstlichen Porträts, denn umgehend wurde bei Tizian auch das Porträt des della Rovere-Papstes Sixtus IV. in Auftrag gegeben, ganz eindeutig schmückte man sich am Hof von Urbino mit den päpstlichen Vorgängern, um die Bedeutung und den Anspruch der Familie deutlich zu machen.

Die Farnese-Porträts befinden sich heute alle im Nationalmuseum Capodimonte in Neapel. Die großartige Sammlung gelangte 1738 im Auftrag des Bourbonen Karl III. nach Neapel. Karl III. war von 1735–1759 als Karl VII. König von Neapel und von 1759 bis zu seinem Tod 1788 König von Spanien. Er war der Sohn von Elisabetta Farnese, die Letzte, die diesen großen Namen trug, und Philipps V. von Spanien. Die reichhaltige Sammlung von Gemälden und Zeichnungen der größten Künstler sind heute der Kern des Nationalmuseums Capodimonte.

Bleibt noch zu erwähnen, dass dank der intensiven Betrachtung der malerischen Schönheit der Porträts der Mächtigen aus Politik und Religion, der Gelehrten und der schönen Frauen – seien es nun Kurtisanen, Geliebte oder edle Damen – uns die historische Zeit vor Augen geführt wird.

In seinen Werken zeigt uns Tizian das. Er hält sich nicht nur mit dem äußeren Aspekt der wertvollen Kleider, dem Schmuck, den Insignien der Macht auf, er geht tiefer, dringt in das Innere der Persönlichkeit und damit in die Psyche der Porträtierten ein. So blickt der Betrachter hinter die Fassade und meint die Träume, Wünsche, Geheimnisse und Illusionen dieser Personen zu sehen. Gewisse Teile der Geschichte werden besser mit dem Pinsel geschrieben, als mit einem Stift.

XI. Familienporträt – Tizian malt Papst Paul III. und seine Nepoten

*Ein psychologisches Meisterwerk * Tizian zeigt Mut zur Karikatur und zur Anklage des Nepotismus * Die zeitgenössische Wahrnehmung des Gemäldes Tizians*

Paul III. mit seinen Nepoten war das letzte große Werk, das Tizian für die Farnese in Rom 1545/1546 in Angriff nahm. Es wurde zu einer in ein tiefes Rot getauchten Farbensymphonie, in der der Meister sich selbst übertraf. In einem der ältesten Inventare des Palazzo Farnese aus dem Jahr 1653 wird das Bild von Giuseppe Bertini genauestens beschrieben:

„Ein großes Bild auf Leinwand in leichtem Holzrahmen, mit den Porträts von Paul III. sitzend, Kardinal Alessandro Farnese stehend und dem Herzog Ottavio dabei, dem Papst seine Ehre zu erweisen, unvollendet, aus Tizians Hand, mit einem grünen, seidenen Vorhang und goldenen Fransen"

Der Papst sitzt in einem Armlehnstuhl aus rotem Samt. Sein linker Arm liegt auf der Lehne und seine Hand mit dem großen Ring umfasst fest den Knauf. Die andere Hand liegt auf dem Rand eines Tisches, der gänzlich mit einem hellen roten Tuch bedeckt ist und auf dem eine Sanduhr steht. Er trägt auf seinem Haupt den *Camauro*, mit Hermelin gefüttert, und den Kurzmantel mit Kapuze, ebenfalls mit Pelz gefüttert, beide in changierenden Rottönen. Darunter das weiße Gewand mit weiten Ärmeln, auch diese mit Hermelin gefüttert. Aus dem langen Gewand blickt der rote, mit einem goldenen Kreuz bestickte päpstliche Schuh hervor, den die Besucher als Ehrenbeweis dem Papst gegenüber küssen mussten. Hinter dem Papst Kardinal Alessandro Farnese ganz in Rot, der Kardinalshut noch intensiver als der Rest des Gewandes. Ottavio trägt die klassischen Renaissancegewänder, die Kleider des adligen Ehrenmanns. Ein kurzes samtenes Obergewand mit großen Puffärmeln aus einem dunklen, in ein rötliches Braun übergehenden Weinrot, darüber ein etwas hellerer Pelz in Form einer Stola, die Beine in Pumphosen und weiße Strümpfe gehüllt, ebenso weiß die Schuhe. In der rechten Hand hält er seine Kopfbedeckung, ein kleiner dunkler Hut mit weißer Feder, mit der linken Hand greift er zur Schwerthülle, Dynamik und Bewegung ausdrückend bei der Verbeugung, die er gegenüber dem Papst anstrebt. Im Hintergrund ein samtener, roter Vorhang. Das gesamte Bild lebt von den unterschiedlichsten Abstufungen der Farbe Rot, fließend ineinander übergehend und nur hin und wieder von einem cremigen Weiß unterbrochen.

Die Bekleidung, die Haltung und die Positionen der drei Hauptdarsteller entsprachen den politischen und protokollarischen Vorgaben des Zeremoniells am päpstlichen Hof. Dieses Gemälde, als offizielles Staatsporträt gedacht, sollte die päpstliche Macht darstellen und legitimieren, *regnum et sacerdotium*, die weltliche und die geistliche Macht waren unauflösbar in der Figur des Pontifex vereint. Deutlich wird das durch die Position Pauls III. im Zentrum des Bildes, als einziger sitzend, der Tisch, die Sanduhr, welche die Vergänglichkeit darstellte, und der mit einem Vorhang bedeckte Hintergrund gehörten zu den klassischen Elementen des Staatsporträts der Zeit.

Die Größe des Bildes, 210 x 174 cm, weist eindeutig darauf hin, dass es zu offiziellen Zwecken geplant war und in einem Repräsentationsraum des Palastes aufgehängt werden sollte, damit alle die Botschaft lesen konnten, der Papst und seine Nepoten, die dynastische Zukunft, der Kardinal als geistlicher Nachfolger, der weltliche Herzog als Stammhalter der Dynastie, an der auch der Kaiser beteiligt war.

Der Auftrag an Tizian für das Gemälde hatte genau dies zum Ziel. Wie unglaublich ironisch wirkt hingegen das Werk selbst. Statt einer Lobeshymne auf das Papsttum und den Nepotismus entstand genau das Gegenteil: Tizian zeigte Mut und schuf geradezu eine Karikatur, eine Anklage gegen den Nepotismus und die Dekadenz des römischen Systems, und damit ein psychologisches Meisterwerk der Spitzenklasse, in dem sich die dramatische und konfliktreiche Familiengeschichte der Farnese spiegelt.

Der katzbuckelnde Enkel Ottavio steht am Rand des Bildes, der senile Papst im Zentrum, und daneben findet man den jungen Kardinalnepoten Alessandro als Höfling auf der Karriereleiter, der den senilen Onkel für seinen eigenen Erfolg auszunutzen versucht.

Es mutet sehr sonderbar an, dass trotz der augenscheinlichen Ironie genau dieses Werk den Farnese besonders gut gefiel und deren Segen bekam; vielleicht lag es an dem sehr lebendigen Charakter und dem menschlichen Ausdruck aller Beteiligten. Das Werk blieb am Ende unvollendet und verschwand schließlich im Palast der Farnese.

Erst die neuere Forschung bemühte sich um eine genauere Interpretation dieses Meisterwerks. Während Tizian sich in den ersten Porträts, die er von Paul III. noch vor seinem Romaufenthalt angefertigt hatte, um eine gewisse Verschönerung des Papstes und eine positive Darstellung bemüht hatte und die Kenntnisse über den lasterhaften Lebenswandel des Papstes in den Hintergrund treten, so dass der Papst Macht, Größe und sogar Würde ausstrahlt, so treten in dem Dreierporträt gerade die negativen Seiten deutlich hervor. Das Bildnis mit den Nepoten als Psychogramm verleitet dazu, das gesamte Wissen um die schillernde Persönlichkeit des Papstes, die Machtkämpfe unter seinen

Nachkommen und das verschlagene Kalkül des Papstes mit in die Betrachtung einzubeziehen.

In diesem Gemälde ist eindeutig das Vorbild des Raphael-Bildes *Leo X. mit seinen Nepoten* von 1518/19 zu sehen. Tizian kannte dieses Werk sehr gut, wie die neueste Forschung durch die radiographische Untersuchung des Gemäldes beweisen kann. Dem Papst selbst schwebte wahrscheinlich eher das Fresko in der Vatikanischen Bibliothek von Melozzo da Forlí vor, und es ist anzunehmen, dass ursprünglich mehr Nepoten auf Tizians Gemälde geplant waren, als die letztendliche Version zeigt. Ganz zu Anfang scheute Paul III. wohl nicht vor der Idee zurück, seinen eigenen Sohn Pierluigi als neuernannten Herzog von Piacenza und Parma und mit ihm seinen Lieblingsenkel Ranuccio als frisch ernannten Kardinal auf dem Gemälde zu präsentieren. So weit war nicht einmal Alexander IV. gegangen. Der Pontifex zog diese erste Idee schnell zurück, war doch davon abzuraten, dass er sich gemeinsam mit seinem leiblichen Sohn in einem Staatsporträt zeigte. Dieses Gemälde sollte eine offizielle Funktion erfüllen, und der Papst konnte mit Sicherheit davon ausgehen, dass es Kaiser Karl V. mehr als sauer aufstoßen würde, den Herzog an der Seite des Papstes zu sehen, war er doch mit dessen Ernennung zum Herzog nicht einverstanden gewesen. So fiel letztendlich die Wahl auf Ottavio Farnese, dem der Papst zugleich noch mit einer Bulle den Status des Erstgeborenen verlieh, damit er nach dem Tod seines Vaters Pierluigi als Herzog in dessen Fußstapfen treten konnte. Es bedurfte dieser päpstlichen Bulle, da Kardinal Alessandro Farnese der eigentlich Erstgeborene war. Gleichzeitig machte sich der Papst die sprachliche Feinheit zunutze, dass Nepot zugleich Enkel und Neffe bedeuten konnte und damit zumindest für die Nachwelt der Status des leiblichen Enkels als verwischt erscheinen konnte. So war von Beginn an die Bedeutung dieses Gemäldes als offizielles Porträt und damit als

Ausstellungsstück vor einem breiten Publikum geplant. Das Vorhaben der Auftraggeber war also auf eine Doppelfunktion hin angelegt, das Werk wandte sich an die Nachwelt, gleichzeitig aber auch an die Zeitgenossen und an jene, die an der Gründung der neuen Dynastie beteiligt waren, und damit war Karl V. einer der ersten Adressaten, war er doch der Schwiegervater des zukünftigen Herzogs Ottavio.

Die ursprüngliche Idee, alle Enkel zusammen mit dem Papst darzustellen, scheiterte nicht nur an der Opposition Tizians, sondern auch am Kampf der Nepoten untereinander, die um die Gunst ihres Papst-Großvaters buhlten. So wurde die Darstellung auf den Papst und zwei seiner Enkel reduziert, und Ranuccio und Orazio wurden noch vor Beginn aus dem Gemäldeprojekt ausgeschlossen. Ranuccio, der Lieblingsenkel des Papstes war erst im Dezember zum Kardinal ernannt worden. Eine frühere Ernennung hätte den Zorn des Groß-Kardinals hervorgerufen, der doch schon so viel länger den roten Hut trug und der derjenige gewesen war, der den venezianischen Großmeister nach Rom gerufen hatte. Orazio, nicht sonderlich geliebt von Ottavio, da er ihm doch ein ständiger Konkurrent war, so bei dem Kampf um das Herzogtum Castro, war gleichzeitig eine Provokation gegenüber Karl V., war der junge Mann doch der versprochene zukünftige Ehemann der leiblichen Tochter des französischen Königs Heinrich II., dem Erzfeind der Habsburger.

Bei den Vorgängerbildern handelte es sich um eine ausgeklügelte Bildpropaganda unter Einbeziehung der Blutsverwandten des Papstes und um einen gewissen dynastischen Anspruch für die päpstliche Familie. Bei den Farnese allerdings handelte es sich tatsächlich um die *leiblichen* Enkel des Papstes, ein Novum auch für das an ein Nepotensystem gewöhnte Rom.

Tizian zeigte in seinem Werk den Papst mit zwei Nepoten, entfernte sich damit von den strengen Regeln des Staatsporträts und liefert ein eher dynamisches, erzählendes und beschreibendes Werk. In diesem Dreierporträt wird die gesamte künstlerische Freiheit des Künstlers deutlich. Tizian zeigte in Form und Stil seine eigene außergewöhnliche und feinsinnige Fähigkeit der psychologischen Beobachtung. Mit schnellen Pinselstrichen fängt er den vorsichtigen, listigen und argwöhnischen Charakter des alternden Papstes ein, ohne irgendeine Art von Idealisierung. Knochig und mit gebeugtem Rücken, aber nicht ohne Energie und mit wachem Sinn. Paul III. dreht sich, um mit Scharfsinn seinen Enkel Ottavio zu betrachten, der gerade dabei ist, vor dem Papst eine unterwürfige Verbeugung zu machen, um dann, wie es die Hofzeremonie vorschrieb, den päpstlichen Schuh zu küssen. Die gebeugte Haltung und das gehetzte Wesen des jungen Kardinals nehmen fast die Hälfte des Bildes ein, der Papst muss sich zu seinem Enkel umdrehen, der Tisch, der zuvor an einer anderen Position war, wie die Radiographie zeigt, wurde an die linke Seite gedrängt. Die Darstellung im Profil hebt die große, stark gewölbte, höckerige Nase Ottavios hervor, eine Tatsache, die Tizian mitnichten zu verschönern versuchte. Entweder war Ottavio Tizian nicht wichtig genug, oder die Verachtung des Malers dem römischen System und der Farnese-Familie gegenüber war bereits so tief, dass die eigentlich geplante Bildpropaganda sich zu einer reinen Kritik und in eine Karikatur verwandelte. Eines wissen wir, weder den Papst noch den Kaiser interessierte die bucklige Nase, und es war Ottavio selbst, der protestierte und darauf drang, dass Tizian ihm eine annehmbarere Nase malte. Was seine Nase anbelangte, hatte der junge, eitle Nepot Einwände, nicht aber was seine Haltung und Gestik anging. Süßlich und unterwürfig, schlau und ausweichend, schwer fassbar und ambivalent, das war der Charakter des jungen Herzogs. In den stürmischen Geschehnissen um die Einsetzung des Herzogtums hatte er immer die Ruhe bewahrt und sich mit seinen diplomatischen

Fähigkeiten hervorgetan, sei es den kaiserlichen Legaten gegenüber, sei es im Gespräch mit dem Kardinalskollegium. Leise und vorsichtig zog er an den diplomatischen Fäden. Ganz anders hingegen sein wenig älterer Bruder, der für seine hitzigen Ausbrüche und Szenen bekannt war, die reichlich den Tratsch und Klatsch in Rom nährten. Vielleicht war Ottavio der Einzige, der die politische Lehre des Papstes in die Realität umsetzte, wie sich später beim Kampf um Parma zeigen sollte. Was den Fußkuss anbelangte, so gehörte dieser unabdingbar zum Hofzeremoniell, und keiner war davon ausgenommen, auch nicht der Herzog und Enkel.

Ein starker Kontrast zu der unterwürfigen Haltung des weltlichen Nepoten war die straffe, aufrechte Haltung des Groß-Kardinals Dass sich hier nur der kaiserliche Verwandte dem Zeremoniell unterwirft, lässt spekulieren, dass diese Unterwerfung eine Anspielung an den Kaiser und seine Vertreter war. Unverhüllt treten hier die eigenen Machtansprüche des Papstes und seine Hoffnungen auf einen weiteren, zukünftigen Aufstieg der Farnese-Familie hervor. Links im Bild, leicht hinter dem päpstlichen Stuhl stehend, der karrierehungrige Groß-Kardinal Alessandro Farnese, der dem Zuschauer einen melancholischen Blick zuwirft. Er umfasst mit festem Griff den Knauf der Rückenlehne des päpstlichen Stuhls, eine Allusion auf seine zukünftigen Ambitionen. Er nahm den Ehrenplatz des Kardinalnepoten ein, der traditionell als der päpstliche Nachfolger gehandelt wurde. Der Papst tat das Seinige dazu, seinen Enkel in dieser Sache zu fördern. Im Oktober 1545 kam den älteren und damit eher *papabile*, zum Papst wählbaren, Kardinälen die Nachricht zu Ohren, dass Paul III. die Wahl seines Nepoten zum Papst vorbereiten würde, was diese sehr beunruhigte. So schrieb am 9. Oktober Ippolito Capilupi, ein Freund Tizians, venezianischer Botschafter in Rom und eng an das Haus Gonzaga gebunden: „… alles zu seiner Zeit, so haben es viele Nepoten geschafft, ihrem päpstlichen Onkel auf den Papstthron zu folgen, nur nicht gleich im Anschluss, lagen doch immer ein bis drei Pontifikate dazwischen. So war Alexander IV. Nepot des Calixtus III., Julius II. der Nepot Sixtus IV. und andere, dann auch Clemens VII. Cousin und Nepot Leos X. Dies beweist, dass es der Zeit bedarf, um auf den Papstthron zu gelangen, keines Betrugs oder anderes dergleichen."

Allerdings hatten sich die Zeiten geändert, es bedurfte der List, gepaart mit Intelligenz, und eines Netzwerkes, auf dessen Empfehlung man hoffen konnte, um Karriere zu machen. Der Groß-Kardinal Alessandro Farnese hoffte bis zum Schluss, wenn schon nicht Papst, dann doch noch weltlicher Herzog zu werden, und nahm die kirchlichen Weihen erst 1564 an, als es für ihn keine Hoffnung mehr auf eine weltliche Karriere gab – Parma blieb in den Händen seines Bruders Ottavio und dessen Erben. So präsentierte er erst 1566 seine Kandidatur im Konklave. Alessandro Farnese scheiterte in diesem, wie auch in den weiteren zwei Konklaven, immer am Veto König Philipps II., welcher den Farnese genauso wenig vertraute wie sein Vater Karl V.

1546 allerdings, in der Zeit als das Gemälde entstand, machte sich Alessandro Farnese noch Hoffnung darauf, einmal Papst zu werden. Erst gegen Ende seines Lebens versuchte Paul III., seine Familie zur Eintracht zu ermahnen und im nächsten Konklave vor allem darauf zu achten, dass kein direkter Gegner der Farnese den Papstthron besteigen sollte. Er gab seinem Enkel auch noch die Mahnung mit auf den Weg, dass man das Papsttum nicht suchen sollte: Wer es sucht, werde es nicht finden, und so sollte es am Ende auch für Alessandro sein.

Trotz der Eröffnung des Reformkonzils unter seinem Groß-vater Paul III. mühte sich der Schöngeist und Lustmensch Allessandro kaum, seine ungebremste, mondäne Lebenslust aufzugeben und lernte allenfalls, sie besser zu verbergen. Rauschende Feste im Palazzo della Cancelleria, die Unsummen verschlangen,

waren keine Seltenheit, ein Privileg, dass sich nur der Kardinalnepot und Enkel des Papstes leisten konnte.

Tizian gelang es, die unterschiedlichen Charaktere der drei
Farnese-Hauptdarsteller zu erfassen, und er fing mit brutaler
Klarheit die wahre Atmosphäre am päpstlichen Hof ein, voll von
Intrigen, Machenschaften und exzessiven Kämpfen um Macht
und Reichtum. Das Bild wirkt trotz allem natürlich, aus dem
Leben gegriffen, was hauptsächlich an der reichen und meister-
haften Verwendung der Farbe liegt, die dicht, cremig und mit
schnellen, breiten Pinselstrichen aufgetragen worden ist. Diese
Tizian eigene Maltechnik war das radikale Gegenteil zu den glatt
aufgetragenen Farbschichten und den scharfen Konturen, die der
Malerei der römischen Zeitgenossen eigen war.

Es war ein politisches Signal, dass Paul III. sich ausgerechnet den bevorzugten Künstler und Porträtisten des Kaisers für
sich und seine Familie erwählte. Auch dass auf dem Gemälde
nur zwei der fünf männlichen Nachkommen des Papstes zu sehen sind, gehörte in den Zusammenhang der aktuellen Politik.
Das römisch-nepotistische System sah vor, dass der neuerwählte
Papst zwei ihm zur Seite stehende Nepoten aus den Reihen seiner
eigenen Familie auswählte. Bei Paul III. handelte es sich allerdings um seine leiblichen Enkel, Söhne seines Sohnes Pierluigi.
Auf dem Bildnis erscheinen nur zwei der fünf Enkel, der Kardinal
Alessandro und sein welt licher Bruder Ottavio, dieser war 1538
mit Margarete von Österreich verheiratet worden und somit der
Schwiegersohn Karls V. In der Zeit, in der das Bildnis begonnen
wurde, standen die Farnese in enger Verbindung zum kaiserlichen Hof. So war Kardinal Alessandro Farnese häufig als päpstlicher Legat am Hofe Karls V. anwesend und stand als Diplomat
in enger Verbindung zu seinem päpstlichen Großvater. Der Kaiser seinerseits suchte beim Papst finanzielle Unterstützung für
einen Krieg gegen die protestantischen Fürsten in Deutschland,

und um den immer auf die Vergrößerung seines Familienbesitzes bedachten Papst wohlgesonnen zu stimmen, signalisierte er ihm gegenüber seine Bereitschaft, zu Gunsten seines Schwiegersohns und Papstenkels Ottavio auf die Ansprüche von Parma und Piacenza verzichten zu wollen, sozusagen als Hochzeitsgeschenk. Mit einem Vertrag sollten diese Gebiete Ottavio als Herzogtum überlassen werden, was wie eine Entscheidung zu Gunsten beider Seiten schien. Leider hielt der Papst nicht Wort und überschrieb 1545 die beiden Herzogtümer nicht wie versprochen Ottavio, sondern er setzte seinen Sohn Pierluigi als Herzog ein – ein Affront gegen den Kaiser, der zuvor deutlich gemacht hatte, dass er nur zu Gunsten von Ottavio und Margarete auf die Herzogtümer verzichten, Pierluigi als Herzog aber in keinem Fall tolerieren würde. Zuerst kam von Seiten des Kaisers keine Reaktion auf diese offensichtliche Brüskierung, und so wiegte Paul III. sich in Sicherheit, sah sich als Sieger in dieser verzwickten politischen Situation und gab im Winter 1545/1546 Tizian den Auftrag zu dem offiziellen Familienbild. Der Papst ließ sich nach mehreren Diskussionen mit denjenigen Enkeln porträtieren, die dem Kaiser am nächsten standen, ausgerechnet vom Lieblingsmaler des Kaisers. Auch dies eine politische Wahl.

Die Sicherheit, sich dem Kaiser gegenüber behaupten zu können, stellte sich als Trugschluss heraus. Als im März 1546 der kaiserliche Statthalter von Mailand, der Herzog von Vasto, starb, ernannte der Kaiser nicht Ottavio als Nachfolger für die Herzogtümer Parma und Piacenza, wie es der Papst erhofft hatte, sondern Ferrante Gonzaga. Die Absicht des Kaisers, dem Papst Parma und Piacenza wieder abzunehmen, wurde damit überdeutlich. Wenig später wurde der Papst-Sohn Pierluigi bei einer Verschwörung, die wohl von Ferrante Gonzaga angeführt wurde, ermordet, und Piacenza wurde von den kaiserlichen Truppen zurückerobert. Paul III. musste nun auf die Unterstützung Frankreichs hoffen und versuchte, diese durch ein Heiratsversprechen zwischen seinem jüngsten Enkel und Diana, der unehelichen Tochter des französischen Königs, abzusegnen. Die Hochzeit zwischen Orazio, dem Herzog von Castro, und Diana fand erst 1553 in Paris statt, allerdings starb der junge Bräutigam nur wenig später bei einem Hinterhalt. Das Herzogtum Castro fiel an seinen Bruder Ottavio zurück, dem es gleichzeitig gelang, sich in Parma zu behaupten und das Herzogtum für die Farnese zu halten, auch ohne große französische Unterstützung.

Paul III. war sich der Streitereien unter seinen Enkeln bewusst und ermahnte in einem seiner letzten Briefe den Enkel-Kardinal Alessandro Farnese: „Haltet zusammen mit dem Kardinal S. Angelo (Ranuccio) und euren Geschwistern, so nehmt ihr keinen Schaden, der nur durch Zwietracht und Schlechtigkeit über euch kommen kann."

Dabei vergaß er aber vollkommen, dass diese Streitigkeiten eine unvermeidliche Konsequenz seiner eigenen komplizierten Familienarchitektur waren. Seine Kinder und Enkel waren Spielfiguren auf einem von ihm erfundenen Schachbrett, auf dem jeder seine notwendige, ihm zugewiesene Position halten musste und bereit sein sollte, sich zum Wohle der Familie zu opfern. Paul III. verteilte die Rollen seiner Kinder und Enkel gleichwertig, in der Hoffnung, ein weitreichendes Netzwerk und eine erfolgreiche Dynastie zu bilden. Abgesehen von den Farnese-Kardinälen in der Kurie unterhielt die Familie in ihrer Blüte verwandtschaftliche Verbindungen mit den Orsini, den Sforza, den della Rovere, dem Kaiser und dem französischen König – ein europaweites Netz. Trotz der päpstlichen Strategie und der großzügigen Zuwendungen zerfraß die Rivalität die Seele der päpstlichen Nepoten, und jeder verfolgte zuallererst seine eigenen Ambitionen.

Dass Paul III. mit extremer Skrupellosigkeit den Ruhm, das Ansehen und die Macht seiner Familie vergrößern wollte, war ein offenes Geheimnis. Dieser Ruf des Papstes reichte weit bis über die Alpen, und selbst Luther veröffentlichte 1545 ein Pamphlet „Wider das Papsttum, vom Teufel gestiftet". Die Päpste schwelgten in Pomp und Orgien, und nicht anders als die weltlichen Herrscher vergnügten sie sich nach Kräften und zeugten Kinder mit zahlreichen Konkubinen. Es fallen Wörter wie „Höllischer Vater", „Papstesel", „Epikuräische Sau", „Endchrist" und „Teufel".

Den exzessiven Nepotismus der Farnese kritisierte auch Aretino in einem scharfen Sonett im Frühling 1545. So beschimpfte er Paul III. als „schändlichen Heuchler, der mit Carl unter einer Decke steckt", als „niederträchtig, überheblich, rachsüchtig, hässlich, lüstern, aus Inzest geboren, Papst nur dank seiner Schwester, Mätresse des Papstes, Vater und Großvater für die Kinder seiner Tochter". Nun war Paul III. ein legitim geborener Sohn, und die Liebe zu seiner Tochter Costanza war Vaterliebe, aber dieses stark überzogene Sonett war nur eines von vielen, die zur Zeit des Pontifikats des Farnese zirkulierten.

Humanistisch und theologisch gebildet, bewegte sich Paul III. genauso wissend auf dem Parkett der Glaubensdiskussionen wie auf dem weltlichen und politischen Schachbrett Europas. Mit Sicherheit waren der exzessive Nepotismus und die weltliche Lebensführung Pauls III. zu kritisieren. Beide Dinge waren allerdings keine neue oder gar ungewöhnliche Angelegenheit im Rom der Renaissance.

Das Familienbild wurde von Tizian meisterhaft in Szene gesetzt als eine Karikatur mit Sinn für Spott und Satire. Wenig spricht in dem Bild von der sonst so glorreichen päpstlichen Bildpropaganda. Es ist ein rein nepotistisches Werk. Tizian kritisierte hier nicht den Nepotismus an sich, dazu war er viel zu sehr an solche Praktiken gewöhnt. Der Künstler blickte tiefer und legte mit der Haltung der drei Protagonisten die gierige Seele des Papstes, den Machthunger des Kardinalnepoten und die unweigerliche Unterwürfigkeit des weltlichen Enkels bloß. Der venezianische Großmeister führte die Farnese vor. Er lieferte einen Blick hinter die Kulissen des päpstlichen Hofs, trotz der vordergründigen, augenscheinlich traditionellen Darstellungsweise klassischer Repräsentationsbilder. Das großartige Repräsentationsbild des päpstlichen Herrscherwillens, das Tizian im Begriff war zu malen, hatte durch die sich überschlagenden Ereignisse seine eigentliche Funktion verloren und wurde zu einem Zerrbild des greisen Papstes und der in sich zerstrittenen Nepoten.

In der wissenschaftlichen Untersuchung haben die Radiographien die einzelnen Phasen der Bildentstehung und Korrekturen freigelegt. So sieht man, dass Tizian zu Beginn des Werkes seine ihm eigene penible Arbeitsweise anwendete: die reiche Farbgebung, die Weise der Personalisierung und der Wunsch, dass das Werk dem Auftraggeber gefiel. Erst in der letzten Schaffensphase kann man eine radikale Änderung im Stil erkennen.

Das Gemälde verschwand im Familienpalast in einem der hintersten Räume. In einem Brief an Kardinal Alessandro Farnese von 1547 bot Tizian noch einmal seine Dienste an und erwähnte ganz beiläufig, dass er unter Umständen doch bereit wäre, das ihm angebotene leitende Amt anzunehmen. Ein letzter Versuch des Künstlers, eine Bezahlung zu erwirken. Das Bild wurde in diesem Briefwechsel von keinem der beiden erwähnt.

In den Inventurberichten taucht dieses Werk bis 1649 ohne Rahmen auf, erst 1653 erfahren wir von einem Rahmen aus Holz mit einem Vorhang aus grüner Seide und goldenen Fransen, etwas, was nur künstlerisch wertvollsten Bildern und den Werken von hoher politischer Bedeutung vorbehalten war. 1622 gelangte das Bild nach Parma, wo es seine politische Rolle zurückerlangte. In den Inventarverzeichnissen von 1680 und 1708 wurde der Kardinal Alessandro mit seinem Bruder Kardinal Angelo, und der Herzog Ottavio mit seinem Vater Pierluigi verwechselt – Ironie des Schicksals oder die Kenntnis von den frühen Auftragsschriften zwischen Papst und Künstler, die genau diese Kombination vorsahen? 1733 wurde das Gemälde mit den weiteren Schätzen der Farnese-Sammlung von dem Bourbonen Karl III. als letztem Erben der Farnese nach Neapel gebracht.

***

Unerfüllt blieben Tizians Hoffnungen auf die Bezahlung seiner Dienste ebenso wie auf das einträgliche Lehen für seinen Sohn. So verließ er – trotz Ehrenbürgerschaft – gekränkt und enttäuscht die Stadt. Der venezianische Künstler war es gewohnt, dass man um seine Gunst buhlte, am päpstlichen Hof schienen die Rollen sich umzukehren und es gab hier keinen Platz mehr für ihn. Intrigen, Bestechungen, politisches Kalkül vor großartigen Prozessionen und heiligen Bildern – das schreckte den Wahlvenezianer ab. Und so verließ er Rom nach nur wenigen Monaten gen Norden, um nicht wiederzukehren.

XII. Tizians Rückkehr nach Venedig

*Das große Finale * Eine Art Testament*

Obwohl Tizian am 19. März 1546 die Ehrenbürgerschaft Roms auf dem Kapitol vom römischen Stadtrat erhalten hatte – eine Ehre, die nur sehr wenigen der fähigsten Künstler zuteil wurde, Michelangelo war einer dieser Künstler –, verließ er Rom fast fluchtartig im Juni 1546 und kehrte der Ewigen Stadt für immer den Rücken. Ihm war das Rom der Päpste zu eng und unzuverlässig, seine Kunst wurde nicht verstanden, und nachdem Papst Paul III. dann nach langem Zögern doch der Bitte des venezianischen Meisters nachzugeben schien und seinem Sohn Pomponio die lang ersehnte kirchliche Pfründe von Colle di San Pietro zugestanden hatte, sah Tizian keinen weiteren Grund mehr, in Rom zu bleiben.

Auf der Rückreise nach Venedig wollte Tizian neue Eindrücke gewinnen und weilte eine Woche lang in Florenz, wo er versuchte, seine Dienste Cosimo I. anzubieten. Als Gastgeschenk brachte er einen Empfehlungsbrief und das Porträt von Pietro Aretino mit, welches heute im Palazzo Pitti zu sehen ist. In dieser Zeit waren die Künstler Bronzino, Salviati und Pontormo für Cosimo de Medici tätig, und der Haussekretär Cosimos und engste Vertraute Bronzinos, Pierfrancesco Ricci, stellte sich vehement gegen die Bewerbung des Künstlers aus der Lagunenstadt. Er reiste weiter über Mantua und kam Ende Juni 1546 zurück nach Venedig. Dort entpuppte sich der Aufenthalt in Rom als eine einzige Enttäuschung für Tizian. Die gesamten Arbeiten und Porträts, die der Künstler für die Farnese ausgeführt hatte, blieben unbezahlt, dazu kam auch noch, dass die versprochene reiche Pfründe trotz des Versprechens des Kardinals Alessandro Farnese nun letztendlich doch nicht vergeben werden konnte. Das Abenteuer in Rom konnte der venezianische Künstler als eine Bildungsreise in seinen Analen verzeichnen, eine Reise, die ihn künstlerisch bereichert, die zu interessanten Konfrontationen geführt hatte – wie seine Begegnung mit Michelangelo –, die aber nur wenig mehr als ein paar alte Marmorreste in seinem Gepäck eingebracht hatte.

Die Rückkehr nach Venedig brachte aber keine Ruhe in Tizians Leben. Da sich der kaiserliche Auftraggeber als weitaus zuverlässiger erwiesen hatte als der Papst, war Tizian bemüht, seinem wichtigsten Gönner jeden Wunsch zu erfüllen und folgte dem Ruf Karls V. im Herbst 1547 nach Augsburg auf den Reichstag. Auf dem Reichstag von 1547/1548 versuchte Karl, der siegreich aus dem schmalkaldischen Krieg hervorgegangen war, das durch den religiösen Unfrieden zersplitterte Reich wieder zusammenzufügen, um seinem Sohn Philipp die Nachfolge zu garantieren. Allerdings hatte Karl mit der Opposition seines Bruders Ferdinand zu kämpfen, der Teile des Reichs und der Macht beanspruchte, so dass im Endeffekt an Philipp Spanien, die Niederlande und die unter spanischer Hoheit stehenden Territorien in der Neuen Welt gingen. Tizian sollte als politischer Beobachter und Chronist Zeugnis von diesem Reichstag und der Habsburgischen Macht ablegen.

Ohne Rücksicht auf seine anderen Verpflichtungen zu nehmen und unter Nichtbeachtung der Jahreszeit, reiste Tizian im Januar 1548 und erneut im November 1550 über die Alpen nach Augsburg. Er reiste nicht alleine, sondern nahm Mitarbeiter seiner Werkstatt mit nach Augsburg, darunter seinen Sohn

Orazio, den Cousin Cesare, den holländischen Maler Lambert Sutris und einige andere aus der Bottega. Im Reisegepäck ein *Ecce Homo*, besonders gelobt von seinem Freund Aretino – „*quel Cristo è vivi e vero*", „der so lebendig und echt wirkende Christus" –, und eine Venus, als Gastgeschenk für Karl V. Hier erwarteten den Künstler für Karl und die habsburgische Verwandtschaft vor allen Dingen Porträtaufträge. Es setzte sich fort, was er in Rom begonnen hatte: Die Darstellung der Mächtigen auf der Leinwand.

Der venezianische Künstler blieb weiterhin gefangen in seinem unstillbaren Ehrgeiz und beobachtete nicht ganz ohne Neid die wachsenden neuen Stars in der venezianischen Malerszene wie Tintoretto und Veronese, entfernte sich aber gleichzeitig selbst aus dem ihm eng gewordenen venezianischen Milieu, in dem er fast ein halbes Jahrhundert die absolute Hauptrolle gespielt hatte. Tizian wurde immer srärker von dem internationalen Ambiente angezogen und sah sich vor allem in der Rolle des *primer pintor*, des ersten Hofmalers des Kaisers. Der habsburgische Hof wusste diese Entscheidung des großen Malers für sich zu nutzen, und so wurde der Thronfolger Philipp II. der große Mäzen und Hauptauftraggeber in Tizians letzten Schaffensjahren.

1548 lernte der Prinz Tizian in Mailand kennen, und als er 1550/51 während des Reichstags in Augsburg mehr Zeit mit ihm verbrachte, band Philipp, dessen künstlerische Vorliebe bis dahin den niederländischen Malern gegolten hatte, Tizian eng an sich. In Augsburg ist wohl auch das berühmteste Porträt Philipps II. entstanden, das heute noch im Prado zu bewundern ist. Tizian zeigt den Prinzen Philipp im Alter von 24 Jahren in einer glänzenden, prachtvollen, reich geschmückten Rüstung. Das edle Weiß seiner zarten Haut, welches die Vornehmheit des Prinzen signalisiert, entspricht dem Elfenbein-Weiß seiner Strümpfe, das perfekt mit dem Grüngoldenen Schimmer der Rüstung harmoniert. Das Bild vermittelt einen leichten Hauch von Melancholie, die dem Prinzen eigen war. Auf Drängen seiner Tante Maria von Ungarn wurde dieses auf tizianische Weise idealisierende Bildnis des zukünftigen spanischen Königs 1553 nach England zu seiner ihm versprochenen Braut und späteren Ehefrau Maria Tudor, Tochter Heinrichs VIII. und Katharinas von Aragón, gesandt. Dies zeigt ein weiteres Mal das Vertrauen der Mächtigen in Tizians Kunst und macht die menschliche Komponente, die die Habsburger mit dem venezianischen Künstler verband, und Tizians unumstrittene diplomatische Rolle und den damit verbundenen politischen Wert deutlich.

Der Prinz schätzte die Vielseitigkeit des Venezianers und versuchte, Tizian für die Ausstattung seiner neuen Residenzen in Madrid zu gewinnen. 1549 hatte er bei seiner Tante die Gemälde der vier Furien gesehen, die Tizian für die habsburgische Regentin gemalt hatte, und so fällt es einem leicht zu glauben, dass hier in Philipp der Wunsch entstand, für sich einen Bildzyklus bei Tizian in Auftrag zu geben.

Bei den Gesprächen über die zu malenden Sujets während der Porträtsitzungen in Augsburg ist es wohl dann mündlich zu dem Auftrag gekommen, der Tizian in den 1550er Jahren überwiegend beschäftigte: Es waren die Bilder zu Ovids *Metamorphosen*. Mit seinem nie erlöschenden künstlerischen Elan und seinem poetischen Einfühlungsvermögen gestaltete der sechzigjährige Meister erzählende Bilder von Liebesabenteuern, weiblicher Schönheit, menschlichen Schicksalen und charakterlicher Dekadenz. Es waren der Kunstsinn Philipps von Spanien und sein Verlangen nach immer neuen Bildern und Themen, die dem alternden Maler neue Kraft gaben, um sich nochmals neu zu erfinden. Seine letzten Bilder für Philipp standen dann im Zeichen der katholischen Reform: biblische Szenen, Heilige, Altar- und Andachtsbilder für das Kloster in El Escorial.

Als Tizian im Frühjahr 1551 endlich nach Venedig zurückkehrte, war er um die 62 Jahre alt. Auch wenn er noch weitere 26 Jahre leben und arbeiten sollte, musste er mit seiner Energie haushalten und Schwerpunkte setzten.

Die fünfziger und sechziger Jahre waren geprägt von den Arbeiten für das habsburgische Kaiserhaus, erst für Karl V., dann nach dessen Tod für Philipp II. Auch wenn die Zahlungen aus dem durch das südamerikanische Gold reich gewordenen Spanien nicht immer pünktlich flossen oder sogar ausblieben, konnte Tizian beim spanischen König bessere Preise erzielen als im heimischen Venedig, wo die erfahrenen Händler und Auftraggeber eher knapp kalkulierten. So lag es nicht an der venezianischen Auftragslage oder an mangelnden Auftraggebern, dass er weniger für die Markusrepublik malte, sondern tatsächlich daran, dass es für den Großmeister unwirtschaftlich war, für heimische Besteller zu malen. Tizian wurde mit Aufträgen aus ganz Europa überhäuft, er war kein venezianischer Handwerker mehr, sondern der europäische Malerfürst.

In Venedig begannen jüngere Künstler zu malen, wie der exzentrische Tintoretto und der elegante Paolo Veronese, eine Situation, der sich Tizian stellen musste. Allerdings war wohl kaum anzunehmen, dass er in ernsthafte Konkurrenz zu ihnen trat. Tizian distanzierte sich allein durch seine führende Position, vor allem von Tintoretto, den er, wie mehrere zeitgenössische Quellen wiedergeben, nicht sonderlich zu schätzen schien. Er hatte den herausragenden Newcomer Tintoretto seinerzeit wegen zu viel Talent aus seiner Werkstatt verwiesen. Tintoretto war, noch intensiver als Tizian, an die Lagunenstadt gebunden und hatte die Abwesenheit des Großmeisters genutzt, um 1548 für die *Scuola Grande di San Marco* mit dem *Wunder des Sklaven* ein epochales Werk zu schaffen. Vielleicht war es eine Art von Revanche, als Tizian sich parallel zu Tintoretto 1549 für die

Mitgliedschaft in der *Scuola San Rocco* bewarb, mit der Idee, den jüngeren Rivalen auszustechen. Fazit: Keiner der beiden wurde erwählt.

Die Zeit nach seiner Rückkehr wurde auch von verschiedenen Schicksalsschlägen geprägt: 1556 starb Pietro Aretino, und somit verlor Tizian einen seiner engsten und längsten Vertrauten, seinen Berater in Kunstfragen und vor allen Dingen seinen Freund. Wenig später starb 1559 sein Bruder Francesco, einer seiner engsten Mitarbeiter in der Werkstatt, und 1561 blickte er in das Grab seiner geliebten Tochter Lavinia, die, wie ihre Mutter, im Kindbett viel zu früh verstarb. Weitere Verluste folgten, so starben die Freunde Lodovico Dolce 1568 und Jacopo Sansovino 1570. Tizians ohnehin schon distanzierter Charakter verschloss sich nach diesen Schicksalsschlägen immer mehr. Mit Sicherheit war seine später so zurückgezogene Lebensweise auf den Tod vieler enger Vertrauter zurückzuführen, und in der letzten Phase seines langen und arbeitsreichen Lebens fand eine tiefgreifende Veränderung in seinem Schaffen statt. Aber auch dann noch spielte bei Tizian das Kolorit, die Farbe, die absolute Hauptrolle in seinem Werk.

Er malte jetzt nur noch wenige Porträts und führte auch für die Markusrepublik nur wenige Werke aus. Dazu gehören allerdings Bildnisse der neugewählten Dogen für den Dogenpalast und einige Altar- und Refektorienbilder, die zu den originellsten Werken seiner letzten Schaffensphase zählen.

Zu diesen späten Werken gehören unter anderem der auf den Flammenrost geworfene Märtyrer Laurentius, ein Nachtbild von Figuren mit überreichen Gesten, nur ein kleiner Lichtstrahl aus der Himmelsöffnung ist wahrzunehmen.

Für Venedig müssen Tizians Werke dem Zeitgeschmack entsprechen und entstehen in kompetitiver Konkurrenz zu den innovativen Werken vor allem Tintorettos. Tizians Bilder leben durch seine späte Technik, die immer noch innovativ war, vor allem durch seine außergewöhnliche Farbgebung. Sein Spätwerk ist ausgesprochen uneinheitlich, was verschiedene Gründe hat.

Ganz anders als die venezianischen Werke waren die Bilder, die Tizian für Philipp II. malte, der einen differenzierten Kunstsinn besaß und ein anderes Frömmigkeitsempfinden an den Tag legte als die venezianischen Auftraggeber. Abgesehen von den unterschiedlichen Porträts malte Tizian für Philipp vor allen Dingen mythologische Bilder und Allegorien von stark erotischer Ausstrahlung. In seinen Briefen an Philipp bezeichnete Tizian diese Gemälde oft als Poesie oder *favole*, kurz: poetische Bilderfindungen.

Tizian war nicht der einzige Künstler, der die profane Malerei mit dem Begriff Poesie belegte. Es war vielmehr ein kunsttheoretischer Grundsatz der Renaissance, der die Malerei und die Literatur auf eine Ebene stellte und in ihrer Verflechtung eine Art Perfektionierung dieser beiden künstlerischen Ausdrucksformen sah. In den humanistischen Zirkeln fanden viele dieser intellektuellen Auseinandersetzungen statt, die auf einem Zitat aus einem Lehrgedicht des Horaz *ut pictura poesis* basieren, „wie die Malerei, so die Poesie". So befassen sich unterschiedliche Traktate mit dem Thema, welche der beiden Kunstformen die Inhalte besser deutlich mache oder ob nicht tatsächlich nur ihre Verflechtung und ihr Zusammenspiel letztendlich die perfekteste Weise der Kunstdarstellung ist. Auch Lodovico Dolce befasste sich in seinem *Dialogo della Pittura* eingehend mit dieser Frage. In der bildenden Kunst nutzt der Künstler die Überzeugungskraft der Farben und erschafft neu, was der Dichter in seinen Versen erzählt hat. Tizians poetische Bilderzählungen sind in einem gewissen Sinn die Antwort darauf.

In den mythologischen Bildern mit Szenen aus den *Metamorphosen* offenbaren sich eine malerische Frische und eine nicht nachlassende Schöpferkraft Tizians. Dass diese Bildnisse alle gemeinsam für die Ausstattung eines einzigen Raumes gedacht waren, geht aus einem Brief Tizians von 1554 an Philipp hervor. Dieser Auftrag erinnert an den Anfang von Tizians Karriere, als er das Alabasterzimmer von Alfonso D'Este ausgestalten sollte. Im Falle Philipps allerdings ist Tizian der alleinige Künstler für das vollständige Ausstattungsprogramm, der in der Wahl der Themen und deren Umsetzung vollkommene künstlerische Freiheit besaß, sich also keinem vorher gestellten Diktat zu unterwerfen hatte.

Faszinierend an dem gesamten Auftrag, der wohl zwischen 1551 und 1554 an Tizian mündlich übertragen wurde, war, dass es den Raum, für den die Gemälde endgültig gedacht waren, überhaupt noch nicht gab. Zwar lesen wir in den Briefen Tizians an Philipp immer wieder die unterschiedlichsten Ideen und Beschreibungen der angedachten Werke, aber nach der Abdankung Karls V. 1556 wurde Philipp II. zum König von Spanien noch ohne feste Residenz. Anders als seinem Vater lag Philipp das Nomadenleben nicht. Er träumte von einem eigenen, festen Herrschaftssitz. Die alten Residenzen, die Schlösser in Toledo, Aranjuez und bei Madrid das königliche Schloss El Pardo, befanden sich im Umbau. Der Escorial, die spätere Residenz Philipps II., wurde ab 1557 geplant, und erst 1564 war der Baubeginn. So lebte Philipp II. bis Mitte der sechziger Jahre auf verschiedenen Schlössern der spanischen Adligen und bewegte sich immer mit seinem gesamten Hofstaat und seinem gesamten Hausstand, einschließlich der Gemälde. Es war allgemein bekannt, dass dieser kunstverliebte, melancholische König seine Kunstwerke mit sich führte, vor allen anderen hauptsächlich die Werke Tizians. So war der Auftrag der *Poesie* an Tizian an den tiefen Wunsch des Königs nach einer festen Residenz gebunden, welche erst noch entstehen sollte, was den Erfindungsgeist und die künstlerischen Vorstellungen von Auftraggeber wie Künstler in der Planung beflügelte.

Die literarische Grundlage bildeten die *Metamorphosen* des Ovid. Das intellektuelle Konzept bestand darin, dass bereits seit dem Mittelalter antike Schriften und mythologische Erzählungen mit moralischen und christlich-religiösen Deutungen belegt wurden, ganz in der Tradition der neoplatonischen Leseweise des Humanismus. So wurden oft vor allem die sinnlichen, körperlichen Darstellungen in der *Poesie* als ein Widerspruch zu Philipps strengem Katholizismus gesehen, wobei sie in Wahrheit viel eher eine Bestätigung dessen darstellte. Das Schöne in seiner ganzen Vollkommenheit ist gottgefällig und gut. Und genau das, diese malerische Perfektion, ist diesen Bildern eigen, was Philipp an den Werken Tizians schätzte.

So begann Tizian gut 25 Jahre nach den Werken für den Hof in Ferrara einen zweiten Zyklus mythologischer Bilder für Philipp II. von Spanien. Diese Bilder handeln alle von Liebe und Leiden, Belohnen und Strafen und den verschiedenen Verwandlungen als moralischer Fingerzeig. Kurz: die Darstellung der Willkür der Olympischen Götter gegenüber den Sterblichen in verschiedenen Versionen. Der Zyklus der *Poesie* ist keineswegs homogen, es wechseln sich mythologische Szenen mit Liebe, Leidenschaft und Jagdszenen ab, Themen, die dem Prinzen und zukünftigen König am Herzen lagen, um dem politischen Druck, der auf ihm lag, zu entfliehen. Vergnüglich und ein wenig maliziös liest sich der Brief, den Tizian 1554 gemeinsam mit dem Gemälde *Venus und Adonis* nach London an Philipp sandte, wo dieser inzwischen Maria Tudor geheiratet hatte. Tizian nimmt darin auch Bezug auf das Gemälde der *Danae*, welches er bereits abgeliefert hatte und von dem es hieß, seine Danae wirke so lebendig, dass man meinen könnte, ihren Herzschlag zu hören und kein Mann sich ihr entziehen könne, so sehr erwärme sich das Blut in den Venen.

Es lässt sich in Tizians Werken kein Aufeinanderfolgen der Werke nachweisen, die Bildthemen ändern sich oft und ohne ersichtlichen Grund, wir wissen nicht einmal genau, wann Philipp Tizian den Auftrag zu diesen Werken gegeben hatte, auch der eigentliche Aufhängungsort blieb nur eine vage Idee. Nur der seit 1552 einsetzende intensive Briefwechsel zwischen Künstler und König gibt Aufschluss darüber, welche Bilder in Arbeit waren oder an Philipp verschickt wurden.

Nach sechs vollendeten Werken der *Poesie* hält Tizian 1562 diesen Zyklus für vollendet. Tatsächlich blieb Philipps Interesse an Tizians Arbeit aber auch darüber hinaus äußerst lebendig, zielte nun aber auf die Ausstattung des Escorial vornehmlich mit religiösen Gemälden.

Die religiösen Werke für Philipp II. hingegen sind den Normen des tridentinischen Konzils verpflichtet und lassen somit wenig Darstellungsfreiheit. Sie kommen oft mit wenigen Figuren aus und folgen buchstabengetreu den biblischen Ereignissen. Diese Werke stehen ganz deutlich in der Tradition Bellinis und Giorgiones.

So kündigte 1563 Tizian dem König ein wandfüllendes *Abendmahl* an, „in der Hoffnung, dass Eure Majestät nach all den Gemälden poetischer Erfindung an einem religiösen, der Andacht dienenden Bild meiner Hand Freude habe." Heute befindet sich dieses immense Werk (109 x 214 cm) im Refektorium des Klosters des Escorial, welches Philipp errichten ließ. Wahrscheinlich geht der Auftrag dafür bereits auf 1557 zurück, als Philipp den Bau des Escorial in Planung gab, allerdings erreicht dieses Werk den König erst 1564. In der Darstellungsweise bediente sich Tizian in diesem Falle der klassischen Ikonographie und taucht das gesamte Gemälde in den für den venezianischen Künstler so typischen Farbmantel.

Sehr viel innovativer zeigt sich der Maler in der *Grablegung Christi*, ebenfalls bereits 1556 von Philipp in Auftrag gegeben und 1559 ausgeliefert. Das Thema der Grablege Christi nimmt hier dramatische, emotionale Dimensionen an, welche vor allem durch die fragmentarisch aufgetragene Farbe akzentuiert werden. Es ist die Farbe, die das Geschehen darstellt. In diesem Werk des späten Tizian erahnt man eine expressionistische Ausdrucksweise, geradezu in den Bildrahmen gepresst fließen die Figuren ineinander, in einer verschwindenden Landschaft im Gegenlicht, nur ein Stück des bewölkten Himmels ist erkennbar, während sich die gesamte Komposition nach links neigt, mit Blick auf den toten Christus. Das Blau des Gewandes Mariens und komplementär dazu das Rot des Helfers sind die einzigen kräftigen Farbakzente, Maria Magdalena in einem weißen Gewand rechts neigt sich zu dem Leichnam, der von Joseph von Arimathäa gehalten wird, in dem man ein Selbstporträt Tizians erkennen kann. Das Gemälde fand seine Aufhängung am Grab Karls V., eine tiefe Verneigung des Sohnes vor seinem Vater.

Die Kunstpatronage Philipps II. währte bis ans Ende von Tizians Leben und war in der Themenwahl eklektisch. Die Aufträge Philipps II. beinhalten Poesie für den raffinierten Geschmack und die Kultur des Königs, religiöse Dramen, die den strengen Katholizismus des spanischen Königs widerspiegeln, und Lobeshymnen auf seine Politik. So reichte die Spannbreite von komplexen mythologischen Themen, in denen durchaus auch die Erotik eine große Rolle spielte, bis zu politischen Pamphleten und tiefreligiösen Bildern im Sinne des tridentinischen Konzils für den konservativ-katholischen König.

Diese unterschiedlichen Anfragen trafen sich perfekt mit Tizians Vielseitigkeit. Zwischen dem Regenten und dem Künstler wurden vertraglich für beide Seiten vorteilhafte Konditionen ausgehandelt, die die Zusammenarbeit von Auftraggeber und Maler auf einen längeren Zeitraum hin stabilisierten und garantierten.

Es ist gut möglich, dass Philipp die profanen Themen wählte um der ehelichen Vereinigung mit der um einiges älteren Maria

Tudor Glück und ein gutes Gelingen in der persönlichen wie politischen Allianz zwischen Spanien und England zu wünschen. Maria wurde 1556 Philipps zweite Ehefrau und war somit nicht nur Königin von England und Irland, sondern dann auch von Spanien. Sie starb aber bereits 1558, vor Vollendung der *Poesie*.

Nach ihrem Tod vermählte Philipp sich mit der deutlich jüngeren Elisabeth von Valois, Tochter des französischen Königs Franz I. und Katherinas de Medici, die den Beinahmen *Isabella la Paz* bekam. Auf ihr ruhten nun die Hoffnungen eines männlichen Erben. Die französische Königstochter gebar unter Schwierigkeiten nach mehreren Fehlgeburten zwei Töchter und starb mit nur 23 Jahren an einer weiteren Frühgeburt. Philipp, der seiner jungen Frau sehr zugetan gewesen war, zog sich immer mehr zurück. Die erstgeborene Tochter Isabella Klara Eugenia wurde zu seinem Augapfel.

Das Problem der Frage nach dem Thronfolger wurde immer drängender, und so beschloss Philipp, erneut eine Ehe einzugehen, nun mit der jungen Anna von Österreich. Aus der Ehe gingen drei Söhne hervor, die allerdings das Kindesalter nicht überlebten. Erst 1578 kam ein weiterer Sohn zur Welt, der auf den Namen Philipp getauft wurde und seinem Vater als Philipp III. auf den Thron folgte. 1580 starb Anna an den Folgen einer Grippe.

Das grenzenlose Vertrauen, das Philipp in seinen Künstler legte, erlaubte Tizian, zwei bahnbrechende Ereignisse im Leben des spanischen Königs mit seiner Kunst zu feiern: Den glorreichen Sieg der Schlacht bei Lepanto am 7. Oktober 1571 und die Geburt seines Erben, des Infanten Fernando, erstgeborener Sohn von Anna von Österreich, am 7. Dezember 1571. Die Geburt dieses männlichen Erben schien die dynastische Nachfolge der spanischen Monarchie und der weiteren Territorien Habsburgs zu sichern. Leider lebte Ferdinand kaum 8 Jahre, aber das war zur Entstehungszeit des Gemäldes nicht absehbar.

Die *Allegorie auf den Sieg in der Seeschlacht bei Lepanto* feiert den Sieg gegen die Türken durch die Heilige Liga im Namen eines christlichen Europas. Die Heilige Liga wurde durch Rom, den Papst, Spanien und die Republik Venedig repräsentiert, eine eigentlich in sich sehr kontrastreiche Allianz, die nur zu einem Ziel zusammengeführt wurde: das Osmanische Reich und sein Vorrücken in Europa zurückzudrängen. Die Liga wurde von Johann von Österreich angeführt und stand unter dem Schutz von Papst Pius V. Ghislieri, dem eigentlichen Architekten der Liga.

Tizians Gemälde zeigt König Philipp II., der seinen Sohn Fernando der geflügelten Figur der Viktoria anvertraut, die aus den himmlischen Sphären erscheint, und dem Jungen einen Palmzweig mit der Schrift *MAIORA TIBI* und einen Lorbeerkranz überreicht. Im Hintergrund, unscharf und entfernt, die Darstellung der Schlacht. Am unteren Bildrand links erscheint als weitere Demonstration des Sieges ein Türke, seines weißen Turbans beraubt, am Boden mit gebundenen Händen. Das gesamte Werk arbeitet mit theatralischen Effekten, und man kann hier durchaus den Beginn der spanischen Barockmalerei sehen. Das Werk trägt, wie die meisten der späten Werke Tizians, seine Signatur: *TITIANUS VECELLIUS EQUES CAES FECIT,* auf einem Blatt auf der zweiten Säule von links.

Dieses Werk entspricht ganz der katholischen tridentinischen Reform, Spanien eilt der Religion zu Hilfe. Beide Gemälde wurden 1575 zu Philipp gesandt und sind heute im Prado in Madrid zu bewundern. Die ottomanische Gefahr im Mittelmeer schien durch den Sieg bei Lepanto gebannt, die Kirche durch das Konzil in die richtigen Bahnen geleitet und so der gesamte Einfluss in Europa einer starken, posttridentinischen katholischen Kirche mithilfe des spanischen Regenten gesichert. Das Medium Kunst wurde hier auf die subtilste Art genutzt, um politische Propaganda zu betreiben und eine einheitliche Weltsicht vorzuspiegeln, die es zu diesem Zeitpunkt tatsächlich im realen Sinn nicht mehr gab. Aktiver Teil dieser Bildpropaganda war Tizian, der Worte in Bilder ummünzte und mit großartiger Farbgebung dem Betrachter die gewünschten Inhalte vorspiegelte. Auch hier wird Tizians politische Rolle noch einmal ganz deutlich. Tizian, der Zauberer, der Anpassungsfähige, der Diplomat, der Illusionist, der oft auch gegen seine eigenen Überzeugungen den Ansichten seines Auftraggebers vollkommen entsprach und den Betrachter mit sich in die Version des herrschaftlichen Wunschdenkens tragt.

Es sind die letzten beiden Bilder, die Tizian für Philipp malte. Auch sein Stern neigte sich dem Ende zu. Die goldene Renaissance, der Tizian über Jahrzehnte hinweg selbst angehört hatte, wich immer mehr dem strengen Regime der katholischen Reform im nachtridentinischen Europa.

Während man die frühen Werke Tizians als ausgesprochen bunt bezeichnen kann, in denen er sein koloristisches Vermögen meisterhaft ausspielte, findet man im Spätwerk eine Tendenz zur Verschattung und Verdunkelung, die Buntwerte werden entzogen, ein von wenigen Farbnuancen umspielter Bildton wird bestimmend. Auch Tizians frühe Werke kann man kaum als hell oder licht bezeichnen, allerdings werden sie von leuchtenden Farben charakterisiert, die sich dem Dunkel entgegensetzen. In seinem Spätwerk hingegen gelangte Tizian bis an die extremen Grenzen des farblich Möglichen, er testete alle Möglichkeiten der Farbgebung aus, vom hellen, farbstrahlenden bis hin zum dunklen, monochromen Kolorit. Manchmal kommt er mit zwei, drei Farben aus, die ins Unendliche vervielfältigt ein Gesamtensemble ergeben.

Schon immer war Tizian bemüht, seine Farbgebung dem Thema seiner Bilder anzupassen und die dargestellten Ereignisse mit seinem Kolorit zu unterstreichen. In seinen Porträts hingegen ist es ebendiese Farbgebung, die die oder den Dargestellten in seinem Status beschreibt und erkennen lässt. Diese farbbetonte Malweise blieb Tizian seinen gesamten langen Schaffensweg über treu, er wendete die Farbe im Laufe der Zeit nur anders an. In seinen späten Werken entwickelte Tizian eine neue, eine pastose Malweise mit Farbflecken, Farbschlieren, farbigen, dicken und unregelmäßigen Pinselstrichen; er verteilte die Farbe mit Daumen und Handballen in amorpher Weise. Dies alles führte zu einer Verundeutlichung des Gegenständlichen. Diese Arbeitsweise nimmt in der letzten Schaffensphase Tizians an Bedeutung zu. Als Vasari Tizian 1566 in seiner Werkstatt besuchte, war er von dieser groben Malweise irritiert und bezeichnete diese als Fleckenmalerei. Dennoch zeigte er sich von dieser außergewöhnlichen Vorgehensweise, die ein Höchstmaß an künstlerischer Fähigkeit voraussetzte, stark beeindruckt und schilderte die Wirkung dieser Technik auf den Betrachter.

Jacopo Palma der Jüngere hat sehr eindrucksvoll beschrieben, wie Tizian in seiner späten Zeit arbeitete. So skizziere er den zu malenden Gegenstand mit einem dicken Pinsel rudimentär auf die Leinwand und benutze dann denselben Pinsel mit den Farbresten weiter, um Lichtreflexe zu setzen. Danach ließ er die Leinwand trocknen, oft auch länger als notwendig, um diese dann später weiter zu bearbeiten. In der späten Phase seiner Karriere benutzte Tizian ausgesprochen viele Farben, die er dick mit von ihm gebundenen Pinseln und oft auch mit den Fingern auftrug.

Theodor Hertzer charakterisierte in seinem Buch *Tizian. Geschichte seiner Farbe* von 1935 Tizians Malweise wie folgt: „Das ganze Bild schimmert und flimmert in farbigem Spiel. Die stark aufgetragenen Farben und das von Tizian jetzt bevorzugte raue Korn der Leinwand lassen das Bild in unzähligen Lichtern und Reflexen erstrahlen. Es ist eine große Intensität in der Bewegung und Nichts ist ungelöst oder stumpf, alles ist in Beziehung zueinander gestellt, mit einem höheren Zusammenhang. Es wirkt, als würde das Bild in seine Farbatome zerlegt werden, um sich dann aus dem Einzelnen in ein gesamtes Ganzes zusammenzufügen. Es beeindruckt die Vielzahl der Farben, die Leinwand als Farbteppich, oder, wie Palma zu sagen pflegte, als ein unendliches Farbbett. Tizian war in der Lage, von durchaus groben Übergängen zu den feinsten Nuancierungen hin zu wechseln.“

Seit den 50er Jahren kann man bei Tizian nicht mehr von einer fortschreitenden Stilentwicklung sprechen, der Künstler findet für jedes Werk eine Einzellösung, oft in einem langen Prozess, der sich über Jahre hinweg ziehen konnte. Auch die späten Porträts zeigen solche individuellen Lösungen.

Oftmals erschließt sich erst aus entfernter Betrachtung die Gegenstandswelt des Bildes. Tizians späte Bilder verlangen beides, Nähe und Ferne. Seine Werke fordern eine von der gewohnten Sehkonvention befreite Wahrnehmung. Die Gemälde bedürfen einer Aufmerksamkeit, die sich nicht nur mit dem Dargestellten beschäftigt, sondern auch und vor allem mit der eigentlichen Materie des Malens, dem Farbmaterial, dem Entstehungsprozess.

Während Tizians frühe und reife Werke in Venedig, Italien und ganz Europa gefeiert wurden, stand man seinem Spätwerk eher ratlos gegenüber. Seine Zeitgenossen nahmen es kaum wahr und wenn, dann waren sie eher befremdet als begeistert.

Die Suche nach immer neuen Kompositionen und Bildinhalten unterscheidet Tizian von den meisten anderen Malern. In der letzten Schaffengsphase seiner Karriere traten bei ihm alle anderen künstlerischen Fragen vor der Auseinandersetzung mit der Farbe in den Hintergrund. Mehr und mehr vernachlässigte er die präzise Zeichnung oder ließ sie sogar ganz weg, die Definition von Raum, Perspektive und Zeit wurde nur noch angedeutet. Die Bilder wurden am Anfang dieser Phase noch von größeren Farbflächen bestimmt, gegen Ende hin wirken seine Bilder eher wie vibrierende, farbige Flecken, die sich erst nach einer genaueren Betrachtung zu einem Ganzen fügen. Es entsteht der Eindruck der Zeitlosigkeit, jede Art von naturalistischer Darstellung ist verschwunden, der Bildausdruck lebt nur noch durch Licht und Farbe.

Die Technik des alternden Tizian wurde immer mehr ein Ganzes mit dem Künstler selbst, der Körper, Geist und Seele auf die Leinwand übertrug. Tizian gab in seinen letzten Werken auf der farbigen Leinwand mit brennender Leidenschaft seine intimsten Gedanken und Sorgen preis, Trauer der Erkenntnis darüber, dass die goldene Epoche dem Untergang anheimgegeben war. Diese Bilder spiegelten das Innerste dieses einzigartigen Künstlers wider und geben einen Einblick in seinen Mikrokosmos.

Es sind die späten Werke, die Tizian zum Vater der modernen Kunst machten. Hier greift der Künstler Themen von Leid, Gewalt und Tod auf: die Vergewaltigung in dem Gemälde *Tarquinius und Lucretia*, die *Schindung des Marsyas,* und am Ende die Schmerzensreiche, die *Pietà*. Tizian wird zum Maler des Tragischen, des Unausweichlichen. Es ist die Erfahrung des menschlichen Schicksals auf dem von Gott gegebenen Weg, die den Impuls zu seiner letzten Malerei gab.

Neben den tragischen Bildern gehören tiefreligiöse Bilder zu seinen letzten Werken. Bis in seine letzten Schaffensjahre blieb Tizian ein vielseitiger und wandlungsfähiger Künstler. Er malte mit tiefer Empathie Bilder menschlichen Schicksals und mit bewegender Eindrücklichkeit religiöse Bilder. Seine historischen und mythologischen Gemälde sind voller erzählerischer Poesie, und das Bild der Frauen in ihrer idealen und tief sinnlichen Schönheit bestätigt den herausragenden Gestaltungswillen des Venezianers. Tizians Darstellungsweise sucht nicht nach kapriziöser Originalität oder atemberaubenden Bewegungsperspektiven, sein Pathos liegt einzig und allein in seiner Farbgebung.

Eines der letzten politischen Werke, die Tizian malte, ist das Porträt des Dogen Francesco Venier, entstanden um 1564. Das Gemälde kann man als tiefempfundene Ehrenbezeugung Tizians an seine Stadt Venedig betrachten und geradezu als ein letztes politisches Pamphlet.

Ein hageres Gesicht, den Blick besorgt in sein Inneres gerichtet, die schlanke Nase, die hohlen Wangen, die Venen an den Schläfen zeugen von der schwächlichen Gesundheit des zu früh gealterten Dogen. Trotz allem wirkt er stolz auf die Ehre seines Amtes. Der Körper scheint unter der Schwere des Mantels zu verschwinden, die linke Hand hält ihn, die Rechte ist leicht erhoben, wie zum Gruß, oder besser noch zum Zeichen des Friedens. Das brillante Gold des Mantels geht in ein Karmesinrot über bis zum dunkleren, samtigen Rot des Brokatvorhangs hinter der Figur des Dogen. Die zarte Weise des Farbauftrags ist ein meisterhaftes Beispiel dafür, wie differenziert Tizian in seiner späten Zeit die Farbe einsetzte. Ein zartes Spiel der Goldtöne, sein warmes Rot und die Akzentsetzung durch das Blau.

Aus dem Fenster geht der Blick auf eine Lagunen-Landschaft mit einer brennenden Schiffsflotte, die an den Kampf gegen die Türken erinnern soll, aus der die Republik trotz aller Widerstände letztendlich siegreich hervorging.

Francesco Venier wurde 1554 zum Dogen gewählt und regierte, gesundheitlich angeschlagen, knapp zwei Jahre bis zu seinem Tod am 2. Juni 1556. Sein Porträt wurde von den Erben Veniers in Auftrag gegeben.

Durchaus privat erscheint das Werk *Allegorie der Weisheit*. Dieses Dreierprofil ist ein außergewöhnliches Sujet, und man kann wohl annehmen, dass es ein rein persönliches Werk für den Meister selbst darstellte, eine Zukunftsvision und eine Art Testament. Das Bild zeigt den älteren Tizian links im Seitenprofil, verschwindend, unscharf, über einem Wolfskopf, seinen Sohn

Orazio in der Mitte über einem Löwen und seinen Neffen Marco rechts über dem Kopf eines Hundes. In der Renaissance stehen diese Tierköpfe allegorisch für Klugheit, Stärke und Treue, was durchaus geläufig war, aber in dieser sehr persönlichen Komposition mehr als ungewöhnlich. Die drei unterschiedlichen Porträts stehen für den Lauf der Zeit. Tizian spielt auch hier mit Licht und Farbe, Tizians Selbstbildnis, die Vergangenheit, verschwindet im Zwielicht und scheint sich aufzulösen, Orazio ist die Verkörperung der Gegenwart, halb Licht, halb Schatten, aber in der gesamten Kraft seines reifen Alters, das Profil des jugendlichen Marco steht für Zukunft und erscheint hell beleuchtet. Monochrom im Halbkreis über den Köpfen die lateinische Inschrift, die sich darauf bezieht, dass die Zeit von der Klugheit regiert wird. Eine ganz persönliche Weltsicht des Künstlers eröffnet sich dem Betrachter in diesem Gemälde.

Die religiöse Transzendenz und die Übersinnlichkeit im reinen Geiste lassen sich am besten in dem Meisterwerk *Die Verkündigung* (1559–1564) in der venezianischen Kirche San Salvatore (oder auch San Salvador) nachvollziehen. Auftraggeber war der reiche venezianische Händler Antonio Cornovì della Vecchia, der dieses Gemälde für seine Grablege in der Augustinerkirche von Salvatore wünschte. Es ist weniger eine Verkündigung, sondern eher das Mysterium der Inkarnation, der Fleischwerdung Christi, denn Tizian bricht hier komplett mit der traditionellen Ikonographie. So trägt der Engel Gabriel nicht die Lilie der Jungfräulichkeit, sondern kreuzt die Arme vor seiner Brust: Seine Verkündigung ist bereits abgeschlossen. Der Heilige Geist ist bereits auf Maria herniedergekommen, die sich des Verzichts und Opfers ihrer Rolle vollkommen bewusst ist. Ihre Jungfräulichkeit wird durch die flammenden Rosen als Symbol der in Liebe zu Gott entflammten Maria ausgedrückt, die ihrer Berufung folgt und das Wunder der Fleischwerdung Christi annimmt.

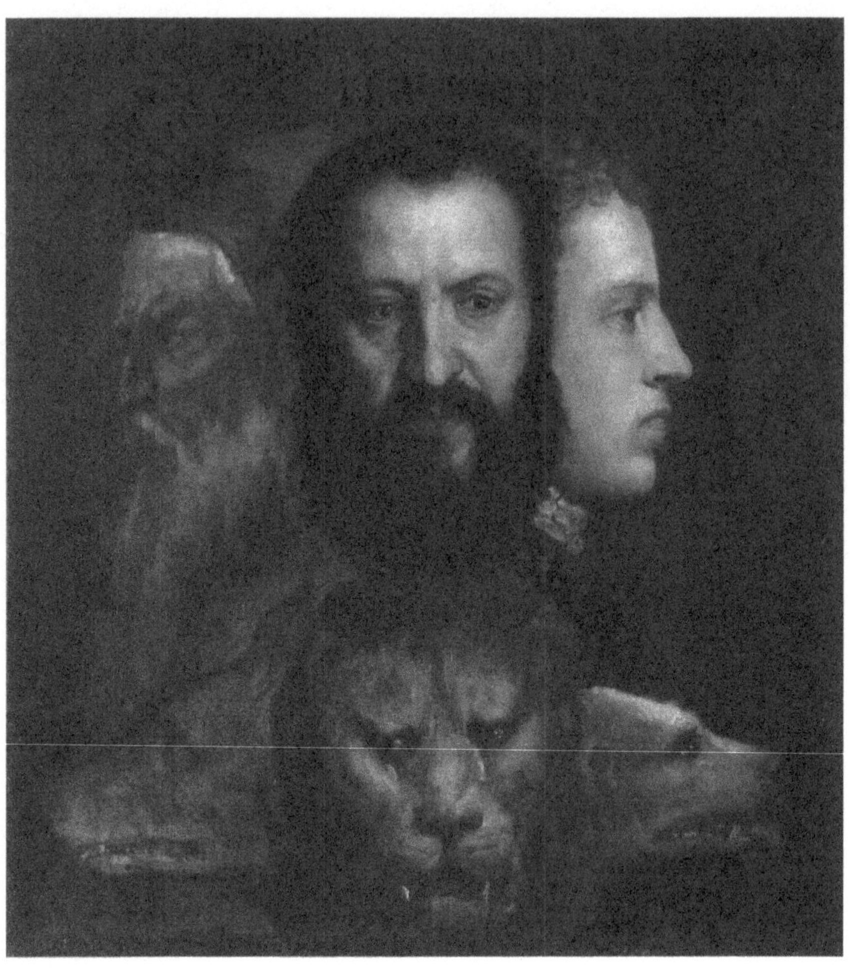

Allegorie der Weisheit, Gemälde (um 1565) von Tizian.

Wichtiger als das Gespräch zwischen dem Engel und Maria ist der Farbpathos in der Himmelswelt in Tizians letzter Verkündigung und das Einbrechen des Lichts. Das gesamte Werk ist eine reine Farbenexplosion. Der Raum, in dem sich Maria befindet, hat gegenüber den sich mächtig entfaltenden Farben keine Bedeutung mehr, alles ist in eine einzige Farbwolke gehüllt, die eine himmlische Vision enthüllt. Das Kolorit des Engels – er glüht von innen heraus – gehört zu den Höhepunkten von Tizians Farbkunst der Spätzeit. Das Vibrieren der Farben ist allgegenwärtig, die schimmernden Farben fließen in abenteuerlicher Nuancierung ineinander. Angefangen von dem metallisch glimmenden dunklen Gold der Flügel über das weiche Schillern des Gewands, das zwischen Rosa, Hellblau, leichtem Goldton und Weiß changiert, bis hin zu einer in Pfirsichrosé schimmernden Haut. Der Heilige Geist durchbricht diese Farben mit seinem strahlenden Weiß, umgeben von Engelschören. Maria, kleiner als der Engel, empfängt gehorsam diese göttliche Nachricht. Tizian zeigt hier in meisterhafter Weise seinen revolutionären Gebrauch von Farbe und Licht, welches blendend, weißglühend die Dunkelheit durchbricht. Unten auf der Leinwand die Signatur *TIZIAN UD FECIT*.

Die tragische Vergewaltigung der Lucretia durch den etruskischen Königssohn Tarquinius in dem Gemälde *Tarquinius und Lucretia* von 1570 erscheint wie eine persönliche Vision des Großmeisters, der sich mit dem Thema der unausweichlichen Gewalt beschäftigt. Es ist keine Beschreibung des Umfeldes vorhanden, man wohnt dem Geschehen direkt und aus der Nähe bei und kann sich dadurch der Grausamkeit nicht entziehen. Das Bild wirkt dynamisch, bewegt, tragisch, die Figuren erscheinen aus dem Nichts in ihrem verzweifelten Ringen, der farbige Ton des Gemäldes ist gedämpft, Weiß und Rot, in großen Pinselstrichen und mit pastosen Farben aufgetragen. In Tizians Meisterwerk kündigt sich hier bereits ein impressionistischer Stil an.

Tiefes Leiden und unaussprechliche Gewalt offenbaren sich auch im Gemälde *Die Schindung des Marsyas* (1570–1576). In diesem Meisterwerk, das Tizian gegen Ende seines Lebens malte, kann man mit bloßem Auge das Auftragen von breiter, dicker Farbmasse auf der Leinwand nachvollziehen, die innerlich glühenden und mit weißglühenden Farbakzenten versehenen Gestalten sind typisch für seine letzte Schaffensphase. Das Gemälde zeigt die Schindung des phrygischen Satyrs Marsyas, der nach dem verlorenen musikalischen Wettbewerb – Marsyas spielte die ihm von Athene geschenkte Flöte, Apoll seine Lyra – von Apoll, dem Sieger, zur Strafe gehäutet wird.

Tizian wollte in diesem tragischen Sujet das Ende der natürlichen, primitiven Welt darstellen, die durch Marsyas verkörpert wird, und das Kommen der Zivilisation und der rationalen Harmonie, die sich durch Apoll enthüllt. Rechts in nachdenklicher, reflektierender Haltung sitzt Midas, der phrygische König, der von Apoll mit Eselsohren bestraft wurde, weil er einen vorherigen Sieg Apolls gegen Pan nicht anerkennen wollte. Viele Forscher sehen in Midas den über das Leben sinnierenden alternden Tizian selbst, der dem Geschehen mit schmerzlicher Melancholie und hilflos beiwohnt. Die nachdenkliche Haltung Midas deutet auf das Bewusstsein Tizians hin, dass alle Talente und Gaben zunichte werden gegenüber sinnloser Gewalt und Präpotenz, und dass genau dies der tragische, unaufhaltsame Lauf der menschlichen Geschichte ist.

Bei genauerer Betrachtung hat Apoll bereits begonnen, dem Satyr die Haut abzuziehen. Ein kleines Hündchen leckt dessen Blut. Dem Betrachter erschließt sich die Grausamkeit des Geschehens erst langsam, die in Farbflecke aufgelöste Bildoberfläche verschleiert zunächst die Szene. Aus dem farbenglühenden Dunkel zeichnen sich nur langsam die grauenvollen Details ab, und die Dunkelheit löst sich bei genauerer Betrachtung in eine unglaublich bunte Farbigkeit aus Grau, Grün, Sand und Purpur auf. Das gesamte Werk ist die Summe der Bemühungen Tizians um die Farbe.

Tizians allerletztes Werk wird letztendlich zu seinem eigenen Vermächtnis: Im Angesicht des Todes, in einem Venedig, in dem die Pest wütete, entblößt der alternde Maler seine Seele in dem

Bild der Schmerzensreichen, der *Pietà* (1576), das tief dramatisch und voller Todesahnung ist.

Geplant war das Gemälde als Tizians eigenes Grabbildnis in der Christuskapelle in der Kirche Santa Maria Gloriosa dei Frari. Wegen eines Zerwürfnisses mit dem Prior wurde dem Künstler die Aufhängung des Bildes untersagt. Letztendlich blieb das Werk unvollendet und befand sich bei seinem Tod noch in seiner Werkstatt, wo es von Palma dem Jüngeren fertiggestellt wurde, was dieser mit einer göttlichen Anempfehlung am Bildrand im Zentrum unten vermerkte: *QUOD TITIANUS INCHOATUM RELIQUIT/PALMA REVERENTER ABSOLVITDEOQ(VE) DICTATUM OPUS*. Es ist auch anzunehmen, dass der fackelhaltende Engel von Palma stammt, der so ganz und gar nicht in die gesteigerte Dramatik Tizians passen möchte.

Für sein eigenes Grab gedacht, wirkt es wie ein enormes Votivbild. Es war in den Zeiten der Pest entstanden, formuliert als inständige Bitte um Gnade. Die Szene spielt in einem architektonischen Raum, was eher untypisch für Tizian war, vielleicht soll es an die Bauten seines Malerfreundes Giulio Romano in Mantua erinnern. Man sieht eine gemauerte Apsis, getragen von zwei Pilastern, an den Seiten erscheinen als Rahmenfiguren rechts Moses mit den Gesetzestafeln des Alten Testaments und links, als weibliches Element, die hellespontische Sibylle mit Kreuz und Dornenkrone. In Anlehnung an antike Schriften verstand die christliche Renaissance die hellespontische Sibylle als eine den Propheten fast gleichzustellende heidnische Verkünderin einer Gotteserwartung, welche den Tod Christi und seine Auferstehung in einer Weissagung verkündet habe. Der Ort ihres Orakels wird am Hellespont an der Küste in Kleinasien lokalisiert. Die hellespontische Sibylle wird oft mit der erythräischen Sibylle gleichgesetzt, die man an der Decke von Michelangelo in der Sixtinischen Kapelle sieht.

Die marmornen Sockel, auf denen die beiden Propheten stehen, tragen im Relief Löwenköpfe, eine Anspielung auf den heiligen Markus, Venedig und die göttliche Weisheit. Im Zentrum die Jungfrau Maria, gemalt mit dicken, pastosen Farben und groben Pinselstrichen, die auf ihren Knien den bläulichen, toten Christus trägt, Maria Magdalena, rechts im Bild, blickt mit einer verzweifelten Schmerzensgeste aus dem Bild hinaus. Am unteren Bildrand ein alter Mann, der vor Christus niederkniet und um Gnade fleht, ein Selbstbildnis des alternden Tizian. Der einfache Mann und Mensch Tizian fleht am Ende seines Lebensweges um Gottes Fürsprache. In der kleinen Votivtafel. die unten am linken Bildrand zu sehen ist, erkennt man Tizian und seinen Sohn Orazio, die die Jungfrau Maria um ihren Segen und göttliche Vermittlung bitten, um von der Pest verschont zu bleiben. Das Bild ist Ausdruck tiefster Verzweiflung und der Angst des Malers in diesen dunklen Zeiten der Pest, der göttlichen Vorsehung nichts entgegensetzen zu können. Es fehlt die Hingabe in das eigene Schicksal und es bleibt die dramatische Hoffnung, den Lebensfaden weiterspinnen zu können, bis ganz zuletzt.

Trotz der eher düsteren Farben reflektiert das Gold der Apsis im Heiligenschein der Maria und gibt so die Hoffnung auf das ewige Leben. Es ist keine stille Auseinandersetzung mit dem Tod, sondern ein dynamischer, dramatischer Akt, welcher durch die diagonale Achse entsteht, die sich durch das gesamte Werk zieht. Sie beginnt bei Nikodemus-Tizian, welcher die Hand Christi hält, und steigert sich danach langsam durch das immer heller werdende Licht, das Maria leuchtend umrahmt, bis hin zu der heftigen Bewegung der Maria Magdalena, welche durch ihre erhobene Hand den dramatischen Eindruck ins Unendliche steigert. Tizian malt diese *Pietà* nicht für Venedig, nicht für Spanien oder andere, sondern nur für sich selbst, für sein Grab. Sie kann als das Requiem für Tizians lange Karriere gesehen werden.

∗∗∗

Die künstlerische Botschaft dieses venezianischen Künstlers, der sich nicht einmal die großen Farbkünstler des 20. Jahrhunderts entziehen konnten. Dieser virtuose, revolutionäre Umgang mit Farbe und Licht, der letztendlich in all seinen Schaffensphasen das Hauptelement in Tizians Malerei darstellte, formt eine künstlerische Aussage, die in ihrer Gesamtheit bis in unsere Tage wirkt. Tizian beindruckte kommende Kunstgenerationen von Rubens, El Greco und Poussin bis hin zu Delacroix und Hans von Marées.

Tizians Gemälde sind klare, deutliche Botschaften, die den Menschen in seinen unendlichen kleinen und großen Schwächen zeigen. Dem Meister aus Venedig gelang es, durch seine Menschenkenntnis und die Glaubwürdigkeit der in Farbe gebannten Bildwelten Aufmerksamkeit, Anteilnahme und Emotionen bei den unterschiedlichsten Betrachtern zu wecken.

Trotz all seiner charakterlichen Schwächen gelang es Tizian, sich in unterschiedlichsten Umfeldern beliebt zu machen. Er bestach vor allen Dingen durch seine Kunst, die dem Betrachter schmeichelte und die Auftraggeber zufriedenstellte. Tizian war ein Mann seiner Zeit, gleichzeitig aber wuchs er über seine eigene Zeit hinaus und schuf eine neue Gattung des neuzeitlichen Künstlers. So war er nicht nur Maler, sondern durchaus auch Diplomat, treuer Freund und Ratgeber.

Seine opportunistische Geziertheit, seine Attitüde, seinen Auftraggebern gefallen zu wollen, seine diensteifrige Art im Angesicht der Mächtigen, begleitet von seiner andauernden Gier nach Geld und Verdienst und seinem Bedürfnis, sich gegenüber seinen Rivalen abzugrenzen und auszuzeichnen, hatten den

Mann aus dem Dorf Cadore weit über die Grenzen von Venedig hinauskatapultiert. Sein Wunsch, die soziale und wirtschaftliche Stellung für sich und seine Familie zu verbessern, ist in Erfüllung gegangen. Tiziano Vecellio aus Pieve di Cadore, erster Künstler der Serenissima, war zum größten Maler in Europa aufgestiegen.

Es war ihm in unvergleichlicher Weise gelungen die politischen, sozialen, religiösen und kulturellen Gegensätze eindringlich darzustellen. Seine Gemälde spiegeln während seiner langen Schaffensperiode in einzigartiger Weise die Verflechtung menschlicher und politischer Zusammenhänge wider. Seine Werke sind Spiegel ihrer Zeit, Zeitdokumente des Mächteringens in Europa, künstlerische und kulturelle Quellen für den heutigen modernen Beobachter. All dies eingetaucht in einen Farbenrausch, der seinesgleichen sucht.

Lodovico Dolce schrieb über seinen Freund: „Bellini war zu seiner Zeit ein guter, fleißiger Maler. Aber er wurde von Giorgio da Castelfranco (Giorgione) übertrumpft. Tizian ließ Giorgio unzählige Meilen hinter sich. Er gab seinen Figuren eine heroische Majestät und fand eine Art und Weise, die Farbübergänge unendlich weich zu gestalten, in den Farben so wahr und echt, dass man in der Tat die Wahrheit spricht, wenn man sagt, dass sie wie die Natur selbst sind.“

Tizians enger Freund Aretino schreib: „Tizian ist der einzige Maler, der in der Lage war, mit dem Pinsel Dinge auf die Leinwand zu bannen und so die Natur auf das Perfekteste imitierte, wenn nicht gar überwand, um damit seine Betrachter zu verzaubern.“

XIII. Schöne Frauen – Tizians Kunst der Sinnlichkeit

Bezaubernd schön sind auch die wenigen weiblichen Porträts, die Tizian gemalt hat, und ein regelrechter Verkaufshit und Auftragsschlager wurden seine sinnlich-weiblichen Frauengestalten, eher mythologische, allegorische und ideale weibliche Figuren, die jeder Fürst haben wollte. Das Zurschaustellen der weiblichen Schönheit, gepaart mit Tizians Fähigkeit, den weiblichen Körper halb oder sogar ganz enthüllt in seiner natürlichen Freizügigkeit lebensnah und sinnlich schön darzustellen, erweckte das Begehren vieler seiner Auftraggeber, ein ebenso sinnenbetörendes Bild zu besitzen.

Viele Künstler des 16. Jahrhunderts malten halbentblößte junge Frauen, oft im Halb- oder Dreiviertelfigurenbild. Gerne benutzte man für diese Darstellungen Frauenfiguren aus mythologischen Erzählungen oder aus dem Alten Testament.

Diese Frauenbilder wurden zum allgemeinen Verständnis mit den jeweils für sie typischen Attributen versehen. So finden wir die Allegorien der Venus, der Vanitas, der Kleopatra, der Salome oder gar der Judith. Der Antrieb bei den Auftraggebern war das Verlangen nach entblößter Frauenschönheit, die wechselnden Attribute hingegen galten nur als Vorwand. Bildnisse realer Frauen in Venedig waren eher Mangelware, keine anständige Frau, die etwas auf sich hielt, hätte als Modell posiert. So entstand eine für die venezianische Malerei typische Kategorie der *Belle Donne* in der darstellenden Kunst. Rätselhafte, schöne Frauen, oft frei-

zügig lockend, blicken lustvoll auf die Betrachter. In diesen so
sehr sinnlichen Bildern werden sowohl die venezianischen Edel-
prostituierten mit ihrer körperlichen Anziehungskraft als auch
junge, unschuldige Bräute, noch ganz in ihrer Tugendhaftigkeit,
festgehalten und gefeiert.

Die Ausdrucksformen reichen in diesem Sujet von der verhal-
tenen Verführung zarter Sinnlichkeit bis hin zur expliziten Erotik. All diese lasziven Frauen haben allerdings etwas gemeinsam:
Sie stellen keine konkret identifizierbaren Personen dar, sondern
sind ein auf vielschichtige Weise zur Anschauung gebrachtes Ideal weiblicher Schönheit. Die Liebeslyrik stand für diese Frauenbilder Pate, und somit sind diese wunderschönen Frauenbilder
der poetischen, mythologischen Malerei näher als der Gattung
des Porträts.

Tizians weibliche Schönheiten wurden fast alle gänzlich ohne
charakteristische Attribute gemalt, und die Identifikation, wer
nun tatsächlich Modell gestanden hatte, ist unmöglich. Es ist
nicht anzunehmen, dass die edlen Damen oder die jungen, mäd-
chenhaften Bräute aus gutem Hause selbst posierten oder gar
als erkenntlich dargestellt werden wollten und sollten. Modell
für diese sinnlichen Frauengestalten standen Venedigs bekann-
te und bewunderte Edelkurtisanen. Diese ‚ehrenhaften‘ Damen,
cortigiane oneste, unterschieden sich von der unübersehbaren
Schar der venezianischen Prostituierten, den *puttane pubbliche.*
Sie hatten einen luxuriösen Lebensstil, konnten hohe Bildung
und Kultur vorweisen und hoben sich vor allem durch ihre an-
spruchsvolle Wahl, was ihre Liebhaber anbelangte, vom Rest der
Masse ab. Diese Edelkurtisanen waren oft weitaus gebildeter als
viele der venezianischen Maler und zeichneten sich durch ihre
Kultur und Kenntnis in der Literatur aus. Viele waren auch des
Schreibens mächtig und wurden oft und gerne als Briefschreibe-
rinnen benutzt. Tizian begegnete diesen Frauen an den Höfen,

für die er arbeitete, und in den geselligen Kreisen der venezianischen Gesellschaft. Eindrücklich beschrieben werden solche Zusammenkünfte in den *Kurtisanengesprächen* des Pietro Aretino. Diese selbstbestimmten Frauen waren wegen ihrer Welterfahrung, ihrer Lebensart, der hohen Bildung und des ausgeprägten Kunstsinns hochgeschätzte Gäste in diesen Kreisen. Nicht immer standen diese gebildeten Damen Tizian zur Verfügung, so dass er sich durchaus auch mit den ganz normalen Dirnen als Modell für das Nackte begnügte. Die weiblichen Bildschönheiten Tizians als reine Kurtisanenbilder abzutun, wäre allerdings falsch, es sind auch nicht nur wohlgetroffene Porträts der jeweiligen schönen Frau. Man würde in diesem Falle beiden Unrecht tun, der Kurtisane und dem Maler. So wurden diese Edelkurtisanen nicht nur rein des sexuellen Vergnügens wegen engagiert, sondern vor allem auch für geistvolle Gespräche mit weiblicher Note in einer sonst von Männern überfüllten Umgebung bei den vielen gesellschaftlichen Ereignissen in Venedig, an denen es den strengbehüteten Ehefrauen der patrizischen Gesellschaft untersagt war, teilzunehmen.

Tizian gelang es, das Bildnis der Frau zu einem Idealbild weiblicher Schönheit zu verwandeln. Kein aufdringlich zur Schau gestelltes Fleisch, sondern die unbefangene Schönheit und Natürlichkeit der sinnlichen Nacktheit.

Erotische, laszive und sexuelle Vorstellungen und Wünsche sind Männerphantasien und im tiefen Inneren entsteht das Begehren, dieses Idealbild der Frau besitzen zu wollen. Diese Assoziationen gelten vor allen Dingen für die weichgebetteten Venus- und Danae-Gestalten, die in Tizians Werk eine große Rolle spielen. Die Nacktheit wurde im 16. Jahrhundert in unterschiedlichster Weise wahrgenommen. Die Spannbreite reichte von der Ebene der göttlichen Schönheit bis hin zu lasziven Lustgefühlen, die unverhüllte, begehrenswerte Schönheit zu bewundern.

Die venezianischen Zeitgenossen rühmten Tizians weibliche Darstellungen vor allem wegen der pulsierenden Lebendigkeit und des sinnlich wahrnehmbaren Frauenkörpers in seiner Gesamtheit. So schreibt Lodovico Dolce beim Anblick einer Venus von Tizian, dass es „keinen Menschen von noch so scharfem Blick und Geschmack gäbe, der bei ihrem Anblick sie nicht für lebendig hielte; keinen, welchem von den Jahren so kalt geworden wäre, dass er nicht alles Blut in den Adern erwärmen und wallen fühlte."

Nicht nur die Nacktheit der Frauen in Tizians Gemälden begeisterte, auch Damen in voller Standeskleidung konnten mit ihrer sinnenbetörenden Farbigkeit der Kleidung im Betrachter Begeisterung hervorrufen. Nacktheit und Schönheit galten in der Renaissance als positive Merkmale und als eine wiedergewonnene Ausdrucksform des Antiken. Kunst und Schönheit galten als Werte, die die Sinne anregten, ohne eine zwangsweise unreine Begierde. Die Schönheit der Frauen, egal ob nun nackt oder bekleidet, wurde in diesen Gemälden mit einer überwältigenden Nuancierung der Farben zelebriert.

Abgesehen von den wenigen weiblichen Porträts, die die Dargestellten in ihrer individuellen Erscheinung wiedergeben, entwickelte der Ausnahmekünstler Venedigs ein weibliches Idealbild. Es handelt sich immer um ein Idealbild, sei es der Jungvermählten oder der trauernden Ehefrau. In all diesen Frauen vereint sich eine rätselhafte Mischung von verhaltener Schönheit und sentimentalem Ausdruck der Freude, Trauer oder sinnlichen Anziehungskraft, je nach Grundidee des Werkes und dem Wunsch des Auftraggebers. Tizian gelang es, in den Werken, die sich dem Bild der Frau widmeten, durch seine einmaligen koloristischen Fähigkeiten und die Verwendung der Farbwerte eine tiefe und subtile Ausdrucksfähigkeit zu zeigen, die unerreichbar geblieben ist.

Auch den heutigen Betrachter zieht Tizian noch in seinen Bann und lässt das Geheimnis seiner Frauengestalten als rätselhaft erscheinen, vor allen Dingen durch die Ähnlichkeit der vielen gemalten Frauenbildnisse und durch die hocherotische Widergabe des weiblichen Körpers, die mit zu den schönsten künstlerischen Beispielen erotischer Spannung gehört.

Weibliche Akte waren in der Renaissance nicht unüblich, aber anders als in der bisherigen Forschung gehen moderne wissenschaftliche Überlegungen davon aus, dass die gesellschaftliche Stellung der Frau in der Renaissance nicht unbedingt in feste Kategorien einzuteilen sei. So standen wahrscheinlich nicht nur Kurtisanen Modell, sondern durchaus auch andere, sich selbst bestimmende Frauen, die die weibliche Schönheit als Pendant zur männlichen Macht und Gewalt in der von der Männerwelt bestimmten Staatsführung sahen – Schönheit vereint mit Intellekt.

Im realen Leben waren die Frauen für Tizian wohl eher Rettungsanker und ein sicherer Hafen als wilder Sturm und Leidenschaft. Tizian zog es vor, sein Heim als sicheren, ruhigen Hort zu gestalten, ein Ort, an dem er nach seinen mühsamen Reisen und Aufenthalten, die er an den Höfen der Herrscherelite verbrachte, in ein einfaches, sicheres, familiäres Ambiente zurückkehren konnte. Ihm waren die Zügellosigkeit Pietro Aretinos und die übertriebene Fröhlichkeit bei ausgelassenen Festen eines Andrea Sansovino fremd. Diese beiden innigen Freunde füllten ihre Wohnungen und freie Zeit mit lauten Festen, zu denen neben ausgewählten Gästen vor allen Dingen die schönsten Edelkurtisanen und mehrere „schöne junge Dinger" geladen waren. Von Tizian weiß man nichts über einen zügellosen, kompromittierenden Lebensstil.

Tizians Frauen waren Mutter, Schwester, Ehefrau oder Tochter. Es wird nirgendwo deutlich, dass der venezianische Künstler viele amouröse Verhältnisse gepflegt habe, von keinen leidenschaftlichen, aufrührenden Affären wird berichtet. Ihm wurde sogar abgesprochen, dass er seiner Frau Cecilia in großer Liebe zugetan war, obwohl Zeitgenossen ihn nach ihrem Tod als untröstlich beschrieben. Tizians Verständnis der Beziehung zur Weiblichkeit war diskret: die dankbare Liebe zur Mutter, die glühende Liebe und stille Verehrung gegenüber seiner zurückhaltenden, schönen Frau Cecilia, die zarte Liebe zu seiner Tochter Lavinia. All diese Frauenbilder verschmelzen aber zu einem Idealbild der schönen, begehrenswerten Frau, die Tizian in den unterschiedlichsten Ausführungen für die unterschiedlichsten Auftraggeber anfertigte. Eine kleine Auswahl soll diese Frauenschönheiten dem Betrachter und Leser näherbringen.

***

Ein zarter Anfang, der den Betrachter bis heute bezaubert, ist die wunderschöne *Flora*, entstanden zwischen ca. 1515–1520. Die antike Göttin der Blüten und des Frühlings aus den *Metamorphosen* des Ovid malte er als etwa 25-jähriger Künstler. Es stellt eines der ersten idealisierenden Frauenporträts von ihm dar. Die Identifizierung der Flora bleibt bis heute ungewiss, man spricht von einer amourösen Anspielung durch die Frühlingsblumen in der Hand und die freizügige Darstellung. Vielleicht ist es tatsächlich, wie oft vorgeschlagen, Violante, die junge, schöne Tochter des Malers Palma des Älteren, mit der Tizian in einem flüchtigen Liebesverhältnis verbunden war. Es könnte sich allerdings auch um eine junge venezianische Edelkurtisane handeln. Schon in der römischen Antike und dann wieder im Venedig des 16. Jahrhunderts war der Name Flora im übertragenen Sinn ein ‚Künstlerinnenname‘ für berühmte und ehrenwerte Kurtisanen.

Diese junge Frau blickt verträumt in den Raum, der Schimmer ihrer rotgoldenen Haare, der weiche Hautton und die eben nur sichtbare Brust, deren Blöße durch das rosige Tuch aus Seidenbrokat und die Haltung der Hand noch betont wird, zeugen von Tizians koloristischen Fähigkeiten. Das leicht gespannte Faltenplissée ihres Hemdes lässt ihre Körperrundungen erahnen. Flora bietet sich dar und entzieht sich im gleichen Moment, Enthüllung und Verhüllung halten sich in einem harmonischen Gleichgewicht. Vielleicht ist es auch das Bild einer jungen Braut, die sinnlich verträumt den großen Tag erwartet; mit der einen Hand hält sie das Gewand, in der anderen, an der sie einen gerade noch sichtbaren Verlobungsring trägt, hält sie Blumen.

Die sinnliche *Venere di Urbino*, bekannt als Venus von Urbino, entstanden 1538, wurde zu einem der begehrtesten Bildsujets des Künstlers. Der Auftraggeber war Guidobaldo della Rovere, Herzog von Urbino, der in unterschiedlichen Briefen darauf drängte, dieses Werk so bald als möglich zu Ende zu führen. In seinen Briefen bezeichnete er das Gemälde schlichtweg als *la donna ignuda*, „die nackte Frau". Der Herzog musste, um dieses Gemälde bezahlen zu können, seine Mutter, Eleonora Gonzaga, um Geld bitten, welche diesen Kauf in keiner Weise goutierte.

Das Werk entstand wahrscheinlich im Zusammenhang mit der Hochzeit von Guidobaldo della Rovere mit Giulia Varrano da Camerino. 1534 hatte er aus politischen Gründen Giulia geheiratet. Das zum Zeitpunkt des Eheversprechens gerade einmal zehnjährige Mädchen wurde dem Herzog erst 1538 zugeführt. Diese wunderbare Venus war das pikante Hochzeitsgeschenk des Herzogs an seine blutjunge ‚Frau', als Allegorie ehelicher Liebe gedacht und durchaus auch als Stimulanz gegenüber der jungen Braut. Das Gemälde fand seine Aufhängung im Schlafzimmer der beiden Eheleute.

Mit unnachahmlichem Können gestaltete Tizian den Körper und die Haut der nackten Frau. Die Pfirsichfarbe der Haut entstand durch eine einzigartige Farbmischung aus Gelb über Blau bis Dunkelrot, wie neue Forschungen ergeben, bevor all diese Pigmente zu diesem samtweichen Pfirsichton verschmolzen. Dieses tief erotisch-sinnliche Bildnis ist wohl das berühmteste Werk dieser Art und wurde bereits bei seiner Entstehung hoch gelobt. Venus mit ihren goldblonden, offenen Haaren und der blitzenden Perle an ihren Ohren lädt den Betrachter förmlich ein, zu ihr ins Gemach zu kommen. Vollkommen nackt verschmilzt sie mit den zerwühlten Laken und den weichen Kissen auf dem Bett, auf dem sie genussvoll liegt, ihre linke Hand mit einem kleinen Ring auf ihrem Geschlecht, was weniger einem Versuch, die Scham zu bedecken, als einer Einladung gleicht. In der rechten Hand hält sie Rosen, ein amouröses Symbol, das sich im Myrtenstrauch am Fenster wiederholt. Der kleine schlafende Hund steht für die eheliche Treue, eine liebliche, familiäre Note, die mit dem Blick in das hintere Zimmer eine gewisse Vertrautheit ausstrahlt. Zwei Dienerinnen suchen in der wertvollen Hochzeitstruhe nach Gewändern, im Hintergrund sieht man durch das Fenster einen Sonnenuntergang.

Tizian lieferte mit diesem Gemälde ein tiefsinnliches Bild einer schönen jungen Frau, einer unerfahrenen Braut, einer lockend Liebenden. Es ist nicht mehr die schlafende Venus inmitten der Natur, sondern eine erotische Frau auf einem zerwühlten Laken, von offenen Haaren umspielt. Ohne jede Art von Prüderie ist das Zentrum des Bildes die auf der Scham liegende Hand, begleitet von einem verführerischen, lustvollen Blick. Das Gemälde unterstreicht die Wichtigkeit der erotischen Komponente in einer Ehe mit der bedeutsamen Funktion, Erben zu zeugen. Daher drängte Guidobaldo auf die baldige Fertigstellung des Gemäldes und schreibt immer wieder an den

Botschafter von Urbino in Venedig, um den Auftrag voranzutreiben, damit es pünktlich zur Hochzeitsnacht im ehelichen Schlafzimmer die Braut überrasche. Er hoffte wohl, dass dieses sinnlich-erotische Gemälde Tizians die inzwischen zu einer jungen Frau herangewachsene Giulia zu einem amourösen Liebesspiel mit ihm einladen würde, um dem Herzogtum Nachkommenschaft zu sichern.

Ein regelrechter Erfolgsschlager waren Tizians sündig-sinnliche Gemälde der Maria Magdalena, von denen er mehrere Versionen anfertigte. *Die büßende Magdalena*, entstanden zwischen 1530–1535, ist wohl eines der beeindruckendsten Beispiele. Diese Version in der Galleria Palatina besticht vor allem durch die unglaublich hohe Qualität der Malerei und der Farbgebung. Es steht die Darstellung der reinen, weiblichen Schönheit im Vordergrund. Das Gemälde wurde von Francesco Maria della Rovere in Auftrag gegeben. Der unglaubliche Erfolg des Bildes ist mit Sicherheit der starken erotischen Ausstrahlung zuzuschreiben. Diese junge Frau zeigt ohne große Scham ihre Blöße, die Brüste mehr ent- als verhüllend, die samtig weiche Haut umspielt von den langen, rotblonden Haaren, was ihre Nacktheit noch weiter unterstreicht. Das Gemälde zeigt Magdalena mit devotem Blick gen Himmel und mit perlenden Tränen in den Augen. Die von Tizian hier gemalte Magdalena ist die *pentita*, die Büßerin. Einstmals Prostituierte, ist sie nun die Frau, die ihre Vergangenheit ablegen möchte, die Jesus um Vergebung bittet und seine von ihren Tränen nassen Füße mit ihren Haaren trocknet, um sie danach mit einer wohlriechenden Salbe zu pflegen. Auf dem kleinen Gefäß, welches die Salbe enthält, signierte Tizian dieses Werk. Tizian bewegte sich hier in dem ambigen Bereich zwischen Sünderin und Büßerin, die beide in dieser sinnlich-erotischen Darstellung vorhanden sind. Die Magdalena wurde für Tizian zu einem künstlerischen Triumph und Verkaufshit. Unzählige Kopien und Varianten des Themas verließen im Laufe der Zeit Tizians Werkstatt.

Eine ganz andere, private Version der Frauenschönheit bietet das Mädchenporträt *Ritratto di Giovane Donna*, entstanden um 1545, heute im Museo Capodimonte in Neapel. Dieses kleine Bild entstand wahrscheinlich während Tizians Aufenthalt in Rom. Mitte des 17. Jahrhunderts wird es ein erstes Mal bei der Inventur der Kunstwerke des Palazzo Farnese schriftlich erwähnt als *bellissimo ritratto di dama veneziana giovanetta, di mano di Tiziano*, als „wunderschönes Porträt einer jungen venezianischen Dame, von der Hand Tizians". Das Werk gab den Kunstkritikerinnen und Forschern schon immer Rätsel auf, was die Identifikation der jungen Dame anbelangt. So wird das junge Mädchen häufig mit Tizians Tochter Lavinia identifiziert, im Vergleich mit einem weiteren Porträt von Lavinia um 1561, heute in der Gemäldegalerie Alte Meister in Dresden. Allerdings haben diese beiden Porträts außer den blonden Haaren wenig Gemeinsamkeiten. Weitere Hypothesen rücken das Bild in den Kreis der Auftraggeber der Farnese und den Hof Papst Pauls III. So sehen einige in diesem Porträt Clelia Farnese, was aber von der heutigen Forschung wenig akzeptiert wird. Da lässt sich schon viel eher die Theorie aufrechterhalten, die junge Frau sei eine gewisse Angela, Edelkurtisane, Geliebte und Muse des Kardinals Alexander Farnese. Für diese These spricht ein Brief von 1544, den der päpstliche Nuntius in Venedig, Giovanni della Casa, an den Kardinal richtet, in dem er über die Werke Tizians spricht, die für den Kardinal vorgesehen seien. Darunter auch die wunderbar sinnliche *Danae*. Mit Sicherheit ist dieses kleine Werk mit seinem reizvollen Farbenspiel von blassem Rosa bis hin zu hellem Gold ein Kleinod. Es handelt sich um ein Dreiviertelporträt, das die junge Frau in einem eleganten, aristokratischen Kleid darstellt, ihre rechte Hand spielt mit einer großen Perle an einem goldenen Band, vielleicht ein Geschenk für treue Dienste?

In diesem Brief Giovanni della Casas an Alessandro Farnese schrieb der päpstliche Nuntius auch über die *Danae*: „Das Werk, welches Eure Hochwürdigste Herrschaft in Auftrag gegeben haben, ist fast vollendet, eine Nackte, bei deren Anblick selbst den Kardinal San Sylvestro der Teufel reiten würde. (…) Die Nackte, die Eure Hochwürden in Pesaro in den Räumen des Herzogs von Urbino gesehen haben, ist dagegen eine Theatinerin."

Mit San Sylvestro meinte della Casa den Dominikaner Tommaso Badia, welcher als einer der härtesten Zensoren der römischen Kurie galt. Das hier beschriebene Gemälde war eindeutig die *Danae*, entstanden 1545, heute im Museo Capodimonte in Neapel: „Die Nackte" für Alessandro Farnese, die reine Sinnlichkeit für einen gierigen Kardinal.

Danae war die Tochter des Königs von Argos, Akrisios, und wurde von ihrem Vater in einem bronzenen Turm oder einem Verließ eingesperrt, da eine Weissagung ihm angekündigt hatte, dass ein Sohn Danaes ihn einst töten werde. Die wunderschöne Danae erweckte das Verlangen von Zeus, der sie bei einem seiner vielen Liebesabenteuer schwängerte, indem er alle Hindernisse überwand und in Gestalt eines goldenen Regens über sie kam: Ganz in die zerwühlten Laken und das weiche Kissen geschmiegt, blickt die Schöne bei Tizian verträumt in den auf sie herniederkommenden Goldregen. Ein goldener Vorhang ist zur Seite geschoben, um dem Betrachter freien Blick auf dieses erotische Schauspiel zu geben. Im Hintergrund ist die Basis einer antiken Säule zu erahnen, was auf den mythologischen Bildinhalt anspielt. Auf dem abgelegten, seidenen, dunkelrosafarbenen Gewand steht ein verzückter Amor, der entrückt den Goldregen betrachtet. Alles in diesem Bild ist fließend, warm, sinnlich und erotisch.

Die *Danae* war eines der beiden Geschenkbilder für die Farnese, die Tizian in Venedig vorbereitet hatte und dann im Belvedere während seines Aufenthalts am päpstlichen Hof in Rom vollendete. Das Gemälde hatte der venezianische Meister über einem Simile der Venus von Urbino begonnen, die Alessandro Farnese selbst gesehen hatte. Tizian benutzte bei diesem Bild eine vollkommen neue Technik, die ohne Zeichnung und vorherige Skizzen auskam. Er malte mit weichen, breiten, unregelmäßigen Pinselstrichen direkt auf die vorgrundierte Leinwand und erhielt damit den Effekt der fließenden Farben, die die Sinnlichkeit der Danae und ihre erotische Ausstrahlung noch steigerte. Selbst Michelangelo, der das Werk bei seinem Besuch bei Tizian im Belvedere zu sehen bekam, bewunderte das *colorito* und die *maniera* des venezianischen Künstlers, auch wenn er anmerken musste, dass die Zeichnung fehle. Für Tizian ist das Entstehen seiner Figuren nicht ein reines Abmalen des Lebendigen, für ihn bekam seine Bildfigur in einem langwierigen und mühevollen Prozess der Gestaltung ihre Natürlichkeit, die vor allen Dingen durch die Farbe und am wenigsten durch die Zeichnung vermittelt wurde.

Dieses Werk zeigt eindeutig die Entwicklung das venezianischen Meisters in seiner künstlerischen Farbgewaltigkeit. Ein unabhängiger Malstil, der sich durch die maximale Freiheit und Technik in der Farbgebung von den anderen Malern seiner Zeit abhob, vor allen Dingen von denen Roms, die von der Kunst und Größe Michelangelos und Raphaels dominiert wurden.

Der Kardinal hingegen war mehr als zufrieden und bewahrte *Danae*, wohl ihres lasziven Charakters wegen, im privatesten, unzugänglichsten Teil seiner Gemächer auf. Böse Zungen behaupteten sogar, die *Danae* trüge die Züge der Kardinalsmätresse Angela, was bei Tizians Idee der idealschönen Frau wohl eher unwahrscheinlich war.

Interessant ist das weitere Schicksal dieses Gemäldes. Bis 1649 blieb es im Besitz der Farnese in Rom, danach wechselte es unzählige Besitzer und Orte, von Parma gelangte es nach Neapel und dann über Palermo wieder zurück nach Neapel, bis es im Auftrag des Reichsmarschalls Hermann Göring im Zweiten Weltkrieg für dessen Privatsammlung entwendet wurde. Bei Göring habe das Bild seine Aufhängung am Kopfende seines Bettes gefunden. Das illegal entwendete Meisterwerk wurde nach dem Krieg 1947 dem italienischen Staat zurückgegeben.

Die reife, schöne Frau, die halbnackte Venus, die auf dem Bett sitzend sich selbst im Spiegel betrachtet, dieses Werk voller Schönheit und Sinnlichkeit, *Venus vor dem Spiegel,* entstanden etwa 1555, war ein Gemälde, das Tizian bis zu seinem Tod in seiner Werkstatt behielt. Der Spiegel wird von einem kleinen Cupido gehalten, während ein anderer dabei ist, der Venus eine Blumengirlande aufs Haupt zu setzen. Das vollendete Werk befand sich noch in der Werkstatt, als Tizian 1576 starb, vielleicht wollte der Meister weitere Repliken anfertigen, vielleicht behielt er das Gemälde, weil er besonders zufrieden mit ihm war, oder vielleicht war die Frau auf dem Bild mehr als nur eine ihm Modell stehende Edelkurtisane.

1581 verkaufte Tizians Sohn Pomponio das Werk an Cristofero Barberigo, dessen Erben es 1850 an den Zaren Nikolaus I. veräußerten. 1931 ersteigerte der amerikanische Kunstsammler Andrew Mallon das Werk von der Eremitage und schenkte es 1939 der National Gallery in Washington. Soweit zur Nachfrage nach Tizians Kunst.

Die Haltung der Venus erinnert an eine *Venus pudica*, eine schamhafte Venus, und obwohl sich Tizian von einem antiken Werk inspirieren ließ, entsteht unter seinen Pinselstrichen eine warme, sinnliche Darstellung, die meisterhaft das Licht und die Nuancierung der Farben nutzt, um diese Frau in ihrer ganzen

Schönheit darzustellen. Auch in diesem Falle verwendete Tizian eine bereits bemalte Leinwand, drehte diese einfach um und übermalte die vorherigen Figuren, ein Mann und eine Frau, welche bei genauerer radiologischer Untersuchung zu erkennen sind. Allerdings lässt er den Mantel des Mannes bestehen und funktioniert diesen zum prächtigen, samtenen Stoff mit Pelz um, der den intimen Bereich der Venus bedeckt. Die warmen, intensiven Farben, das dunkle Rot, das Goldbraun und der helle, samtene Körper der nicht mehr ganz jungen Frau, die sich in einer vertrauten Umgebung befindet, geben dem Bildnis eine sinnlich-anziehende und gleichzeitig ruhige Ausstrahlung.

Wie gut Tizian die jeweiligen Frauen letztendlich kannte, ist im Grunde unwichtig, der große Künstler widmete sich ein Leben lang der Suche nach dem reinen Ideal der Frauenschönheit und der weiblichen Sinnlichkeit. Sein Frauenideal wandelte sich im Laufe der Zeit. Zu Anfang seiner Karriere bevorzugte der junge Künstler junge, kaum gereifte Frauen mit biegsamen Körpern, ebenmäßigen Gliedmaßen, weicher, schimmernder Haut, die oft trotz ihrer Körperfülle über eine gewisse Art von Schlankheit verfügten. Das eher dunklere, rotblonde Haar, die helle samtweiche Haut wirken natürlich schön auf den Betrachter. Später werden die Frauenkörper, die Tizian darstellte, reifer, mit schweren Hüften, in der Farbgebung reicher schattiert. Das rotblond der Haare weicht dem hellblonden Ton. Viele seiner Bilder werden mehr und mehr von einem hellen Goldton bestimmt, Pastelltöne herrschen vor, die Konturen verwischen sich. Tizian ehrt die Frauenschönheit nicht nur in seinen Akten, er huldigt der Frau an sich. So erstrahlen selbst adlige Damen und kaiserliche Ehefrauen unter seinen meisterhaften Pinselstrichen und den atemberaubenden Farben. Bis heute betören und bezaubern diese Bilder der absoluten Weiblichkeit den Betrachter. Was bei allen Bildern bleibt, ist der Eindruck des Erotisch-Sinnlichen und die reine Frauenschönheit.

XIV. Das Ende der Renaissance – 1545 – Epilog

*Vom Aufbruch zum Abbruch * Das Ende einer großen Epoche*

Für 21 Millionen Euro, ganze 17,5 Millionen Pfund, ist das Frühwerk Tizians *Ruhe auf der Flucht nach Ägypten* (ca. 1510) bei Christie's 2024 versteigert worden. Das Gemälde gilt als eines der wichtigsten Jugendwerke Tizians, die noch in Privatbesitz sind. Tizian hatte diese Szene der rastenden Heiligen Familie mit kaum 20 Jahren gemalt. Das Bild zeigt die Heilige Familie, unter den Bäumen ruhend, Maria liebkost ihren Sohn, während Joseph eher als der Betrachter der gesamten Szene wirkt. Die Vorlage für diese Darstellung war das Matthäusevangelium. In einem Traum werden die drei Weisen gewarnt, nachdem sie dem neugeborenen Jesus gehuldigt hatten, zu Herodes zurückzukehren (Mt 2,12). Gleichzeitig hat auch Joseph einen Traum, in dem er von Gott gewarnt und aufgefordert wird, zum Schutze seine Familie mit Maria und dem Kind nach Ägypten zu fliehen, um so dem Zorn des Herodes zu entgehen (Mt 2,13–15). Das Gemälde ist ein herausragendes Beispiel für Tizians bahnbrechenden Stil bei der Darstellung menschlicher Figuren in einer natürlichen Umwelt. Spannend ist tatsächlich, dass dieser Künstler und seine Gemälde im Laufe der Jahrhunderte nichts von ihrer eigentlichen Faszination eingebüßt haben.

Stil, Farbgebung und Darstellungsweise Tizians sind einzigartig und unerreicht, darin sind sich die Kunstkritik und Kunsthistorikerinnen einig.

Die Kunstproduktion des venezianischen Künstlers ist so reichhaltig und vielfältig, die Bedeutung seines Gesamtwerks so facettenreich, dass selbst kunsthistorische Schwergewichte wie Augusto Gentili und Erwin Panofsky vor einer Betrachtung des Gesamtwerkes zurückschrecken.

Seine Berühmtheit in Europa und Italien hatte sich Tizian, der Maler aus Cadore, einer kleinen Provinzstadt in den Dolomiten, mit viel Geduld, harter Arbeit und Ausdauer in einer höchst kompetitiven Epoche verdient. Er war Zeitgenosse Leonardo da Vincis, Michelangelos, Raphaels, Correggios, Giovanni Bellinis und Giorgiones, um nur einige wenige zu nennen. Sein Aufstieg zum internationalen Ruhm begann im kosmopolitischen Venedig, um von dort aus die italienischen und europäischen Höfe mit seiner Kunst zu erobern. Im Laufe seines langen Lebens und seiner ruhmreichen Karriere gelang es Tizian, sich aus dem engen Rahmen des Malerhandwerks herauszubewegen und aktiver Teil der italienischen und internationalen Künstler- und Intellektuellenszene zu werden. Der venezianische Künstler war nicht mehr nur Maler, die Fürsten Europas begegneten ihm auf Augenhöhe. So ging er bei Herrschern, Päpsten, Höflingen, Diplomaten, Intellektuellen ein und aus, und oft waren auch diese zu Gast in Tizians Haus in Biri Grande. Fast wie der Dogenpalast und die Basilika von San Marco wurden Tizians Haus und Atelier ein Muss bei einer Reise nach Venedig für alle mehr oder weniger illustren Persönlichkeiten. Selbst Vasari war dies nicht entgangen, der sonst eher weniger von den venezianischen Künstlern hielt, und er vermerkte in seinen *Vite*, dass in Tizians Haus Fürsten, Literaten und Adlige verkehrten, da der Künstler über seine exzellente Kunst hinaus auch höflich und gebildet sei und gute Manieren habe. Auf der Höhe von Tizians Ruhm, als der venezianische Maler 1546 in Rom weilte, verewigte Vasari ihn in dem Fresko *Belohnung der Verdienstvollen durch Paul III.* im Saal der

100 Tage im Palazzo della Cancelleria, gemeinsam mit Michelangelo, sich selbst und Antonio da Sangallo dem Jüngeren, hinzu kamen noch intellektuelle und religiöse Vertreter des päpstlichen Hofs wie Pietro Bembo, Reginald Pole und andere. Tizian stieg in den Status derjenigen auf, die es verdient hatten, der Nachwelt präsentiert zu werden.

Der strahlende Ruhm Tizians zu Lebzeiten und danach ist unlösbar an Venedig gebunden, seine Wahlheimat, mit der er sich vollkommen identifizierte. Tizian wäre undenkbar ohne Venedig. Es war die Serenissima, die den ruhmreichen Aufstieg des Malers aus Cadore förderte, und im Gegenzug wurde die Republik von ihrem großen Künstlersohn künstlerisch geprägt.

Die sozialen Lebensumstände, die politischen Leidenschaften und Überzeugungen, die religiösen Krisen, die Venedig im 16. Jahrhundert prägten, fanden in den Bildern Tizians eine optimale Darstellung. Er war für das komplexe System des prekären inneren und äußeren Gleichgewichts der Lagunen-Republik, sei es bewusst oder unbewusst, wegen ehrlicher Anteilnahme und Überzeugung oder opportunistischem Kalkül, eine Art Vermittlungsintellektueller, ein Botschafter der Kunst, Kultur und des Austauschs.

Die gesamte Karriere des Künstlers war, auch wenn er bis an sein Lebensende an seinen Geburtsort gebunden blieb, begleitet von einem symbiotischen Verhältnis zur Lagunenstadt. Nur selten und sehr ungern verließ Tizian Venedig, teils aus Bequemlichkeit, teils weil ihm bewusst war, dass er im kulturellen und künstlerischen Kontext der Serenissima konkurrenzlos war.

Wenn Tizian Venedig verließ, dann reiste er im diplomatischen Auftrag oder war von persönlichem Profit geleitet.

Die komplexen politischen Verhältnisse zwischen Venedig und den italienischen Kleinstaaten, dem Reich – erst unter Maximilian I., dann unter Karl V. – und dann Spanien unter Philipp

II., spiegeln sich im Laufe der Geschichte in den Gemälden Tizians in einem eindrucksvollen kulturellen Dialog wider. Malerische Botschaften, die oft informativer sind als manche schriftlichen Aufzeichnungen. Anhand von Tizians Porträts wird die Geschichte durch ihre Hauptdarsteller aus Politik, Religion und Kultur des 16. Jahrhunderts in Europa und Italien beispielhaft dargestellt. Tizians Werke als historische Quellendokumente.

Seine religiöse Bildproduktion zeigt auch ganz deutlich, dass der Künstler gegenüber der Reformation nicht immer immun war.

Trotz allem wusste sich Tizian mit Leichtigkeit und Anpassungsfähigkeit in jeder politischen Lage zu bewegen. So nahm er ohne Schwierigkeiten und ohne sich große Fragen zu stellen mal die eine oder die andere Position ein, je nachdem, welche Staatsraison die Markusrepublik gerade verfolgte. Dies war allerdings kein außergewöhnliches Verhalten von einem Maler, der seinen Auftraggebern zu Diensten seine wollte. So wurde die begrenzte künstlerische Freiheit in Thema und Darstellung zu einer umso größeren Freiheit in Stil, Form und Farbe. Der Auftraggeber verlangte, der Künstler lieferte. Tizian war ein einzigartiger Kolorist, der Schöpfer von melancholischer Atmosphäre, idyllischen Landschaften, märchenhaften mythologischen Szenen, religiösen Dramen, festlichen Staatsporträts, privaten Bildern und *Poesien* von ergreifender Intensität.

Der venezianische Meister begründete mit seinem Talent eine neue künstlerische Epoche und überwand diese, um sie am Ende durch eine Grunderneuerung zu zerstören.

Durch die reine Magie der Farben tendierte die Nachwelt dazu, von Tizian ein eher romantisches Porträt zu zeichnen, ganz im Gegensatz zu dem pragmatischen, arbeitsamen, genialen Künstler, der er war. Die Serenissima hingegen sah in Tizian die große Chance, durch den ihr so ergeben treuen Künstler

diplomatische Verbindungen zum italienischen Festland und
Europa zu knüpfen, über den klassischen Weg der offiziell ent-
sandten Diplomaten hinaus. So war Tizian für fast ein Jahrhundert das Propagandainstrument Venedigs. Die Republik nutzte die unermessliche kreative Fähigkeit und Intelligenz dieses
Ausnahmekünstlers für eigene diplomatische Zwecke und belohnte ihn mit sozialem und finanziellem Aufstieg. So wurde
der Künstler aus Cadore von der Serenissima adoptiert, stieg
zur gehobenen Klasse auf, machte sich einen großen Namen
und wurde zum Venezianer.

Die umfangreiche Gemäldeproduktion Tizians steht zum
größten Teil in enger Verbindung zur Markusrepublik. Die Serenissima stand immer wieder in konfliktreichen Verhältnissen
zum italienischen Festland und zu den europäischen Mächten;
dass Venedig seinen ersten Künstler aussandte, war ein Symbol
dafür, dass die Lagunenstadt die Hand zum Dialog reichte. Fast
sämtliche Auftraggeber waren politisch oder privat mit Venedig
verflochten.

Der venezianische Maler war in der Lage, die politischen, religiösen, sozialen, persönlichen und selbstzelebrierenden Anfragen seiner Auftraggeber zu befriedigen, ohne dabei die ganz
eigene Ästhetik in der Darstellung außer Acht zu lassen. Tizian
schlüpfte als genialer Maler und im Auftrag der Republik Venedig in die Rolle des Diplomaten und besuchte die italienischen
und europäischen Adelshöfe, um dort die adligen Damen, die
Würdenträger, Intellektuellen, Mächtigen, bis hin zu Papst und
Kaiser, zu porträtieren. Seine Herrscherporträts machten seine Kunst zur Propaganda, und damit zu einem Instrument der
Macht. Seine Meisterwerke wurden zu sozialen und politischen
Werkzeugen, die Auftragsvergabe zu einem wichtigen Teil politischer Instrumentalisierung. Die Verbindungen des Künstlers
mit den Mächtigen liefern daher einen idealen Ausgangspunkt

zur Analyse der Vernetzung der Machtverhältnisse der einzelnen Staaten untereinander.

Er ging an den italienischen und europäischen Höfen ein und aus, er malte für die Este, Gonzaga, Della Rovere, Karl V., Isabella und Philipp II. und den kaiserlichen Kreis der Habsburger, für Militärfunktionäre wie Alfonso d'Avalos, für König Franz I. von Frankreich, Johann-Friedrich von Sachsen, Papst Paul III. und die Farnese, er porträtierte die venezianischen Dogen Andreas Gritti und Francesco Vernier, Kirchenmänner wie Cristoforo Mandruzzo, die Intellektuellen Pietro Bembo, Baldassare Castiglione, Pietro Aretino, Sperone Speroni, den Maler Giulio Romano und viele andere, deren Namen und Identität im Laufe der Zeit verloren gegangen sind. Was nur wie eine Aufzählung von unterschiedlichen Namen klingt, war diplomatisches Gold für die venezianische Diplomatie.

Tizians Bilder sind wertvoll und einzigartig, er malte nicht nur die Porträts des politischen Europas, er malte Geschichte. Mit seiner Sensibilität und Menschenkenntnis verfeinerte er den Blick auf die Person und ihren historisch-politischen Kontext.

Das beste Beispiel dafür sind eindeutig die beiden größten Widersacher ihrer Zeit: Papst Paul III. und Kaiser Karl V. Die Herrscherporträts von Kaiser und Papst aus Tizians Pinsel als politpropagandistische Instrumente bieten eine sozial- und kulturhistorische Perspektive.

Paul III. stellte er als typischen Vertreter des Renaissancepapsttums dar, und doch blickt durch, dass dieser Papst, der weder keusch noch arm war, die politische und finanzielle Macht seines Amtes nutzte, um als dritte Kraft zwischen Habsburg und Frankreich zu agieren. Auf dem bekannten Familienbild hingegen blickt Paul III. listig und wachsam auf die unterwürfigen Unternehmungen seiner Nepoten. Jeder machte dem andern den Rang streitig, so greift der stolze Kardinal Alessandro bereits nach dem Amt seines Großvaters, während der Herzog um die Gunst des greisen Papstes buhlt. Karl V. hingegen, bei der siegreichen Schlacht bei Mühlberg, wirkt stolz, wie es sich für den *miles christianus* gehörte, aber auch angespannt wie ein Infanterist in der ersten Reihe. Dann der gleiche Monarch privat und im Lehnstuhl, meditierend und melancholisch vor dem Hintergrund des metaphorischen Sonnenuntergangs, als Ankündigung des Untergangs seiner Ära.

Auch das Porträt seines engen Freundes Aretino trifft genau dessen Charakter, aggressiv, zornig und düster. Neben dem Staatsporträt gehörte zum gesellschaftlichen Leben der Renaissance auch das private Porträt. Auch das praktizierte Tizian, wenn auch seltener, und er nutzte diese Form, um sich selbst darzustellen. In seinen Selbstporträts erscheint Tizian als ein Mann, der an sich selbst und seinen Beruf als Berufung glaubte und dadurch seinen Erfolg, Ehre und Wohlstand erreicht hatte. Der in die Jahre gekommene Maler auf dem Selbstbildnis von Berlin blickt trotz seines Alters in die Zukunft.

***

In der neueren Forschung existieren viele Einzelwerke über die Kunst der Renaissance in Italien, Tizianbiographien und Darstellungen vom Leben und der Politik Karls V. Durch die Auswertung dieser wertvollen Analysen und Biographien sowie unter Zuhilfenahme von Originalquellen und zeitgenössischen Dokumenten war es mein Anliegen, anhand des Ausnahmekünstlers Tizian ein neues Verständnis des Spannungsdreiecks Venedig – Kaiser Karl V. – Rom, also dem Papst, möglich zu machen. Die Hauptdarsteller in diesem Szenario sind der Maler und Diplomat Tiziano Vecellio, Kaiser Karl V. und Papst Paul III. Farnese. Die wichtigsten Schauplätze sind Rom und Venedig.

Darüber hinaus sollte ein Bild Italiens in der Frühen Neuzeit entstehen, eingebettet in den gesamteuropäischen Kontext. Eine große Epoche, gekennzeichnet durch gewaltige Neuerungen in Forschung und Wissenschaft, neue Höhepunkte in der Kunst und im kulturellen Austausch, bevor der Niedergang folgte. Das Jahr 1545 kennzeichnete einen Wendepunkt für Italien und Europa in der Politik- wie in der Religionsgeschichte. Die Vorstellung von einem einheitlichen christlichen Europa erlebte eine Krise, die eine Spaltung der Kirche zur Folge hatte. Das europäische Gefüge drohte auseinanderzubrechen. Mit einer letzten diplomatischen Kraftanstrengung wurde am 13. Dezember 1545 von Papst Paul III., der von Kaiser Karl V. nachdrücklich bedrängt worden war, feierlich das Konzil von Trient eröffnet. Dieses konnte jedoch die Hoffnung des Kaisers auf ein einheitliches, christlich-katholisches Europa nicht erfüllen. Das Konzil führte letztendlich durch die katholische Reform zur konfessionellen Spaltung.

Genau in diesem Jahr, welches die letzten Tage der Renaissance kennzeichnete, gab Tizian dem Drängen des Papstes und der Farnese-Familie nach und bemühte sich nach Rom. Das venezianische Malergenie sollte die päpstliche Familie mit seinem Pinsel verewigen. In Rom traf Tizian außer auf die Farnese auch auf die Antike, die römische Kunst und ihre Künstler. Er begegnete Michelangelo, dem alle Rahmen sprengenden Genie, dem Überwinder der Kunst der Renaissance. In den wenigen Monaten, die Tizian in Rom verbrachte, kündigte sich durch verschiedene Umstände ein Wendepunkt in der Geschichte an: das Ende der Renaissance!

Die Reformation und die darauffolgende notwendige katholische Reform stellten die Glaubensfrage in das Zentrum der politischen Diskussionen im europäischen Machtgefüge. Dies war der Beginn des Zeitalters der Konfessionalisierung und der religiösen Spaltung Europas. Das christliche Europa wurde in seinen Grundfesten erschüttert. Es wurden Kontrollorgane wie die Inquisition ins Leben gerufen, Wissenschaft, Forschung, Literatur, Theater, Kunst und der intellektuelle Austausch wurden einem inquisitorischen Diktat unterworfen, welches wenig Freiheit duldete. Die Zeit des ungebundenen Denkens war vorüber. Der Aufbruch in die Moderne hatte eine jähe Zäsur erfahren, es kam zum Abbruch des Experiments, welches die Renaissance charakterisiert hatte.

Das Machtgefüge zwischen den europäischen Staaten veränderte sich in dieser Situation durch die Entstehung absolutistischer Nationalherrschaften. Die katholischen Mächte, Kaiser und Papst, rangen um Anerkennung und Machterhalt. Rom und Venedig, jede auf ihre Weise Dreh- und Angelpunkt europäischer Wirksamkeiten, mussten sich neu erfinden.

Tizian und Michelangelo, Venedig und Rom, Republik und Kirchenstaat, Kaiser und Papst, Europa und Italien, dies sind die Hauptbestandteile dieses Paradigmas. Die Biographie Tizians erzählt von diesem Umbruch.

Das Ende der Renaissance öffnete gleichzeitig das Tor zum überschäumenden, bunten, bewegten, formenkreativen Barock. Caravaggio, Guido Reni, Guercino, Pieter Paul Rubens, Velasquez, Bernini, Borromini, Pietro da Cortona und in Venedig Tintoretto sind die Namen der Künstler, die an der kreativen Kunst der neuen Epoche Anteil hatten – das Jahrhundert des Staunens, der Wunderwerke und des Überflusses.

In seinen letzten Lebensjahren wurde Tizian Zeuge eines Europas, das auseinanderbrach, des Endes der Renaissance und der künstlerischen Freiheit ebenso wie der tiefen Glaubens- und Religionskrise. Venedigs Handelsvormacht war gebrochen, den *Stato do mar* gab es nicht mehr, in Rom herrschte das in Korruption und Nepotismus versunkene Papsttum – und dann kam die Pest.

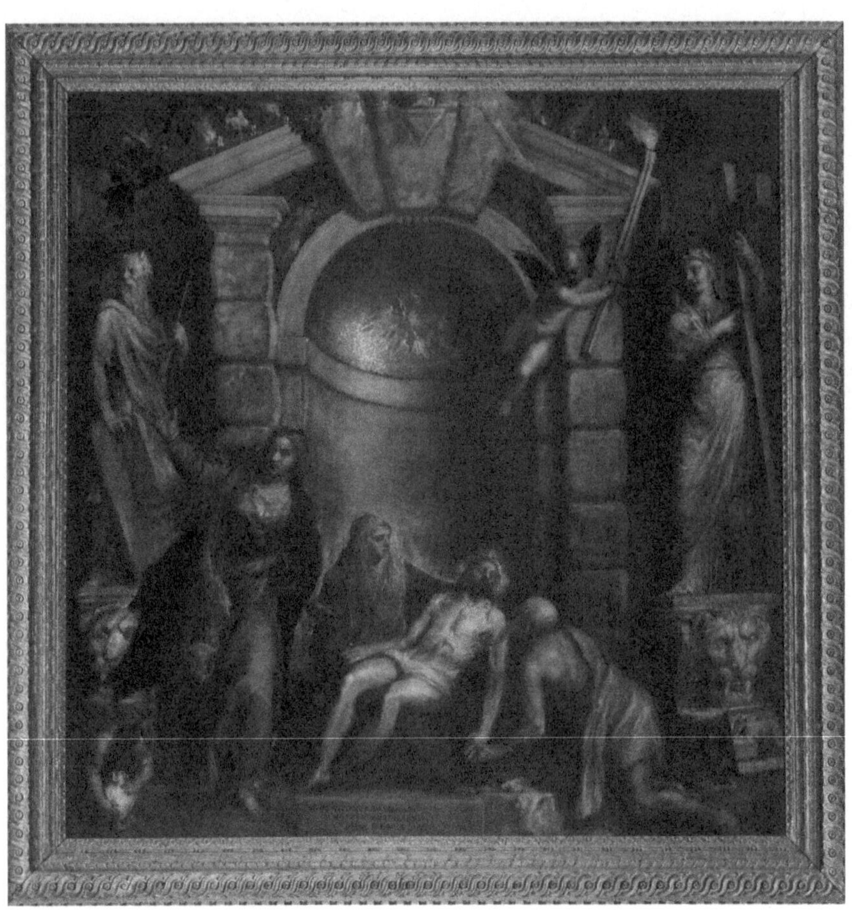

Pietà. Gemälde (um 1570/76) von Tizian.

In seinen späten Werken setzte der Künstler die geschriebene, poetische Erzählung in eine malerische Poesie um, als wolle er dem zeitgenössischen Geschehen, der allgemeinen Dekadenz entgehen. Die literarische und philosophische Tradition wurde in Bild und Farbe übersetzt und stellte die beiden Kunstgattungen in einen intellektuellen Dialog. Der venezianische Meister fühlte sich gleich einem göttlichen Schöpfer mit Gold in seinem Pinsel und dem ihm eigenen Urvertrauen, die Materie in wertvolle, farbgewaltige Bilder zu verwandeln zu können.

Dies alles wurde am Ende seines Lebens ausgelöscht vom letztendlichen Bewusstsein der absoluten Irrelevanz des künstlerischen Schaffens gegenüber historischen Katastrophen und der Willkür der Natur. So konzentriert sich das malerische Vermächtnis Tizians in einem Votivbild, seiner *Pietà*. Die dunkle Farbigkeit, im Zentrum, mit dichter Farbe und oberflächlichen Pinselstrichen, Maria und ihr toter Sohn, goldleuchtend über allem der Heilige Geist: ein Gemälde als Gebet mit der Bitte um Erlösung.

In Rom hingegen blühte der Barock, vom Farbenspiel berauscht, sinnenbetörend und emotional. Es entstanden große Plätze, reich ausgestattete Paläste und wasserspeiende Brunnen, und während in der Ewigen Stadt rauschende Feste und heilige Prozessionen gefeiert wurden, zerfleischte sich Europa in politischen Konflikten und einem nie enden wollenden Glaubenskrieg. Der Dreißigjährige Krieg 1618–1648 und die Erbfolgekriege 1701–1748 beutelten Europa, und es bedurfte schmerzhafter Jahre bis zum Ende dieser Kriege und einer Neuordnung des alten Kontinents. Italien verlor seine intellektuelle und künstlerische Vorreiterrolle. Die Entwicklungen, die bis hin zur Aufklärung führten, fanden nicht mehr in erster Linie in Italien statt, sondern in anderen Teilen Europas. Aber Italien hatte mit der Renaissance den Aufbruch in die Moderne geliefert, und es war Tizian gewesen, der dazu in seinen Bildern das magische Farbenspiel und die historisch-künstlerische Reflexion beigetragen hatte.

Der späte Tizian malte authentische Kreationen von einem maximalen Extremismus, der definitive Triumph von Raum und Farbe, im Gegensatz zu der geordneten, einzelnen, lokalen Farbgebung, und daraus resultierte eine vielfarbige Monochromie. Genial, farbgewaltig, modern, zukunftsweisend, zeitlos und atemberaubend schön.

Quellen- und Literaturverzeichnis

Szenenbild Venedig

Die Dichte der archivarischen Quellen über Venedig lässt sich nur mit der des Vatikans und den Dokumenten über Rom vergleichen. Eine der Hauptinformationsquellen über Venedig und vor allen Dingen über Venedigs Verhältnis zu den Mächten auf dem italienischen Festland, zu Rom, dem Papst und zu den europäischen Mächten, sind die *Diari*, die Tagebücher der venezianischen Botschafter. Interessant für die Wirtschaftsgeschichte sind Kaufmannsbücher und Briefe, aufschlussreich auch Urkundenüberlieferungen. Die meisten Quelleneditionen befinden sich in: Archivio di Stato Venezia, Biblioteca Marciana, Venezia, Museo Civico Correr, Venezia, Biblioteca Apostolica Vaticana, Rom.

Relazioni degli Ambasciatori Veneti al Senato, Biblioteca Apostolica Vaticana (BAV).

Bergdolt, Klaus: Deutsche in Venedig, Von den Kaisern des Mittelalters bis zu Thomas Mann, Darmstadt 2011.

Concina, Ennio (Text) / Codato, Piero / Pavan, Vittorio (Fotogr.): Le Chiese di Venezia. L'arte e la storia, Udine 1995.

Davis, Robert / Marvin, Garry: Venice, the Tourist Maze. A Cultural Critique of the World's Most Touristed City, Berkeley 2004.

Feldbauer, Peter / Lidl, Gottfried / Morrissey, John (Hrsg.): Venedig 800–1600. Die Serenissima als Weltmacht, Wien 2010.

Fenlon, Iain: The Ceremonial City. History, Memory and Myth in Renaissance Venice, Yale 2007.

Finlay, Robert: Politics in Renaissance Venice, London 1980.

Gullino, Giuseppe: Storia della Repubblica veneta, Brescia 2010.

Huse, Norbert: Venedig. Die Kunst der Renaissance, Architektur, Skulptur, Malerei 1460–1590, München 1996.

Ders.: Venedig. Von der Kunst, eine Stadt auf dem Wasser zu bauen, München 2003.

Karsten, Arne: Geschichte Venedigs, München 2012.

Landwehr, Achim: Die Erschaffung Venedigs. Raum, Bevölkerung, Mythos 1570–1750, Paderborn 2007.

Rallo, Giampaolo: Guida alla natura nella Laguna di Venezia. Itinerari, storia e informazioni naturalistiche, Padua 1996.

Romanelli, Giandomenico (Hrsg.): Venezia l'arte nei secoli, Udine 1997.

Rösch, Eva Sybille / Rösch, Gerhard: Venedig im Spätmittelalter (1200–1500), Freiburg i. Brsg. 1991.

Rösch, Gerhard: Geschichte einer Seerepublik, Stuttgart 2000.

Scarpa, Tiziano: Venezia è un pesche. Una guida, Mailand 2000 (dt.: Venedig ist ein Fisch, Berlin 2009, erw. Ausgabe 2024).

Tafel, Gottlieb Lukas Friedrich / Thomas, Georg Martin (Hrsg.): Urkunden zur älteren Handels- und Staatsgeschichte der Republik Venedig, Wien 1856.

Tafuri, Manfredo (Hrsg): „Renovatio Urbis". Venezia nell'età di Andrea Gritti, Rom 1984.

Zorzi, Alvise: La Repubblica del Leone. Storia di Venezia, Mailand 1979, Neuausgabe 2008 (dt.: Venedig. Die Geschichte der Löwenrepublik, Frankfurt 1987).

Quellen und Literatur zu Tizian

Die Bandbreite und Fülle der Literatur über Tizian ist immens und kann hier nur in einer Auswahl wiedergegeben werden.

Quellen und gedruckte zeitgenössische Texte

Eine reichhaltige Fundgrube bieten hierfür das Archivio Segreto Vaticano (ASV) und die Biblioteca Apostolica Vaticana (BAV), vor allen Dingen bezüglich der Korrespondenz. Vieles fand ich auch im Venezianischen Stadtarchiv, im Römischen Stadtarchiv und im Staatsarchiv in Rom.

Quellensammlungen und Nachdrucke

Alberi, E. (Hrsg): Le relazioni degli ambasciatori Veneti al Senato durante il secolo 16, Florenz 1839/63.

Aretino, Pietro: Lettere su Tiziano (Lettera di Pietro Aretino a Tiziano nel 1545), Mailand 1967.

Ariosto, Ludovico: Orlando furioso, 1516 (Tizian zitiert in: Orlando furioso di Ludovico Ariosto: „Tizian, ch'onora non men Cador, che quei Venezia e Urbino", Canto XXXIII).

Barocchi, Paola / Renzo Ristori (Hrsg. Postum: Giovanni Poggi): Il carteggio di Michelangelo, Florenz 1979.

Bembo, Pietro: Gli Asolani, Florenz 1991.

Bertolotti, Antonio: Speserie segrete e pubbliche di Papa Paolo III., Modena 1878.

Bottari, Maria Giovanni / Ticozzi, Stefano (Hrsg.): Raccolta di lettere sulla pittura, scultura ed architettura scritte da' più celebri personaggi dei secoli XV, XVI e XVII, Mailand 1822.

Comisso, Giovanni (Hrsg.): Relazioni al Senato veneto di Antonio Soriano: Gli ambasciatori veneti 1525–1792. Relazioni di viaggi e di missione, Mailand 1985.

Dolce, Lodovico: L'Aretino, ovvero dialogo della pittura, Bologna 1557.

Erspamer, Francesco (Hrsg.): Pietro Aretino. Lettere, Guanda-Fondazione Bembo, Mailand 1998.

Fabbro, Celso (Hrsg.): Documenti su Tiziano e sulla famiglia Vecellio conservati nella casa di Tiziano a Piave di Cadore, Archivio storico di Belluno, Belluno 2001.

Ficino, Marsilio: Opera omnia, Turin 1959.

Gandini, Clemente (Hrsg): Tiziano, Le lettere, Pieve di Cadore 1977.

Giacinto, Romano: Cronaca del soggiorno di Carlo V. in Italia dal 26 Luglio al 25 Aprile del 1530, Mailand 1892.

Lettere di Della Casa a Cardinale Farnese, BAV Vat. Lat. 14827, 14828.

Lettere del Cardinale Ercole Gonzaga al duca di Ferrara 1545, BAV, Barb. Lat. 5792, 5793.

Mastroccola, Paola (Hrsg.): Rime e lettere di Michelangelo, Turin 1992.

Pino, Paolo: Dialogo di pittura, 1548 (Rom 2000).

Ridolfi, Carlo: Le maraviglie dell'arte: ovvero Le vite illustri pittori veneti e dello stato Venedig, 1648.

Ronchini, Antonio: Delle relazioni di Tiziano coi Farnese, Modena 1864.

Sanudo, Marin: Diari. 1533. Biblioteca Marciana Venedig.

Vivanti, Corrado (Hrsg.): Niccolò Macchiavelli. Opere, Turin 1999.

Lexika

Enciclopedia Universale, Mailand 1971.
Dizionario Biografico degli Italiani, Rom 1960–2020.
Enciclopedia dei Papi, Rom 2000.
I grandi musei del mondo, Mailand 2004.

Ausstellungskataloge

Aurenhammer, Hans / Eclercy, Bastian (Hrsg.): Tizian und die Renaissance in Venedig, Frankfurt 2019.
Ferino-Pagden, Sylvia (Hrsg.): Der späte Tizian und die Sinnlichkeit der Malerei. Eine Ausstellung des Kunsthistorischen Museums in Zusammenarbeit mit der Galleria dell'Accademia in Venedig, Wien 2007.
Mazza, Marta (Hrsg.): Lungo le vie di Tiziano. I luoghi e le opere di Tiziano, Francesco, Orazio e Marco Vecellio tra Vittorio Veneto e il Cadore, Mailand 2007.
Pedrocco, Filippo: Tizian, München 2000.
Puppi, Lionello (Hrsg.): Tiziano. L'Ultimo Atto, Mailand 2007.
Valcanover, Francesco (Hrsg.): Tiziano. Il principe de'pittori, Venedig, 1990.
Villa, Giovanni Carlo Federico / Balsamo, Cinisello (Hrsg.): Tiziano, Rom 2013.
Weston-Lewis, Aidan (Hrsg.): The Age of Tizian. Venetian Renaissance Art from Scottish collection, Edinburgh 2004.
Wethey, Harold: Tiziano, Venezia 1990.

Literatur

Argan, Giulio Carlo: Maestri della pittura italiana, Mailand 1959.

Aurenhammer, Hans: Venezianische Malerei im Zeitalter Tizians, in: Tizian und die Renaissance in Venedig, Frankfurt 2019.

Dunkerton, Jill: Maltechniken im Venedig des 16. Jahrhunderts, in: Tizian und die Renaissance in Venedig, Frankfurt 2019.

Benzoni, Gino: La chiesa di Venezia tra riforma protestante e riforma cattolica, Venezia 1990.

Biferali, Fabrizio: Tiziano. Il genio e il potere, Bari 2013.

Bodart, Diane: Tiziano e Federico II. Storia di un rapporto di committenza, Rom 1998.

Bohde, Daniela: Haut, Fleisch und Farbe. Körperlichkeit und Materialität in den Gemälden Tizians, Berlin 2002.

Bonazzoli, Francesca: Danae, la modella che turbò Roma, in: Corriere della Sera, 2 febbraio 2008.

Burckhard, Jakob: Die Kunst der Malerei in Italien, München 2003.

Duncan Jenkins, Marianna: The State Portrait. It's Origin and Evolution, New York, 1947.

Freedmann, Luba: Titian's indipendent Self-Portraits, Florenz 1990.

Ders.: Titian's Portraits Through Artino's lens, Pennsylvenia 1995.

Ferino-Padgen, Sylvia: L'ultimo Tiziano e la sensualità della pittura, Venedig, 2008.

Ders.: Vittoria Colonna, Dichterin und Muse Michelangelos, Wien 1997.

Gentili, Augusto: Da Tiziano a Tiziano. Mito e allegoria nella cultura veneziana del Cinquecento, Rom 1996.

Ders.: Tiziano, collana Dossier d'arte, Florenz 1990.

Gibellini, Cecilia (Hrsg): Tiziano, I Classici dell'arte, Mailand 2003.

Goffen, Rona: Titian's Women, London 1997.

Gombrich, Ernst H.: La storia dell'Arte, Rom 1997.

Hetzer, Theodor: Venezianische Malerei in Italien, Stuttgart 1985.

Ders.: Tizian. Die frühen Gemälde des Tizian. Eine stilkritische Untersuchung, Basel 1920.

Hope, Charles: La produzione pittorica di Tiziano per gli Asburgo, in: Venezia e la Spagna, Mailand 1988.

Humfrey, Peter: Painting in Renaissance Venice, London 1997.

Huse, Norbert: Venedig: Die Kunst der Renaissance: Architektur, Skulptur, Malerei 1460–1590, München 1996.

Kaminski, Marion: Tiziano Vecellio, genannt Tizian, Köln 1998.

Kennedy, Ian G.: Tizian, Köln 2006.

Mancini, Matteo: Tiziano e le corti d'Asburgo nei documenti degli archivi spagnoli, Venedig 1998.

Panofsky, Erwin: Tiziano. Problemi di iconografia, postfazione di Augusto Gentili, Venedig 1992.

Ders.: Problems in Titian, mostly iconographic, New York 1969.

Paolucci, Antonio: Tiziano ritrattista, in: Tiziano, Venezia-Washington, catalogo della mostra, Venezia 1990.

Patridge, Loren: Art of Renaissance Venice, 1400–1600, Oakland 2015.

Pedrocco, Filippo: Tizian, Florenz 1997.

Reimann, Julia: Venedig ist ein poetisches Wunder, Marburg 2010.

Reinhardt, Volker: Venedig der Renaissance – Ein soziales und politisches Profil, in: Tizian und die Renaissance in Venedig, Frankfurt 2019.

Schlink, Wilhelm: Tizian. Leben und Werk, München 2008.

Vasari, Giorgio: Vita di Tiziano, a cura di G. Milanesi, Studio Tesi, 1994.

Vasari, Giorgio, Das Leben des Tizian. Neu übersetzt von Victoria Lorini, Berlin 2005.

Valcanover, Francesco: L'opera completa di Tiziano, Mailand
     1969.
Vasari, Giorgioe: Le vite de' più eccellenti pittori, scultori e archi-
     tettori, Rom 1997.
Weddingen, Tristan / Weber, Gregor: Alchemie der Farben. Ti-
     zian porträtiert seinen Farbenhändler Alvise ,dai colori' dalla
     Scala, in: Ohlhoff, Günter (Hrsg.): Tizian. Die Dame in Weiss,
     Dresden 2010.
Zorzi, Alvise: La vita quotidiana a Venezia nel secolo di Tiziano,
     Mailand 1990.
Zuffi, Stefano: Tiziano, Mailand, 2008.
Ders.: Pietro Aretino. Lettere a Tiziano, Mailand 2022.

Künstlerbiographien

Borsi, Stefano: Bramante, Mailand 1889.
Forcellino, Antonio: Raffaello, Bari 2021.
Ders.: Michelangelo. Una Vita Inquieta, Bari 2007.
Giulio Romano, Ausstellungskatalog, Mantua 1989.
Humfrey, Peter: Giovanni Bellini, Venezia 2008.
Paolucci, Antonio: Raphael or „Complete Perfection", Città del
     Vaticano 2015.
Raffaello, Ausstellungskatalog, Rom 2020.
Reinhardt, Volker: Der Göttliche. Das Leben des Michelangelo.
     Biographie, München 2010.
Schiavo, Armando: Michelangelo nel complesso delle sue opere,
     Rom 1990.

Die Magie der Farben

Gedruckte Quellen

Boschini, Marco: Le ricche minere della Pittura veneziana, 1674.

Cennini, Cennino: Il libro dell'arte o trattato della pittura (hrsg. von Fabio Frezzato), Venezia 2009.

Goethe, Johann Wolfgang von: Zur Farbenlehre, 2 Bde., Tübingen 1810.

Newton, Isaac: Opticks, or, a Treatise of Reflextions, Refractions, Inflexions and Colours of Light, London 1704.

Polo, Marco: Il Milione (hrsg. von Maria Bellonci), Mailand 2019.

Teophilus Presbyter: De diversis artibus, in: Erhard Brepohl: Theophilus Presbyter und das mittelalterliche Kunsthandwerk. Gesamtausgabe der Schrift „De diversis artibus" in einem Band, Wien/Köln/Graz 2013.

Literatur

Bell, Julian: What is Painting? London 1999.

Bräm, Harald: Die Macht der Farben, München 2003.

Brehpol, Erhard (Hrsg.): Theophilus Presbyter und das mittelalterliche Kunsthandwerk, Köln 1999.

Finlay, Victoria: Das Geheimnis der Farben. Eine Kulturgeschichte, Berlin 2005.

Harley, R.D.: Artists Pigments 1600–1835. A study in English documentary sources, London 1982.

Gekeler, Hans: DuMont's Handbuch der Farbe (Systematik und Ästhetik), Köln 1988.

Gettens, J. Rutherford / Stout, George L. (Hrsg.): Painting Materials. A short encyclopaedia, New York 1966.

Groh, Arnold: Was ist Farbe?, Berlin 2011.
Heller, Eva: Wie Farben auf Gefühl und Verstand wirken, München 2000.
Itten, Johannes: Kunst der Farbe, Ravensburg 1970.
Küppers, Harald: Die Logik der Farbe. Theoretische Grundlagen der Farbenlehre, München 1981.
Linares, Marina: Alles Wissenswerte über Farben, Essen 2005
Nassau, Kurt: The Physics and Chemistry of Color, The fifteen Causes of Color, New York 1983.
Silvestrini, Narciso / Fischer, Ernst Peter (Hrsg.): Farbsysteme in Kunst und Wissenschaft, Köln 2005.
The Art Forger's Handbook, London 1997.
Varley, Helen (Hrsg.): Colour, London 1980.
Welsch, Norbert / Liebmann, Claus Chr. (Hrsg.): Farben. Natur, Technik, Kunst, München 2004.
Wolfschmidt, Gudrun (Hrsg.): Farben in Kulturgeschichte und Naturwissenschaft, Hamburg 2011 (Begleitbuch zur Ausstellung in Hamburg 2010–2012).

Karl V.

Brandi, Karl: Kaiser Karl V. Werden und Schicksal einer Persönlichkeit und eines Weltreiches, Darmstadt 1959.
Correspondenz des Kaisers Karl V., Leipzig 1845.
Kahl, Christian: Lehrjahre eines Kaisers – Stationen der Persönlichkeitsentwicklung Karls V. (1500–1558). Eine Betrachtung habsburgischer Fürstenerziehung / -bildung zum Ende des Mittelalters, Trier 2008.
Kohler, Alfred: Quellen zur Geschichte Karls V., Darmstadt 1990.
Ders.: Karl V. 1500–1558. Eine Biographie, München 1999.

Lutz, Heinrich (Hrsg.): Das römisch-deutsche Reich im politischen System Karls V., München 1982.

Nette, Herbert: Karl V. in Selbstzeugnissen und Bilddokumenten, Hamburg 1979.

Parker, Geoffrey: Der Kaiser. Die vielen Gesichter Karls V., Darmstadt 2020.

Schilling, Heinz: Karl V. Der Kaiser, dem die Welt zerbrach, München 2020.

Schorn-Schütte, Luise: Karl V. Kaiser zwischen Mittelalter und Neuzeit, München 2000.

Schulin, Ernst: Kaiser Karl V. Geschichte eines übergroßen Wirkungsbereichs, Stuttgart 1999.

Ausstellungskataloge

Diller, Stephan / Andraschke, Joachim / Brecht, Martin (Hrsg.): Kaiser Karl V. und seine Zeit, Bamberg 2000.

Soly, Hugo (Hrsg.): Karl V. und seine Zeit, Köln 2000.

Europa – ein Ausschnitt

Bernecker, Walther: Spanische Geschichte. Von der Reconquista bis heute, Darmstadt 2002.

Fahrmeir, Andreas: Deutsche Geschichte, von den Anfängen bis zur Gegenwart, München, 2018.

Faroqhi, Suraiya: Geschichte des Osmanischen Reiches, München 2010.

Feldbauer, Peter / Lehners, Jean-Paul (Hrsg.): Die Welt im 16. Jahrhundert, Wien 2008.

Friedeburg, Robert von: Europa in der frühen Neuzeit, Frankfurt 2012.

Haan, Heiner / Niedhardt, Gottfried: Geschichte Englands vom
16.–18. Jahrhundert, München 2018.

Hartmann, Peter Claus: Geschichte Frankreichs – Vom Mittelalter bis zur Gegenwart, München 2015.

Münkler, Marina: Anbruch der neuen Zeit. Das dramatische 16.
Jahrhundert, Berlin 2024.

Reinhardt, Volker: Geschichte Italiens, München 2019.

Reinhard, Wolfgang: Die neuen atlantischen Welten, in: Wolfgang Reinhard (Hrsg.): 1350–1750 – Weltreiche und Welt-
meere, Bd. 3, München 2014.

Konzil von Trient

Alberigo, Giuseppe (Hrsg.): Geschichte der Konzilien. Vom Ni-
caeum bis zum Vaticanum II, Wiesbaden 1998.

Bäumer, Remigius (Hrsg.): Concilium Tridentinum, Darmstadt
1979.

Jedin, Hubert: Konzilsberufungen / Das Konzil von Trient unter
Paul III. und Julius III. / Pius IV. und der Abschluß des Kon-
zils von Trient, in: Erwin Iserloh / Josef Glazik / Hubert Je-
din: Reformation, katholische Reform und Gegenreformation
(= Handbuch der Kirchengeschichte Band IV), Freiburg im
Breisgau 1967, Sonderausgabe 1999.

Jedin, Hubert: Geschichte des Konzils von Trient. 5 Bde., Freiburg
i. Br. 1949–1978; Nachdruck (mit einer neuen Einführung von
Peter Walter, 5 Bde.) Darmstadt Sonderausgabe 2017.

Prodi, Paolo / Reinhard, Wolfgang (Hrsg.). Das Konzil von Trient
und die Moderne, Berlin 2001.

Reinhard, Wolfgang: Nepotismus. Der Funktionswandel einer
papstgeschichtlichen Konstante, in: Zeitschrift für Kirchengeschichte Bd. 86, 1975.

Schreiber, Georg: Das Weltkonzil von Trient. Sein Werden und
Wirken. 2 Bände, Freiburg im Breisgau 1951.

Venard, Marc: Das Konzil von Trient, in: ders. / Heribert Smo-
linsky (Hrsg.): Die Zeit der Konfessionen 1530–1620/30 (=
Die Geschichte des Christentums. Religion. Politik. Kultur,
Bd. 8), Freiburg im Breisgau 1992, Sonderausgabe 2010.

Wohlmuth, Josef (Hrsg.): Dekrete der ökumenischen Konzilien,
Band 3: Konzilien der Neuzeit, Paderborn 2002.

Reformation

Beutin, Wolfgang: Der radikale Doktor Martin Luther. Ein Streit-
und Lesebuch, Frankfurt am Main 2016.

Kaufmann, Thomas: Geschichte der Reformation, Frankfurt
2009.

Leppin, Volker: Die fremde Reformation. Luthers mystische
Wurzeln, München 2016.

Ders.: Martin Luther. Vom Bauernsohn zum Reformator, Darmstadt 2013.

Lutz, Heinrich: Reformation und Gegenreformation, München
2002.

Reinhardt, Volker: Luther, der Ketzer. Rom und die Reformation,
München 2016.

Schorn-Schütte, Luise: Die Reformation. Vorgeschichte, Verlauf,
Wirkung, München 2016.

Szenenbild Rom

Bogen, Steffen / Thürlemann, Felix: Rom – Eine Stadt in Karten
von der Antike bis heute, Darmstadt 2009.

Coarelli, Filippo: Rom. Ein archäologischer Führer, Mainz 2000.

Di Pierro, Antonio: Il sacco di Roma. 6 maggio 1527. L'assalto dei lanzichenecchi, Mailand 2002.

Esch, Arnold: Rom. Vom Mittelalter zur Renaissance. 1378–1484, München 2016.

Goethe, Johann Wolfgang von: Italienische Reise.

Gregorovius, Ferdinand: Geschichte der Stadt Rom im Mittelalter. Vom V. bis XVI. Jahrhundert (7 Bde.), München 1988.

Hintzen-Bohlen, Brigitte: Kunst und Architektur: Rom. Mit Beiträgen von Jürgen Sorges, Köln 2005.

Krautheimer, Richard: Roma, profilo di una città, Rom 1980.

Marucci, Valerio / Marzo, Antonio / Romano, Angelo (Hrsg.): Pasquinate romane del Cinquecento, 2 Bde., Rom 1983.

Partridge, Loren: Renaissance in Rom. Die Kunst der Päpste und Kardinäle, Köln 1996.

Pastor, Ludwig Freiherr von: Geschichte der Päpste seit dem Ausgang des Mittelalters, Freiburg i. Breisgau 1928.

Reinhardt, Volker: Geschichte Roms. Von der Antike bis zur Gegenwart, München 2008.

Reinhardt, Volker: Pontifex. Die Geschichte der Päpste. Von Petrus bis Franziskus, München 2004.

Reinhardt, Volker: Blutiger Karneval. Der Sacco di Roma 1527 – eine politische Katastrophe, Darmstadt 2009 / Freiburg 2025.

Reinhardt, Volker / Sommer, Michael: Rom. Geschichte der Ewigen Stadt, Darmstadt 2008.

Zapperi, Roberto: Alle Wege führen nach Rom. Die ewige Stadt und ihre Besucher, München 2013.

Die Farnese

Die meisten Quellen finden sich im Archivio Segreto Vaticano (ASV) und in der Biblioteca Apostolica Vaticana (BAV). Weitere Dokumente befinden sich unter anderem in den Nuntiaturberichten, im Staatsarchiv von Neapel, Parma, Venedig und Rom.

Annibali, Flaminio Maria: Notizie storiche della casa Farnese (2 Bde.), Montefiascone 1817–1818.

Bilotto, Antonella / Del Negro Piero / Mozzarelli, Cesare (Hrsg.): I Farnese. Corti, guerra e nobiltà, Rom 1997.

Cussen, Bryan: Pope Paul III. and the cultural politics of reform, Amsterdam 2020.

Fornari, Carlo (Hrsg.): Giulia Farnese, una donna schiava della propria bellezza, Parma 1995.

Fragnito, Gigliola: Paolo III., in: Dizionario Biografico degli Italiani, Volume 81, Rom 2014.

Frugoni, Arsenio (Hrsg.): Carteggio umanistico di Alessandro Farnese, Florenz 1950.

Giurleo, Francesca: I Farnese. Splendore e Decadenza di una dinastia rinascimentale, Rom 2020.

Guicciardini, Francesco: Storia d'Italia, Turin 1971.

Rebecchini, Guido: The Rome of Paul III. (1534–1549), Art, Ritual and Urban Reneval, Turnhout 2020.

Reinhardt Volker: Die großen Familien Italiens, Stuttgart 1992.

Robertson, Clare: Il Gran Cardinale. Alessandro Farnese. Patron of Arts, Yale 1992.

Rosini, Patrizia: Giulia Farnese. Storia di una Vita, Viterbo 2024.

Schianchi, Lucia Fornari / Spinosa, Nicola (Hrsg.): I Farnese. Arte e collezionismo, Mailand 1995.

Vitali, Christoph (Hrsg.): Der Glanz der Farnese. Kunst und Sammelleidenschaft in der Renaissance, München 1995.

Papst Paul III. mit Nepoten

Guida al Museo Nazionale di Capodimonte, Florenz 2006.
Rossetti, Nicole: Ritratto di Paolo III con i nipoti Alessandro e
    Ottavio Farnese, 2023.
Zapperi, Roberto: La leggenda del papa Paolo III, Turin 1998.
Zapperi, Roberto: Tiziano, Paolo III e i suoi nipoti. Nepotismo
    e ritratto di stato, Turin 1990 (dt.: Tizian, Paul III. und seine
    Enkel, Frankfurt 1990).

Personenregister

Aegidius von Viterbo 2, 219

Alexander III., Papst 13, 186, 355

Alexander VI., Papst, Rodrigo Borgia 41, 51, 82, 95, 99, 104, 179, 180, 184, 202, 203, 204, 206, 207, 225, 238, 257, 280

Alfonso D`Avalos 332

Alfonso D`Este 55, 95, 98, 99, 100, 102, 103, 104, 105, 224, 231, 294

Alvise Gradignan della Scala 63, 69, 70, 71, 336

Angela, Geliebte von Großkardinal Alessandro Farnese 221, 322, 324

Anna von Österreich, Tochter von Maximilian II. 298

Anna von Ungarn 121, 123

Aretino, Pietro 95, 54, 55, 86, 87, 89, 92, 228, 234, 241, 245

Ariosto, Ludovico 55

Avalos, Marquis von 230

Averoldi, Altobello 100

Badia, Tommaso 323

Barbari, Jacopo de 27

Barbarossa, Friedrich I. 13, 186

Barberigo, Cristofero 39

Barocci, Federico 198

Bayazid II., Sultan 82

Behaim, Martin, deutscher Astronom 151

Bellini, Gentile 30, 31, 44, 45, 133

Bellini, Giovanni 30, 31, 44, 45, 49, 72, 86, 98, 99, 100, 116, 296, 312, 328

Bembo, Pietro, Kardinal, Humanist 46, 48, 95, 96, 97, 210, 232, 237, 329, 332, 341, 342

Bernini, Gianlorenzo 189, 335

Bilhères, Jean de, französischer Kardinal 195

Blomberg, Barbara, Geliebte von Karl V., Mutter von Don Juan 126

Bon, Bartolomeo 23

Bon, Giovanni 23

Bonus aus Malamocco 22

Bordone, Paris 62

Borgia, Cesare 95

Borgia, Lucrezia 95, 96, 99, 104, 179, 207

Borromini, Francesco 335

Boschini, Marco 77

Bramante, Donato 187, 194, 197

Bronzino 287

Caetani, Giovanella 202, 204

Caiole, Germano da 98

Cajetan, päpstlicher Legat 154

Calcondila, Demetrio 203
Calixtus III., Papst, Alfons de
    Borja y Cabanilles 280
Calvin, Johannes 157, 161
Capilupi, Ippolito 279
Caravaggio 335
Carpaccio, Vittore 31
Carracci, Annibale 217
Castiglione, Baldassare 332
Catull 100
Cennino Cennini 64
Chigi, Agostino 179, 180, 197,
    237, 246
Clemens, VII., Papst, Giulio de'
    Medici (geborener Zenobi) 55,
    87, 97, 122, 129, 134, 158, 169,
    182, 183, 184, 197, 198, 201,
    208, 213, 218, 262, 263, 264,
    280
Colonna, Vittoria 219
Columbus, Christoph 19, 82, 150
Contarini, Gaspare, auch Gasparo,
    Kardinal 15, 119, 159, 160, 209
Cornaro, Andrea, Doge 232, 267
Cornovì della Vecchia, Antonio
    305
Correggio 228, 328
Cortona, Pietro da 335
Dandolo, Andrea, Doge 15, 22
Delacroix 311
della Casa, Giovanni, päpstlicher
    Nuntius und Kardinal 97, 234,
    235, 236, 248, 267, 322, 323,
    342
della Porta, Giacomo 189
della Rovere, Bianca 257

della Rovere, Francesco Maria
    107, 108, 109, 256, 321
della Rovere, Giovanna 108
della Rovere, Giovanni 108, 256
della Rovere, Guidobaldo II. 236,
    319
della Rovere, Lavinia
della Rovere, Niccolò 207
Demokrit 64
Diana von Frankreich, Herzogin
    von Angoulème 211, 214, 215,
    283
Diaz, Bartolomeo 150
Dolce, Ludovico 35, 41, 50, 54,
    79, 244, 245, 292, 293, 312, 316,
    342
Don Carlos, Sohn Philipp II. von
    Spanien
Don Chisciotte de la Mancia
Don Juan de Austria, leiblicher
    Sohn Karl V. 126
Drake, Francis, Admiral
El Greco, Künstlername von Do-
    minikos Theotokópuolos 61,
    311
Eleonora von Aragon 99
Eleonora von Kastilien, Tochter
    Karl V. und Isabella 143
Eleonora, Königin von Frankreich
    und Portugal, Ehefrau von
    König Franz I. 144
Elisabeth I., Königin von England
Elisabeth von Valois, Ehefrau
    Philipp II. 298
Emilia Pia di Urbino 224
Erasmus von Rotterdam 164

Karl V., Habsburg, Deutscher
Kaiser 52, 55, 56, 57, 58, 61, 81,
89, 105, 106, 114 119, 120, 121,
122, 123, 124, 125, 126, 127,
128, 129, 130, 131, 132, 133,
134, 135, 136, 137, 137, 138,
139, 140,141, 142, 143, 144,
145, 146, 147, 148, 149, 155,
156, 157, 158, 159, 161, 163,
164, 165, 166, 167, 168, 169,
170, 171, 182, 183, 198, 210,
211, 212, 215, 217, 231, 233,
m247, 250, 265, 270, 276, 277,
280, 281, 288, 289, 291, 294,
297, 329, 332, 333, 334, 348,
349
Karl VIII. Von Frankreich 207
Katharina Michaela, Tochter von
Philipp II. und Elisabeth Valois
298
Katharina von Aragon, erste Ehefrau von Heinrich VIII. 290
Kopernikus, Nikolaus 152
Kues, Nikolaus von 48
Leo X., Papst 96, 97, 101, 104,
154, 155, 157, 178, 180, 181,
182, 197, 225, 253, 262, 263,
276, 280
Leonardo da Vinci 149, 186, 239,
240, 328
Leoni, Gianfranceso 267
Leoni, Leone 232
Leto, Pomponio 203
Lodovico il Moro 194
Loredan, Leonardo, Doge 43, 91
Lorenzo de Medici il Magnifico
183, 203, 213, 262

Lorenzo Lotto 45
Ludwig XII., König von Frank-
reich 259
Luise von Savoyen, Mutter von
Franz I. 165
Luther, Martin 154, 155, 156, 157,
160, 182, 284, 351
Luti, Margherita, Geliebte Ra-
phaels 197
Macchiavelli, Niccolò 149
Maderno, Carlo 189
Malchiostro, Broccardo 100, 101
Mann, Thomas 10
Marc Aurel 137, 196, 220
Marées, Hans von 311
Margarete, Tochter Karls V., Her-
zogin von Florenz, Herzogin
von Parma 211, 212, 213, 214,
282
Margarte von Österreich, Tante
Karls V., verwitwete Erzherzo-
gin von Savoyen 120
Maria I. Tudor, auch Bloody
Marzy 124, 149, 170, 250, 295,
297, 298
Maria von Portugal 124
Maria von Ungarn 124, 144, 290
Maria, Tochter von Karl und Isa-
bella 125, 143
Martin V., Papst, Oddo Colonna
174, 175, 202,205
Martin V., Papst, Oddo Colonna,
174, 175, 202, 205
Maximilian I., Habsburg, deut-
scher Kaiser 84, 104, 121, 259,
329
Medici, Alessandro de 213

Abbildungsnachweis

S. 2: © akg-images / Erich Lessing; S. 8: © Peter Palm; S. 13: © mauritius images; 28: © akg-images; S. 34: © wikipedia/Ricardalovesmonuments; S. 40: © Hervé Champollion / akg-images; S. 42: © akg-images / Bildarchiv Steffens; S. 47: © akg-images / André Held; S. 70: © mauritius images / Art Collection 2 / Alamy / Alamy Stock Photos; S. 88: © akg-images / Erich Lessing; S. 94: © akg-images; S. 130: © akg-images / Erich Lessing; S. 141: © akg-images / André Held; S. 162: © akg-images / André Held; S. 166: © akg-images / Erich Lessing; S. 176: © Pictures Now / Alamy Stock Photo; S. 188: © akg-images; S. 205: © akg-images / Mondadori Portfolio / Luciano Pedicini; S. 229: © akg-images / Album; S. 238: © Carlo Bollo / Alamy Foto Stock; 256: © akg-images / Album / J.Enrique Molina; S. 261: © akg-images / Album / Tolo Balaguer; S. 264: © akg-images / André Held; S. 306: © mauritius images / World History Archive / Alamy / Alamy Stock Photos; S. 336: © akg-images / Cameraphoto.

Farbtafeln

© akg-images / Erich Lessing; © akg-images / MPortfolio / Elect; © akg-images; © akg-images / De Agostini Picture Lib. / G. Nimatallah; © mauritius images / Skimage / Alamy / Alamy Stock Photos – mauritius_images; © akg-images / Erich Lessing; © akg-images / Rabatti & Domingie; © akg-images / Erich Lessing; ©

Heritage Images / Heritage Art / akg-images; © Heritage Images / Fine Art Images / akg-images; © akg-images; © akg-images; © akg-images / Erich Lessing; © akg-images; © akg-images / Rabatti & Domingie; © akg-images / Rabatti & Domingie.